Von Metzendorf 1909 erdacht, gezeichnet und gebaut:
Der alte Teil der Margarethenhöhe mit dem
Brückenhaus. Spätere Korrektur: Die
beiden Pavillons in der Mitte
rechts wurden ans andere
Ende der Brücke gesetzt.

D1725338

Metzendorf-Plan für die
Steile Straße 1909:
Nur die evangelische Kirche
wurde nicht gebaut

1. Auflage 1981
Herausgeber: 1981 Margarethe Krupp-Stiftung für Wohnungsfürsorge
Copyright Hans G. Kösters

Redaktion: Hans G. Kösters

Layout: Heinrich Weiße

Fotografische Bearbeitung: Peter Happel

Verlag Beleke KG · NOBEL-Bildband
Kronprinzenstraße 13 · 4300 Essen 1 · ☎ 02 01/22 10 91
Gesamtherstellung: Verlag Beleke KG · Essen
ISBN − 3 8215-0011 − 5

28.12.81 Grün

Dichtung in Stein und Grün

Margarethenhöhe

Hans G. Kösters

Ein Vorwort von Dr. Ernst Finkemeyer (†)

Darum dieses Buch

Die Margarethe Krupp-Stiftung für Wohnungsfürsorge wird am 1. Dezember 75 Jahre alt. Grund genug für ein Buch, denn hier ist eine städtebauliche und soziale Leistung zu würdigen, deren Ansehen nicht verblaßt, sondern eher noch gewachsen ist.

Wohnen auf der Schattenseite

Margarethenhöhe — Schlüsselwort für eine Gesinnung, die weit aus ihrer Entstehungszeit herausragte, und die man nicht am gesicherten sozialen Anspruch des Jahres 1981 messen kann. Sie gewinnt ihre Bedeutung durch den Vergleich mit Lebensstandard und Wohnverhältnissen nach der Jahrhundertwende. Mit jener Zeit also, in der immer mehr verarmte Landarbeiter aus dem Osten in die Städte des Ruhrgebiets drängten. Hier war die Industrie mit Zechen, neuen Fabriken, neuen Stahlwerken. Hier suchten vor allem Ostpreußen, Schlesier, Polen ihre neue Chance. Aber so schnell wie die Fabriken wuchsen auch die Billighäuser der Spekulanten. Wohnungen auf der hygienischen Schattenseite, mit Luft- und Lichtmangel und oft überbelegt. Nur einige große Unternehmen, so Krupp und die Zechengesellschaften, boten ihren Arbeitern billigere und bessere Firmenwohnungen an. Damit setzen sie sich zwar auch der Kritik aus, eine Stammbelegschaft ans Werk zu fesseln zu wollen, aber wichtiger scheint, daß das Feld nicht nur der Spekulation überlassen blieb. Und die Unternehmen stützten auf diese Weise zudem das Bemühen des Essener Oberbürgermeisters Erich Zweigert, der die zunehmenden Übelstände im Wohnungsbau deutlich beklagte.

Anders als andere Siedlungen

Zweigert ließ es dabei nicht bewenden. Über Bauvorschriften verhinderte er weitere Mietskasernen; und der Kauf von stadteigenem Bauland sollte die Bodenpreise in Grenzen halten. 1902 kritisiert er „das mangelhafte soziale Bewußtsein" seiner Zeit, das in erster Linie auf schnelle Gewinne ausgerichtet war.

Auch für Postkarten-Fotografen war die Margarethenhöhe ein begehrtes Motiv

Mit dem Ansehen der Margarethenhöhe wuchs auch die Zahl der Postkarten und der Motive. Einige dieser frühen Ansichten sind hier

EN-RUHR. Abendstimmung im Mühlbachtal.

Margaretenhöhe.   Sommerburgstr.

Essen-Holsterhausen (Rhld.)   Partie an der Brandsmühle

v. W. Looff, Altendorf, Rhein.

ausgewählt: Straßenbahn und Pferdefuhrwerk auf der Brücke, Kopf-
weiden am Brandsmühlenteich, der Schatzgräberbrunnen auf dem
Kleinen Markt, Kinderspiele zwischen Pflastersteinen (Sommerburg-
straße), das Idyll der Winkelstraße und der Brandsmühle, an der der
Hohlweg vorbeiführt (Blick in Richtung Holsterhausen). Alte Post-
karten − als Erinnerungsstücke sehr geschätzt (Archiv Weiler).

Vor diesem Hintergrund sozialer Spannungen zwischen arm und reich, dem hastigen und oft planlosen Wachstum der Großstädte, der stürmischen Entwicklung der Industrie, ist die Margarethenhöhe entstanden. Und sie war anders als alle Siedlungen vor ihr. Sie hatte eine sehr engagierte Stifterin (Margarethe Krupp) und einen genialen Baumeister (Georg Metzendorf), der seine Aufgabe nicht nur als architektonischen Auftrag verstand. Und diese Siedlung war zugänglich für jedermann, der zur „minderbemittelten Klasse" gehörte.

Ein Buch auch über den Alltag

Dies darzustellen, wird in diesem Buch versucht. Und erstmals ist deutlich auf den Zusammenhang mit der Entwicklung der Stadt Essen hingewiesen. Das gilt auch für die vergleichende Zeittafel über 75 Jahre.

Aber es ist nicht nur ein Buch der Sachverhalte, des historischen Überblicks. Es ist eine Geschichte der Menschen, die hier, auf der Ebene zwischen den Waldtälern, lebten und wirkten: Die Bauern und Kötter der Frühzeit, die ersten Mieter, die Künstlergemeinschaften der 20er und 30er Jahre, die Förderer der Stiftung und die Leute von heute.

Fotos, Dokumente verstärken die Absicht, die Chronik mit Leben zu erfüllen. Mancher der Bewohner wird sich auf einem der alten Klassenbilder wiedererkennen oder einen Verwandten, einen Freund bei einem Ereignis entdecken, das Fotografen vor Jahren oder Jahrzehnten auf der Margarethenhöhe festgehalten haben. Nicht nur an die Geschichte, auch an den Alltag wird also erinnert, denn der Alltag und das Leben in der Nachbarschaft sind von den großen Entwicklungen nicht zu trennen.

Die Margarethe Krupp-Stiftung für Wohnungsfürsorge legt dieses Buch zu ihrem Jubiläum vor. Aber sie ist sicher, es wird seine Leser nicht nur auf der Margarethenhöhe finden.

Finkemeyer

Dr. Ernst Finkemeyer (†)

Vorsitzender des Aufsichtsrates der Margarethe Krupp-Stiftung für Wohnungsfürsorge

5

Dr. Ehrhard Reusch

Ihrer Zeit voraus

Die Margarethenhöhe war kein „Kind ihrer Zeit". Sie war ihrer Zeit voraus. Sie ist — verbunden mit dem Namen Krupp — ‚aus sozialer Tradition gewachsen, wenn auch der offizielle Anlaß ihrer Gründung im Jahr 1906 die Hochzeit auf dem Hügel war.

Für Alfred Krupp führte der Weg über eine gute Wohnung zum zufriedenen Arbeiter. Als sein Sohn Friedrich Alfred die großen Wohnsiedlungen Alfredshof, Friedrichshof und Altenhof schuf, wollte er mehr. In einer an dörfliches Wohnen erinnernden Anlage sollte sich der einzelne mit seiner Familie seine ganz persönliche Welt gestalten können. Er sollte Zufriedenheit finden, sicher auch im Firmeninteresse, vor allem aber im Blick auf die eigene Menschenwürde.

Für dieses Motiv des Bauherrn gibt es manches Zeugnis. Diese Zeugnisse zeigen deutlicher als Programme und Statistik verraten, wie tief die Frage des sozialen Wohnens im Hause Krupp verankert war. Das Mitplanen, Mitdenken machte nicht bei der Architektur halt, bei der Bereitstellung der Grundstücke und Finanzmittel. Dieses Engagement, das sich auch an die Menschen gebunden fühlte, die in den Siedlungen leben sollten, fand bei der Witwe Friedrich Alfreds neue Ansatzpunkte. Margarethe Krupp machte sich ihre Stiftungen, ihre Fürsorge für andere zum Lebensinhalt. Diese Fürsorge hat mit der Margarethenhöhe ein bleibendes Denkmal hinterlassen.

Mit seiner Familie seine ganz persönliche Welt gestalten: Wohnsiedlung Altenhof.

Auch Margarethe Krupp begnügte sich nicht mit Geld und Wort. Wir wissen, daß der Gartenvorstadt bis zu ihrem Todesjahr 1931 eine dauerhafte Anteilnahme galt. Sie kümmerte sich um die Menschen in den Häusern zwischen Nachtigallental und Sommerburg und war der Verwaltung und dem Architekten eine hilfreiche Ratgeberin.

Krupp-Siedlung Altenhof: Eine Anlage, die an dörfliches Wohnen erinnert.

Die Margarethenhöhe hat sich von Anfang an — wie in den Stiftungsstatuten vorgesehen — nicht nur den Kruppianern geöffnet. Es war der Wunsch der Stifterin, sie auch anderen Bevölkerungsschichten zugänglich zu machen. So ist es bis heute geblieben.

Geblieben ist zudem der Respekt vor einer Gründung, die nicht nur den Städteplanern von einst und jetzt als Beispiel gilt.

Dr. Ehrhard Reusch
Stellvertretender Vorsitzender des Aufsichtsrates der Margarethe Krupp-Stiftung für Wohnungsfürsorge

Inhalt

Es grünt...
...so grün auf den folgenden Seiten: Margarethenhöhe auf einen Blick. Das Luftbild wurde im Sommer 1981 für dieses Buch aufgenommen. Im Vordergrund die Brücke über das Mühlenbachtal, dahinter – eingefaßt von Sommerburgtal (links) und Sommerburgstraße – der alte Teil der Margarethenhöhe. Rechts von der Sommerburgstraße, längs des Nachtigallentals, die Abschnitte der Gartenvorstadt, die in den 20er und 30er Jahren gebaut wurden; links oben die sogenannte „Margarethenhöhe II", entstanden zwischen 1962 und 1981 am Rande der Gruga. Am oberen Bildrand, jenseits des Nachtigallentals, Häuser und Straßen der Nachbarstadtteile Fulerum und Haarzopf. →

An Stelle eines Vorworts...

Es ist Herbst. Eine matte Sonne hängt über dem Kleinen Markt. Wir stehen auf der großen Freitreppe. Der 39jährige Mann neben mir trägt den selben Namen wie der Baumeister dieser Gartenvorstadt: Metzendorf. Er ist Architekt, Diplom-Ingenieur und sein Arbeitsplatz ist das Planungsamt der Stadt Mainz.

Auf den Spuren seines Großvaters: Enkel Rainer Metzendorf bei seinem Rundgang über die Margarethenhöhe (hier in der Straße „Waldlehne").

Am Kleinen Markt haben wir unseren Rundgang beendet. Für Rainer Metzendorf war es ein erneutes Wiedersehen mit einer Siedlung, die sein Großvater Georg zu seiner Lebensaufgabe gemacht hatte. Und was Städtepla-

Zum 75. Geburtstag der Margarethe Krupp-Stiftung für Wohnungsfürsorge spielte das Philharmonische Orchester der Stadt Essen: Kleiner Markt am 27. September 1981. Ein Nachmittag mit volkstümlichen Melodien, milder Herbstsonne und einem dankbaren Publikum. Wegen der besseren Wetteraussichten hatte man die Festwoche vorverlegt. Das Promenadenkonzert dirigierte Generalmusikdirektor Professor Heinz Wallberg.

ner heute als frühes Architektur- und Sozialbeispiel einer Gartenvorstadt loben, das ist auch das Thema dieses Buches: Margarethenhöhe in Essen, gegründet am 1. Dezember 1906, gestiftet von Margarethe Krupp, geplant und erbaut von Georg Metzendorf.

Enkel Rainer Metzendorf hat seinen Großvater nicht gekannt. Als er 1941 geboren wurde, war der Baumeister der Margarethenhöhe schon sieben Jahre tot. Das Bild des Großvaters orientierte sich an den Erzählungen des Vaters (Ernst), an den Fotos im Familienalbum, an den Briefen. Dann kam das Jahr 1964. „Ich studierte Städtebau, hörte Vorlesungen bei Professor Albers. Dabei wurde die Margarethenhöhe so begeistert vorgestellt, daß ich mir sagte: ‚Darüber mußt du mehr wissen!'"

Dieser Entdeckerfreude verdankt die Geschichte der Siedlung manche neue Erkenntnis, und das gilt auch für den Lebenslauf des Baumeisters. Und was Rainer Metzendorf in seiner Spurensuche bestärkte: „An der Hochschule für Architektur fehlt in keinem Vorlesungsprogramm über Städtebaugeschichte die

Margarethenhöhe. Auch Fachbücher beschreiben sie bei internationalen Vergleichen ausführlich als Beispiel."

Zwar dämpfte der Enkel beim Rundgang durch das Vorstadtidyll die eigene Begeisterung mit

Großvater Georg hat die Steile Straße 1909 entworfen, Enkel Rainer zeichnete sie 1980.

dem Hinweis, Familienbindung könne das eigene Urteil vielleicht beeinflussen. Aber da er die internationale Fachwelt und die Bewohner der Margarethenhöhe als Zeugen hat, sind solche Zweifel unbegründet.

Wir überqueren den Markt. Hinter der schweren Eingangstür des Gasthauses steht eine Tierplastik von Enseling am Treppenaufgang. Diese Treppe zum Vorstands- und späteren Aufsichtsratszimmer sind seit dem Jahre 1915 viele bekannte Besucher hinaufgegangen, um sich ins Gästebuch einzutragen: Margarethe Krupp, König Ludwig von Bayern, Kaiserin Auguste Viktoria, Königin Friederike von Griechenland, Bundespräsident Professor Heuss. Holztäfelung und Mobilar des Zimmers sind noch erhalten.

Ein Fensterplatz im Gasthaus. Sonntagsspaziergänger gehen unter den Arkaden vorbei. Rainer Metzendorf packt seine Erinnerungsstücke aus: Fotos aus dem Familienalbum, der Bleistift in der Silberhülle, mit dem Georg Metzendorf seine ersten Entwürfe für die Margarethenhöhe zeichnete. Ich notiere einige der Gedanken des Enkels über den Großvater...

...daß er einer der ersten war, die sich mit dem Thema Arbeiterhaus oder Kleinwohnhaus auseinandergesetzt haben, einem Grundtyp, auf dem die Margarethenhöhe aufgebaut ist;

Keine Haustür sollte wie die andere sein. Metzendorf sparte Baukosten durch Serienproduktionen bei Innentreppen und Fenstergrößen – aber jede Tür hatte ihre persönliche Note. Das zeigt die Siedlung auch heute noch (siehe Fotobeispiele). Der Wiederaufbau nach Kriegszerstörungen und Erneuerungen der folgenden Jahre haben sich von dieser Leitlinie entfernt. Meist der Kosten wegen.

13

...daß dies zumindest in Deutschland das erste Kleinwohnhaus war, das durch seinen Komfort, zum Beispiel die kombinierte Heiz- und Kochanlage, Aufsehen erregte (eine Erfindung, die später weltweit kopiert wurde);

...daß Georg Metzendorf die Mieter der Margarethenhöhe auch mit eigenen Möbelentwürfen beraten hat;

...daß er zu jenen vom Werkbundgedanken beeinflußten süddeutschen Architekten gehörte, die wegen ihres „menschlichen Bauens" in den Industriestädten des Ruhrgebiets oft vorgezogen wurden;

...daß der Großvater die Baukosten dadurch niedrig hielt, daß er die in jener Zeit unübliche Serienproduktionen für Innentreppen und Fenstergrößen anwandte;

...daß er daneben aber gerade im ersten Bauabschnitt der Handwerkskunst freien Raum ließ, auch wenn einige damalige Kritiker dies als „verspielt" kritisierten.

Bruchstücke eines Gesprächs, das mit einstimmt auf das große Thema dieses Buches und das auch die menschliche Seite berührt: den frühen Tod des Großvaters, verursacht durch ein schweres Leiden mit starken Schmerzen und Lähmungen, dessen Beginn ins Jahr 1913 zurückreichte — ein schlecht verheilter Beinbruch, dann eine Kriegsverletzung. Das ist der unbekannte Metzendorf, den die Chroniken sonst nur als den erfolgreichen, den strahlenden Baumeister kennen.

Was die Margarethenhöhe ihm bedeutete, ist vor allem an der Beurteilung der Familie zu messen. Und das schließt die starken persönlichen Eindrücke des heute 80jährigen Sohnes Dr. Ernst Metzendorf mit ein. Vielleicht gibt es kein besseres Beispiel für diese enge Bindung als den Wunsch des todkranken Baumeisters, oberhalb des Nachtigallentals mit dem Blick zur Margarethenhöhe begraben zu werden.

Steiler Aufstieg, Erfolge, Glück, Tod. Kurzformeln, die wie abgenutzte Kapitelüberschriften klingen. An diesem Morgen hat der Gast aus Mainz mitgeholfen, ihnen Farbe und Konturen zu geben.

Das Gasthaus Margarethenhöhe füllt sich. Am Nebentisch wird über die Chancen des nächsten TUSEM-Handballspiels gesprochen. Auf dem Marktplatz drehen drei Jungen mit Fahrrädern schnelle Kreise. Die Menschen in ihren Ansprüchen, ihren Gewohnheiten haben sich verändert. Nur die Margarethenhöhe ist geblieben, was sie war: Eine Gartenvorstadt, die den Charme ihrer frühen Jahre bewahrte, die — mit den Worten des Metzendorf-Enkels — heute als bewundertes Baubeispiel genauso wieder im Mittelpunkt steht, wie in ihren Anfangsjahren.

„Alles Gute für das Buch", sagt Rainer Metzendorf zum Abschied. Und da gute Wünsche ja vorangestellt werden, greife ich nach dem Bleistift des Großvaters in der Silberhülle, der zwischen den Familienbilder liegt, und notiere: „Anstelle eines Vorworts..."

HANS G. KÖSTERS

Die Stiftung

Der Wille der Stiftung.

(Auszug.)

„Aus Anlaß der Vermählung meiner Tochter Bertha will ich, wie ich dem Herrn Oberbürgermeister der Stadt Essen in meinem Schreiben vom 15. Oktober 1906 bereits mitgeteilt habe, eine Stiftung errichten, die vor allem der Wohnungsfürsorge für die minderbemittelten Klassen dienen soll. Die Stiftung soll den Namen: Margarethe Krupp-Stiftung für Wohnungsfürsorge tragen.

Das Vermögen der Stiftung besteht aus einem Kapital von 1 Million Mark, sowie aus einem Baugelände in Größe von rund 50 ha. Das der Stiftung zunächst zugewiesene Kapital von 1 Million Mark ist zur Errichtung von Wohnhäusern bestimmt."

Essen, den 1. Dezember 1906.

gez. Frau Friedrich Alfred Krupp.

Urkunde
aus dem Jahre 1906

15

Das Hochzeitsgeschenk hieß Margarethenhöhe

Eine freudige Kunde durcheilte gestern nachmittag unsere Stadt". So berichtet am 1. Juni 1906 der General-Anzeiger. Gemeint war die Verlobung Bertha Krupps mit Gustav von Bohlen und Halbach. Der „freudigen Kunde" folgt später eine Überraschung nach: Verlobung und Hochzeit sind auch die Geburtsstunde der Gartenstadt Margarethenhöhe.

Daß Essener Zeitungen dem Familienereignis so breiten Raum gaben, erklärte sich aus der Bedeutung des Namens Krupp. Der stand nicht nur für den gesellschaftlichen Glanz der Villa Hügel, sondern vor allem für die 35 200 Arbeitsplätze der Essener Gußstahlfabrik, zu denen noch 28 000 in anderen Werken kamen. Essen lebte mit und von Krupp. Woran lautstark auch das Dröhnen des Hammers „Fritz" und der Kanonendonner vom Schießstand am Segeroth-Friedhof erinnerten.

Dieses Leben mit Krupp war nicht immer ungetrübt, wenn es um die Politik ging. So sehr die Firma mit ihren Wohlfahrtseinrichtungen andere Firmen und dem Staat vorangegangen war, zwischen der Sozialdemokratischen Partei des Jahres 1906 und ihr klaffte ein Graben. Krupp und andere Unternehmer galten der SPD als Vertreter des „modernen Kapitalismus". Und gegen Glanz und Gloria des Kaiserreiches setzten Sozialdemokraten der Vorkriegszeit ihr Nein zum „Hurra-Patriotismus".

Doch die breite Öffentlichkeit schien unberührt vom politischen Streit. Autoritätsglauben, Kaisertreue und 35 Friedensjahre förderten nicht die Bereitschaft zum Klassenkampf. Also rollten auch die meisten Zeitungen den Teppich aus, wenn sich große ge-

Brautpaar Bertha Krupp und Gustav von Bohlen und Halbach 1906: „Freudigst bewegt …"

sellschaftliche Ereignisse ankündigten. Die Leser, so vermuteten sie wohl zu recht, wollten über ihr Blatt Zaungäste bei allem sein, was die Villa auf dem Hügel zu bieten hatte.

Hügel, 31. Mai 1906. An diesem Tag erhält das Direktorium ein persönliches Schreiben der Hausherrin Margarethe Krupp:

„Freudigst bewegt teile ich dem Direktorium mit, daß sich meine älteste Tochter Bertha mit Herrn Gustav von Bohlen und Halbach, Legationsrat der Königlich Preußischen Gesandtschaft beim Päpstlichen Stuhl, verlobt hat.

Überzeugt, daß alle Angehörigen der Fabrik an unserer Freude aufrichtigen Anteil nehmen werden, bitte ich diese Nachricht auf der Fabrik sofort bekannt zu geben."

In der 1873 bezogenen Villa Hügel auf den Ruhrhöhen lebt Margarethe, Witwe des 1902 verstorbenen Friedrich Alfred Krupp, mit ihren Töchtern Bertha (20) und Barbara (19). Bertha, so hat das Testament des Vaters verfügt, soll in ihrem 21. Lebensjahr das Erbe übernehmen. Bis dahin ist die Mutter Treuhänderin des Vermögens.

Nach Friedrich Alfreds Tod war das Werk stetig weiter gewachsen, wenn auch als Aktiengesellschaft. Die Umwandlung war nach dem Willen Friedrich Alfreds vollzogen worden, damit ein Aufsichtsrat aus alten Freunden des Hauses der Witwe und später der Tochter bei der Unternehmensführung zur Seite stehen konnte. An den Besitzverhältnissen änderte das nichts. Von 160 Millionen Mark Grundkapital wurden nur — wie das Gesetz es verlangte — Anteile im Wert von

Montag, den 15. Oktober 1906.   48,990 Abonnenten.   39. Jahrgang. — Nr. 238.

Essener Volks-Zeitung

Erscheint täglich, mit Ausnahme der Sonn- u. Feiertage, früh 6 Uhr. Abonnementspreis durch die Agenturen und Boten zugestellt pro Monat 40 Pfg., durch die Post bezogen pro Quartal M. 1,80. Einzelne Blätter 5 Pfg.

Anzeigen werden bis spätestens Abends 5 Uhr erbeten. Preis für die 1spaltige Petitzeile 25 Pfg., im Lokalverkehr 15 Pfennig. Reklamen pro Zeile 50 Pfennig. Telephon-Anschluß Nr. 375 u. Nr. 13.

Redaktion: Kibbelstraße 9.   Telegr.-Adresse Volkszeitung.   Telephon-Anschluß Nr. 13.

Central-Organ für Rheinland und Westfalen.

Expedition: Kibbelstraße 11.
Rotationsdruck und Verlag von Fredebeul & Koenen.

Zur Vermählung
von Fräulein Berta Krupp mit Herrn Gustav von Bohlen und Halbach.

Auf Hügels hohem Schlosse
Ist heut' zum Hochzeitsfeste
Vereint in frohem Kreise
Die Schar erwählter Gäste.

Der Riesenwerke Erbin
Dem Manne sich vermählet,
Den sie sich zum Gefährten
Fürs Leben auserwählet.

Zu diesem schönen Feste
Der Kaiser selbst erscheinet
Und wünschet Glück dem Paare,
Das treue Lieb' vereinet.

Viel tausende auch bringen
Voll Freud' dem Paar entgegen
Die besten Segenswünsche,
Die sie im Herzen hegen.

Wo in dem Reich des Gußstahls
Die Scharen wack'rer Mannen
Das zähe Eisen recken,
Des Feuers Gluten bannen;

Wo unterm Druck der Pressen
Und durch der Hammer Mächte
Die Schmiede Blöcke modeln
Am Tag wie alle Nächte;

Wo Gruson Hartguß stählt,
Germania Schiffe bauet,
Der Knappe tief im Schachte
Das Erz, die Kohlen hauet;

Da klingt der Schlag der Hämmer
Gleich einem froh Geläute —
Von Mund zu Munde heißt es:
Bei Krupp ist Hochzeit heute!

Und auf dem Altenhofe
Wo biedre Invaliden
Des Alters Ruh' genießen
In wohlverdientem Frieden,

Da leuchten froh die Blicke
Der wack'ren alten Leute.
Wie Segensworte klingt es:
Bei Krupp ist Hochzeit heute!

Gar viele stille Wünsche
Das junge Paar begleiten,
Auf daß das Glück ihm bleibe
Fortan zu seinen Seiten;

Auf daß auch weiter blühen
Die Werke, die geschaffen
Zum Ruhm des deutschen Landes
Des Heers gewalt'ge Waffen.

Wie einst die frühern Herren,
So möge Herr von Bohlen
Ein König sein im Reiche
Des Eisens und der Kohlen!

Ein König harter Arbeit,
Doch stets von edlem Sinne,
Auf daß er auch die Herzen
Des schlichten Volks gewinne!

So hofft und wünscht man heute
Weit über Essens Grenzen,
Weit über all' die Stätten,
Wo Kruppsche Feuer glänzen.

Dem jungen Paare folge
Das Glück auf allen Wegen!
Mög' allzeit ihm erblühen
Des Himmels reinster Segen!

T. K.

3568

Auch die Zeitungen feierten mit: Titelseite der Essener Volks-Zeitung vom 15. Oktober 1906.

4.000 Mark an die Mitglieder des Direktoriums verteilt. Das übrige Vermögen blieb geschlossen in Händen von Tochter Bertha, die die Weltpresse gern als reichste Erbin Deutschlands oder Europas bezeichnete.

Hügel-Besucher Wilhelm II.
1906: Zur Erinnerung
auch ein Foto.

Die Familiengeschichte der Krupps hat immer wieder die Öffentlichkeit bewegt. Es war etwas, das über den Alltag hinausführte, die, wenn auch distanzierte, Begegnung mit den eigenen Träumen von Glück, Erfolg, Geld. Und daß die zwanzigjährige Bertha nun bald die Herrin auf Hügel sein sollte, darüber sprach es sich leichter in Stube und Wirtshaus als zum Beispiel über die deutsch-britische Flottenkonkurrenz.

Den 36 Jahre alten Legationsrat Dr. jur. Gustav (Taffy) von Bohlen und Halbach hatte Bertha auf einer Frühjahrsreise mit Mutter und Schwester in Rom kennengelernt. Ein kleiner, zierlicher Mann, Oberleutnant der Reserve bei den badischen Drago-

nern, großherzoglicher Kammerjunker, Diplomat in Washington, Peking, Rom. Ihn hatte nun die Zuneigung der Krupp-Erbin aus stillen diplomatischen Diensten auf die Weltbühne geholt.

Die Zuneigung ist natürlich beiderseits, und bei dieser idealen Partnerschaft läßt deshalb der Hochzeitstermin nicht lange auf sich warten. Für den 15. Oktober ist das 220-Zimmer-Haus auf dem Hügel gerüstet; und auch der Kaiser wird als Trauzeuge ein Protokoll vorfinden, das nichts zu wünschen übrig läßt.

Montag 15. Oktober. Essen im Fahnenschmuck. Schon am Morgen drängen die Zaungäste zum Hügel-Bahnhof. Sie wollen ihren Kaiser Wilhelm sehen. „Aber keiner kam auf seine Rechnung", schreibt die Essener Volks-Zeitung. Fünfzig Meter vor dem Bahnhof sperrt eine Kette von Soldaten und Gendarmen das Gebäude ab. Nur an den sechs Kanonenschüssen hört man: Majestät und Gefolge sind mit dem Hofzug eingefahren. Es ist 12.45 Uhr. Auf Villa Hügel wird die Kaiserstandarte gehißt.

Auf der Südterrasse mit Zugang von der Bibliothek ist in fünf Wochen die Turmkapelle errichtet worden. Durch Glasmosaiken fällt Tageslicht in die Altarnische; die Leuchten an den Wänden und an der Decke haben die Form von Myrtenkränzen; auf dem Boden liegen rote Teppiche. Wilhelm II. führt die Brautmutter Margarethe Krupp in die Kapelle, dann folgt das Brautpaar. Traugäste sind Generäle und Admirale, Freiherrn und Freifräulein, Präsidenten und Kommerzienräte, 18 Vertreter der Gußstahlarbeiter, Dienerschaft und Angestellte des

Hügels mit ihren Familien. Pastor Greven aus Werden liest den Brauttext: „Sei getreu bis in den Tod . . . " Bertha hat ihn selbst ausgewählt. Es ist auch ihr Konfirmationsspruch gewesen. Und Kruppsche Arbeiter, vereint im Gesangsverein „Gemeinwohl", singen den Brautleuten: „Wo du hingehst, da will auch ich hingehen . . . " Alle Blicke sind auf die Altarnische gerichtet. Margarethe Krupp in silberner Samtrobe mit dem ihr kürzlich verliehenen Wilhelmsorden; der Kaiser in Generaluniform, Bertha in einem schlichten Seidenkleid und mit einem Myrtenkranz im Haar, Gustav von Bohlen in feierlichem Schwarz.

Die „herrschaftliche Mittagstafel" wartet: Pommersche Entensuppe, Seezungenschnitte, Kalbsrücken, gefüllte Wachteln, Rehmedaillons, französische Masthühner . . . Dazu spielt die Kapelle den „Einzug der Gäste . . ." aus Wagners Tannhäuser und später Melodien aus „Romeo und Julia".

Gustav von Bohlen, der von nun an der Treuhänder seiner Frau sein wird, an der Spitze eines Werkes mit 63.000 Mitarbeitern, sagt dem Kaiser, daß der Wahlspruch Alfred Krupps auch für ihn gelten werde: „Der Zweck der Arbeit soll das Gemeinwohl sein". Der Kaiser nickt Beifall.

Dieser Prinzgemahl sieht seine Zeit nicht durch die kritische Lupe. Auch er ist eingebunden in seine gewohnte Welt aus Pflichten, Gehorsam, Disziplin. Die Autorität sitzt für ihn auf dem Kaiserthron. Wer dagegen ist, kann in ihm keinen Bundesgenossen finden.

Für den Dienst!

Für Montag den 15. Oktober sind die Einladungen für die Trauungsfeier der Fräulein Bertha Krupp mit Herrn Legationsrat, Kammerherrn Dr. von Bohlen-Halbach für 12 Uhr ergangen.

Vorfahrt: Mittelportal.

Portier: Rotermund.

Bei Ankunft und Abreise in den

    Garderoberäumen: Diener Fleder und Wolter.

    „   Hausmädchen Auguste Hirschfeld.

    „   „   Luise Hirschfeld.

    Blumenzimmertür: Diener Heil und Vogel.

    Bibliothektür nach der Halle: Diener Fricke und Borchardt.

    „   „   kl. Bibliothek: Diener Groß und Frischmuth.

    Ausgangstür von der Bibliothek zur Kapelle:

        Doppelposten von der Feuerwehr.

Seine Majestät der Kaiser und König treffen auf Station Hügel mittags 12 Uhr 45 Minuten ein.

Der Dienerdienst wird bei der Ankunft und Abreise vom Stall aus besorgt.

Vorfahrt: Mittelportal.

Gleich nach Ankunft Seiner Majestät beginnt die Trauungsfeier. Seine Majestät betritt mit Frau Krupp die Kapelle; nach einer kurzen Pause folgt das Brautpaar. Siehe Trauungsprogramm.

Nach der Trauung, etwa 2 Uhr, findet die Herrschaftliche Mittagstafel statt. Siehe Menu-Aufstellung und Service-Einteilung.

Der Kaffee wird in der oberen Halle serviert.

    Dienst: Diener Groß, Frischmuth, Heil,

    „   „   Wolter, Fleder, Vogel,

    „   „   Borchardt und Dormann.

    Obere Hallentür: Diener Seuser und Voß.

    Dieselben Diener behalten auch den Dienst nach der Abendtafel.

Die Abfahrt der Neuvermählten erfolgt vom Hauptportal; die Abreise von Station Hügel um   Uhr   Min.

Die Abfahrt Seiner Majestät erfolgt ebenfalls vom Hauptportal; die Abfahrt des Hofzuges von Station Hügel um 5 Uhr.

Bei der Abfahrt Seiner Majestät und ebenfalls der Neuvermählten darf die Dienerschaft vor dem Haupthause gegenüber dem Portal Aufstellung nehmen.

Die Zeit für die Mahlzeiten für Musiker, sowie für die gesamte Stall- und Hausdienerschaft ist für die

    Mittagsmahlzeit vormittags auf 11 Uhr und für die

    Abendmahlzeit abends auf 6½ Uhr festgesetzt.

Die Herrschaftliche Abendtafel wird an einzelnen Tischen zu je 10 Gedecken, in der unteren Halle, um 8 Uhr serviert. Siehe Menu-Aufstellung.

Nach der Abendtafel ist in der oberen Halle Tanz. (Trinkbuffets.)

Vorfahrt der Wagen am Mittelportal um   Uhr   Min.

Dekorationen sind anzulegen.

HÜGEL, den 12. Oktober 1906.

Kruppsche Hausverwaltung.
Herms.

Tagesplan für die Dienerschaft: „Gleich nach Ankunft Seiner Majestät die Trauungsfeier."

Der Hügel und die Fabrik werden sich an diesen korrekten, nüchternen neuen Herrn gewöhnen müssen, der die Temperatur in seinem Arbeitszimmer nie über 13 Grad ansteigen läßt. Für den Kaiser ist das ein Mann nach seinem Herzen. Und so sagt auch er: „Ohne Pflichten sind keine Rechte denkbar. Rechte und Pflichten führen zu Ungebundenheit und Zügellosigkeit." Der jungen Hügel-Herrin Bertha wünscht er: „Wenn Sie durch die Fabrikräume schreiten, möge der Arbeiter in dankbarer Liebe die Mütze vor Ihnen lüften." Aber auch hier empfiehlt der zweite Wilhelm auf dem Kaiserthron: „Mit goldenen Buchstaben stehe das Wort Pflicht über den Türen Ihres Heims."

Der Worte sind genug gewechselt. Die Brautleute wollen in die Flitterwochen, der Kaiser will nach Bonn. Majestät läßt noch Orden und ein Geschenk zurück, den sogenannten „Namensvermehrungsbrief". Er verleiht Gustav von Bohlen und Halbach und dem jeweiligen männlichen Erben der Fabrik das Recht, seinem Namen den Namen Krupp voranzustellen.

Begleitet haben den Hochzeitstag auch eine Feier der Kruppschen Beamten, die Kommentare der Zeitungen und zwei Stiftungen. Den Überlieferungen des Hauses Krupp folgend, so sagte der Baurat Robert Schmohl auf der Beamtenfeier in der Siedlung Kronenberg voraus, werde Bertha Krupp für die Schwachen und Bedrängten Hort und Hilfe sein. Die Essener Volks-Zeitung über den Bräutigam: „ . . . übernimmt der neue Herr auch Pflichten, große rechtlich begründete Pflichten, namentlich nach der sozialpolitischen Seite hin ... Die Bahnen, die Herr von Bohlen und Halbach nach dieser Richtung zu wandeln hat, sind ihm von den Vorbesitzern glücklich vorgezeichnet worden."

Das Brautpaar 1906 mit Margarethe Krupp (rechts), Frau Sophie von Bohlen und Halbach (links), Mutter des Bräutigams, und Rittmeister Harry von Bohlen und Halbach.

Glücklich vorgezeichnet war durch diese Hochzeit vor allem die Zukunft einer Siedlung, deren Stiftungsurkunde über eine Million Mark und 50 Hektar Bauland von Margarethe Krupp am 1. Dezember 1906 unterzeichnet wurde. Schon am 15. Oktober hatte sie der Stadt Essen mitgeteilt:

„Aus Anlaß der Vermählung meiner Tochter Bertha will ich eine Stiftung errichten, die vor allem der Wohnungsfürsorge für die minderbemittelten Klassen dienen soll."

Dieses Hochzeitsgeschenk für die Essener war die spätere „Margarethenhöhe".

Stiftungsurkunde
und
•• Verfassung ••
der
Margarethe Krupp-Stiftung für • •
• • • • • • Wohnungsfürsorge.

Druck von C. Daube, Essen.

Aus Anlaß der Vermählung meiner Tochter Bertha will ich, wie ich dem Herrn Oberbürgermeister der Stadt Essen in meinem Schreiben vom 15. Oktober 1906 bereits mitgeteilt habe, eine Stiftung errichten, die vor allem der Wohnungsfürsorge für die minderbemittelten Klassen dienen soll.

Die Stiftung soll den Namen

„Margarethe Krupp-Stiftung für Wohnungsfürsorge"

tragen und erhält die nachstehende Verfassung:

§ 1.

Das Vermögen der Stiftung besteht aus dem ihr von Frau Friedrich Alfred Krupp zur Verfügung gestellten Kapital von 1 Million Mark, sowie aus einem Baugelände in Größe von rund 50 ha, das ihr von Frau Friedrich Alfred Krupp aus ihrem im Bezirk der ehemaligen Gemeinde Rüttenscheid liegenden Grundbesitz zugewiesen werden soll.

§ 2.

Das der Stiftung überwiesene Baugelände ist, soweit nicht im einzelnen Falle ein Grundstück zu öffentlichen Zwecken abgetreten werden soll oder die Voraussetzungen der Enteignung gegeben sind, ungeschmälert zu erhalten. Ein Austausch von gleichwertigen Grundflächen soll jedoch nicht ausgeschlossen sein.

Das jetzige und künftig anwachsende Kapitalvermögen der Stiftung ist unbeschadet der Bestimmung in § 3 in Häusern, Grundstücken oder mündelsicheren Hypotheken-Grundschulden- und Wertpapieren anzulegen und ebenfalls zur Erreichung der Stiftungszwecke tunlichst ungeschmälert zu erhalten.

§ 3.

Das der Stiftung zunächst zugewiesene Kapital von 1 Million Mark ist zur Errichtung von Wohnhäusern bestimmt.

Hierbei darf ein Betrag bis zu insgesamt 250 000 Mk. zur Beleihung des Erbbaurechtes für Wohnhäuser verwandt werden, die auf dem der Stiftung zu überweisenden Baugelände in Erbbau errichtet werden. Über die Voraussetzungen der genügenden Sicherheit entscheidet in diesen Fällen der Vorstand nach freiem Ermessen.

§ 4.

Im Falle eines Vermögensverlustes sind die Erträgnisse der Stiftung zunächst zur Ergänzung des Vermögens auf seine ursprüngliche Höhe zu verwenden.

§ 5.

Die Stiftung soll in erster Linie der Wohnungsfürsorge für die minderbemittelten Klassen dienen. Dieser Zweck soll vor allem erreicht werden durch Erbauung und Vermietung geeigneter Wohnungen auf dem Grundbesitz der Stiftung, die im Eigentum der Stiftung bleiben, soweit nicht gemäß § 3 eine Vergebung von Grundbesitz der Stiftung in Erbbau erfolgt ist.

§ 6.

Bei Vermietung der Wohnungen sowie bei Vergebung von Grundbesitz der Stiftung in Erbbau nebst der Beleihung des Erbbaurechtes sind die Angehörigen der Kruppschen Werke in angemessener Weise zu berücksichtigen.

§ 7.

Während das Grundkapital der Stiftung von 1 Million Mark und das ihr zunächst zugewiesene Baugelände gemäß § 5 zu verwenden ist, können die Erträgnisse der Stiftung auch anderweitig im Interesse der Wohnungsfürsorge verwandt werden, z. B. durch Unterstützung von Vereinigungen, die ebenfalls der Wohnungsfürsorge für die minderbemittelten Klassen dienen, wie Baugenossenschaften,

u. dergl., durch Aufwendungen zur Verbesserung der Verkehrsverhältnisse in der Umgebung des Grundbesitzes der Stiftung, insbesondere im Interesse der besseren Verbindung des auf dem Stiftungsgelände neu entstehenden Wohnviertels mit der Stadt Essen und der Kruppschen Fabrik.

§ 8.

Sollten zeitweise keine besonderen Bedürfnisse auf dem Gebiete der Wohnungsfürsorge vorliegen, so können die Erträgnisse der Stiftung vorübergehend ganz oder teilweise auch für andere gemeinnützige Zwecke im Interesse der minderbemittelten Klassen Verwendung finden, z. B. durch Ueberweisung an die Krupp Stiftung oder die Friedrich Alfred Krupp-Stiftung. Die Verwendung von Stiftungsmitteln für konfessionelle Zwecke oder für alle solche Zwecke, deren Erfüllung dem Staat, der Gemeinde oder anderen öffentlichen Korporationen obliegt, ist verboten.

§ 9.

Die Stiftung hat ihren Sitz in Essen.

§ 10.

Die Stiftung soll sich in erster Linie in der Stadt Essen, wo die Kruppsche Gußstahlfabrik ihren Sitz hat, betätigen. Im Bedarfsfalle und nach Maßgabe der verfügbaren Mittel kann sie indessen ihre Wirksamkeit auch auf solche Orte ausdehnen, in denen sich größere Kruppsche Unternehmungen befinden.

§ 11.

Die Verwaltung der Stiftung und die Ausführung sämtlicher damit zusammenhängender Geschäfte, sowie überhaupt ihre gesetzliche Vertretung erfolgt durch einen Vorstand.

§ 12.

Der Vorstand besteht aus:

1. dem Oberbürgermeister der Stadt Essen oder in dessen Vertretung aus einem von demselben zu bezeichnenden Beigeordneten als Vorsitzenden,
2. aus 5 von Frau Friedrich Alfred Krupp zu ernennenden Mitgliedern und
3. aus 5 von der Stadtverordneten-Versammlung in Essen aus der Zahl der stimmfähigen Bürger ehrenamtlich zu erwählenden Mitgliedern.

Von den zu 3 genannten Mitgliedern müssen mindestens 2 dem evangelischen und 2 dem katholischen Religionsbekenntnis angehören.

Außer den zu 2 und 3 zu bestellenden eigentlichen Mitgliedern sollen auch Stellvertreter, und zwar 5 von Frau Friedrich Alfred Krupp ernannt und 5 von der Stadtverordneten-Versammlung, wie oben angegeben, gewählt werden. Die Bestimmung des Abs. 2 findet auf die Stellvertreter keine Anwendung.

Nach dem Tode von Frau Friedrich Alfred Krupp geht ihr Ernennungsrecht an das Direktorium der Fried. Krupp Aktiengesellschaft über und wird im Falle des Eingehens der Kruppschen Gußstahlfabrik ebenfalls von der Stadtverordnetenversammlung ausgeübt.

Die Amtszeit der zu 2 und 3 genannten Mitglieder und ihrer Stellvertreter dauert 8 Jahre. Alle 2 Jahre scheidet eins derselben aus und wird durch Neuwahl ersetzt.* Die zuerst ausscheidenden Mitglieder werden durch das Los bestimmt.

Außergewöhnliche Wahlen zum Ersatz innerhalb der Amtsperiode ausscheidender Mitglieder finden statt, wenn dies von dem Wahlberechtigten für erforderlich erachtet wird. Der Ersatzmann bleibt nur bis zur Beendigung derjenigen Amtsdauer in Tätigkeit, für welche der Ausgeschiedene gewählt war.

_____
* Das letzte Mal scheiden je 2 Mitglieder aus.

§ 13.

Dem Vorsitzenden liegt die Verpflichtung ob:

1. die Sitzungen des Vorstandes zu berufen und zu leiten,
2. die Beschlüsse des Vorstandes vorzubereiten und auszuführen,
3. die auf den Beschlüssen des Vorstandes beruhenden Einnahmen und Ausgaben anzuweisen und das Kassen- und Rechnungswesen zu überwachen,
4. bis zum 1. August jeden Jahres über die Einnahmen und Ausgaben dem Vorstand Rechnung zu legen.

Der Vorsitzende ist berechtigt, sich zur Erledigung dieser Geschäfte der städtischen Beamten zu bedienen. Die Verwaltung der Kassengeschäfte erfolgt durch die Stadtkasse.

Die Einladungen zu den Sitzungen erfolgen schriftlich.

Der Vorstand ist beschlußfähig, wenn außer dem Vorsitzenden mindestens vier Mitglieder oder stellvertretende Mitglieder anwesend sind. Die Beschlüsse, über welche ein Protokoll zu führen ist, werden mit absoluter Stimmenmehrheit gefaßt, bei Stimmengleichheit entscheidet die Stimme des Vorsitzenden. Eine Sitzung des Vorstandes muß berufen werden, sobald dies von mindestens zwei Mitgliedern beantragt wird.

Im übrigen gelten in Bezug auf die formelle Geschäftsordnung für den Vorstand die für die städtischen Verwaltungs-Deputationen erlassenen oder noch zu erlassenden Vorschriften.

Mitglieder des Vorstandes, die verhindert sind, an den Sitzungen teilzunehmen, haben die Einladungsschreiben ihren Stellvertretern zugehen zu lassen, die alsdann mit vollem Stimmrecht an den Sitzungen teilnehmen. Die stellvertretenden Vorstandsmitglieder haben aber auch in anderen Fällen das Recht mit beratender Stimme an den Vorstandssitzungen teilzunehmen.

§ 14.

Zur Vertretung der Stiftung nach Außen genügt die Unterschrift des Vorsitzenden oder seines Stellvertreters.

§ 15.

Neben dem Vorstand können für gewisse Geschäfte, insbesondere für die Verwaltung des Grundbesitzes und der Wohnungen, besondere besoldete und unbesoldete Vertreter der Stiftung bestellt werden, die sich durch eine schriftliche vom Vorsitzenden des Vorstandes oder seinem Stellvertreter zu unterzeichnende, mit dem Siegel der Stadt Essen versehene Vollmacht auszuweisen haben.

Essen, den 1. Dezember 1906.

gez.: **Frau Friedrich Alfred Krupp.**

―――――――――

Auf den Bericht vom 14. Mai d. Js. will Ich der von Frau Friedrich Alfred Krupp in Essen nach der anbei zurückfolgenden Stiftungsurkunde vom 1. Dezember 1906 daselbst begründeten

„Margarethe Krupp-Stiftung für Wohnungsfürsorge"

hierdurch Meine landesherrliche Genehmigung erteilen.

Neues Palais, den 27. Mai 1907.

gez.: **Wilhelm R.**

gez.: **Frhr. v. Rheinbaben, v. Bethmann Hollweg, Delbrück, Beseler.**

An die Minister der Finanzen, des Innern, für Handel und Gewerbe und der Justiz.

Arbeitswelt um die Jahrhundert-wende: Kokerei der Krupp-Zeche Sälzer Neuack.

„Daß viel Laub und Baum noch dazugepflanzt werden"

Das war also Essen: ein Umschlagplatz von Menschen und Arbeitskräften. Eine Goldgräberstadt, in die die Glücksucher aus den östlichen Provinzen einströmten. Eine Masse, die nicht seßhaft war, die von Schlafstelle zu Schlafstelle, von Arbeitsplatz zu Arbeitsplatz durch den Kohlenpott zog. Es war das ländliche Proletariat, Tagelöhner, Ungelernte. Wie aber sie seßhaft machen?

Für Krupp war die Frage nach einer Stammbelegschaft 1906, im Stiftungsjahr der Margarethenhöhe, längst beantwortet durch Logiehäuser und Kolonien im Norden, Westen und Süden der Gußstahlfabrik. 1912 sind es 6.800 Wohnungen — zu einem Mietpreis, der weit unter dem der Privathäuser liegt. Der Krupp-Arbeiter zahlte für eine Vierzimmer-Wohnung (Küche eingerechnet) in der Siedlung Kronenberg nur 14-18 Mark monatlich. Das waren drei bis dreieinhalb durchschnittliche Tagelöhne. Eine gleichwertige Wohnung in der Stadt kostete mehr als das Doppelte.

Krupp ist von manchen Zeitkritikern vorgehalten worden, diese Wohnungspolitik, verknüpft mit anderen Sozialleistungen, sei eine wohlüberlegte Fessel gewesen, mit der man die Arbeiterschaft leicht habe dirigieren können. Aber wie immer diese

Eine der älteren Siedlungen: die südlich des Stadtgartens von 1872 bis 1890 erbaute Krupp-Kolonie Baumhof.

Sozialbindungen auch dem Herr-im-Hause-Standpunkt des Alfred Krupp († 1887) entgegengekommen sein mögen, sie bleiben als frühe Beispiele der Fürsorge da-

durch ungeschmälert. Die ersten Kolonien waren schlichte Holzbauten; die späteren sind schon mit höherem Anspruch gebaut, eingebettet in grüne Flächen. Schulen, Krankenstationen, Erholungshäuser und Konsumanstalten rundeten diese Sozialleistungen ab.

Ihre Wurzeln reichen bis in das Jahr 1836 zurück, als Alfred Krupp die erste Betriebskrankenkasse mit freiwilligem Beitritt gründet. Für ihn gilt der Satz: „Der Zweck der Arbeit soll das Gemeinwohl sein." Er will keinen Beifall von außen: „Der Arbeiter soll sich ordentlich kleiden, ordentlich wohnen und sich ordentlich ernähren — ganz einfach Akte der Nützlichkeit und der Nächstenliebe, die hinter dem Schleier sich abspielen, unbemerkt und unbelästigt von der Presse und der Eitelkeit."

Den Architekten der Siedlung Kronenberg weist er an: „Daß viel Laub und Bäume noch dazugepflanzt werden, damit der Garten mit Gras, Blüten und Blättern, Springbrunnen und Sitzen im Schatten eine Lust ist." Aber er will auch einen Krupp-Geist, der alle „von oben bis zum Geringsten beseelt". Jeder Kruppianer soll ein Muster an Wahrhaftigkeit und Pflichterfüllung sein.

Siedlung Kronenberg nahe der Gußstahlfabrik (erbaut 1872—1899).

Geräumige Spielplätze und Grünanlagen sind nicht vergessen: Krupp-Kolonie Friedrichshof (1899-1906) zwischen Goethestraße und Beiseweg.

→

1961, neunzig Jahre nach dem Beginn der Bauarbeiten für die Siedlung Kronenberg, versucht der Gewerkschafter Heinrich Heider, langjähriger Betriebsratsvorsitzender der Essener Krupp-Werke, den oft zitierten „Kruppianer" mit Worten zu modellieren . „Man war von der Wiege bis zur Bahre Kruppianer. Man trug die Kruppsche Säuglingswäsche, den Kruppschen Konfirmandenanzug und vor allem den Kruppschen Hut, der nicht nur denselben Schnitt hatte, sondern auch von engen Spinden her an beiden Seiten hoch gebogen war – Kennzeichen eines geachteten Standes."

„Man ging in den Kruppschen Kindergarten und huldigte beim Kruppschen Bildungsverein den Musen. Man aß das gleiche Brot (aus dem Konsum) und hatte die gleichen Wohnungen."

„Über allem aber wachte in väterlicher Güte und Strenge der Patriarch. Der Kruppianer war im allgemeinen zufrieden, denn sein Standesbewußtsein als Arbeiter oder ,Beamter' war jung, die Erinnerung an die soziale Not war frisch. Dem väterlichen Bild, das Alfred Krupp verkörperte, brachte er in der Regel fast eine kindliche Dankbarkeit entgegen. Wir müssen dieses Gefühl auch heute noch respektieren. Es wäre falsch, die soziale Tat einer vergangenen Zeit mit jetzigen Maßstäben zu messen."

Zu dieser Zeitauffassung des Patriarchen Krupp gehörte auch, daß die Ordnung von oben kam. Politische Aktivitäten in der Gußstahlfabrik duldete er nicht. Er empfiehlt seinen Arbeitern sogar: „Das Politisieren in der Kneipe ist sehr teuer, dafür kann man im Hause Besseres haben."

Aber diese herrischen Gesten eines Mannes, der sich aus eigener Kraft hochgearbeitet hatte, verblassen vor dem in Wort und Tat sichtbaren sozialen Empfinden. Er baut die Kolonien Westend, Nordhof, Baumhof, Schederhof, Kronenberg. Neben der Wirtschaftskrise ist es dieser hohe Aufwand beim Bau der Siedlungen, der in den 70er Jahren sein Barvermögen verbraucht, der ihn zum Schuldner macht. Doch seine Gedanken kreisen weiter um diese Aufgabe, die er auch als Antwort auf die Bau- und Bodenspekulation verstand. 1865 hatte er an seine Fabrikleitung geschrieben: „Es ist nicht der geringe Lohn, der den Arbeiter unzufrieden macht, sondern der geringe Genuß von der Menge von Geld, namentlich die hohen Mieten und das teuere Kostgeld."

Er spricht ebenso offen aus, daß er sich von diesem „sicheren Obdach" Gefolgstreue verspricht. „Wer weiß, ob dann über Jahr und Tag, wenn eine allgemeine Revolte durch das Land gehen wird, ein Auflehnen aller Klassen von Arbeitern gegen ihre Arbeitgeber, ob wir nicht die einzigen Verschonten sein werden, wenn wir rechtzeitig noch alles in Gang bringen."

Die Siedlungen Nordhof, Baumhof, Schederhof und Kronenberg werden in den Jahren von 1871-1873 für sechs Millionen Mark mit 2.000 Wohnungen, Verkaufsläden, Schulen und Gaststätten gebaut. „Geradezu in

Markttag in der Kolonie Schederhof, die 1872/73 an der gleichnamigen Straße entstan[d]. Bild oben.

Kolonie Altenhof (1892-1914): „Freundlicher Lebensabend für invalide Arbeiter. . ."
Bild unten.

einem amerikanischen Tempo", schreibt Prof. Dr. Richard Klapheck in seinem 1930 erschienenen Buch über die Krupp-Wohnsiedlungen. Die Schuldenlast drückt. Alfred Krupp muß 1874 eine Anleihe über 30 Millionen Mark aufnehmen. Das hindert ihn nicht an weiteren Plänen. Noch in seinem Todesjahr 1887 beschäftigt ihn der Gedanke an alleinstehende Arbeiterwohnhäuser nach dem Vorbild des Stammhauses, in dem er selbst 30 Jahre gelebt hat. „Diese kleinen Häuser sollen einen ganz anderen Charakter haben als die Kolonien …", diktiert er auf seinem Krankenlager in Villa Hügel seinen letzten Brief an den Baumeister Krämer:

„Ganz kurz Dictat. Wegen Unfähigkeit zu schreiben … Die Frage ist mir so wichtig, daß ich unbeweglich jetzt Mitternacht sie erledige; es wird mir lieb sein, wenn ich noch in meinem Leben den Bau solcher Wohnungen anordnen kann. Die Häuser sollen nicht an einer Hauptstraße, sondern im Felde errichtet werden und der Arbeiter, der den ganzen Tag zwischen 1.200 Mann sich bewegt, soll in seinem Hause mit der Familie sich unterhalten, der will nichts von störenden Nachbarn wissen … Zu Verdeckungen nach Außen oder zu den Nachbarn werde ich mit Vergnügen aus großem Vorrath Bäume liefern. Ich finde nur Schiefer nöthig für die Unterseite Parterre, auf dem Dach genügen die blauen Ratinger Dachziegel, die so vorzüglich ausgehalten haben hier auf der alten Fabrik …"

Alfred Krupp stirbt 34 Tage später. Sein Sohn Friedrich Alfred, seine Schwiegertochter

Margarethe fühlen sich auch seinen sozialen Gedanken verpflichtet. Die Invalidensiedlung Altenhof, die Kolonien Friedrichshof und Alfredhof sind neue Beispiele Kruppscher Wohnungsfürsorge. Und Alfreds Plan vom „klei-

Alfred Krupp: Die Arbeiter der Gußstahlfabrik seßhaft machen.

nen Haus für den Arbeiter" wird im Rüttenscheider Altenhof verwirklicht. Am 14. August 1892 weist sein Sohn Friedrich Alfred die Firma an, zunächst 100 Wohngebäude mit Gärtchen zu errichten, „mit der Bestimmung, an alte, invalide Arbeiter, auch Arbeiterwitwen, mietfrei bis zu ihrem Lebensende überlassen zu werden."

1906 krönt Margarethe Krupp das frühe soziale Engagement des Hauses mit der nach ihr benannten Margarethenhöhe. Und es wird auch ein Baumeister gefunden, der für diese Aufgabe besser geeignet scheint als jeder andere: sein Name ist Georg Metzendorf.

„Ein Denkmal für alle Zeit"

Ein sinnvolles Denkmal wird für alle Zeit die Margarethenhöhe bleiben, die zugleich Kenntnis gibt von der sozialen Gesinnung ihrer hochherzigen Stifterin.

Oberbürgermeister Dr. Bracht in seinem Beileidsbrief zum Tode Margarethe Krupps am 24. Februar 1931.

Meine Mutter war der selbstloseste Charakter, den ich kennengelernt habe ... Ihr Leben war nur auf andere eingestellt.

Bertha Krupp in den Kruppschen Mitteilungen vom 15.2.1941.

Auf der Margarethenhöhe sind ihr drei Denkmäler gesetzt: die Bildnisplakette am Brückenkopf, die Bronzefigur der „Säerin" und der Schatzgräberbrunnen. Aber fünfzig Jahre nach ihrem Tod ist die Erinnerung an das Leben der Stifterin Margarethe Krupp verblaßt.

15. März 1854: Dem damaligen Landrat des Kreises Breslau, August Freiherr von Ende, und seiner Ehefrau Eleonore wird als viertes Kind eine Tochter geboren. Man gibt ihr den Namen Margarethe. Die von Endes gehörten zum unbegüterten Adel. Was der knappe Haushalt nicht verzehrt, braucht man für die Repräsentation oder das berufliche Fortkommen der vier Söhne.

Margarethes Mutter, eine geborene Gräfin von Königsdorff, hat die Vorurteile ihres Standes und ihrer Zeit. Zucht und Ordnung gelten, Gefühle zeigt man nicht. Gute Manieren sind wichtig; Lesen, Schreiben und Rechnen muß man können; alles über biblische Geschichte wissen, Französisch sprechen und den Haushalt führen. Es ist eine strenge, einfache Erziehung, die Margarethe wenig Spielraum läßt für Spaß und Spiel. Da zwei der insgesamt elf Geschwister früh starben, ist sie die älteste von fünf Töchtern und vier Söhnen. Das bürdet ihr neue Pflichten auf.

1870 zieht die Familie nach Schleswig. Der Vater bekommt

Margarethe von Ende und Friedrich Alfred Krupp 1882 als Brautpaar.

neue Aufgaben als Regierungspräsident. Margarethe ist nun 16 Jahre alt. Sie hat bis zu ihrem 14. Lebensjahr die höhere Töchterschule besucht, ist dann zwei Jahre auf dem Lehrerinnenseminar gewesen und hat sich für ihr Taschengeld privat in der englischen Sprache unterrichten lassen. Denkt sie schon daran, daß diese Kenntnisse ihr eines Tages den Weg in ein eigenes Leben erleichtern werden? Was sie bis jetzt gesehen hat, war gefiltert von den Anschauungen der Mutter. Was

sie dachte, hatte vorgezeichnete Bahnen. Da kann sie 1871 für einige Zeit im Berliner Haus der Gräfin Oriola leben. Die Gräfin ist mit den Eltern befreundet, hat ihren Salon an der Bellevuestraße zum Treffpunkt von Künstlern, Politikern und Schriftstellern gemacht. Es ist eine neue, eine andere Welt, die die siebzehnjährige Margarethe hier kennenlernt. Hier spricht niemand von Verzicht, muß die Hausfrau nicht mit dem Pfennig rechnen. Aber es ist nur ein kurzer Urlaub von den Pflichten. In Schleswig warten die Geschwister und die Mutter schon auf ihre Rückkehr.

1872 wird der Freiherr von Ende als Regierungspräsident nach Düsseldorf versetzt. Es ist auch das Jahr, in dem die achtzehnjährige Margarethe zum erstenmal dem gleichaltrigen Friedrich Alfred Krupp begegnet. Die von Endes sind mit ihrer ältesten Tochter nach Werden gefahren. Der neue Regierungspräsident will sich dem bekannten Industriellen auf dem Hügel vorstellen. Auf der Bahnstation nahe dem Hügelschloß wartet Alfred Krupp auf sie. „Er machte in seiner Stattlichkeit als vorzüglicher Reiter und durch seine bezaubernde Liebenswürdigkeit gleich einen tiefen Eindruck auf uns alle", schreibt Margarethe viele Jahre später in einer Niederschrift für ihre Enkel.

Zehn Jahre danach wird Margarethe einen anderen Hügel-Herrn kennenlernen: Aus dem liebenswürdigen Gastgeber von 1872 ist ein verbitterter, vereinsamter alter Mann geworden, der von ihrer Hochzeit mit seinem Sohn nichts wissen will. Dieser

*Margarethe
Krupp (43) im
Juli 1897 vor der
Villa Hügel: In
der Jugend mit
harten Pflichten
großgeworden.*

Sohn, Friedrich Alfred, ist der künftige Erbe. Ein schwächliches Kind, das die Eltern Fritz nennen. Fritz leidet an Asthma und Rheumatismus. Das zwingt ihn oft aufs Krankenlager. Fritz hat nicht das unstete Wesen seines Vaters, den Drang, immer wieder Neues zu entdecken und sich die eigene Welt zu unterwerfen. Er ist still, ernst und auf Ausgleich bedacht. Fritz möchte gerne studieren. Die Naturwissenschaften fesseln ihn. Aber er fügt sich sofort, als der Vater seinen Wunsch ablehnt: „Die Wissenschaften kannst du den Leuten überlassen, die dafür bezahlt werden."

Margarethe verliert den Krupp-Erben bald aus den Augen. Der Freiherr von Ende wird Oberpräsident in Kassel. Soll sie das Elternhaus verlassen, eine Stellung als Erzieherin annehmen? Die Mutter will nichts davon hören. Abhängiger Broterwerb ist für sie gesellschaftlicher Abstieg.

Doch der Vater hat keine Einwände. Es ist ein frostiger Abschied von der Mutter, und es wird viel Zeit brauchen, bis dieser Bruch mit der Tradition vergessen und vergeben ist. Woher die 23jährige den Mut nahm, aus den festen Familienbindungen auszubrechen? Ein „gewisses Unabhängigkeitsgefühl hatte mich beseelt", schreibt sie später. Dieses Gefühl und die Vermittlung des Londoner Lehrerinnenvereins führen sie zunächst nach Holy Island, der nordwalisischen Insel mit ihrer zerklüfteten Felsenküste. Hier, in der Inselhauptstadt Holyhead, lebt der britische Admiral Mackenzie mit seiner Familie. Margarethe wird Erzieherin der Kinder.

Krasser hätte der Wechsel nicht sein können. Erstmals auf sich gestellt, in einer fremden Familie und mit einer Sprache, die sie noch nicht vollkommen beherrscht. Von Holyhead sieht man an klaren Tagen weit über die Irische See und abends den Leuchtturm von South Stack. Aber die Welt bleibt ihr nicht auf Dauer fremd. Niemand hat sie jemals verwöhnt. Arbeit kennt sie von Kind an.

Es gibt auch ein Wiedersehen mit Friedrich Alfred Krupp in diesen Englandjahren. Die Kontakte bleiben. Es ist nicht nur Zuneigung. Der kränkliche und eher schüchterne junge Krupp wird auch angezogen von der Willensstärke und dem Lebensmut des Fräulein von Ende. Sie spre-

risch und unverträglich sein. 1877 schreibt er: „Ich bin sehr müde, nervös, kaputt … " Das färbt auf seine Umgebung ab.

In die Fabrik reitet er nur noch selten. Was er seiner Prokura zu sagen hat, teilt er schriftlich mit. Er baut Schulen, Wohnungen, ein Krankenhaus. Den Architekten der Siedlung Kronenberg weist er an, „… daß viel Laub und Bäume noch dazugepflanzt werden, damit der Garten mit Gras, Blüthen und Blättern, Springbrunnen und Sitzen im Schatten Jedem eine Lust sey." Und er will einen Krupp-Geist, der alle „von oben bis zum Geringsten beseelt". Jeder Kruppianer soll ein Muster an Wahrhaftigkeit und Pflichterfüllung sein. Seine Welt ist ein strenges Regiment der Ordnung, ohne Widersprüche.

Familienbild 1889: Margarethe Krupp (Mitte) mit ihren Eltern Freiherr August von Ende (rechts) und Freifrau Eleonore von Ende, geborene Gräfin Königsdorff. Von den acht Geschwistern hinterließ Bruder Felix (stehend links) auch künstlerische Spuren auf der Margarethenhöhe: Er malte das große Wandbild in der Gaststätte am Kleinen Markt. Das Gemälde wurde bei Umbauarbeiten zerstört.

chen über ihre Verlobung. Aber wie wird der alte Herr auf dem Hügel darüber denken? Die Braut kommt aus einer Adelsfamilie, der Vater ist preußischer Beamter. Der alte Krupp mag das eine wie das andere nicht. Als ihm mal ein Adelstitel angetragen wurde, hatte er gesagt: „Ich heiße Krupp. Das genügt." Die Verlobungswünsche des Sohnes lehnt er schroff ab. Dafür hat Friedrich Alfred die Mutter auf seiner Seite. Doch auch Bertha, der „Schönen vom Rhein", die 19 Jahre jünger ist als der „Kanonenkönig", gelingt es nicht, ihren Mann umzustimmen. Obschon er sie liebt, der Bronzeabguß ihrer linken Hand immer auf seinem Schreibtisch liegt, — der „Alte" auf dem Hügel kann rechthabe-

Das gilt auch für die Familie. Erst als die erste Bertha auf dem Hügel im Frühjahr 1882 das Haus ihrer gescheiterten Ehe verlassen hat, stimmt der alte Krupp der Verlobung zu.

Margarethe ist nicht mehr in England. Sie ist Erzieherin der Prinzessin Alexandra am herzoglich anhaltischen Hof in Dessau.

Für die Verlobungsfeier lädt das Herzogspaar in das Residenzschloß in Wörlitz ein. Seinem künftigen Schwiegervater, dem Freiherrn von Ende hatte Friedrich Alfred Krupp im Stil seiner Zeit im Mai geschrieben:

... Gestatten Sie mir bitte eine Zusammenkunft, in Blasewitz, wenn es Ihnen genehm ist, oder wo Sie sonst befehlen, damit ich um Ihre Genehmigung in einer Angelegenheit einkomme, von der mein Lebensglück abhängt. — Ich mache nicht viele Worte, denn ich glaube oder hoffe vielmehr, Sie selbst kennen seit langem meine Liebe und Hochachtung für Ihr Fräulein Tochter Margarethe.

Darf ich auf Ihre Einwilligung hoffen, dann bitte bereiten Sie Fräulein Margarethe vor. Erst nach Ihrer Einwilligung würde ich mir erlauben, bei ihr um ihre Hand zu bitten, die sie mir hoffentlich nicht verweigern wird.

In erregter Spannung Ihr seit langem treu ergebener
F. A. Krupp

Krupp-Familie 1925: Die Töchter Bertha (links) und Barbara sitzen neben Margarethe Krupp. Unter den Enkeln der 18jährige Alfried (2. von links), letzter Träger des Namens Krupp († 1967).

Die Verlobung ist im Mai, die Verlobungsfeier am 10. Juni 1882 in Wörlitz; die Hochzeit zwei Monate später, am 19. August, im Dresdener Villenvorort Blasewitz. Dort hat sich der pensionierte Oberpräsident von Ende niedergelassen. Alfred Krupp ist nur bei der Verlobungsfeier; zur Hochzeit erscheint er nicht. Und weil er die Villa Hügel gerade umbauen läßt, muß das junge Paar zunächst im alten Gartenhaus auf dem Fabrikgelände wohnen, mitten im Lärm und Ruß, wo bei jedem Schlag des „größten Eisenhammers der Welt" die Erde dröhnt.

Einige Monate später sind die Umbauarbeiten auf dem Hügel beendet. Friedrich Alfred und Margarethe können sich im „Kleinen Haus" mit seinen 60 Zimmern einrichten. Im Haupthaus nebenan, in dem auch die Gäste empfangen werden, lebt Alfred Krupp. Er macht es der Schwiegertochter nicht leicht; ist nach dem Scheitern seiner eigenen Ehe noch starrer und unduldsamer geworden. In seiner Umgebung fällt das Wort vom „Haustyrannen". Er altert

er sich an die Prokura, das spätere Direktorium: „Mit großer Befriedigung lese ich einen Artikel über die Altendorfer Simultan-Schule. Die Räume genügen nicht! Leider werden Kinder abgewiesen! — Das darf nicht sein."

Daß Margarethe in diese Aufgaben immer stärker mit hineinwächst, mildert in den fünf Jahren des Zusammenlebens auf dem Hügel seine Vorbehalte gegen die Schwiegertochter. Sie gewinnt ihn Schritt für Schritt durch

„Ihr Leben war nur auf andere eingestellt..."
Margarethe Krupp mit ihren Töchtern
Bertha (links) und Barbara um 1900.

ihre Geduld. Er holt sie zum abendlichen Dominospiel, ist dankbar, wenn sie an seinem Krankenlager sitzt. Einem Freund schreibt er:

„Sie sehen aus diesen Blättern, daß sie (Margarethe) auch ein Herz hat für Unglückliche." Alfred Krupp stirbt 1887. Seine letzten, fast unleserlichen Zeilen vom 12. Juli sind an die Schwiegertochter gerichtet: „Beste Marga!"

Margarethe ist nun die Hausherrin auf Hügel, mit allen Pflichten, die ihr die Repräsentation abverlangt. Ihr Mann Friedrich Alfred ist 33, als er das Erbe antritt. Aufgewachsen ist er an

schnell, Krankheiten behindern ihn. Immer mehr Briefe, die er mit dem Bleistift im Bett schreibt, verlassen das Haus. Aber die selbstgewählte Isolierung in der Villa Hügel, dem „pompösen Gefängnis der Ungemütlichkeit", verdrängt nicht seine soziale Teilnahme. Am 11. Februar 1886 schreibt er vom Krankenlager an die Firma: „Mein ältester Arbei-

ter Johann Schürmann ist gestorben. Ich wünsche, daß zur Beerdigung einige Veteranen der Fabrik mitgehen, daß H. Bete einen schönen Kranz besorge und daß jemand den Auftrag erhalte, der Familie meine innige Teilnahme auszusprechen. Schürmann war ein treuer Mann."

Wenige Monate vor seinem Tod, am 19. April 1887, wendet

der Seite eines herrischen Vaters, der seinen Sohn so formen wollte, wie seinen weltbekannten Stahl. Aber „Fritz", so haben die Ärzte bald festgestellt, war nicht so standfest und unerschütterlich, wie der nach ihm benannte Riesenhammer in der Gußstahlfabrik. Nun, da die Leitfigur des Vaters nicht mehr ihren großen Schatten wirft, wächst er trotzdem erstaunlich schnell in seine Aufgaben hinein. Wirtschaftlich geht es steil aufwärts, wird ausgebaut und neugebaut. Ein forscher junger Kaiser (Wilhelm II.) hat 1888 den Thron bestiegen. Die Industrie ist im Aufwind… Aber zugleich vermehren sich auch die sozialen Probleme.

Friedrich Alfred ist ein Gefangener seiner Tradition. Die Krupp-Werke wachsen nicht nur durch Friedensgüter; sie wachsen auch durch die gesteigerte Herstellung von Kanonen und Panzerplatten. So wie die Waffenschmieden in Frankreich, England und an anderen Orten der Welt. Darin sieht er nichts Verwerfliches. Aber die politische Opposition wirft ihm ein „Rüstungsmonopol" vor.

Abseits dieser Welt von politischem Meinungsstreit, von Bilanzen und Ausbauplänen, dringt Margarethe tiefer in ihr Sozialwerk vor. Wann immer die Gastgeberpflichten und die Erziehung

der beiden Töchter Bertha und Barbara ihr Zeit lassen, kümmert sie sich um Bildung und Gesundheit der Krupp-Arbeiter und ihrer Familien. Sie erweitert die Sozialfürsorge; läßt neue Schulen bauen, neue Erholungsstätten. Und noch wirkt sie im Stillen. Als

Arbeitszimmer Margarethe Krupps
in der Villa Hügel:
„Die Furcht, daß dies alles mal
zusammenbrechen könnte . . ."

Friedrich Alfred im Jahre 1902 stirbt, rückt sie in den Mittelpunkt Kruppscher Wohlfahrtspflege. Reichtum ist für sie, die in ihrer Jugend nur Bescheidung und Verzicht kannte, auch Verpflichtung. In den ersten zehn Jahren als Witwe auf dem Hügel bringt sie elf Millionen Mark in

Stiftungen ein; spendet drei Millionen Mark für bedürftige Familien. Tochter Bertha erinnert sich später: „Als wir größer wurden und an dem Leben unserer Mutter teilnehmen konnten, verstanden wir erst, mit welcher Liebe und Aufopferung sie alle betreute, die ihr anvertraut waren."

Margarethe Krupp dachte nicht sorglos an eine gesicherte Zukunft. 1906, als beide Töchter sich verloben, sagt sie: „Oft bedrückt mich wie ein Alpdruck die Furcht, daß all dieses einmal zusammenbrechen könnte." Ihre Zweifel in die Zukunft haben ihre Wurzeln in eigenen bitteren Erfahrungen. Immer häufiger war Friedrich Alfred in seinen letzten Lebensjahren der Villa Hügel fern geblieben. Auf langen Reisen oder auf der Insel Capri hatte er Erholung für seine angegriffene Gesundheit gesucht und sich lästigen Pflichten und dem politischen Streit in Berlin entzogen. Zumal die von einigen Zeitungen in rufschädigender Absicht unterstellten privaten Neigungen des Firmenchefs und sein früher Tod waren Belastungen, die Glück und Sicherheit für Margarethe Krupp zu einer zerbrechlichen Sache machten. Vielleicht hat diese Erkenntnis sie mit dazu bewogen, ihre mütterliche Liebe nicht nur Töchtern und Enkeln zuteil werden zu lassen. Ihr

So sah Hermann Kätelhön, mit dem die Künstlerkolonie Margarethenhöhe
begann, seine Gönnerin Margarethe Krupp.

35

weites soziales Wirken ist nicht mit „Pflichtübungen" zu erklären oder mit dem Versuch, über Wohlfahrt Politik zu machen. Aus allem, was über ihre Fürsorge, ihre Menschlichkeit hinterlassen ist, spricht Anteilnahme. Sie hat ihr Geld wohlbedacht eingesetzt, hörte Befürworter und kritische Ratgeber und entschied dann selbst. Für dieses Wirken waren ihr noch lange Jahre aufgespart. Vor allem der Margarethenhöhe, ihrer bekanntesten Stiftung, blieb sie bis zu ihrem Tode im Jahre 1931 hilfreich und mit kritischer Zuneigung verbunden.

Als Margarethe Krupp am 27. Februar 1931 zu Grabe getragen wird, säumen 150 000 Essener die Straßen, durch die der Trauerzug fährt.

Kinder und Enkel nannten sie "Mütterchen" (Kätelhön-Porträt 1919).

Sie war das „Mütterchen", die „alte Exzellenz" und „Frau Geheimrat". Jeder sah sie mit seinen Augen. Als sie zu Grabe getragen wurde, säumten 150.000 Essener die Straßen, um sich von ihrer Ehrenbürgerin zu verabschieden. Und der Brunnen auf dem kleinen Markt der Margarethenhöhe 1912 ihr zu Ehren aufgestellt, hat mit seinem eingemeißelten Sinnspruch ihr Wirken wohl am besten angesprochen:

„Grabt Schätze nicht mit Spaten, sucht sie in edlen Taten".

Margarethe Krupp

1854 (15. März): geboren in Breslau als viertes Kind des damaligen Landrates des Kreises Breslau Freiherr August von Ende und von Eleonore Gräfin von Königsdorff. Bei der Hochzeit am 3. August 1848 war die Mutter 17 Jahre alt. Schulzeit in Breslau, wo der Vater seit 1869 als Polizeipräsident wirkte.

1868-1870: Besuch des Lehrerinnenseminars in Breslau.

1870: Umzug der Familie nach Schleswig. Neue Aufgabe des Vaters als Regierungspräsident.

1871: Aufenthalt im Berliner Haus der Gräfin Oriola, mit der die Eltern befreundet waren. In ihrem Salon in der Bellevuestraße verkehrten Künstler, Reichstagsabgeordnete, Schriftsteller.

1872: Versetzung des Vaters als Regierungspräsident nach Düsseldorf. Beim Antrittsbesuch des Vaters auf dem Hügel lernt die 18jährige den gleichaltrigen Friedrich Alfred Krupp kennen.

1876: Übersiedlung nach Kassel, wo der Vater das Oberpräsidium von Hessen-Nassau übernimmt.

1877: Margarethe wird Erzieherin in der Familie des britischen Admirals Mackenzie auf Holy-Island (Nord-Wales). – Wiedersehen mit Friedrich Alfred Krupp. Von England aus geht Margarethe im Juni 1879 als Erzieherin der Prinzessin Alexandra von Anhalt an den herzoglichen Hof in Dessau.

1882 (Mai): Verlobung mit Friedrich Alfred Krupp. Verlobungsfeier im Juni auf dem herzoglichen Residenzschloß in Wörlitz.

1882 (19. August): Hochzeit im elterlichen Haus in Blasewitz (Dresden). Erste Wohnung in Essen im alten „Gartenhaus" auf dem Fabrikgelände an der Altendorfer Straße, weil die Villa umgebaut wird. Dann Umzug ins „Kleine Haus" auf dem Hügel.

1886 (29. März): Tochter Bertha geboren.

1887 (14. Juli): Alfred Krupp stirbt im Alter von 75 Jahren auf Hügel.

1887 (25. September): Tochter Barbara geboren.

1902 (22. November): Friedrich Alfred Krupp stirbt 47jährig in der Villa Hügel. Margarethe Krupp ist bis zur Volljährigkeit ihrer Tochter Bertha Treuhänderin des Vermögens.

1906 (15. Oktober): Hochzeit ihrer Tochter Bertha (20) mit Dr. Gustav von Bohlen und Halbach (36). Margarethe Krupp stiftet anläßlich der Hochzeit eine Million Mark und 50 Hektar Bauland für eine Wohnsiedlung zwischen Sommerburg- und Nachtigallental (Margarethenhöhe). Gründungsdatum der „Margarethe Krupp-Stiftung für Wohnungsfürsorge": 1. Dezember 1906.

1912 (20. Juli): Einweihung des Schatzgräberbrunnens auf der Margarethenhöhe, der Margarethe Krupp zu Ehren errichtet wurde.

1912 (8. August): Die Stadt Essen verleiht Margarethe Krupp das Ehrenbürgerrecht. Am Tag der Überreichung feiert die Firma ihr 100jähriges Bestehen.

1929 (15. März): Margarethe Krupp wird 75 Jahre alt.

1931 (24. Februar): Das „Mütterchen", wie ihre Kinder und Enkelkinder sie nannten, stirbt im Alter von fast 77 Jahren. 150.000 Essener sehen am 27. Februar den Trauerzug.

„Der Stadt zum Ruhme . . ."

Orden

„Der Wilhelmsorden, den der Kaiser bei seiner Anwesenheit in Essen Frau Exzellenz Krupp verliehen hat, ist die dritthöchste preußische Auszeichnung. Im Range stehen darüber nur der Schwarze Adlerorden und der Orden Pour le mérite."

Der Essener Generalanzeiger am 3. August 1906.

Ehrenbrief

„Wir, Oberbürgermeister, Beigeordnete und Stadtverordnete der Stadt Essen, bekunden hiermit, daß die Stadtverordnetenversammlung im Einverständnis mit dem Oberbürgermeister dankbaren Sinnes beschlossen hat, Ihrer Exzellenz Frau Friedrich Alfred Krupp, geb. Freiin von Ende, die Ihres unvergeßlichen Gemahls und seines Hauses Überlieferung hochherzig weiterführt, allzeit bereit Pflege den Kranken und Ruhe den Müden zu schaffen, Heimat und Lebensfreude zu wecken, das Ehrenbürgerrecht zu verleihen. Der Stadt zum Ruhme, den Nachkommen zum Gedächtnis."

Text des Ehrenbürgerbriefes, überreicht am 8. August 1912.

Edel

Du edle Frau, aus grünen Einsamkeiten

Ließ Deine Güte diese Stadt erstehn.

Nun siehst Du Straßen sich und Plätze breiten

Und tausend frohe Menschen siehst Du schreiten,

Die sich in ihrer Traulichkeit ergehn.

Wie dieses Brunnens helle Wasser fließen,

So kommt aus frohen Herzen Dir der Dank . . .

Vorgetragen am 20. Juli 1912 durch die Schülerin Margarethe Metzendorf bei der Brunnenweihe auf dem Marktplatz.

Andenken

„Das Andenken an die Ehrenbürgerin unserer Stadt wird nicht nur in den großen Stiftungen und Schenkungen fortleben, mit denen die Entschlafene die Entwicklung unseres Gemeinwesens so überaus wirksam gefördert hat."

Oberbürgermeister Bracht zum Tode von Margarethe Krupp am 24.2.1931.

Krönung

„Weit ab von Qualm und Asche, umsponnen von dem Zauber grüner, blühender Natur, liegt da ein Städtlein weltentrückt; das Werk eines einzigen Baumeisters, einheitlich nach seiner künstlerischen Auffassung erbaut und bewohnt von Arbeitern und kleineren Beamten. Weinlaub klettert empor an den Wänden, blühende Rosen umranken die Gartentore und spannen leuchtende Bogen darüber. Häuser und Gärten versinken in träumenden Buchenwald.

Die Frau, die dieser Siedlung Leben und Namen gegeben hat, ist Margarethe Krupp. Der Geist, den diese Schöpfung atmet, der Wille, der darin zum Ausdruck kommt, ist symbolisch für das Lebenswerk dieser Frau, ist gleichsam seine Krönung."

Essener Allgemeine Zeitung am 15. März 1924 zum 70. Geburtstag von Margarethe Krupp.

Dankbarkeit

„Dieser Schrein wurde erdacht und in Dankbarkeit ausgeführt von Menschen, die auf dem Boden der Margarethenhöhe ihre Heim- und Arbeitsstätte gefunden haben. Der Entwurf von Georg Metzendorf. Die Gold- und Silberschmiedearbeit von Elisabeth Treskow. Die Emaillearbeit von Kurt Lewy. Die Bildhauerarbeiten von W. Lammert. Das Etui von Frida Schoy."

Inschrift auf der Rückseite des Schmuck-Schreins, den Künstler der Margarethenhöhe zum 75. Geburtstag von Margarethe Krupp anfertigten.

Die Bauern

Früher Acker jetzt Straße am Nachtigallental:
Hans Barkhoff im Jahre 1928

1803: Als es die Margarethenhöhe noch nicht gab

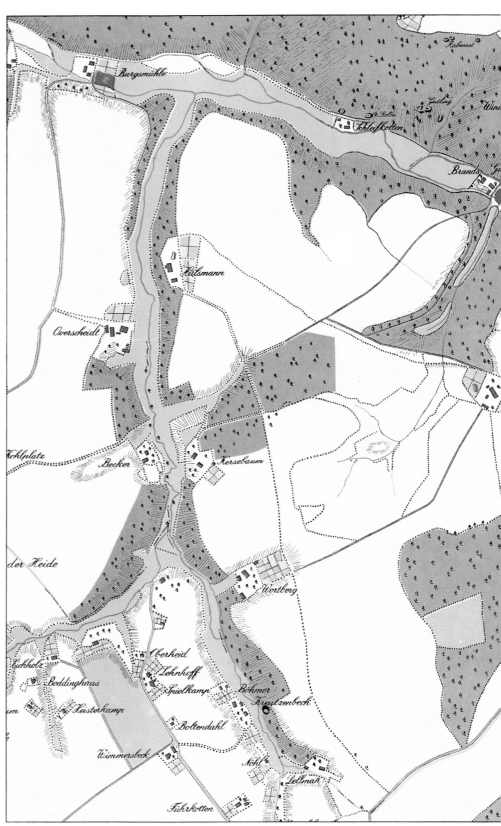

Die Karte ist von 1803 und zeigt im Mittelpunkt das zu Rüttenscheid gehörende Gelände der späteren Margarethenhöhe. Ein Blatt aus dem Kartenwerk von Honigmann und Vogelsang, das das Vermessungs- und Katasteramt für den „Historischen Atlas der Stadt Essen" überarbeitete und ergänzte. Die Neuzeichnung hat die damalige Zeichenmanier und Schreibweise beibehalten. Ein grünes Feld fehlt in dieser Honigmannkarte: Das umrandete, aber in dem Original von 1803 versehentlich nicht farbig dargestellte Geländestück zwischen Wortberg- und Stenshof war ein Wald, der zum Wortberghof gehörte.

Links der Grünzug des Nachtigallentals, durch den von Süd nach Nord die Kreuzenbecke fließt. Längs des Tales lagen auf der Ostseite drei Haupthöfe, die von dem Wasserlauf abhängig waren: Wortberg, Kersebaum (später Krampe) und Hülsmann (später Barkhoff). Diese drei Höfe bewirtschafteten das Ackerland, das Margarethe Krupp 1904 aufkaufte und von dem sie 1906 50 Hektar in die Stiftung einbrachte.

Zur besseren Orientierung: Den Platz des Wortberghofes nimmt heute an der Sommerburgstraße eine Tankstelle ein; der Hof von Kersebaum (Krampe) an der Altenau wurde im Zweiten Weltkrieg durch eine Luftmine zerstört. Hier sind heute Wohnhäuser und der Seniorentreffpunkt „Margarethenhof". Nur der Hülsmannshof blieb erhalten. Bauer Barkhoff, Nachfolger auf diesem Gut, fand

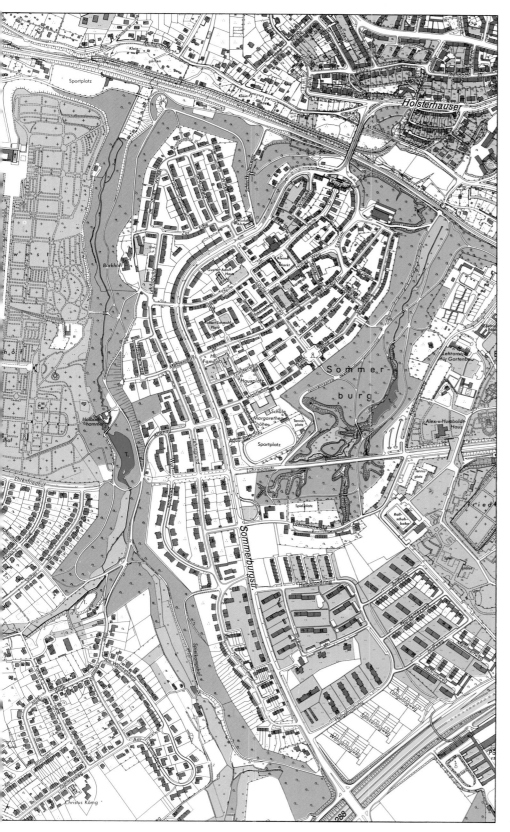

mit dem Umbau zu einer Gaststätte den Übergang in die Neuzeit.

Im Norden mündet das Nachtigallental in das Mühlenbachtal, das auch mit den Teichen von Borgsmühle und Brandsmühle gekennzeichnet ist. Einzige Verbindung von Holsterhausen zur Hochfläche der späteren Margarethenhöhe war der Hohlweg. Er führte an der Brandsmühle vorbei durchs Ackerland und setzte sich in Pfaden zu den drei Höfen fort. Nur ein Teil des Hohlweges hat jetzt noch den alten Namen; 1934 erfolgte eine Umbenennung in Metzendorfstraße. Eine Straßenverbindung gab es auch zwischen den Höfen Wortberg und Stens (heute Teil des Botanischen Gartens). Die Straße, die auf der Karte vom östlichen Blattrand nach schräg unten verläuft, führte nach Kettwig (heute A 52). Neben den Bauernhöfen lagen in diesem Gebiet auch viele Kotten und am Hohlweg (Metzendorfstraße) standen vier Wohnhäuser, lange bevor man mit dem Bau der Margarethenhöhe begann.

In frühgeschichtlicher Zeit war das Gebiet der jetzigen Margarethenhöhe meist mit Eichenwald bedeckt, der mit dem Vordringen der Siedler von Ruhrtal, Emscher und Hellweg weitgehend gerodet wurde. Rüttenscheid und damit das Land der Höfe Wortberg, Kersebaum (Krampe) und Hülsmann (Barkhoff) gehörten zur Grundherrschaft des Klosters Werden.

Die Vergleichskarte gibt den gleichen Kartenausschnitt im Jahre 1975 wieder.

Zweigerts Mißerfolg war die Chance für die Gartenstadt

Nichts stört die Landschaft. Nur die von französischen Kriegsgefangenen gebaute Eisenbahnlinie Rüttenscheid/Heißen bringt 1872 neue Töne ins Mühlenbachtal. Holsterhausens Bauern haben hier ihr Wiesen- und Weideland; Güterwagen, meist mit Kohle beladen, befahren die Strecke. Sieben Jahre später rollen auch Personenwagen durch den Taleinschnitt, vorbei an Brandsmühle und Borgsmühle und den Bergmannskotten.

Die Industrie liegt weitab; die Großstadt ist fern. Noch verbindet keine Brücke die beiden Hänge; nur über den Hohlweg bringen die Fuhrwerke der Bauern, Kötter und Milchhändler ihre Fracht. Tagsüber sieht man von Holsterhausen aus Knechte, Mägde und Tagelöhner auf den Feldern der Hochfläche im Süden. Für den Spaziergänger ist es eine Idylle.

An diese landschaftliche Idylle wird bis zur Jahrhundertwende niemand rühren. Aber dann steht an einem Tag des Jahres 1902 der Essener Oberbürgermeister Erich Zweigert mit den Stadtverordneten auf dem Hochplateau. Er entwickelt ihnen seinen Plan. Dieses Gelände soll Essen erwerben und in einen Stadtwald verwandeln.

Zweigert sah immer weit voraus. Er sah die Stadt weiter stürmisch wachsen; sah den Mangel an Grünflächen für die Bevölkerung, denn Wälder waren meist in Privatbesitz. Zweigert dachte auch daran, daß vorheriger Grunderwerb der angestrebten Eingemeindung der Bürgermeisterei Rüttenscheid nützen könn-te. Aber seine Pläne reifen nicht. Nur dem Kauf des Stenshofes stimmen die Abgeordneten zu.

Was Zweigert nicht gelungen ist, gelingt dem Finanzrat Dr. Ernst Haux zwei Jahre später mühelos. Margarethe Krupp folgt dem Rat ihres Vermögensverwalters: Sie erwirbt das 250 Hektar große Rüttenscheider Bauern- und Waldland zwischen Mühlenbachtal, Norbertstraße und Nachtigallental für rund drei Millionen Reichsmark. Fünfzig Hektar dieses Geländes sind 1906 der erste Baugrund für die Stiftung Margarethenhöhe.

Bauernland wird Siedlungsland. Straße für Straße dringt vor: Acker für Acker weicht zurück. Auch die Kötter, Kleinbesitzer mit ein paar Morgen Land, verkaufen und werden wie die Bauern Pächter in ihren Häusern. Sie handeln weiter mit Milch, haben Fuhrgeschäfte oder sind Bergleute.

Von allen Höfen und Kotten, die Margarethe Krupp erworben hatte, ist heute nur das Haupthaus des Hülsmannshofes (Barkhoff) am Lehnsgrund erhalten.

Karte von Nitribitt aus dem Jahre 1783: Das Gelände der späteren Margarethenhöhe lag auf Werdener Stiftsgebiet, dicht an der Grenze zum Stift Essen und zu der Herrlichkeit Broich. Das 1962 entdeckte „Romanische Haus" im Botanischen Garten war eines der Häuser, die diese Grenze sicherten. Zum Stift Werden gehörten eine Stadt, zwei Dörfer, sechs Schlösser, drei Pfarrkirchen und zwölf Bauernschaften.

Die Bauern

Das Land gehörte dem Abt von Werden

Die Geschichte der drei Urhöfe, die ihr Land 1904 für die Margarethenhöhe hergaben, ist bis ins 14. Jahrhundert belegt. Das zu Rüttenscheid gehörende Gebiet war Grundbesitz des Klosters Werden, unterstand aber der Gerichtshoheit der Essener Fürstäbtissinnen.

Die Kreuzenbecke im Nachtigallental, an deren Ufern eingekerbte Kreuze in den Bäumen die Grenze zur Grafschaft Broich markierten, hatte als Wasserquelle die Lage der Höfe mitbestimmt. Der Abt von Werden gab diese Höfe als geliehenes Gut (Lehen) an Adelsfamilien, vornehme Essener Bürger oder — zum Beispiel — an das Hospital zum Heiligen Geist. Sie schuldeten ihm dafür ihre Dienste.

Häufig wechselten die Lehnsträger. Sie verpachteten die Güter an sogenannte Aufsitzer. Und es sind Namen, die über lange Zeit mit den Höfen verbunden sind: Wortberg, Kersebaum (Krampe) und Hülsmann (Barkhoff).

In den letzten Jahrzehnten, bevor Margarethe Krupp das Land kaufte, waren sie sogar Eigentümer der Höfe geworden. Werdens Äbte hatten sich 1802 von ihrem Besitz trennen müssen. Preußen eignete sich das Stiftsgebiet an. Drei Höfe, drei Geschichten.

Die Wortbergs züchteten Pferde auf der Margarethenhöhe

Sommer 1962. Bagger graben sich in das Ackergelände zwischen Lührmannwald und Sommerburgstraße. Die Gerste wird nicht mehr geerntet. Wo jahrhundertelang die Wortbergs hinter dem Pflug gingen, haben nun die Vorarbeiten für die neue Margarethenhöhe begonnen. Das 1937 durch Bertha und Gustav Krupp der Stiftung übereignete Reserveland war die letzte Erinnerung an die bäuerliche Vorgeschichte.

Essen-Kettwig, an der Pierburg, im Jahre 1981: Hier gibt es noch Ackerflächen, und hier steht ein altes Bauernhaus, in das am 1. April 1965 Hans Wortberg mit seiner Familie eingezogen ist. An der Pierburg bewirtschaftet er heute 200 Morgen; dazu 200 weitere in Haarzopf, Bredeney, Heidhausen und Schuir. Der Hof gehört der Stadt Essen − wie die Höfe von Langels am Schuirweg und von Eulenbruch in Fischlaken.

Von der Margarethenhöhe brachten die Wortbergs eine Standuhr mit. Gebaut hat sie 1789 Becker in Werden. An der Wand hängt das Familienwappen mit drei grünen, beblätterten Ähren. Auch Hausfrau Margarete steuerte sichtbare Erinnerungen an ihre bäuerliche Herkunft bei: Truhen, eine Tür und ein Eckschrank vom Riddershof in Kray.

Auf dem Tisch hat Hans Wortberg Akten ausgebreitet: die Kaufurkunde des Hermann Silberkuhl, genannt Wortberg, vom 26. September 1832. Mit ihr wurde der Erwerb des 134 Morgen großen Hofes für 3.800 Taler bestätigt, darunter 59 Morgen Busch und Wald.

Da sind Auszüge aus dem Geburts-, Tauf- und Traubuch der St. Johannis-Kirche; der „Notariats-Act" vom 30. Dezember 1884, in dem Maria Wortberg den

Die Witwe Maria Wortberg überträgt ihrem Sohn Johann den Hof (Urkunde vom 30. Dezember 1884 − hier Titelblatt des zwölfseitigen Dokuments mit den Namen der Notariats-Zeugen).

Hof an ihren Sohn Johann Heinrich überträgt und Pachtverträge aus späteren Jahren.

Ein frühes Familienfoto vor der Margarethenhöhe zeigt Hans Wortbergs Urgroßmutter Maria („Sie ist mehr als 94 Jahre alt geworden"); zeigt die Großeltern Johann Heinrich Silberkuhl, genannt Wortberg, und seine Frau Mathilde. Der Großvater war es auch, der den Namen des Hofes zum alleinigen Familiennamen machte.

Die ersten schriftlichen Hinweise sind aus dem 14. Jahrhundert. Das Lehnregister der Werdener Abtei nennt 1393 die Gebrüder Hemelstöter als neue Lehensträger. Dann sind es Goswin Stecke, Ludwig von Bernsau, Johannes von dem Berge, die Familie Stecke, das Jesuitenkollegium, das Kanoniker-Kapitel. Die Lehensträger bewirtschaften das vom Abt geliehene Gut nicht selbst. Sie verpachten es an Bauern. Das waren − wie seit 1744 nachzuweisen − die Wortbergs.

Das Gut lag auf der Ostseite des Nachtigallentals; dort, wo heute an der Sommerburgstraße eine Tankstelle und ein Garagenhof sind. Zu ihm gehörten 1832 außer den 64 preußischen Morgen Land der Kreuzenbecksbusch (Nachtigallental) und die beiden Busch-, Wiesen- und Waldstücke bis zur Sommerburg.

1904 verkauft Johann Heinrich Wortberg die 112 Morgen, die der Hof noch hat, an Margarethe Krupp. Er bekommt 325 000 Reichsmark dafür, was 1981 etwa einem Kaufwert von zwei Millionen Mark entspricht. Wortberg bleibt als Pächter des Landes, die Waldstücke ausgenommen. Sein Sohn

Familienfeier auf dem Wortberg-Hof um 1908. Im Mittelpunkt Maria Wortberg, geboren am 16. Mai 1818 in Werden. Sie wurde 94 Jahre alt. Stehend vor der Uhr ihre Schwiegertochter Mathilde Elsbeth, geborene Maas; ganz rechts Sohn Johann, dem sie 1884 den Hof übertragen hatte. Die Standuhr aus dem Jahr 1791, gebaut von Becker in Werden, hat heute ihren Platz auf dem Hof an der Pierburg.

Wortberg-Hof an der Sommerburgstraße (vorn das Wohngebäude). Im Vordergrund ein Teil des Geländes, auf dem 1962 der Bau der Margarethenhöhe II begann. Den Platz des Hofes, der 1961 abgerissen wurde, nehmen heute eine Tankstelle und Garagen ein.

Johann Hermann und der Enkel Hans halten es später ebenso. „Der Hof war über Generationen bekannt durch seine Pferdezucht für die Landwirtschaft", sagt der 55jährige Hans Wortberg heute. Die Bauern kamen von weither, und der junge Hans hat oft gesehen, wie der Kauf durch einen Handschlag besiegelt wurde. Und aus den Knabenjahren haftet ein Ereignis, das auch Schlagzeilen in den Essener Zeitungen machte: Scheune und Dachstuhl des Wohnhauses brannten am 2. Juli 1931 aus. Die Familie saß beim Frühstück, als das Feuer sie überraschte. Es gab keine Wasserleitung auf dem Hof, nur einen Brunnen. Das erschwerte die Löscharbeiten. Zeitungsfotos zeigen Bäuerin und Bauer vor den Möbeln, die Helfer ins gegen-

Erntepause 1934. Die Wortbergrode ist noch ein Getreidefeld. Johann Wortberg (Mitte) mit Erntehelfern.

Hans Wortberg bewirtschaftet heute 400 Morgen: Mais und Gerste für die Mast.

Wappen der Wortbergs: goldene Lilien, grüne Ähren und ein Pflug.

überliegende Kornfeld getragen hatten. Aber sonst hat die Chronik nichts Ungewöhnliches vermerkt. Nur, daß das Ackerland zusehends abnahm, je mehr die Gartenvorstadt sich ausbreitete.

1939 beginnt der Krieg; 1942 fallen die ersten Bomben auf die Margarethenhöhe. Die Wortbergs müssen wieder Teile ihres Geländes abtreten. Eine Flakbatterie richtet sich mit ihren 10,5 cm-Geschützen auf dem nahen Acker ein. Die einzige Erinnerung an diese Batterie ist mit Datum vom 17. März 1949 in den Akten abgelegt. Es ist eine Rechnung der Firma STRABAG: „Zwei Flakstellungen in Ihrem Gelände wurden mit unserer Planierraupe einplaniert. Pro Stellung 125 DM!"

Der 20jährige Hans Wortberg ist nach seinem Kriegseinsatz als Soldat 1946 in das Bauernhaus an der Sommerburgstraße zurückgekehrt. Ein Jahr zuvor hatten sich amerikanische Soldaten für drei Wochen auf dem Hof einquartiert. Sie waren im April von Kettwig hochgekommen; Sieger auf dem Vormarsch.

Das Land ist weiter geschrumpft. „42 Morgen hatten wir noch, als ich zurückkam", sagt Hans Wortberg. Und 7,6 Morgen muß der Hof 1949 für die neue Siedlung „Dach und Fach" an der Straße Lührmannwald abtreten. Die restlichen 34 Morgen überdauern noch 13 Jahre, dann wird auch dieses Reserveland für die künftige „Margarethenhöhe II" von der Stiftung aufgekündigt. Der Pächter Wortberg, der seit 1904 Krupp- und Stiftungsland unter seinem Pflug hatte, gibt aber als Bauer nicht auf. Er bleibt Landwirt. Und so hält es der älteste Sohn Hans, und so halten es die beiden Töchter Marlies und Annegret, die mit Landwirten verheiratet sind.

Auf den 400 Morgen Acker der Wortbergs stehen heute Mais, Gerste und Weizen. Nur der Weizen und ein Teil der Gerste werden verkauft. Alles andere geht in die Mast. In den großen Ställen

Von der Margarethenhöhe zur Pierburg: die Standuhr aus dem Jahre 1791. Auch Margarethe Wortberg stammt aus einer alten Bauernfamilie – vom Riddershof in Kray.

an der Pierburg wachsen Bullen und Schweine heran, weit über tausend Tiere im Jahr. Es ist nicht mehr der Hof früherer Jahrhunderte auf der Margarethenhöhe mit Obstbäumen, Busch und Gärten dicht beim Haus, mit Hühnern und Gänsen. Hier das Getreide, dort die Mast und da die Abnehmer. „Wir haben kein Huhn, keine Kuh", sagt Margarete Wortberg. „Eier, Milch, Gemüse, Kartoffeln müssen wir selbst kaufen". So hat sich die Atmosphäre verändert. Auch Landwirte folgen den Gesetzen des Marktes. Aber die Vergangenheit hat doch ihre Spuren hinterlassen. Mit dem Blick auf alte Möbel, alte Bilder und in den Gesprächen lebt sie wieder auf.

Erst hinter dem Pflug, dann hinter dem Schanktisch

Sommerabend. Eine leichte Brise aus Südwest trägt die Kühle des Nachtigallentales in den Lehnsgrund. Unter den Linden, neben dem Fachwerk des 1825 errichteten Bauernhauses, sitzen späte Gäste unter den Lichterketten. Von einem der oberen Fenster sieht ein weißhaariger Mann auf die Szene. Erinnert er sich daran, wie er vor 56 Jahren als Junge zum erstenmal Besucher kommen und gehen sah? Im April 1925 ist es gewesen. Der Vater hatte, weil immer mehr Felder bebaut wurden, eine Kaffee- und Milchwirtschaft eröffnet und damit die ersten Schritte in eine neue Zukunft getan. Aus der Kaffee- und Milchwirtschaft

Theodor Hülsmann mit seiner Frau Anna Gertrud, geb. Dellmann: Das Foto entstand zwischen 1880 und 1890.

des Jahres 1925 wurde eine Gaststätte, die von und mit der Geschichte des Bodens lebt, auf dem sie steht. Ihr Name ist „Bauer Barkhoff".

An diesem Sommerabend 1981 könnte die Phantasie sich im Nachtschatten der alten Eibe eine Galerie bauen. Und auf dieser Galerie als stumme Zuschauer die Ahnenreihe des Hofes, Lehnsträger und Pächter. Aus einer Zeit, in der nichts war als weites Feld, Buschwerk, Gärten und Wald. Und am Abend nur das Lachen der Kinder.

Ganz oben mit der Jahreszahl 1344 würde Johannes Scharren-

hüls aus ritterlicher Familie sitzen; denn aus dem Dunkel der Geschichte wurde später sein Name als erster aus der Kette der Lehnsträger bekannt. Neben ihm Johann von dem Steinhues, Johann von Marl, Dietrich Voß, Mathias Klock, Jacques und Gerhard van der Meulen, Johannes Oswald Arnold Coci, Joes Wilhelm, Gerrard Waldhausen.

Und dann die lange Reihe der Aufsitzer, die den Hof von den anderen Lehnsträgern gepachtet hatten und ihn bewirtschafteten. Da ist aus dem 17. Jahrhundert Johan, Ahnherr der Hülsmans, die ihren Namen mal mit einem, mal mit zwei „n" schrieben und bei denen Hofname und Familienname eins waren. Ihm folgen Wilhelm, die beiden Henrich, Joes Georg, Heinrich Wilhelm, Joes Heinrich und Theodor.

In den Jahrhunderten davor hatte das Anwesen Scharrenhülsgut geheißen. „Hüls" deutete dabei — wie in Hülsmannshof — auf die hier sehr verbreitete strauchartige Stechpalme (Hülse) hin und „Scharren" auf „Kerbe". Das erinnert auch daran, daß die drei Urhöfe der Margarethenhöhe an der Grenze zwischen dem Gebiet der Werdener Abtei und der

Gaststätte Bauer Barkhoff Ende der 20er Jahre: Die Gänse kommen im „Ländlichen Paradies" bis an die Kaffeetafel.

48

Herrschaft Broich lagen. Als Grenzzeichen trugen Bäume im Nachtigallental, neben dem Bachlauf der Kreuzenbecke, eingekerbte Kreuze.

Zur Feier auf dem Hof eine Fahrt mit Pferd und Leiterwagen (1926). – Hier Steile Straße, Ecke Sommerburgstraße. Im hellen Knabenanzug vorn links: Hans Barkhoff.

Zum Scharrenhülsgut hatte noch der Hof Kaldensiepen gehört. Er stand etwa dort, wo heute der alte Teil der Margarethenhöhe ist. Spätestens im 16. Jahrhundert, so berichten Heimatforscher, sei er von der Landkarte verschwunden. Die Ländereien hat sich der Scharrenhülshof mit der Brandsmühle im Mühlenbachtal geteilt.

Joes Georg Hülsmann dort oben auf der Phantasie-Galerie wüßte vielleicht auch noch zu sagen, was er 1791 dem Lehnsträger Waldhausen jährlich an Pacht zahlen mußte:

10 Malter Roggen, 10 Malter Gerste, 10 Malter Hafer, 10 Taler Hof- und Wiesengeld, 16 Taler Wagendienste, 8 schwere Pfund Flachs oder bei Mißwachs dafür 10 Pfund Butter und 12 Hühner. Dazu hatte er zu liefern: 3 gute überjährige Schweine, das halbe Baumobst, die Hälfte der Eichel- und Buchenmast.

So lange, bis eine andere Zeit heraufkam; die Äbte von Werden nicht mehr die Ländereien besaßen und keine Lehen mehr vergeben konnten. Dafür aber der König von Preußen, auf den 1805 alle Rechte übergegangen waren. Und irgendwann wurden die Hülsmanns zu Hofbesitzern. Sie hatten Familien mit fünf, sechs oder zehn Kindern; die Söhne heirateten Bauerntöchter von anderen Höfen, und die Hülsmanntöchter sahen sich nach Ehemännern auf den Nachbargütern um. So sind in der Familienreihe auch die Namen Stens, Dellmann, Wortberg, Kamann, Kuhlhoff, Schulte verzeichnet. Einer der Hülsmanns heiratete in die Brandsmühle ein.

An diesem Sommerabend 1981 könnte die Phantasie sie alle unter der alten Eibe im Garten versammeln; aber das helle Lachen unter den angestrahlten Linden, der Klang von Gläsern der geschäftige Schritt der Kellner schickt sie wieder ins Dunkel der Geschichte.

Erst mit diesem Jahrhundert, in dem auch die Margarethenhöhe entstand, gewinnen die Menschen auf dem Hülsmannshof schärfere Konturen. Die Fotografie wird zum Zeitdokument, überliefert die Inschrift eines Holzbalkens: „Erbauet von Heinrich Wilhelm Hülsman und Anna Gerdrud Kulhof den 5. Julius 1825."; sie zeigt Wilhelm Barkhoff im 1. Weltkrieg als Soldat vor dem Hof oder die ersten Kaffeegäste 1925 auf den Holzklappstühlen, Kinder in Matrosenanzügen.

Das 20. Jahrhundert also: 1904 verkauft Theodor Hülsmann den Hof mit 111 Morgen an Margare-

Wilhelm Barkhoff (rechts) als Soldat 1917 vor seinem Hof.

Damals (1922) Getreidefeld, heute Straße Lehnsgrund: Hans Barkhoff (11) hat die Zügel fest in der Hand.

Hans Barkhoff 1930: Aus dem Bauernsohn wurde ein Gastwirt.

the Krupp. Er bekommt dafür 385 000 Reichsmark und kann als Pächter auf dem Gut bleiben. Doch seine Äcker – das weiß er – werden als erste der drei Höfe bebaut werden. Als 1910 der Bau der Margarethenhöhe beginnt, kauft er sich in Willich bei Krefeld einen neuen Bauernhof. Ins Fachwerkhaus am Nachtigallental zieht am 1. Oktober sein Neffe Wilhelm Barkhoff ein.

Wilhelm Barkhoff ist vom elterlichen Hof in Rüttenscheid auf die Margarethenhöhe gekommen. Zwei Tage zuvor hatte der 27jährige Wilhelmine Reuter geheiratet. Der Jungbauer Wilhelm hält sich nicht mit dem Gedanken auf, wie lange er seine Felder noch bewirtschaften kann. Land, das bis zum Hohlweg, ans Mühlenbachtal und zu den jenseitigen Hängen des Nachtigallentales reicht. Aber die Margarethenhöhe wächst schneller voran. Mit dem Baumeister Georg Metzendorf findet er die Lösung: Aus dem Bauernhof wird nach dem Umbau eine Bauerngaststätte, zunächst (1. April 1925) mit Milch und Kaffee, dann – wenige Monate später – mit einer Schankerlaubnis. Und da er Tiere liebt, kommt das auch seinen Gästen und damit dem Geschäft zugute. Aus Schottland führt er mehrere Ponys ein, die bald, vor einen kleinen Wagen mit Gummireifen gespannt, zum Erkennungszeichen werden. Später sind es auch Affen und Tauben, und die Gänse laufen in diesem „Ländlichen Paradies der Margarethenhöhe" zwischen den Tischen des Kaffeegartens einher. 1927 wird Wilhelm Barkhoff durch einen Schlaganfall rechts-

seitig gelähmt. Das hindert zwar seinen Körper, aber nicht seinen Geist. Je mehr die Siedlung westlich der Sommerburgstraße vom „Stillen Winkel" bis zum „Lehnsgrund" auf seinem Ackergelände vordringt, um so stärker verfolgen er und sein Sohn Hans Um- und Ausbaupläne. 1936 wird die Scheune niedergelegt. Ein Parkplatz für die Gäste entsteht.

Wilhelm Barkhoff stirbt 1964. Er ist 81 Jahre alt geworden. Sohn Hans, der auf dem Feld und hinter dem Schanktisch in seinen Spuren ging, hat weitergebaut, aber darauf geachtet, daß der Charme des alten Hauses erhalten blieb. Mit seiner Frau Elsbeth, geb. Kalthoff, führt er den Betrieb; und irgendwann wird Sohn Franz die vorgezeichnete Linie fortsetzen.

Hans Barkhoff und Frau Elsbeth 1981: Tradition gewahrt.

„Bauer Barkhoff" ist die letzte sichtbare Erinnerung an die Vorgeschichte der Margarethenhöhe. Nicht nur der Erhaltungswille der Stiftung hat dem Anwesen seinen Platz gesichert. Es ist auch dieser wache Geist hinter dem Fachwerk, der das Gefühl für Tradition und den Geschäftssinn zu aller Nutzen miteinander verknüpft.

Verzeichnis

der von

Frau Wirkliche Geheime Rat F. A. Krupp angekauften

Liegenschaften

in den Gemeinden

Rüttenscheid, Bredeney, Fulerum und Haarzopf.

Aufgestellt:

Geometer Bureau, den 10. Dezember 1904.

Lfd. Nr.	Eigentümer.
1.	Landwirt Theodor Hülsmann, Rütten...
2.	Mühlenbesitzer Hermann Hülsmann, Essen-...
3.	Landwirt Johann Wortberg, Rütten...
4.	" Jakob Niemöhlmann, "
5.	" Hermann Reutenborbeck, "
6.	" Heinrich Tellmann, "
7.	" Johann Schulte Silberkuhl, "
8.	" Franz Schlieper gt. Kammann, "
9.	Landwirte Eduard und Heinrich Krampe, "
10.	Landwirt Heinrich Spielkamp, Haarz...
11.	Milchhändler Friedrich Hünselar, Rütten...
12.	Bergmann Hermann Roßkothen, "
13.	Milchhändler Wilhelm Brinkmann, "
14.	" " Roßkothen, "
15.	Bergmannfrau Hermann Heiderich, "
16.	" Friedrich Scharenberg, "
17.	Fabrikarbeiter Wilhelm Vogenbeck, "
	Zusamm...

Eine Fläche, dreimal so groß wie die Essener Gruga, kaufte Margarethe Krupp in Rüttenscheid, Bredeney, Fulerum und Haarzopf. Darunter war auch das 50 Hektar große Gelände, das sie für den Bau der Margarethenhöhe stiftete. Das Grundstück zwischen Mühlenbachtal, Sommerburg, Lührmannstraße und Nachtigallental gehörte zur Bürgermeisterei Rüttenscheid. Auf der Liste des Liegenschaftsverzeichnisses aus dem Jahre 1904 stehen die Namen der Bauern und Kötter, die ihren Grundbesitz auf dem späteren Gebiet der Margarethenhöhe hatten: Theodor Hülsmann, Johann Wortberg, Eduard Krampe, Friedrich Hünselar, Hermann und Wilhelm Rohskothen, Witwe Wilhelm Brinkmann.

	ar.	qm.	Morg.	Rth.	Fß.	Mark.	Pfg.	Bemerkungen.
4	67	20	135	143	44	350000	00	Flächeninhalt nach dem Kataster.
2	78	-	89	39	69	240911	98	
0	40	77	111	47	17	325000	00	Flächeninhalt nach dem Kataster.
2	57	72	49	04	57	408482	80	
0	28	57	149	171	08	412363	72	
7	16	99	31	179	71	47997	58	Flächeninhalt nach dem Kataster.
r	73	-	87	34	46	584578	40	
0	98	50	152	124	08	381723	33	
7	96	97	70	68	46	158023	17	
	17	20	.	121	26	1616	80	Diese Fläche ist noch zu bezahlen und aufzulassen. Der Kaufpreis ist mit 2400 ℳ pro Morgen berechnet.
6	59	25	25	147	66	77461	00	
	25	53	1	.	.	20000	00	
	25	32	.	178	50	22000	00	
	68	90	2	125	74	48574	00	
	84	87	3	58	33	60874	75	
	38	30	1	90	07	13000	00	Flächeninhalt nach dem Kataster.
	25	53	1	.	.	13000	00	Wie vor!
	21	20	.	149	46	21000	00	Wie vor!
2	17	82	909	63	56	3186607	53	

Von Kersebaum bis Krampe
„Als es guten und frommen Pächtern zusteht"

Der Kersebaumhof, 1363 erstmals erwähnt, war der kleinste der drei Urhöfe. Er stand im heutigen Straßenwinkel von Wortbergrode und Altenau am Nachtigallental. Eine Wiese von eineinhalb Morgen und ein Busch in etwa gleicher Größe rundeten den Besitz ab. Nichts erinnert hier heute mehr an den Hof. Neue Wohnblocks an der Wortbergrode haben längst die Birnenbäume und die alte Scheune verdrängt, die ein Bombenangriff am 12. Dezember des Jahres 1944 übriggelassen hatte.

Über den kleinsten Hof gibt es auch die wenigsten Hinweise. Ein paar Daten in Werdener Akten, im Stadtarchiv und Schriften des Hospitals zum Heiligen Geist, das einer der vielen Lehnsträger war neben Johann von Aschenbroych, Borchard von Kukelsheim, Arnold Pege, dem Essener Bürgermeister Johann Kelser, Johann Lindemann, Rutger Meibusch, dem Ratsherrn Godtfridt Trutmann, Wilhelm Vahrenhorst.

Wie bei den anderen Höfen wechselten nur die Lehnsträger sehr oft; als Pächter wirtschafteten meist die gleichen Familien über Jahrhunderte auf den Höfen. So auch die Kersebaums, deren Name in den Urkunden in immer neuer Schreibweise auftaucht: Keseboem, Kirsebaum, Kahssebaum, Kahsebom. Doch wer gern mehr Seiten in der Familiengeschichte aufgeblättert hätte, findet leere Blätter. Selbst ein Kenner der Ortsgeschichte, Hugo Rieth vom Ruhrlandmuseum, hat nach dem Aktenstudium festgestellt: „Von den Kersebaums wissen wir leider sehr wenig."

Hochzeitsgesellschaft 1932 auf dem Krampe-Hof. Paul Krampe (stehend, ganz rechts) bei der Hochzeit seiner jüngsten Schwester Anna.

Überliefert ist eine Urkunde von 1753. Sie teilt dem Johan Diederich Kersebaum mit, welche jährliche Pacht er zu St. Martini (Martinstag) dem Hospital zu liefern habe: Je fünf Malter Roggen, Weizen und Hafer, zwei Schweine, sechs Hühner (ein preußischer Malter = 695 Liter). Außerdem schulde er seinem Lehensträger zwölf Dienste mit Pferd und Wagen im Jahr. Der Pächter auf dem Kersebaumshof, so heißt es da weiter, dürfe kein Holz schlagen ohne Wissen und Bewilligung der Hospitals-Provisoren. Er soll „das Gut bessern, bepflanzen und bebauen; davon nichts versplittern, versetzen und verkommen lassen, sondern, als es guten und frommen Pächtern zusteht, getreulich, unbarlich und fleißig verwalten".

Die nur in Bruchstücken bekannte Geschichte der Kersebaums auf dem Hof am Nachtigallental endet 1864. In jenem Jahr kauft Dietrich Krampe vom Krampe-Hof in Essen-Ost das Kersebaum-Anwesen. Dazu das Gut Altena auf der anderen Talseite, das später sein Bruder Wilhelm übernimmt. Sohn Eduard (1865-1945) wird Nachfolger auf dem Haupthof.

1904 sind die Krampes Pächter geworden. Wie die Bauern auf den Nachbarhöfen verkaufen sie ihren Besitz an Margarethe Krupp, die ihnen für die 70 Morgen 158.000 Mark geboten hatte.

Das kleine Gut Altena, von dem heute nur noch die Grundmauern der Scheune zu sehen sind, wird bis zum Jahre 1914 von Wilhelm Krampe bewirtschaftet; dann geht er als Landwirt nach Neviges. Den Pachtvertrag für die Äcker auf der Westseite des Tales läßt sich der Bauer Wilhelm Barkhoff vom ehemaligen Hülsmanns-Hof überschreiben.

Aber die Ackerflächen der Krampes werden mit dem Vordringen der Gartenvorstadt über die Sommerburgstraße hinweg immer mehr eingeengt. Lehns-

54

Wo sich heute die Straße Altenau ins Nachtigallental hinabsenkt, führte damals der Weg auch zum Krampe-Hof. Das Foto zeigt im Vordergrund die Scheune des Hofes. Heute stehen hier die Neubauten an der Wortbergrode, darunter der Margarethenhof, die Begegnungsstätte für Senioren.

grund und Wortbergrode durchschneiden Ende der 20er Jahre und zu Beginn der 30er Jahre das am Hof liegende Land. Der dramatische Schlußpunkt kommt 1944. Zwölf Tage vor Weihnachten, am 12. Dezember, wird der Hof bei einem Luftangriff zerstört.

1945. Paul Krampe, einer der Söhne, ist aus dem Krieg zurückgekehrt. Er und seine Familie haben keine Bleibe — außer den Trümmern des Bauernhauses, auf dem er am 21. Dezember des Jahres 1904 geboren worden war. Überall auf der Margarethenhöhe sind die Menschen zusammengerückt; leben zwischen Ruinen. Jeder muß sich selbst helfen. Auch Paul Krampe. Scheune, Obstgarten und Backhaus sind nicht zerstört. Aus Balken und Steinen, die er aus den Trümmern birgt, aus dem abgebrochenen Backhaus entsteht mit Hilfe eines Handwerkers das neue

Heim — eine vierräumige Wohnung im Fachwerkstil.

Nebenan errichtet er einen Stall für die Milchziegen. Seine Schwester hat sie ihm geschenkt. „Die Ziegen und der Obstgarten haben uns in den Hungerjahren ernährt", sagt Paul Krampe heute. In seiner Wohnung in der Sommerburgstraße 121 zeigt er auf ein Bild des Krampe-Hofes, das 1934 aufgenommen wurde.

Kindheitserinnerungen:

Die frühen, langen Winterabende am offenen Kamin, wenn man bei der Glut der Holzscheite an das Teufelswerk um einen versunkenen Schatz in der Sommerburg leicht glauben mochte;

die Sonntage, an denen die Kutschen der bäuerlichen Verwandten vorfuhren und die Kinder bei Regenwetter in der Scheune spielten.

Paul Krampe war kein Bauer; er wurde Kaufmann, eröffnete 1929 einen Käsegroßhandel. Auf

dem Webermarkt hat er schon nach wenigen Jahren an einem Tag bis zu zehn Zentner Quark verkauft. Den Großhandel übernahm 1973 seine jüngste Tochter.

Paul Krampe (76) und Ehefrau Maria heute: Er wurde auf dem Krampe-Hof geboren, als es die Margarethenhöhe noch nicht gab.

In die Sommerburgstraße ist er 1956 gezogen, als das Grundstück des Krampe-Hofes an der Wortbergrode bebaut wurde. Ein paar Fotos — das ist alles, was heute an den alten Hof erinnert.

Hereinspaziert in Jansens Milchwirtschaft!

Eine weite Ackerfläche mit Buschwerk und Wald — so war es, bevor 1910 die Häuser- und Straßenbauer kamen. Aber vom Mühlenbachtal hoch führte in südliche Richtung die Holsterhauser Straße durch das Ackerland. Und an dieser Verbindung, die dann Hohlweg und später Metzendorfstraße hieß, lagen vier Kotten mit ihren Anbauten und einigen Morgen Land. Die Bewohner waren Bergleute, handelten mit Milch oder hatten Fuhrgeschäfte. Sie hießen Jansen, Rohskothen, Hünselar, Brinkmann und Bohnekamp. Und man erinnert sich . . .

. . . an Friedrich Hünselar, der mit seinem Milchkarren frühmorgens unter dem Schlafzimmerfenster des Bauern Wortberg erschien und hinaufrief: „Herr Ökonomierat!" Die Milch fuhr er dann zu seinen Kunden in Rellinghausen.

. . . an die Milchwirtschaft Jansen, die die ersten Bewohner der Margarethenhöhe sonntags morgens nach einem Spaziergang durch die Felder aufsuchten. Für die Kinder hatte Gerhard Jansen Schaukeln aufgestellt.

Friedrich Hünselar: Mit dem Handkarren nach Rellinghausen.

. . . an die langen Abende, die mancher Kötter im Rüttenscheider „Stern" beim Skat zubrachte. Unbesorgt darüber, ob das Pferd vor dem Fuhrwerk den Weg zurückfinden würde, falls er auf dem Kutschbock einschlafen sollte. Es erreichte auch ohne Zügel über Lührmannstraße und Sommerburg die kleinen Häuser aus rotem Ziegelstein.

. . . an eines dieser liebenswerten Originale der Frühzeit, von dem man sich erzählte, seine Frau sei ihm mit der Schubkarre zu später Stunde auf der Lührmannstraße entgegengefahren. Und daß dies die beste Beförderung für den vom Stammtisch heimkehrenden fröhlichen Zecher war.

Die Häuser sind nach und nach gefallen; zuletzt der kleine Ziegelbau an der Ecke Sommerburg- und Metzendorfstraße, in dem Hermann Rohskothen mit seiner Familie wohnte.

Eines der alten Häuser (Hünselar), die vor der Margarethenhöhe da waren. Auf dem Foto von 1910 heißt die Metzendorfstraße noch Holsterhauser Straße (dann Hohlweg)

Die frühen Bewohner dieser Häuser, genannt oder ungenannt, leben in Geschichten und Anekdoten fort.

Gerhard Jansen richtete in seinem Kotten eine Milchwirtschaft ein — beliebtes Ziel für Sonntagsspaziergänger.

Der Rohskothen-Kotten blieb am längsten erhalten. Er wurde beim Neubau der katholischen Pfarrkirche abgerissen. Bild rechts.

Die Chronik

ESSENER CHRONIK

1906

*Titelblatt eines amtlichen Jahresberichts
aus dem Jahre 1906*

Goldener Westen – grauer Alltag

Essen 1906. Das Jahr, in dem Bertha Krupp und Gustav von Bohlen und Halbach in der Villa Hügel getraut werden;

● das Ruhrgebiet den großen Bergarbeiterstreik des Vorjahres noch nicht vergessen hat;

● Wilhelm Holle Nachfolger des verstorbenen Oberbürgermeisters Erich Zweigert wird;

● die Komponisten Richard Strauß und Gustav Mahler beim

Erich Zweigert

42. Tonkünstlerfest im Saalbau dirigieren;

● Kaiser Wilhelm II. zweimal den Hügel besucht;

● Margarethe Krupp die „Margarethe Krupp-Stiftung für Wohnungsfürsorge" errichtet;

● ein Drittel aller Essener Wohnungen überbelegt ist, weil Landarbeiter aus den deutschen Ostgebieten immer noch in großer Zahl in den „Goldenen Westen" kommen.

Essen ist seit 1896 Großstadt, hat seit 13 Jahren eine Straßenbahn, seit vier Jahren einen neuen Hauptbahnhof und ist dabei,

Stuckfassaden, Erker, schlanke Türme haben Schieferhäuser und Fachwerkbauten verdrängt. Die Stadt, für viele Zuwanderer der „Goldene Westen", wächst auch als Geschäftsviertel. Links die alte Hauptpost, dahinter das Grand-Hotel Royal (Königshof), an dessen Platz – weiter zurückgesetzt – heute das Horten-Haus steht. Essen 1906, Kettwiger Straße. Sieben Jahre später wird auf dem Grundstück rechts das Hotel Handelshof eröffnet.

dem „qualmenden Alptraum" von Zechen und Fabriken entgegenzuwirken. Die Stadt wächst als Handelszentrum; errichtet weitere repräsentative Großbauten im Stil der Zeit. Nach Fachwerk, Schiefer und Putz wird der Backstein Mode. Die neuen Dampfziegelfabriken können ihn seit den frühen 80er Jahren billiger liefern.

Den Geschäftsbauten der Altstadt, die die schieferbeschlagenen Wohnhäuser und Fachwerkbauten immer mehr verdrängten, haben die Architekten verzierte Balkone, Stuckfassaden, Gesimse und schlanke Turmspitzen aufgesetzt. Breitflächige Schaufenster locken die neuen Einwohner, die meist in den Arbeitersiedlungen der Randbezirke leben. In jenen schnell gebauten Mietskasernen, die bis zu fünf Stockwerke hoch in den rauchigen Himmel gewachsen sind.

Essens Altstadt ist überfüllt. Auf einem Raum, der 50 Jahre zuvor gerade für 21 000 Menschen reichte, drängen sich 1906 weit mehr als 100 000. Die Gesamtzahl der Stadtbewohner ist sogar auf 231 000 gestiegen, aber darin enthalten sind die 22 000 eingemeindeten Rüttenscheider (1905) und die 66 000 Einwohner, die 1901 mit der Eingliederung von Altendorf, Frohnhausen und Holsterhausen Neu-Essener geworden waren. Und damit ist auch schon das Stadtgebiet des Jahres 1906 beschrieben. Was darüber hinausreichte, gehörte zum Landkreis Essen. Die Margarethenhöhe gab es als Namen noch nicht. Das von Margarethe Krupp gestiftete Bauernland zwischen Nachtigalltal, Sommerburg

und Mühlenbachtal war 1905 mit der Bürgermeisterei Rüttenscheid zu Essen gekommen.

Die Stadt wächst und wächst: neben dem alten Fachwerkhaus die neue Bank, unweit der Bahnhofskneipe das Grandhotel. Im Westen dehnt sich die Kruppsche Gußstahlfabrik mit ihren 35 441 Arbeitern weiter aus; und in den meisten Teilen des Landkreises dringen Schachtbauer in die Kohlentiefen vor. Aus der abgelegenen Residenz einer Fürstäbtissin, der Kleinstadt abseits der großen Geschichte, ist eine Industriestadt mit geballter Wirtschaftskraft geworden.

Der gedruckte Stadtführer beschreibt dies so:

„Welches Viertel man auch immer durchwandern mag, überall wird man an die Vorherrschaft der Industrie erinnert. Am frühen Morgen, um die Mittagspause, am Abend durchwandern Scharen von Arbeitern die Straßen, stehen nach Feierabend mit Weib und Kind vor den schönen Schaufenstern oder besuchen die Läden der Stadt. Eine Industriestadt, die sich so mächtig entwickelte wie Essen, hat aber naturgemäß eine große Zahl mehr oder weniger behäbiger bürgerlicher Elemente aufzuweisen, Geschäftsleute, Bankiers, Beamte, Ärzte, Rechtsanwälte..."

Beobachter der Straßenszenen ist der Redakteur T. Kellen von der „Essener Volks-Zeitung". Hinter seiner Feierabendbeschreibung werden aber nicht die sozialen Spannungen sichtbar, nicht die Wohnungsnot und die Bodenspekulation als Folgen eines überhasteten Aufbruchs ins Industriezeitalter. Und das Drei-

Die Schieferhäuser der Bürgerfamilien (hier am Flachsmarkt) erinnerten an das alte Essen ...

... die mehrstöckigen Mietskasernen an den hastigen Aufstieg Essens als Industriestadt.

klassenwahlrecht, das den meisten Einwohnern den Einfluß auf die Stadtpolitik vorenthielt, belastet ebenfalls das politische Spannungsfeld. Die Ordnung kommt von oben; die Unruhe von unten – aus der neuen sozialen Schicht der Industriearbeiter, Bergleute und Tagelöhner. Bei dieser Unruhe geht es nicht nur um Sozialgesetze, Arbeitszeit, politische Chancengleichheit. Es ist auch die dumpfe Enge überfüllter Wohnungen, die oft zu feucht sind, zuwenig Licht und Luft haben und keine Hygiene kennen. Nur Krupp und einige Zechengesellschaften haben durch den Bau preiswerter Werkswohnungen andere Maßstäbe gesetzt. Sie galten Kritikern zwar als „soziale Fessel", doch gemessen an den beschriebenen Mißständen beurteilten sie die meisten Zeitgenossen als „beispielhaft".

Essen ist längst keine Stadt mehr, in der – wie zu Beginn des 19. Jahrhunderts, jede Familie mit wenigen Ausnahmen ihr eigenes Haus bewohnt. Nach der Volkszählung des Jahres 1900 bemerkte Dr. Wiedfeldt, Leiter des Statistischen Amtes: „19 Bewohner und vier Familien auf jedes Haus ist viel." Er spricht von „amerikanischem Wachstum". Von 1800 bis 1900 hatten in Essen die Häuser um 954 Prozent, die Menschen um mehr als 3000 Prozent zugenommen; in Straßburg dagegen die Häuser um 80, die Menschen um 155 Prozent; in Berlin sind die Vergleichszahlen 484 und 998 Prozent. Essen, so hatten die Statistiker errechnet, war unter allen deutschen Städten (mit Ausnahme von Charlottenburg) im 19. Jahrhundert am schnellsten gewachsen: von 3 860

Einwohnern im Jahre 1800 auf 118 862 im Jahre 1900. Und das in den gleichen engen Grenzen der Altstadt.

Der Stadtführer beschreibt diesen Zustrom der Zuwanderer in den „Goldenen Westen":

„Die Bevölkerung der Stadt ist eine sehr gemischte; nur ein Teil derselben entstammt alten Essener Familien. Der lokale Dialekt ist fast ganz entschwunden und hat einem bunten Gemisch von Mundarten Platz gemacht."

„Es wohnen hier Schlesier, Ost- und Westpreußen, Polen, Oberländer, Schwaben, Wenden, Hessen, Wallonen, Italiener..."

„Die Nachkommen der alteingesessenen Essener Familien verschwinden vollständig unter der Hochflut der eingewanderten Elemente. Hier kann man alle deutschen Mundarten hören, und in den Straßen der Stadt kann man oft genug Vertreter der fernsten Länder, Chinesen und Japanesen, sehen, die alle hierher kommen, um bei der großen Kruppschen Waffenschmiede Geschütze für ihr Vaterland zu erwerben."

Auf diese tägliche Flut von Besuchern, ob aus dem Ausland, aus den Bürgervierteln oder den Wohnstraßen der Arbeiter war die Altstadt gut vorbereitet. An jeder Ecke war eine Kneipe und an Sommerabenden hörte man aus den geöffneten Fenstern Musikautomaten und elektrische Klaviere. „Essen ist eine Stadt ernster, nutzbringender Arbeit", hieß es zwar im Stadtführer, das hinderte aber niemanden daran, sein Glas kräftiges Bier oder seinen Klaren zu trinken. Auf dem Heimweg konnte er unbesorgt über den Fahrdamm schlendern, denn es gab nicht einmal 100 Kraftfahrzeuge in der Stadt, dafür aber 3388 Pferde. Nach Westen leitete ihn das Dröhnen des Hammers „Fritz" auf dem Kruppschen Fabrikgelände; nach Osten die rot und blau glühende Schlackenhalde des Walzwerks Schulz-Knaudt, die sich immer näher auf die Gildehofstraße zuschob. Vielleicht nahm er auch mit letzter Laufenergie die Straßenbahn ab Kopstadtplatz, ungeachtet der schriftlichen Mahnung: „Das Anhängen an einen in der Fahrt begriffenen Wagen ist lebensgefährlich; ebenso das Laufen vor, neben und hinter demselben".

Die Altstadt bot ihre Billardsäle, ihre ersten Kinos, ihre Musikautomaten zum Freizeitvergnügen an. Doch Familien zogen an den Sonntagen lieber nach Werden, Bredeney, Rüttenscheid. Was in der Altstadt die Kneipen, war in den Ausflugsorten die Kaffeerunde unter alten Linden („Hier können Familien Kaffee kochen"). In der Alfredstraße 112 versprach Josef Neff, Besitzer der „Milchkuranstalt zum Schweizerhof", bei ihm gebe es nur reine Kurmilch von echten Schweizer Alpenkühen und dazu den „ff. Bauernstuten".

Der Sonntagsausflug, die Feierabendstunde in der Kneipe waren für viele Stadtbewohner die befristete Flucht aus einer Wohnung, bei der nur die Küche beheizt wurde, Schlafgänger mit Wechselschicht als Untermieter ins ungemachte Bett stiegen und die Wände noch feucht waren.

Professor Lutz Niethammer von der Gesamthochschule Essen in seiner großen Untersuchung „Wie wohnten die Arbeiter im Kaiserreich?":

„Mangel an Licht und Luft, Überhitzung im Sommer, Ofenrauch oder Kälte im Winter, der Wasserdampf in überbelegten Wohn-Schlafräumen, die gleichzeitig als Küchen verwendet wurden, führten zur Anfälligkeit, insbesondere für Erkältungskrank-

Werbung im Rüttenscheider Adreßbuch 1903: „Milch von echten Alpenkühen".

heiten, zu Niedergeschlagenheit, zu schlechtem Schlaf und Depressionen…"

Diese Wohnmängel waren auch schon das Thema des Stadtbaumeisters Wiebe im Jahre 1886 gewesen. In seinem Bericht über „Die Wohnverhältnisse der ärmeren Volksklassen in Essen a.d. Ruhr" stellt er fest:

„…Weit ungünstiger gestalteten sich noch die Verhältnisse in den eigentlichen Arbeitervierteln; so kamen beispielsweise im Jahre 1864 in der Straße ‚Zum Heiligen Geist' 2962 Einwohner

auf 124 kleine Häuser, also auf jedes Haus 23,89 Bewohner. Ein solcher Wohnungsmangel hatte selbstverständlich eine Steigerung der Miethpreise zur Folge, und es ist der Preis für zwei Arbeiterzimmer bis zu 50 Thaler oder 150 Mark gestiegen" (Jahresmiete – Die Red.).

„Wesentlich verbessert wurden diese Verhältnisse", so Wiebe, „als die Firma Krupp umfangreiche Arbeitercolonien theils im Stadtgebiet, theils in der Nachbarschaft Altendorf gründete…"

Wiebes Mängelbericht orientierte sich vor allem an der Altstadt und dem Nordviertel. Die Arbeiterhäuser im südlichen und östlichen Teil der Stadt seien dagegen „nahezu überall mit größeren oder kleineren Gärten versehen; auch sind die Bewohner häufig in der Lage, nahe bei ihren Wohnungen gelegenes Land für Kartoffelbau oder Gemüsezucht zu pachten".

Warum aber der bauliche Zustand der Arbeiterhäuser im inneren Stadtgebiet und im Nordviertel „durchweg äußerst mangelhaft ist, Licht und Luft ungenügend vorhanden sind und die Straßen zum Theil so eng sind, daß sie nicht befahren werden können", erklärt der Stadtbaumeister mit dem Hinweis: Erst seit dem 2. Juli 1875 gebe es ein Ortsstatut „betreffend die Auslegung und Bebauung von Straßen". Und die neue Baupolizeiordnung mit umfassenderen sanitätspolizeilichen Vorschriften braucht bis zum Erlaß noch weitere elf Jahre. Das mildert zwar manchen Übelstand, doch gegen die anhaltende Flut der Zuwanderer und die damit verbundene

*Nach der Arbeit
in den Zechen
oder der Krupp-
schen Guß-
stahlfabrik
(Foto)…*

*… zum Feier-
abendvergnügen
in die Altstadt –
vielleicht zur
Kirmes auf dem
Kopstadtplatz.*

63

überstürzte Bautätigkeit sind diese Vorschriften ein unzureichendes Instrument.

Bei einem durchschnittlichen Jahresverdienst von 800 bis 900 Mark (bei zwölfstündiger Arbeitszeit) machte die jährliche Miete für eine Arbeiterwohnung 120 bis 150 Mark aus. Dieser Entwicklung wollten aber weder der Staat noch die Gemeinde mit eigenen Bauaktivitäten begegnen. Dazu der Stadtbaumeister Wiebe: „Es lag dazu auch keine Veranlassung vor, weil die Wohnungsnoth lediglich in Folge des Emporblühens der Industrie und des damit verbundenen Zuzuges zahlreicher Arbeiter damals eintrat und es daher in erster Linie Sache der Besitzer der sich so glücklich entwickelnden industriellen Werke war, für ein gutes Unterkommen der für sie nothwendigen Arbeitermassen Sorge zu tragen."

Wenn aber gebaut wurde, dann unter stärkerer Ausnutzung des Bodens. „An fünfgeschossigen Häusern", so heißt es in dem am 16. August 1901 veröffentlichten Bericht, „...die man 1893 erst in fünf Exemplaren kannte, giebt es bereits 204; das ist seit 1893 eine Zunahme auf das 61fache." Hiermit waren auch die Mietskasernen des Segeroth gemeint. Der Berichterstatter bemerkt dazu: „Daß aber ein derartiges Wohnen hoch oben in den Wolken natürlich sei, wird man nicht behaupten können; ob es trotzdem in unseren Großstädten unter den gegenwärtigen Verhältnissen zu vermeiden ist, untersteht hier nicht unserer Untersuchung."

Oberbürgermeister Erich Zweigert allerdings, dessen

planerischer Weitsicht die Stadt Essen viel zu verdanken hatte, versuchte dieser Entwicklung durch Bauvorschriften gegenzusteuern. Und in seinem 1902 veröffentlichten Verwaltungsbericht kritisierte er „das mangelhafte soziale Bewußtsein der besitzenden Klasse". Der kaisertreue und obrigkeitsbewußte Zweigert wandte sich auch gegen jene Meinung, die „jedes Besserungsstreben als soziale Quacksalberei bezeichnet".

Daß Zweigert den Bericht über die „Aufnahme der Wohnverhältnisse" kannte, ist sicher. Darin fand er auch den Satz über bewohnte Speicher in früheren Scheunen und Viehställen: „Derartige, euphemistisch als Wohnungen bezeichnete Gelasse, die,

wohnungen geleistet zu haben." Spätere Kritiker pflegten dann allerdings, wie schon erwähnt, hinzuzufügen: So habe sich Krupp eine treue und disziplinierte Stammbelegschaft erhalten, die die Vergünstigung mit dem erwünschten Gehorsam honoriert hätte.

Sieht man das Kruppsche Beispiel nicht als „soziale Fessel", sondern als Antwort auf die Bodenspekulation und die überteuerten Mietpreise, dann müssen dagegen viele andere Arbeiterviertel stark abfallen. Das zeigt auch die „Aufnahme der Wohnverhältnisse am 1. Dezember 1900". In den zehn Jahren von 1890 bis 1900 war Essens Einwohnerzahl um 40 000 Menschen gestiegen. In einem Stadtgebiet, zu dem Rüttenscheid, Altendorf, Frohnhausen, Holsterhausen, Altenessen, Huttrop und Bergerhausen noch nicht gehörten. Und so kam auch der Berichterstatter der Untersuchung des Jahres 1900 zu dem Schluß: „… gelang es der Bauthätigkeit nicht, mit dem

Die Kruppsche Gußstahlfabrik hat sich von Westen her immer näher an die Altstadt herangeschoben. Blick vom Rathausturm um 1890.

oft nur auf halsbrecherischen Hühnerstiegen zugänglich, kaum den genügenden Schutz gegen Wind und Wetter gewähren, die, durch ein kleines Dachfenster erhellt, oft nicht einmal verschließbar sind, gehören vielfach, trotzdem man in ihnen nicht aufrecht stehen kann, gerade zu den besetztesten Wohnungen in Essen." Die Statistiker errechneten: In

Dachwohnungen aller Art lebten 29 906 Menschen. Das war jeder 6. Essener.

Wiebe lobt in seinem Bericht von 1886 erneut die Firma Krupp: „…gebührt in dieser Beziehung … die hohe Anerkennung, bei der rapiden Entwickelung der großen Gußstahlfabrik ganz Außerordentliches für die Schaffung gesunder, behaglicher Arbeiter-

Menschenstrom Schritt zu halten. … Die nach Essen strömenden Menschenmassen wurden teilweise noch in die vorhandenen Wohnhäuser hineingeschoben."

Gewandelt hatte sich aber die Haltung der Gemeinde gegenüber den Wohnungsmängeln. Die betonte Nichteinmischung, von der noch 1886 die Rede war, gab es nun nicht mehr. Der Ver-

65

waltungsbericht vom August 1901 macht das deutlich:

„... hat sich immer mehr die Erkenntnis durchgerungen, daß es sich bei dieser Frage um hygienisch, sozialpolitisch und moralisch einflußreiche Dinge handelt, welche um ihrer Wichtigkeit willen bis zu einem gewissen Grade der öffentlichen Beeinflussung unterworfen werden müssen." Die Stadt verschärft die Baupolizeiordnungen, unterstützt Baugenossenschaften, errichtet städtische Wohnungen.

Eine Aufstellung über die Hausbesitzer zur Jahrhundertwende schließt das 1901 eingemeindete Altendorf mit Frohnhausen und Holsterhausen mit ein.

Beispiele:
- Firma Fried. Krupp als größter Hausbesitzer 1121 bewohnte Häuser
- Stadt Essen 197
- ein Bauunternehmer 114
- ein weiterer Bauunternehmer 101
- drei Zechen jeweils 91, 89 und 84 Häuser
- der preußische Staat 74
- ein Gastwirt 57
- ein Arzt 44
- eine Aktiengesellschaft 27
- 18fache Hausbesitzer sind ein Krupp-Arbeiter, vier Gastwirte, ein Landwirt.
- Eine Kirchengemeinde besitzt 15, ein Bergmann 14 Häuser.
- Weitere acht Arbeiter besitzen jeweils 6 bis 8 Häuser.

Im Jahre 1908 hat sich Dr. Otto Wiedfeldt, inzwischen Beigeordneter der Stadt Essen, erneut mit der Wohnungsfrage beschäftigt. In einem am 25. Juli in der „Zeit-

schrift für Wohnungswesen" veröffentlichten Aufsatz berichtet er über die Arbeit der städtischen Wohnungsinspektoren. In acht Jahren, von 1899 bis 1907, waren 20 188 Essener Wohnungen überprüft und dabei mehr als 8 000 beanstandet worden. Im Gesamtdurchschnitt der acht Jahre kamen die Inspektoren zu folgender Mängelübersicht:

- ein Drittel der beanstandeten Wohnungen waren überfüllt;
- ein Viertel als Wohnung ungeeignet;
- fast die Hälfte hatte bauliche oder sonstige Mängel.

Das Thema Wohnen blieb nun auf der Tagesordnung. Der städtische Beigeordnete Robert Schmidt, später erster Direktor des Siedlungsverbandes, erinnerte 1912 an diese Zeit des überhasteten Wohnungsbaus:

„Die Bevölkerungsmassen mußten untergebracht werden. Die vorhandenen Häuser wurden stärker belegt, Anbauten wurden gemacht, Stockwerke aufgesetzt, Scheunen zu Wohnhäusern umgebaut und endlich an schematischen Straßen, die im wesentlichen den Augenblicksbedürfnissen entsprechen, die krassesten Unternehmerbauten in scheußlichster Anspruchslosigkeit errichtet." Die Bauordnung Ende der 90er Jahre, so erboste sich Schmidt, habe einem kleineren Teil der Bevölkerung das Recht gegeben, unter der Schädigung der Gesamtheit wirtschaftliche Vorteile für sich allein zu erringen. „So zeitigte auch in Essen die allgemeine Ratlosigkeit auf dem Gebiet des Städtebaues und des Wohnungswesens große Miß-

stände, wie sich zum Beispiel heute noch das häßliche und ungesunde Segerothviertel aufweist, das Gegenbeispiel unserer Stadt, dessen Verbesserung sich die jetzige und kommenden Generationen zur Aufgabe machen müssen, sobald es die Verhältnisse erlauben." Schmidt sieht optimistischer in die Zukunft als seine Vorgänger. Mit Beginn des neuen Jahrhunderts hätten Reformen eingesetzt: „Ein genereller Stadterweiterungsplan wurde entworfen, in den sich die Spezialpläne der einzelnen Viertel einzugliedern hatten."

Neue Bebauungspläne, eine neue Bauordnung, neue Wohnviertel — im Rathaus glaubte man nun, die weitere städtebauliche Entwicklung Essens besser beeinflussen zu können.

All diese optimistischen Erwartungen haben sich, als Schmidt seinen Bericht schreibt, im Südwesten der Stadt schon erfüllt. Auf einem 50 Hektar großen Gelände zwischen Waldtälern stehen die ersten Häuser einer neuen Siedlung, die nach ihrer Stifterin Margarethenhöhe genannt wurde. Sie wächst unter der Leitung eines begabten Baumeisters zu immer größerer Bedeutung heran; vor dem Hintergrund einer Industriestadt, die lange Jahre der Bauwillkür ausgeliefert war, die es zuließ oder zulassen mußte, daß ihr die Mietskasernen über den Kopf wuchsen. In diese Stadt kommt 1909 ein Baumeister namens Metzendorf. Er soll die Stiftung der Margarethe Krupp zum Beispiel für alle machen, für die Wohnen mehr bedeutet als eine Koch- und Schlafstelle.

Der Baumeister

Georg Metzendorf

Begrabt mich mit dem Blick zur Margarethenhöhe!

„Ich möchte auf dem Südwestfriedhof begraben sein; am Nachtigallental – mit dem Blick zur Margarethenhöhe.“

Georg Metzendorf in seinem Todesjahr 1934

Georg Metzendorf 1909 mit Sohn Ernst und Tochter Margret.

Anna Metzendorf: 1909 von Bensheim nach Essen.

Mittwoch, 11. August 1908. Ein großer schlanker Mann steigt die Rathaustreppe am Essener Marktberg empor. Im Zimmer 26 erwartet ihn der städtische Beigeordnete Paul Brandi. Der Besucher ist 34 Jahre alt, heißt Georg Metzendorf und ist aus der hessischen Kleinstadt Bensheim zum ersten Mal in die Industriestadt Essen gekommen. Es geht um den Vertrag, der ihn als Baumeister der künftigen Margarethenhöhe verpflichten soll.

Den Namen Metzendorf kennen in Essen im August 1908 nur der Oberbürgermeister, ein paar höhere Beamte und der Vorstand der Margarethe Krupp-Stiftung

Silberhülle für den Bleistift, mit dem Metzendorf Skizzen der Margarethenhöhe zeichnete. Hülle und Halter hatte er selbst entworfen.

für Wohnungsfürsorge. Auch die Stifterin im Hügel-Schloß hat sich von Robert Schmohl, Direktor der Kruppschen Bauabteilung, über den Mann aus Bensheim berichten lassen. Zwölf Namen standen auf der Vorschlagsliste.

Robert Schmohl hatte sie nach Gesprächen mit bekannten Städteplanern in München, Stuttgart, Darmstadt, Leipzig und Aachen zusammengestellt. Ein junger Baumeister sollte es sein, denn auf ihn wartete eine Lebensaufgabe. Drei von der Vorschlagsliste waren in die engere Wahl gekommen: Bruno Taut, Richard Seiffert, Georg Metzendorf.

Am 24. Juli hatte der Stiftungsvorstand entschieden: „Alle drei sind hervorragend tüchtige und schöpferische Kräfte … Mit Rücksicht darauf, daß Herr Metzendorf als selbständiger Architekt auf dem Gebiete des Wohnungsbaus eine vielseitige Praxis hat, wählt der Vorstand … diesen Herrn zum Architekten“.

Vor allem die Entwürfe für ein zweigeschossiges Kleinwohnhaus sprachen für Metzendorf. Wohnkomfort sollte es nach seiner Mei-

nung auch für Arbeiter geben: ein kombiniertes Heiz-, Koch-, Warmwasserbereitungs- und Belüftungssystem, Spülklosett, Badewanne. Eine deutliche Absage an Mietskasernen und Behelfsbauten, die sich als triste Häuserzeilen in den Randzonen der Großstädte vermehrten. „Es gibt Leute“, sagt Enkel Rainer Metzendorf 1981, „die meinen Großvater als Soziologen noch höher schätzen wie als Architekten.“

Das künftige Baugelände, das Georg Metzendorf 1908 zum ersten Mal sah, lag zwischen Lührmannstraße und Mühlenbachtal. Es wurde im Osten von der Sommerburg, im Westen vom Nachtigallental begrenzt. Fünfzig Hektar von 250, die Margarethe Krupp in diesem westlichen Teil Rüttenscheids und in Bredeney aufgekauft hatte. Die Waldtäler sollten in den Besitz der Stadt übergehen.

Georg Metzendorf, hier neben seiner Mutter Margarethe und seinen Brüdern Franz und Heinrich. 1893 wird Metzendorf Schüler seines Bruders Heinrich, der für seine Leistungen als Architekt später den Professorentitel erhält. Sitzend Metzendorfs Vater Heinrich.

Aber die wichtigste Frage war die nach dem leitenden Architekten gewesen und sie schien nun beantwortet. Drei Wochen nach dem Besuch Metzendorfs im Rathaus schreibt Paul Brandi an den Baurat Robert Schmohl, er habe bei einer Dienstreise nach Darmstadt „über Herrn Metzendorf ungewöhnlich günstige Auskunft erhalten".

Die neue Aufgabe reizt Metzendorf zwar, doch dem Vertragsentwurf hat er noch nicht in allen Punkten zugestimmt. Am 31. August 1908 heißt es in einem Brief an Brandi: „In baukünstlerischen Streitfragen kann ich mich nicht dem Urteil des Herrn Oberbürgermeisters allein unterstellen. Bei solchen Fragen müßte ein Schiedsgericht entscheiden." Man einigt sich.

Der Vertrag beginnt am 1. Januar 1909.

Wer war dieser junge Architekt aus Bensheim, der 25 Jahre seines Lebens an die Margarethenhöhe gebunden hatte? Was hat er gesagt, gedacht? Wie war er privat? Seiner Bedeutung für den weltweiten Ruf der Gartenvorstadt entspricht nicht das bisher über ihn verbreitete Wissen. Das Familienarchiv wurde im zweiten Weltkrieg zum größten Teil zerstört; Urkunden, Bilddokumente sind weit verstreut.

Heppenheim liegt an der Bergstraße. Eine Kleinstadt. Hier wird Georg Metzendorf am 25. September 1874 geboren; jüngster Sproß einer Familie von Steinmetz- und Baumeistern, die ihre Tätigkeit im Baugewerbe bis ins Jahr 1557 nachweisen kann.

Georg macht nach der Realschule seine Maurerlehre, arbeitet dann bei seinem acht Jahre älteren Bruder, dem Architekten Heinrich Metzendorf in Bensheim. Vorübergehend besucht er die Baugewerbeschule Karlsruhe und die Technische Hochschule Darmstadt; 1901 bietet ihm der Bruder die Teilhaberschaft an. Nach vier weiteren Jahren eröffnet er sein eigenes Büro; entwirft auch Möbel und Schmuck. Er hat seine Linie gefunden.

„Er war immer sehr leger", sagt Enkel Rainer Metzendorf über seinen Großvater Georg (rechts im Bild). Das Foto wurde vor der Essener Zeit aufgenommen.

Von der Welt hat er noch nicht viel gesehen. Metzendorf kennt nur hessische Klein- und Mittelstädte, kennt Darmstadt, Karlsruhe und München. Aber er ist beeinflußt von Ideen, die weit über diesen Horizont reichen. Camillo Sittes Vorstellungen über die künstlerische Großstadtplanung gehören dazu. 1907 schließt er sich als aktives Mitglied dem gerade gegründeten Deutschen Werkbund an, einer Arbeitsgemeinschaft aus Künstlern, Kunsthandwerkern und Industriellen, die nach neuen Formen für Gegenstände des täglichen Lebens sucht. Aber das sind nur Zugaben für ihn. Bis in die Nächte hinein sitzt er über seinen Plänen für ein Arbeiterwohnhaus. Es darf nicht zu teuer werden, sonst baut es niemand. Doch es muß mehr bieten als die Billigbauten der Wohnungsspekulanten. Und dann hat er die Lösung. Metzendorf setzt den Installationsschacht als Säule in die Mitte des Hauses. Über ihn läuft die ganze Ver- und Entsorgung, mit einem System, das heizt, lüftet, Warmwasser bereitet und kocht. Diese Metzendorf-Idee, auf der Landeskunstausstellung 1908 in Darmstadt erstmals vorgeführt, erregt Aufse-

71

hen. Später wird sie oft kopiert, aber zuvor hat sie ihre Premiere in Essen mit den Häusern der Margarethenhöhe. Die Stiftung der Margarethe Krupp war Metzendorfs große Chance, seinen Traum umzusetzen. Denn wer außer ihm hatte schon so

Georg Metzendorf mit seinem Bruder Heinrich (links) in Bensheim.

viele Gedanken an bessere Arbeiterwohnungen verwendet. Alfred Krupp ausgenommen.

Später wird er wegen seiner dekorativen Architektur mit ihren verschlungenen Linien, Bögen, Ornamenten und geschwungenen Giebel auch Kritik herausfordern. Was heute viele Besucher als besonderen Reiz der Margarethenhöhe loben, haben einige Kritiker in den 20er Jahren als „Romantik eines sich altertümlich gebärdenden Städtchens" bezeichnet. Das entsprach aber nicht dem allgemeinen Empfinden, das sich eher in anderen Urteilen bestätigt sah: „Ein gewaltiger Versuch, den Arbeiter in das neue, persönliche, ja kunstgewerbliche Empfinden des Bürgertums hineinzuziehen" (Eberhard Schulz in seinem Buch „Das goldene Dach").

Daß Metzendorf zwischen Nachtigallental und Sommerburg seine Ideen von Wohnkomfort und Freizeitangebot verwirklichen konnte, die Margarethenhöhe so schnell Gestalt gewann, lag an der Gunst der Stifterin, der aufgeschlossenen Mitarbeit des Stiftungsvorstandes und einem autoritären Bauverfahren, das noch nicht die heutige Gesetzesfülle kannte. Am 1. Januar 1909 hat Metzendorf seinen Dienst angetreten, im Juli legt er schon den Aufschließungsplan vor. Ein Jahr später wird die neue Brücke über das Mühlenbachtal für Fußgänger freigegeben, das erste Haus am Brückenkopf ist fertig.

Mit ihm nach Essen gekommen sind seine Ehefrau Anna, 30, sein Sohn Ernst, 8, seine Tochter Margarethe, 6, und die einjährige Anneliese. Sohn Ernst, so berichtet Metzendorf-Enkel Rainer, habe immer ein Goldstück in der Tasche gehabt, „damit er jederzeit nach Bensheim zurückkonnte".

So genau Metzendorf weiß, was er als Baumeister will, wie gradlinig er auch seinen Weg geht, er hat die Natur des sensiblen Künstlers, der leicht seinen Gefühlen nachgibt. Sein Enkel beschreibt es mit einer bekannten Formel so: „Himmelhochjauchzend, zu Tode betrübt". War es ihm also zu empfehlen, ins Ruhrgebiet zu gehen, das in seiner hastigen Entwicklung weit entfernt war von der geruhsameren Obst- und Weinbaulandschaft westlich des Odenwaldes? Ein Mann, der so empfindsam war, daß ihn schon der kleine Schaden an einer von ihm gebauten Synagoge aus der Fassung brachte.

Kaiser Wilhelm besucht 1912 die Margarethenhöhe – hier mit Gustav Krupp (Mitte) und Georg Metzendorf (rechts) in der Steilen Straße. Bild oben.

Im Kriegsjahr 1914 wird Georg Metzendorf zu einer Pioniereinheit nach Bayern einberufen. Mit Ehefrau Anna stellte er sich dem Fotografen. Bild unten.

Und der deshalb kurz vor dem Hochzeitstermin im Jahre 1900 zu seiner Braut sagte: „Anna, mir könne net heirate; die Synagoge hat 'nen Riß." Sie heirateten natürlich doch. Als 1917 eine Zeitung einzelne Bauteile auf der Margarethenhöhe kritisiert, beschäftigt ihn das mehr, als der Sache angemessen ist. Tief betroffen schreibt er an Margarethe Krupp: „Die Kritik ist so häßlich, so persönlich …" Am nächsten Tag aber trägt ihn eine neue Stimmung über das Tief hinweg, denn der laute Beifall übertönt die Einzelkritiken an einer gewissen Verspieltheit seiner Architektur.

Wer Georg Metzendorf persönlich kannte, dem ist der Eindruck an seine „starke menschliche Ausstrahlung" haftengeblieben. Das hat ihm auch die ersten tastenden Schritte in die fremde Welt an der Ruhr erleichtert. Paul Brandi nannte ihn eine „liebenswürdige, ganz sympathische Persönlichkeit, die die verkörperte Harmonie darzustellen schien". Er kam aus den Traditionen der Monarchie. Das verminderte aber nicht seine Distanz zum Kaiser, zum überbetonten preußischen Selbstbewußtsein. Da stand ihm sein Großherzog von Hessen schon näher und als es um den Militärdienst geht, dient er nicht bei den in Hessen stationierten Preußen, sondern bei einem bayrischen Pionierbataillon. Sein Denken in Traditionen hat ihn nie gehindert, neue Erkenntnisse zu prüfen. Er entschied sich dafür oder dagegen. Am besten beweist dies sein frühes Engagement für das Arbeiterwohnhaus oder — auf anderem Gebiet — seine frühen Bindungen zu den Expressionisten in der Malerei.

Während die ersten Häuser der Margarethenhöhe das Bild der alten Ackerlandschaft verändern, ist Metzendorf schon wieder bei anderen Aufgaben. Er soll auch die Gartenstadt Hüttenau bei Blankenstein planen; die Weltausstellung in Brüssel will zwei seiner Arbeiterwohnhäuser vorstellen. Nach dem Brüsseler Erfolg verleiht ihm Hessens Großherzog den Professorentitel. Aber Metzendorf hat sich körperlich zu viel zugemutet; 1911 kommt der Zusammenbruch. Er akzeptiert ihn nur für kurze Zeit als Alarmzeichen. Er will, er muß sich voll ausgeben.

1912 besucht Kaiser Wilhelm II. die Margarethenhöhe. Ehefrau Anna ist besorgt. Der Kaiser wird Fragen haben. Der „Schorsch" wird doch wohl nicht

Trotz des Krieges ständiger Kontakt zum Büro in der Sommerburgstraße: Hauptmann Georg Metzendorf.

in seinem hessischen Dialekt babbele? „Anna", sagt er, „ich red so, wie mir der Schnabel gewachse is. Majestät sprechen in ihrem Berliner Dialekt, ich in meinem."

73

Das Baugelände.

Die eigenartige Beschaffenheit des Geländes, worauf die Bauten der Margarethe Krupp=Stiftung zu stehen kommen sollen, mußte bei der Anlage des Gesamtplanes, bei der Aufteilung und der Ordnung der Straßenzüge in erster Linie erwogen werden. Es handelt sich um ein in sich geschlossenes Gebiet mit ziemlich starker Bodenbewegung. Täler mit schmalen Wasserläufen sind eingeschnitten zwischen ansteigenden Hügeln. Prächtiger alter Waldbestand und im Wachsen begriffener Jungwald, dazu grüne Wiesen ziehen gleich einem Kranze ringsum, oder werden in kleinerem und größerem Umfang vom Gelände umschlossen. Die bis jetzt vorhandenen Siedelungen sind spärlich an Zahl, haben aber teilweise

Schaubild an der linken Terrassenstraße.

ihren Eigenwert und sollen erhalten bleiben. Das neue Werk der Stiftung mit seiner Anlage soll nicht zerstörend in das Vorhandene eingreifen, es muß schonen und erhalten, was an natürlicher Bildung oder gelungener Schöpfung der Menschenhand zur Zeit besteht. Aber daraus erwächst ihm auch für die Nutzung der zu bebauenden Flächen die Notwendigkeit einer alle Möglichkeiten bedenkenden Verteilung in den Grenzen der Zweckbestimmung. Es sollen geschlossene Straßengruppen entstehen mit angegliedertem Gartenland. Aber es muß auch der Eindruck zwängender Enge vermieden werden, frei und natürlich soll die Stadtanlage in die umgebende Landschaft übergehen.

Man hat in Verbindung mit dem Willen der Stiftung wohl schon an eine richtige Gartenstadt, nach englischem Muster etwa, gedacht. Davon kann aber in genauer Anwendung des Begriffes nach der Beschaffenheit des Baulandes, vor allem seiner Umgebung und nach den vorliegenden Bedürfnissen keine Rede sein. Nicht um eine besondere Stadtsiedelung mit wirtschaftlicher Selbständigkeit und eigenem Betrieb von Industrie und Landwirtschaft,

wie bei den Gartenstädten, kann es sich handeln, sondern um die Angliederung eines in der baulichen Ausführung künstlerisch eigenartigen Stadtteiles von Essen an die Hauptstadt. Eines Stadtteiles freilich, der hinsichtlich der Schönheiten und Annehmlichkeiten der Lage, hinsichtlich der Gesundheit und Wohlfeilheit des Wohnens die denkbar größten Vorteile bietet.

Der Plan der Stadt.

Der Einschnitt des Mühlbachtales scheidet das Bauland der Margarethe Krupp=Stiftung von dem Stadtgebiet Essen=West. Am nördlichen Hange des Hügels zieht ein nicht zu beseitigendes Bahngeleise hin. Dieses und die scharfe Senkung des Tales schaffen eine Schwierigkeit für die leichte und rasche Verbindung der Stiftungsanlage mit der Stadt, zumal für den Wagen= und elektrischen Bahnverkehr. So lag der Gedanke nahe, durch eine Brücke über das Tal hinüber zu greifen und damit einen breiten und bequemen Zugangsweg zu schaffen. Und man wird hoffen dürfen, daß dieser Weg so rasch wie möglich bereitet, daß also der Brückenbau als erstes Werk schon in der allernächsten Zeit begonnen werde. Dadurch würde die Anfahrt zum Baugelände unvergleichlich verkürzt und erleichtert und vor allen Dingen um eine recht große Summe verbilligt. Aber nicht diese praktische Bedeutung allein käme in Betracht. Die Brücke würde, in einfach großer monumentaler Form gebildet, ein wirklich künstlerischer Schmuck der Stadt werden. Zudem aber wiese sie auch durch ihr Werk auf den gesonderten Charakter der ganzen Stiftung hin. Sie verbände die Stadt und die Siedlung, aber sie betonte auch deren Eigenwert und Abgeschlossenheit, führte aus dem zusammenhängenden Gebiet in eine Welt für sich. Welcher der schon vorliegenden Entwürfe Aussicht

auf Verwirklichung haben wird, hängt von der Entscheidung über die Wahl der Technik und des Materials für den Bau ab. Natürlich fordert die künstlerische Erwägung für die Einmündung der Brücke auf das Stiftungsland ein Schaubild, einen Abschluß für den von Essen=West hinüberschweifenden

Wohnungstyp mittlerer Größe
der Margarethe=Krupp=Stiftung.

Hauptansicht.

Erdgeschoß.   Obergeschoß.

1. Sofa   8. Badewanne
2. Tisch   9. Spülstein
3. Stuhl   10. Schrank
4. Schreibtisch 11. Bett
5. Kommode   12. Nachttisch
6. Bank   13. Waschtisch
7. Küchenschrank 14. Kinderbett

Blick. Da dieser den ganzen Hang des Hügels umfaßt, liegt es nahe, dessen Emporsteigen, seine Staffelung durch raumnützende Bauten zu betonen. Darum sind an der Bedachung des Hügels selbst einige Wohnhäuser vorgesehen, die sich in starker Form selbständig vom Hintergrund lösen müßten. Sie würden günstig aus dem rechts und links vom Hang hinziehenden Waldgürtel auftauchen und überleiten zu der an der Brückenmündung beginnenden energischen

Emporführung der Zugangsstraßen zur Stiftungsstadt. Auch hierfür ist in jeder Hinsicht auf eine geschlossene Wirkung Rücksicht genommen. Um die großen Verhältnisse der Brücke nochmals durch die Kraft des Gegensatzes zu betonen, sind am Brückenkopf rechts und links kleine Pavillons als Abschlüsse gedacht. Sie sind praktisch nutzbar als Erfrischungshalle, Straßenbahnwarteraum und Wärmehalle.

Der davor gelagerte Platz soll einfach gestaltete Brunnen tragen, und ist mit dem dahinter liegenden kleineren Platz mit einer breiten Freitreppe verbunden, links und rechts aber führen hinter starken gemauerten Rampen in mäßiger Steigung breite Fahrstraßen aufwärts, um den über die Brücke kommenden Wagen — aber hauptsächlich Personenverkehr in die Stadt hineinzulenken. Im wesentlichen soll es durch die Architektur eines quergestellten Langhauses mit einer Mitteldurchfahrt gewonnen werden. Seitlich rechts und links führen die von unten kommenden Rampenstraßen vorbei. Aus der Ferne gesehen müßten in der Architektur des Querhauses die großen Verhältnisse der Brücke ausklingen, in dem Sinne natürlich, daß die Front und das breite Dach auch mit einfacher und schlichter Gestaltung die Wirkung großer gradliniger Umrisse verbände.

Vermittelnd zur Fläche davor sollen 2 der Bildung des großen Hauses angeschlossene Einzelwohnhäuser errichtet werden. Die weite Dehnung des Platzes wird einen solchen Ausgleich verlangen und auch zu den seitlich im Bogen zuführenden Häuseranlagen vermitteln. Für sich zerfiele das Querhaus trotz des einheitlichen Daches in 2 gesonderte Wohnhäuser für je 4 Familien, so aber, daß auf jeder Seite 4 gesonderte Einzelwohnungen mit eigenem Hauseingang entständen. Hinter der Durchfahrt aber soll nun die künstlerisch bedeutungsvollste Schau-

Zufahrtsbrücke in Sandstein gemauert.

straße nach dem Innern der Stadt beginnen. Sie müßte für jeden Standpunkt dem Auge ein Bild eindrucksvoller Schönheit schenken. Das soll erreicht werden durch eine mäßige Bogenführung und durch eine Reihenordnung von Giebeln, die — an altheimische Bauten des rheinisch-westfälischen Landes angeschlossen, aber nicht mittelalterlich-malerisch, sondern ganz einfach gehalten — den Blick allenthalben gefällig an der Front hinleiten. Es ist wohl auch daran gedacht, durch Wechsel der Giebelbildung, Erkerausbauten 2c. Bewegung in die formale Haltung des Gesamtbildes zu tragen, aber doch nur in bescheidenen Grenzen, damit keine spielerische, die Einheitlichkeit auflösende Wirkung entsteht.

Aus der Giebelstraße (Marktstraße.)

Untereinander sind die Häuser durch eine schmale, im allgemeinen geschlossene Hofmauer verbunden. Hinter jedem Hause dehnt sich in einem durch die Größe des Baues und seine Bestimmung bedingten Umfang der Garten. Mit vollem Bedacht ist im Prinzip für diese Straße besonders, aber im allgemeinen auch für die anderen nicht an die Anlage von Vorgärten gedacht, weil diese doch nur einen sehr bedingten Wert haben, zumal für die Wohnung der Minderbemittelten. Der Garten als Erholungsraum und Arbeitsstätte nach Ablauf des Tagewerkes seines Besitzers gehört nicht als ein — meist übel gestaltetes — Schaustück für die Passanten an die Straße, sondern in der guten Jahreszeit als erweiterte Wohnung. Er erfüllt seinen wahren inneren Zweck nur, wenn er der Geselligkeit der Familie dient, und kein ungebetener Fremder hat darum ein Anrecht auf Einblick!

Die beschriebene Straße soll eine Zusammenfassung, gewissermaßen auch eine Steigerung ihrer künstlerischen Stimmung in einem Marktplatz mit Brunnen finden, zu dem sie sich in ihrem Verlauf erweitert. Er ist absichtlich nicht an die noch zu besprechende als Hauptverkehrsstraße gedachte elektrische Bahnlinie gelegt, wohl aber in deren nächster Nähe. Es sollte für die friedliche Abgeschlossenheit der

Stiftungsstadt, die zu beschaulicher Wanderung und zu stillem Verweilen in dem unmittelbar anstoßenden Wald- und Wiesengelände so viel Gelegenheit bietet, doch auch ein Schmuckplatz von ausgesprochen poetischer Stimmung durch die Baukunst gestaltet werden. Dazu reizte die Schönheit der Aufgabe, ferner die Erwägung, daß in unseren rasch wachsenden Groß- und Industriestädten die Poesie, die die alte Zeit so fein geschätzt und gehalten hat, mehr und mehr hinausgetrieben wird. Dazu trat noch der Gedanke, daß sich im Bezirk der Stiftungssiedelung bei deren Eigenart und beschränkter Ausdehnungsmöglichkeit eine Zusammenziehung mehrerer großer gemeinnütziger Bauten ermöglichen läßt, die künstlerisch und praktisch vernünftig und wünschenswert erscheint. Darum ist die Errichtung einer Kirche, eines Pfarrhauses, eines Gemeindehauses, einer Apotheke und eines Kaufhauses vorgesehen. Wünschenswert erscheint vor allem dem Platze tunlichst seine ruhige, geschlossene Stimmung zu lassen und alles zu vermeiden, was ihn in zu lebhaften Zusammenhang mit der Nachbarschaft bringen könnte.

Jenseits des Marktplatzes, wenn dieser Name gelten soll, zöge sich die Straße weiterhin und leitete in das angrenzende Waldgelände über.

Außer der Bildung des Marktplatzes ist eine besondere Schöpfung noch die Angliederung einer umbauten Hofanlage vorgemerkt. Sie soll von der Hauptlinie der Schaustraße abgezweigt werden und eine besonders stille

Aus der Giebelstraße (Marktstraße.)

Wohnungsgemeinschaft vereinigen. Auch würde sie Gelegenheit zu reizvollen architektonischen Bildungen bieten, wie sie das Beispiel alter Städte so unvergleichlich schön veranschaulicht. Wo die Lage und die Baustätte es ermöglichen, wären ähnliche Anlagen auch in andern Vierteln wiederholt anzubringen.

Die Hauptverkehrsstraße der Stiftungsstadt mit der Straßenbahnzufahrt ist rechts von der Brückenmündung beginnend gedacht. Selbstredend würde es sich dem ganzen Charakter der Sonderfiedelung nach ja nicht um eine

Verkehrsstraße im Sinne des Großstadtbegriffes des Wortes handeln. 3. Zt. wäre eine theoretische Erörterung hierüber jedoch noch reichlich verfrüht. Ebenso wäre es der Versuch einer bis in die Einzelheiten gehenden Beschreibung der übrigen geplanten Straßenzüge, oder gar der in die einzubauenden Einzelhäuser. Es ist ja daran gedacht, in bestimmten Bauperioden immer nur eine ganz bestimmte Summe zu verbauen und die Fortbildung des Werkes aus den Erfahrungen der bewältigten Arbeit zu entwickeln.

So ist für den Grundriß der Wohnungen z. B. vom Arbeitsausschuß der Stiftung bereits ein Plan festgelegt worden, nachdem in der Regel in Parterre 2 Zimmer (Wohnzimmer und Wohnküche mit anstoßender Spülküche und Bad), sowie im Oberstock 2—3 Schlafräume vorgesehen sind. Unterm Dach soll ein genügend großer Trockenraum angeordnet werden. Dabei ist an Wohnungen bis zu 8 Personen gedacht. — Ganz besonderer Wert muß auf die Einrichtung der Spülküche, der Heizungsanlage sowie des Herdes gelegt werden. Die lästige Hitze im Sommer soll mittels einer einfachen Ventilationsanlage über dem Herd abgesaugt werden. Im Winter wäre diese Ventilation abzustellen und die ausströmende Wärme des Herdes könnte dem Wohnküche dienlich sein. Die überschüssige Wärme, die durch den Rohrstutzen des Herdes in den Kamin abgeführt werden soll, wird durch eine einfache Leitung dem daneben liegenden Wohnraum zugeführt. Für den Eintritt ganz strenger Kälte ist neben dieser Einrichtung die Aufstellung eines 2. Heizkörpers vorgesehen. Die darüber liegenden Schlafräume werden durch eine Warmluftzuführung ebenfalls temperiert. Wenn auch diese Einrichtungen eine Verteuerung von ungefähr 200—300 Mk. für ein Objekt darstellt, so dürften ihre großen Vorteile doch unbedingt bestimmend für die Einführung sein. Die Anordnung der Spülküche selbst soll das Wohnen ebenfalls verbessern. Die unangenehmen Gerüche, die durch das Spülen in den Wohnküchen entstehen, sollen dadurch beseitigt und die zu erbauenden Wohnhäuser durch alle die genannten Vorkehrungen auf den höchsten Stand der gesundheitlichen Forderungen gebracht werden.

Die Häuser sind in der ersten Bauzeit als Ein- oder Zweifamilienwohnungen zu bilden, ein- oder auch zweigeschossig. Für die spätere Ge-

staltung sind auch mehrgeschossige Bauten vorgesehen, schon des sich allmählich ins Große steigernden Gesamtstadtbildes wegen, dem ja doch auch für die Fernwirkung seine Bedeutung geschenkt werden soll.

Zum völligen Ausbau des ganzen Planes gehört auch der Entwurf einer zweiten Kirche am südlichen Waldgelände und der zweier Schulen mit großem vorgelagerten Spiel- und Turn-

Aus der Giebelstraße (Marktstraße.)

platz. Die Nähe des Waldes kam für die Schulneubauten um so mehr in Betracht, als die modernen pädagogischen Bestrebungen den Unterricht im Freien immer bestimmter fordern und Versuche mit richtigen Waldschulen, die hier leicht zu schaffen wären, sehr günstig ausgefallen sind.

Nun noch ein paar allgemeine Bemerkungen: Der Plan ordnet alle Ausführungsgedanken immer der Rücksicht auf die wirkliche Anwendung und Benutzung unter. So sind für die Straßengefälle und -Steigungen durchaus passende Verhältnisse vorgesehen, nicht mehr als 1:20 etwa für die Haupt-, und nicht mehr als 1:10 etwa für die Nebenstraßen. In die Führung der vorhandenen Straßen und Wege wird ohne Not nicht eingegriffen. Die Holsterhauser Straße z. B. bleibt erhalten und wird, um die hochgelegenen Baugelände zu ihren Seiten zu verbinden, überbrückt. Auch die Bauernhöfe und Kotten, soweit sie gut im Stande sind, sollen, wo nur irgend möglich, erhalten bleiben und in die Stiftungsstadt eingezogen werden. Die Art ihrer späteren Bestimmung wäre noch zu erörtern. Für die neuen Straßenbezeichnungen kämen vor allem die alten Flurnamen in Betracht.

Wird der Plan, wie er hier in allgemeinen Umrissen vorläufig aufgezeichnet worden ist, im Laufe der Jahre — es würden bis zum völligen Ausbau wohl zwei Jahrzehnte verstreichen — ganz durchgeführt, so wäre für etwa 12 000 Menschen eine schöne und billige Wohnungsmöglichkeit geschaffen und damit dem Sinn und Willen der hochherzigen Stifterin Verwirklichung geworden.

Essen-Ruhr, im Juli 1909.

Georg Metzendorf.

Metzendorfs vielseitige Begabungen schließen Möbel und Schmuck mit ein. Viele Möbelentwürfe sind von ihm, und gerade in den Anfangsjahren hat er die Bewohner der Margarethenhöhe auch in dieser Frage beraten. Der von ihm entworfene Türklopfer ist an einigen Haustüren noch erhalten; ein paar Kerzenleuchter bewahrt das Museum Folkwang auf, und sein Enkel Rainer hütet den Metzendorf-Silberbleistift, mit dem die Skizzen für die Margarethenhöhe gezeichnet wurden, wie einen Schatz. Viele Einfälle kamen ihm nachts. Dann griff er zu der Rolle Toilettenpapier, die immer auf dem Nachttisch lag und hielt auf der glatten Rückseite die Idee mit schnellen Strichen fest.

Der I. Weltkrieg (1914-1918) verlangsamt das Bautempo auf der Margarethenhöhe. Ab 1915 fällt die Bauleistung zurück. Metzendorf ist Oberleutnant, dann Hauptmann einer Pioniereinheit im bayrischen Burghausen. Von dort schickt er seine schriftlichen Anweisungen an das Büro in der Sommerburgstraße. Der Einberufungsbefehl hatte ihn am 8. September 1914 in seiner Wohnung, Mohrenstraße 11, erreicht. Darauf schrieb er dem Stiftungsvorstand: „Soeben erhalte ich meinen telegraphischen Einberufungsbefehl zur Pionierinspektion in München. Ich werde morgen früh 6.25 Uhr nach dort abreisen. Ich bitte, mich für die Zeit meiner Einberufung zu beurlauben und habe gleichzeitig als meinen Vertreter den Architekten Carl Mink, der schon jahrelang bei mir in leitender Stellung tätig ist, betraut … Die Arbeiten werden alle in meinem Sinne durchgeführt, da ich vorhabe, in starker Fühlung mit meinem Büro zu bleiben".

Die Nachkriegsjahre, der Mangel an Baustoff und Geld, zwingen Metzendorf neue Lösungen auf. An der Westseite der Sommerburgstraße wachsen mehrstöckige Häuser hoch. Zunächst werden sie als störender Riegel gegen die künftigen Abschnitte der Margarethenhöhe empfunden. Aber auch hier und in den neuen Vierteln, die von der Straße Im Stillen Winkel umschlossen sind, findet er mühelos den Übergang zu einem geänderten Baustil.

Seit 1921 kann er auch sein privates Programm als Architekt ausweiten. Die Arbeitsgemeinschaft mit Jakob Schneider und Carl Mink schafft die Voraussetzungen. Sie bauen in Essen Wohnhäuser und Verwaltungs-

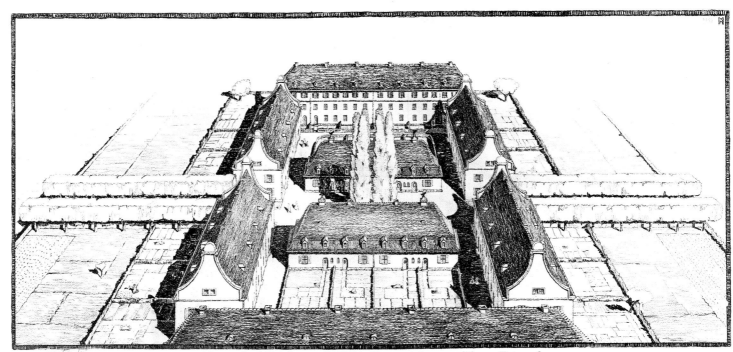

Metzendorf-Zeichnung 1913/14: Erster nicht ausgeführter Entwurf für den späteren Robert-Schmohl-Platz.

bauten, eine Bücherei und ein Schauspielhaus (siehe Werksverzeichnis). Vorher (1914) hatte Metzendorf schon mit dem Eickhaus an der Kettwiger Straße einen ungewöhnlichen Akzent an das südliche Einfallstor der Innenstadt gesetzt. Und daß sein schöpferisch unruhiger Geist nicht nur in den Essener Grenzen zu halten war, zeigen die Arbeitersiedlung in Hagen, die Ruhrbrücke in Blankenstein, die Kirche in Bischofswiesen (Oberbayern). Dazwischen blieb immer noch Raum für die Erfordernisse der Künstlerkolonie auf der Margarethenhöhe, der er Freund und Ratgeber war. Manches junge Talent wurde durch ihn ermutigt und gefördert; so auch der Schweizer Hannes Meyer, der als junger Architekt in seinem Büro arbeitete und später (1928-1930) das berühmte Bauhaus leitet.

Metzendorf hatte sich 1901 sein erstes Wohnhaus in Bensheim gebaut. Aber danach waren aus seinen Ideen nur Häuser für andere entstanden. Für den Hamburger Reeder Albert Ballin zum Beispiel, der bei seiner Rückkehr aus den USA sein neues Heim voll eingerichtet vorfand – von den Türgriffen bis zu Sofakissen. Jetzt, in den 20er Jahren, hat Metzendorf eigene Pläne in Essen.

Den Platz findet er an der Goethestraße 102. Dieses Haus ist mehr als andere Bauten bis ins letzte Detail von ihm geplant. Einer seiner Freunde, der niederländische Maler Johan Thorn-Prikker, entwirft ihm fünf Glasfenster für das Treppenhaus. (Sie sind heute im Museum Folkwang aufbewahrt).

In anderen Räumen des neuen Hauses hängen Werke führender Expressionisten wie Heckel, Kirchner, Kubin, Nolde, Pechstein, Rohlfs oder Schmidt-Rottluff. Von den Nachbarn, so berichtet Metzendorf-Enkel Rainer, „wurde die Goethestraße 102 als ‚das Haus mit den verrückten Bildern' bezeichnet. Damals soll mein Großvater die bedeutendste Privatsammlung expressionistischer Künstler gehabt haben. Sie wurde bei den Bombenangriffen des 2. Weltkriegs zum größten Teil zerstört."

Die Adresse Goethestraße ist den meisten Künstlern bald bekannt. Sie treffen sich hier zu Gesprächen oder zum Konzert im Musiksaal.

Zur Einweihungsfeier 1926 sind viele Gäste gekommen. Und von Sohn Ernst ist eine Episode überliefert, die der Enkel Rainer in der Lebensbeschreibung nicht

Herrenzimmer im Wohnhaus Goethestraße 102: Vorliebe für Expressionisten.

missen möchte: „Mit einem der Gäste stand mein Großvater auf dem Balkon, und der Gast meinte: ‚Was haben Sie sich doch für ein herrliches Haus gebaut. Meinen Respekt! Schade, daß gerade gegenüber ein solch scheußliches Gebäude steht.' Metzendorf zögerte einen Augenblick, aber dann sagte er: ‚Das ist auch von mir.'" Über das betroffene Schweigen seines Gastes geht er mit einem Lächeln hinweg. Die Haut des Baumeisters ist nicht mehr so dünn.

Am 1. Januar 1934 ist er 25 Jahre in Diensten der Stadt und der Margarethe Krupp-Stiftung. Oberbürgermeister Reismann-Grone würdigt diese Zeit in einem persönlichen Brief: „Als Zeuge Ihres Schaffens steht das harmonische und geschlossene Werk dieser Wohnsiedlung vor unseren Augen, ein Werk, das seinen Meister lobt und weit über Deutschlands Grenzen hinaus als Beispiel einer Wohnkolonie gilt, die Zweckmäßigkeit mit Schönheit verbindet.

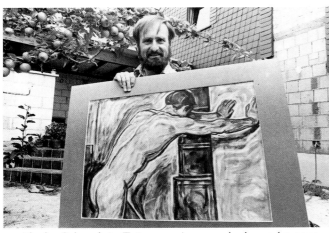

Als der Schrank in Trümmer ging, wurde das verborgene Rohlfs-Gemälde von Rainer Metzendorf entdeckt.

Sie haben die beste Zeit ihres Lebens diesem Werk gewidmet,

das für alle Zukunft mit Ihrem Namen unauflöslich verknüpft sein wird …"

Doch wäre Essens nationalsozialistischer Oberbürgermeister nach den Kunstauffassungen Georg Metzendorfs befragt worden, dann hätte er sich nach seinem eigenen und dem Sprachgebrauch der NS-Kulturfunktionäre wohl als „entartet" bezeichnet. Arbeiten der von Metzendorf geförderten Expressionisten Nolde und Rohlfs wurden in den Museen abgehängt und später in die Säuberungsaktionen eingebracht.

Solchen Zugriffen war der Baumeister in seinem privaten Bereich zuvorgekommen. Er versteckte seine Bilder oder baute sie als feste Bestandteile in Schränke ein. Eines dieser Werke, ein Akt von Rohlfs, wird 30 Jahre später in Berchtesgaden entdeckt. Als man einen nicht mehr brauchbaren Schrank aus dem Fenster stürzte, lagen Leinwandfetzen unter den Holztrümmern. Das restaurierte Gemälde hängt heute im Haus des Metzendorf-Enkels Rainer in Mainz Drais.

In den frühen dreißiger Jahren ist Georg Metzendorf schon ein kranker Mann. Sein Rückenleiden, Folge eines Unfalls, verschlimmert sich. Er bittet um die frühzeitige Versetzung in den Ruhestand zum 1. April 1934. Am 8. Januar hatte Anna Metzendorf an den

Metzendorf-Grab auf dem S

: „Meine Zeit ist vorbei."

Oberbürgermeister geschrieben: „Seit mehreren Tagen ist mein Mann ernstlich krank. Er bittet mich deshalb, mich an seiner Stelle für die ihm seitens der Stadt Essen anläßlich seines Dienstjubiläums zuteil gewordene Ehrung wie für die persönlichen Worte der Anerkennung und Glückwünsche des Herrn Oberbürgermeisters herzlich zu danken ..."

Ob die Ehrung durch die damalige Stadtführung mehr eine Pflichtaufgabe war, muß offen bleiben. Die von Metzendorf-Enkel Rainer zusammengetragenen Tatsachen lassen auf eine kritische Phase im Zusammenleben mit den Nationalsozialisten schließen. Sogar ein Berufsverbot kündigte sich an. Rainer Metzendorf begründet diese Entwicklung:

„Etwa um 1925 wandelte sich die Architekturauffassung meines Großvaters derart, daß man von einer ersten und zweiten Schaffensperiode sprechen muß." Vorher hatte Metzendorf die Bauformen aus traditionellen Elementen heraus entwickelt (Dächer, Fassaden); später experimentiert er sehr stark, sucht nach neuen Formensprachen. Es entstehen Gebäude für die Sparkasse in Essen (Rathenaustraße) oder die Lungenheilstätte Haardheim in Recklinghausen. „Diese Gebäude wurden von den Nationalsozialisten als ‚entartete Kunst' bezeichnet", weiß Enkel Rainer, „und wegen dieser neuen Architekturauffassung − nicht etwa wegen der Margarethenhöhe − ist gegen meinen Großvater ein Verfahren eingeleitet worden."

Aber dieses Verfahren hat den 59jährigen Baumeister nicht mehr getroffen. Er stirbt am 3. August 1934 an einem Blutsturz. Tags zuvor hatte er nach der Nachricht über den Tod des Reichspräsidenten von Hindenburg zu seiner Frau Anna gesagt, seine Zeit sei nun auch vorbei. Er wolle nicht länger leben.

Im Nachlaß von Margarethe Krupp ist ein Brief, den Georg Metzendorf ihr zum 75. Geburtstag am 29. März 1929 schrieb. Dazu gehörte ein Fotobildband über die Gartenstadt Margarethenhöhe, die unter allen Arbeiten sein herausragendes Lebenswerk ist. Für Metzendorf sind diese Fotodokumente „eine Art Rechenschaftsbericht über meine Tätigkeit ... ob gut oder schlecht wird meines Erachtens erst die Nachwelt entscheiden."

Die Nachwelt hat längst entschieden.

* * *

Familie:

Ehefrau: Anna Graf, geb. 9. Februar 1879, gest. 17. August 1958. Hochzeit: 24. September 1900.

Kinder:
Ernst: Dr. rer. pol., Diplom-Kaufmann, geb. 2. Oktober 1901 in Bensheim.

Margarethe: geb. 4. Januar 1904 in Bensheim, gest. 12. Juni 1975.

Anneliese: geb. 29. September 1908 in Bensheim.

Freundschaften:

Elisabeth Treskow, Emil Nolde, Johan Thorn-Prikker, Karl Ernst Osthaus, Joseph Enseling.

Der Bruder
war sein Lehrer

1874 (25. September): geboren in Heppenheim, Bergstraße

1890-1893: Nach der mittleren Reife (Realschule Heppenheim) Maurerlehre in Weinheim.

1893-1901: Schüler seines um acht Jahre älteren Bruders Prof. Heinrich Metzendorf, Architekt in Bensheim. Besuch der Baugewerkschule Karlsruhe und der Technischen Hochschule Darmstadt. Keine Examina.

1899: Leutnant der Reserve (Bayerisches I. Pionierbataillon).

1901: Bau seines Wohnhauses in Bensheim.

1901-1905: Teilhaber und Mitarbeiter seines Bruders Prof. Heinrich Metzendorf in Bensheim.

1905-1908: Eigenes Büro in Bensheim. Entwürfe für Möbel, Gebrauchsgegenstände und Schmuck. Einige dieser Arbeiten wurden später von Museen erworben.

1907: Aktives Mitglied des Deutschen Werkbundes.

1908: Entwurf eines zweigeschossigen Kleinwohnhauses für die Landeskunstausstellung in Darmstadt. Wird als Vorbild und Keimzelle des späteren Arbeiterwohnhauses in Industriegebieten bezeichnet (zum ersten Mal in Deutschland mit Zentralheizung, Bad und Wasserklosett). – Entwicklung eines kombinierten Heiz-, Koch-, Warmwasserbereitungs- und Belüftungssystems. Der Vorstand der Margarethe Krupp-Stiftung für Wohnungsfürsorge wählt Georg Metzendorf zum leitenden Architekten der Essener Gartenvorstadt (24. Juli).

Das 1914 erbaute Eickhaus in der Essener Innenstadt hat Metzendorf entworfen.

Erster Besuch in Essen. Gespräch im Rathaus mit dem Beigeordneten Paul Brandi (11. und 12. August).

1909 (1. Januar): Beginn des zunächst bis zum 1. Januar 1914 unkündbaren Vertrages mit der Stadt Essen. Jahresgehalt 7.500 Mark. Seine erste Wohnung ist in

Wohnhaus Goethestraße 102, bei Bombenangriffen im 2. Weltkrieg stark beschädigt, später abgerissen.

der Mohrenstraße 11, dann 8; das Büro in der Zweigertstraße 33. Planung der 60 Hektar großen Gartenstadt Hüttenau bei Blankenstein (Ruhr).

1910: Auf der Weltausstellung in Brüssel zeigt Metzendorf im „Internationalen Dorf" zwei seiner Kleinwohnhäuser. Viele Auszeichnungen.

Der Großherzog von Hessen verleiht ihm den Professorentitel (26. November).

1912: Neues Büro Steile Straße Nr. 27.

1914: Siedlungsentwurf, Oberleitung und vier Bauten für „Das Neue Niederrheinische Dorf" auf der Deutschen Werkbundausstellung in Köln. Das Planungsbüro ist jetzt Sommerburgstraße 14 mit 15 Angestellten.

1914-1918: Kriegsdienst, zuletzt als Kommandeur eines Pionier-Bataillons.

1920: Metzendorfs Buch „Kleinwohnungsbauten und Siedlungen" erscheint.

1921: Arbeitsgemeinschaft mit Stadtbaurat a.D. Jakob Schneider. In die Firma wird auch Carl Mink aufgenommen, Metzendorfs langjähriger Mitarbeiter. Beispiele gemeinsamer Arbeit in Essen: Verwaltungsgebäude Ruhrverband (1927/29), Um- und Erweiterungsbau Schauspielhaus Hindenburgstraße (1928) – zerstört im 2. Weltkrieg; Gebäudekomplex Rathenaustraße (1928/29) mit Hauptverwaltung Stadtsparkasse, Tanzkabarett Casanova, Möbelhaus Kramm und ehemaliges Haus der Technik; Stadtbücherei Hindenburgstraße (1928/30); zerstört im 2. Weltkrieg; 20klassige Volksschule auf der Margarethenhöhe (1928).

1924/25: Bau seines Wohnhauses Goethestraße 102.

1931: Verleihung des Dr.-Ing. Ehrenhalber der Technischen Hochschule Aachen.

1934: Durch ein Rückenleiden Lähmung beider Beine. Wegen Arbeitsunfähigkeit am 1. April im Ruhestand.
Metzendorf stirbt im Alter von 59 Jahren (3. August) an einem Blutsturz. Die Stadt Essen benennt eine Straße auf der Margarethenhöhe nach ihm.

Arbeiten

(soweit sie nicht unter den Lebensdaten vermerkt sind):

Brücke über das Mühlenbachtal, Essen (1909/1910).
„Deutsches Verkehrsbureau" auf der Weltausstellung in Brüssel (1910).
Gartenstadt in Dortmund (ab 1913).
Eickhaus Essen (1914). Erster Wettbewerbserfolg in Essen.
Repräsentationsraum für das Magdeburger Museum in Leipzig (1914).
Arbeitersiedlung und Ledigenheim für die Textilwerke Gebrüder Elbers in Hagen (vor und nach 1914/1918).
Verwaltungsgebäude der Siegerländer Knappschaft in Siegen.
Ruhrbrücke bei Haus Kennrade, Blankenstein.
Kindererholungsheim Deerth in Hagen.
Kirche und Schwesternhaus in Welper/Ruhr.
Kirche in Bischofswiesen, Oberbayern (1923),
Lungenheilstätte Haardheim bei Recklinghausen; eines der ersten Terrassenhäuser (1925).
Kloster für die Barmherzigen Schwestern in Heppenheim (1925).

Wohnhäuser:

Einige Wohnhäuser, die in der Fachliteratur besonders erwähnt sind:
Haus Ehrensberger in Traunstein (Oberbayern) für den Krupp-Direktor Emil Ehrensberger (1913).
Wohnhaus für den Krupp-Direktor Richard Foerster (1922/23), Essen, Berenberger Mark.
Wohnhaus Dr. Theo Goldschmidt, Essen (1923).
Wohnhaus für den Bankier von Waldthausen, Essen (etwa 1925).

Allgemein:

Möbelentwürfe sowie Entwürfe von Kunst- und Gebrauchsgegenständen (Schmuck, Drechselarbeiten, Lampen, Kerzenleuchter). Der von ihm entworfene Oliventürgriff, der auch auf der Margarethenhöhe verwendet wurde, ist von zwei Firmen millionenfach in Serie hergestellt worden.

Brief Metzendorfs an Margarethe Krupp vom 2. April 1920

„Soll ich die Bäume nun bestellen?"

Ew. Exzellenz!
Sehr zu verehrende Frau Krupp!

Die Möbel zum Hause Kätelhön sind nun von der Gußstahlfabrik angeliefert und Kätelhöns legen zur Zeit die letzte Hand an die Einrichtung.

Der Garten hat als Einfriedung eine Hekke mit Stacheldraht erhalten. Jede weitere Ausstattung des Gartens hat der Arbeitsausschuß der Stiftung angesichts der schlechten Finanzlage abgelehnt.

Da er's selbst nicht machen kann, läßt Kätelhön z. Zt. den Garten umgraben und die Wege herrichten. Dringend benötigte aber die Anlage des Gartens noch

4 Apfelhochstämme a 20 M	= 80, –
2 Kirschen a 20 M	= 40, –
4 Birnenhochstämme a 20 M	= 80, –
12 Stachel- und Johannisbeeren a 10 M	= 120, –
25 Stauden am Vorgarten	= 75, –
10 Pfähle für Obstbäume	= 55, –
5 ..... an die Hausmauer	= 25, –
	475, –

Bei meinem letzten Dortsein sagten Frau Krupp, gegebenenfalls diese Bäume direkt bezahlen zu wollen, zwar mit der Bedingung, daß Kätelhön nicht erfährt, daß Frau Krupp die Spenderin ist. Da ich die Sachen durch die Stadtgärtnerei liefern lasse und die Verrechnung über die Kasse der Margarethe-Krupp-Stiftung erfolgt, kann ich den Wunsch leicht erfüllen.

Soll ich die Bäume nun bestellen?

Beigeschlossen folgen einige Photos zu den 2 Parktoren. Soll ich Herrn Lang je einen Abzug einsenden, oder wollen Frau Krupp die beiliegenden zweiten Abzüge selbst dazu benützen? Ich glaube, es würde Herrn Lang eine größere Anerkennung seiner Leistung bedeuten, diese Photos von Frau Krupp zu empfangen.

Ich hoffe zuversichtlich, daß Ew. Exzellenz sich gesundheitlich wieder wohl befindet und die letzten schweren Tage gut verbracht haben. Zwar sind die Beschlüsse der Regierung von vorgestern wieder niederschmetternd, und es kommt mir so vor, als seien wir durch diese Beschlüsse wieder in eine ganz neue Phase der Verhältnisse eingetreten. – Und trotz allem, die Hoffnung auf andere Zeiten dürfen wir nicht aufgeben.

Ew. Exzellenz dankbarster
Metzendorf

Anmerkung:

Der Brief zeigt, daß Metzendorf sich nicht nur um Baupläne kümmerte. Der Maler Hermann Kätelhön war 1920 in das kleine Atelierhaus an der Sommerburgstraße gezogen. Wirtschaftlich waren es schlechte Jahre für Künstler.

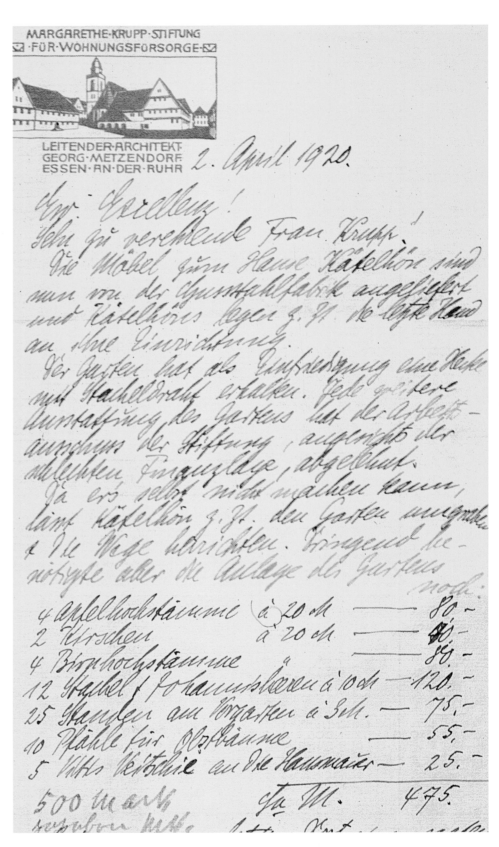

Die Siedlung

„Dichtung in Stein und Grün"
Steile Straße — Brückenhaus

Eine neue Idee kam um die Jahrhundertwende über den Kanal. Die Idee hieß Gartenstadt. Der Mann, der sie in England verbreitete, hieß Howard Ebenezer. Gegen planlos gewachsene Industriestädte mit ihren Mietskasernen setzte er seine Vorstellung von einer Gartenstadt:
Wohnviertel, die um ein grünes Stadtzentrum gelagert sind,
in den Außenbezirken Industrie und Gewerbe,
dahinter die Landwirtschaft als weitere Grünzone.

Klein- und Mittelstädte sollten es sein; weit entfernt von den Großstädten. Die 1903 entstandene englische Gartenstadt Letchworth ist ein frühes Beispiel.

Die Gartenstadtideen aus England und die Ideen des jungen Architekten Georg Metzendorf trafen zusammen. Metzendorf gehörte zum Darmstädter Kreis, einer Gruppe von Künstlern und Architekten. Namen wie Muthesius, Behrens, Olbrich erinnern daran. Hier wurden auch die Gedanken formuliert, die 1907 zur Gründung des Werkbundes führten: „Die handwerkliche Arbeit zu veredeln und sie mit der Kunst und der Industrie zu verbinden".

Für den Architekten Metzendorf hieß das, ein Zusammengehen von kostensparender Serienproduktion mit dekorativer Handwerksarbeit. Das zeigte sich später vor allem im ersten Bauabschnitt der Margarethenhöhe: schlanke Säulen, Tulpenbögen, geschwungene Giebel, abgerundete Fenster.

Professor Dr.-Ing. Hollatz, langjähriger Aufsichtsratsvorsit-

Zuerst wird die 172 Meter lange Brücke über das Mühlenbachtal geschlagen (1909/10). Hier Blick zur Holsterhauser Seite (Halbe Höhe).

zender der Margarethe Krupp-Stiftung für Wohnungsfürsorge, hat es 1969 als Mitautor des Buches „Wohnungsbau im Spiegel der Zeit" so beschrieben: „Für die Essener Margarethenhöhe entwarf Georg Metzendorf unterschiedliche Typen von Ein- und Zweifamilienhäusern, die mit ihren Walm- oder Giebeldächern, den Außenläden und Bruchsteinsockeln etwas von der Romantik der alten Stadt an sich haben."

Aber entscheidender war noch, daß Metzendorf mit seinem 1908 vorgestellten Kleinwohnhaus dem Siedlungsbau neue Wege bahnte. Hollatz: „Noch heute sind manche dieser sparsam gebauten Häuser vorbildlich in Gestaltung, Grundriß und Komfort."

Der Essener Gartenbaudirektor Helmut Klausch formulierte 1966 in einem Aufsatz über die Margarethenhöhe: „Diese Lö-

sung mutet so selbstverständlich an und ist doch ein genialer Wurf, denn das Naturgegebene ist zu größter Wirkung gesteigert... Ich kenne keine Siedlung, die so menschlich, bedürfnisgerecht und bescheiden ist wie diese."

Aus der englischen Gartenstadtidee wurde in Deutschland eine Garten-Vorstadt-Idee. Die neuen Grünsiedlungen sollten zwar in sich abgeschlossen, aber ohne Gewerbegebiete sein. Und sie sollten der Großstadt über Verkehrswege verbunden bleiben. Metzendorf sah es nicht anders, als er 1908 nach Essen kam.

Bis zu diesem Jahr haben nur die Pflüge der Bauern die ausgedehnte Hügelkuppe zwischen den Tälern berührt. Und die Werkzeuge der Straßenbauer, die vom besiedelten Rüttenscheider Westen einen schnurgeraden Weg nach Osten anlegten. Er führte am neuen Friedhof der Bürgermeisterei vorbei, der später den Namen Südfriedhof erhielt, und mündete in den Pfad, der die Bauernhöfe Hülsmann, Wortberg und den Dellmanns Kotten seit alter Zeit miteinander verband. 1907 hatte man die neue Aufschließungsstraße umbenannt. Sie erinnerte mit ihrem Namen jetzt an Edmund Lührmann, dessen Stiftung den Bau eines Erholungsheims für Nervenkranke ermöglicht hatte. Das Heim war am 16. Juli 1907 eröffnet worden und stand auf dem Gelände des Stenshofes nahe der Sommerburg. Zwanzig Morgen Wald, Feld und Wiese gehörten dazu.

Die Brücke wächst, und am Brückenkopf ist das erste kleine Haus (Nr. 8) fertiggestellt.

Die Ostrichtung der Straße zeigte die Planungsziele der bis 1905 selbständigen Bürgermeisterei Rüttenscheid. Es war der Vorstoß in unbebautes Reserveland, für das die künftigen Wohnviertel schon geplant waren. Doch diese Pläne scheiterten durch den Anschluß an Essen und die übergeordneten Zukunftsabsichten der Stadt. Die Geschichte der kommenden Jahre wies den Stadtplanern das Reserveland als Fläche für den Botanischen Garten, die Gruga und für Ausstellungen zu. Aber diese planerischen Aktivitäten der Bürgermeisterei Rüttenscheid vor ihrer Eingemeindung berührten das Stiftungsgelände nicht. Und auch der Bau des Städtischen Krankenhauses (1906-1909) oberhalb des Mühlenbachtals hatte keinen Einfluß auf die Abgeschiedenheit der bäuerlichen Landschaftsinsel. Das ändert sich mit dem Tag, an dem Georg Metzendorf seinen Vertrag mit der Stadt Essen unterschreibt. Es ist der 1. Januar 1909.

Schon im Juli legt Metzendorf seine „Denkschrift über den Ausbau des Stiftungsgeländes" vor. Der „Rheinisch-Westfälische Anzeiger" schreibt am 15. August 1909:

„Diese Margarethe Krupp-Stiftung bot endlich einmal Gelegenheit, ungesunder Bodenspekulation und gewissenloser Bautätigkeit ein Beispiel wahrhaft sozialer Wohnungsfürsorge und ästhetisch reinlichen Städtebaus vor Augen zu stellen."

Metzendorf muß zunächst über den Graben des Mühlenbachtals. Von Holsterhausen und von der Hügelkuppe führt nur der Hohlweg steil ins Tal. Die stark befahrene Eisenbahnlinie nach Heißen ist ein weiteres Hindernis. Eine 172 Meter lange Brücke aus Ruhrsandstein soll es überwinden. Margarethe Krupp begünstigt diesen Plan mit einem Zuschuß von 270 000 Mark. Fragen

„Feldbahnen legten sich über die weite Fläche, überall griffen Hacke und Schüppe an..."

seiner Zeitgenossen, ob die Brücke nicht zu monumental sei, hat Metzendorf überzeugend beantwortet. Ein quergestelltes Langhaus am Brückenkopf gibt mit großer Freitreppe, Rampen und zwei freistehenden Brückenhäusern dem Gewicht der Brücke das Gegengewicht.

Überliefert ist der Augenzeugenbericht von K. H. Böhmer, der beim Bau der Margarethenhöhe vom ersten Tag an mit dabei war. In der Zeitschrift der Kruppschen Betriebsgemeinschaft vom 15. August 1938 erinnert er sich:

„Als 1910 der I. Bauabschnitt in Angriff genommen wurde, war

es nicht leicht, bei Wind und Wetter zur Baustelle zu kommen. Es gab keine Straßenbahn, nicht einmal eine Straße! Man patschte durch das feuchte Mühlenbachtal und empfand es schon als große Erleichterung, wenn man über die Brückengerüste klettern konnte. Nur mit Schaftstiefeln konnte man durch den Lehmboden kommen..."

„Und doch kam man gerne zu der Baustelle, denn es war wundervoll, dies schöne Städtchen aus der Erde wachsen zu sehen. Der erste Bau, der fertig wurde, war das kleine Häuschen, das die Freitreppe westlich flankiert. In ihm wurde das Baubüro eröffnet, das der Bauführer Spahn bezog – ein tüchtiger, herzhafter Mann, dessen man sich gern erinnert."

„Natürlich war Metzendorf jeden Tag draußen, immer geladen mit neuen Einfällen: Hier machte er eine übriggebliebene Steinplatte zur Bank, dort eine Steinkugel zum Torschmuck. Es ist sehr viel Liebe auf die Details verwendet worden. Den Schieferdeckern wurden Muster vorgeschrieben, und für Holzbekleidungen ließ man den zunftgerechten Schindlermeister Pfeiffer aus dem Odenwald kommen. Auch ein romantischer Zug fehlte der Baustelle nicht: In Bretterbuden hausten italienische Arbeiter, die abends zur Ziehharmonika mit den Nachtigallen um die Wette sangen..."

Die Essener Zeitungen schikken ihre Reporter aufs Baugelän-

Erste Anfänge der Steilen Straße (vorher Giebelstraße. Im Hintergrund die Halbe Höhe (Holsterhausen). Ins Bild gesetzt wurde auch der Bauführer Spahn (mit Zeichenrolle).

„Essen fassen!" Blick durch den Torbogen des Brückenhauses in die Steile Straße (1910).

de. In einem Bericht vom 3. August 1910 heißt es:

„Unsere Leser werden ... den Eindruck gewonnen haben, daß hier ein Stück Frieden im Großstadtlärm, ein Märchen in der modernen Unrast erstehen könnte, wie es schöner und origineller kaum anderswo anzutreffen ist. In Kürze wird die Brücke vollendet sein. Auch auf dem eigentlichen Baugelände der Margarethe Krupp-Stiftung ist man nicht müßig gewesen. Feldbahnen legten sich über die weite Fläche, Kippwagen beförderten den ausgeschachteten Boden bei Seite, die Straßenzüge wurden sichtbar, überall griff Hacke und Schüppe an, um recht bald den Menschen eine Stätte freundlicher Stunden zu schaffen..."

Die ersten 85 Familien ziehen in ihre Wohnungen an der Giebelstraße (heute Steile Straße), am Rosenweg (später Trautes Heim), in der Winkelstraße und an der Sommerburgstraße. Margarethe Krupp hatte den Kreis der Mieter mit „minderbemittelte Klasse" beschreiben lassen. Das bedeutete aber nicht — im heutigen Wortsinn — Familien aus den untersten Einkommensschichten. Minderbemittelt war schon, wer sich nicht selbst ein Haus bauen konnte. So waren auch ausdrücklich „minderbemittelte Beamte" bei der Vergabe der Wohnungen mit vorgesehen. Angehörige der Kruppschen Werke waren „in angemessener Weise" zu berücksichtigen.

Das war neu für eine Krupp-Siedlung. Erstmals wurde auch anderen Bewerbern der Zugang zu den Wohnungen ermöglicht; was der von der Stadt Essen mitverwalteten Stiftung einen her-

Margarethenhöhe 1912: Alles bereit für die erste Straßenbahn am 1. Juli. Auch der Warte-Pavillon steht schon.
Das gleiche Haus auf der anderen Straßenseite ist die Polizeistation.

ausragenden Platz gab. Und da sie, wie es in der Rechtssprache heißt, eine „eigene juristische Person" war, konnte sie sich völlig frei entwickeln. Über die Stiftungsziele wachte der 1907 gegründete Vorstand unter dem Vorsitz des Oberbürgermeisters. Die zehn weiteren Vorstandsmitglieder wurden zur Hälfte von Margarethe Krupp, zur anderen Hälfte von der Essener Stadtverordneten-Versammlung gewählt.

Begleitet wird der Einzug der ersten Mieter von Lob und Kritik. Das Lob kommt wieder von den Zeitungen. Die Essener „Arbeiter-Zeitung" schreibt am 28. März 1911: „Ein Stück Zukunftsstaat wird hier geschaffen, ohne Zweifel." Und der „Rheinisch-Westfälische Anzeiger" urteilt am 25. März: „Billig hat man vordem schon gebaut. Wie man billig und doch zugleich schön unter Betonung künstlerischer Ansprüche bauen kann, das hat uns mit wenigen andern zugleich

Metzendorf praktisch vorgeführt."

In diese Einschätzung stimmen zwar die Mieter mit ein, aber Umzugsärgernisse schmälern für ein paar Tage die Freude auf das neue Heim. Die Brücke ist zwar seit dem 10. September 1910 fertig, zunächst aber dürfen nur Fußgänger passieren. Die Möbelwagen müssen über die Lührmannstraße fahren und versinken dann, wie ein mit G. unterzeichneter Leserbrief in einer Essener Zeitung beklagt, in den Straßen der Siedlung „bis an die Achsen im Lehm."

Im Bericht eines anderen Mieters heißt es: „Es sah im April noch gar nicht wohnlich aus. Durch große Pfützen wurden mit Fuhrwerken Baumaterialien für die II. Bauperiode herangefahren. Die Bewohner mußten Bretter legen, um über diese in die Häuser zu kommen. Die Zäune wurden jedoch schnell fertig. Es

fehlten nur noch die Rosen. Unter Leitung von Herrn Mohr, einem der ersten Bewohner der Höhe, warteten die Gärtner vergebens auf Regen, denn der Mai war sehr heiß und trocken. Deshalb füllten sie die Fässer der Maurer mit Lehmbrei und zogen die Wurzeln der Rosen hindurch, um sie endlich pflanzen zu können. Nach Jahren entstand eine Rosenpracht, daß kein Zaun mehr zu sehen war…" Der Name des erwähnten Stadtgärtners Mohr erklärt auch, warum die Margarethenhöhe ihren Beinamen Negerdorf erhielt. Peter Mohr aus der Sommerburgstraße 5 habe da Pate gestanden, sagt die Überlieferung.

Geschäfte gibt es 1911 noch nicht. Der Bäcker Burwick von der Kaulbachhöhe und der kleine Felderhoff-Laden im Mühlenbachtal sind die ersten Lieferanten. Da auch noch ein Briefkasten fehlt, müssen die Anwohner ihre Post zur Defreggerstraße auf der Kaulbachhöhe oder zum Städtischen Krankenhaus bringen.

Die neue Siedlung heißt nun auch offiziell Margarethenhöhe. Die Stadtverordneten haben es am 21. April 1911 so beschlossen. Erste Besucher melden sich an. Im April (Karfreitag) kommt eine englische Studiengruppe. Ihre Eindrücke veröffentlicht sie zwei Monate später in der Zeitschrift „Garden Cities and Town Planning" (Gartenstädte und Stadtplanung). Sie nennt die Margarethenhöhe eines der interessantesten Wohnungsbau-Experimente in Deutschland und zieht Vergleiche mit englischen Gartenstädten. Dieser frühe Besuch ist der Auftakt zu weiteren Besuchen, deren Daten im Gästebuch der Stiftung festgehalten sind. Und während die Siedlung weiterwächst, mehrt sich auch der Beifall. Er gilt vor allem der Aufteilung und dem Komfort der Metzendorf-Häuser, die mit ihrer zentralen Heiz- und Kochstelle ein oft kopiertes Beispiel wurden. „Jeder Familie ein Garten, ein Bad, eine Warmluftheizung und eine von der Wohnküche getrennte Spülküche mit Warmwasserbereitung, Wascheinrichtung und besonderer Lüftung" - so sah es das Bauprogramm vor.

Kritische Stimmen hört oder liest man auch. Sie sind gegen die Architektur des ersten Bauabschnitts gerichtet. „Süddeutsche Kleinstadtromantik", heißt es da. „Die uns fremde süddeutsche Neigung zum kunstgewerblich Spielerischen in den Dach- und Giebelformen." Richard Klapheck zitiert diese Stimmen in seinem 1930 erschienenen Buch „Siedlungswerk Krupp". Heutige Betrachter, betroffen von vielen modernen Alpträumen aus Stahl und Beton, wenden sich lieber der damals gescholtenen Kleinstadtromantik zu, die der stellvertretende Vorstandsvorsitzende Ernst Bode viele Jahre später eine „Dichtung aus Stein und Grün" nannte.

Metzendorf wird sich erst später zu der Kritik äußern. Er plant, denkt und lenkt, ist ganz eingebunden in seine Aufgaben. Die

New Series. Vol. I.   JUNE 1911   No. 5.

GARDEN CITIES AND TOWN PLANNING

PRICE THREEPENCE

Erster offizieller Besucher der Margarethenhöhe ist im April 1911 eine englische Studiengruppe. Sie veröffentlicht ihre Eindrücke in der Schrift „Garden Cities and Town Planning" („Gartenstädte und Stadtplanung").

Siedlung wächst auf den Kleinen Markt zu. Die Spannungen der Zeit sind in den Zeitungen nachzulesen. Sozialdemokraten kämpfen um ein neues Wahlrecht, sprechen auf Versammlungen in Essen von der „Entrechtung breiter Volksmassen"; greifen die beherrschende katholische Zentrumspartei an. Die Zentrumspartei nennt die Wortattacken „eine wüste Agitation". 1911 wird, wie in jedem Jahr, am 27. Januar Kaisers Geburtstag gefeiert; der Kruppsche Bildungsverein lädt aus diesem Anlaß zu einem Konzert in den Städtischen Saalbau. Auf der Höhe haben die ersten Bewohner sich eingelebt. Einer von ihnen erinnerte sich lange Jahre später: „Zum Wochenende ging man zum Holsterhauser Hof. Dort traf sich die Nachbarschaft für ein paar fröhliche Stunden."

Und weiter: „Zur Kirche mußte man nach Holsterhausen oder Rüttenscheid. Manche Väter machten mit ihren Kindern einen Sonntagsspaziergang durch die Felder und Auen. Er endete meist beim Milchbauern Gerhard Jansen im Hohlweg (heute Metzendorfstraße). Der große Garten lag im Schatten eines mächtigen Birnbaums. Als Sitzgelegenheit dienten in die Erde gerammte Pfähle mit Brettern darüber. Man war damals noch bescheiden."

Eine Gaststätte, einige Geschäfte gibt es erst im folgenden Jahr am Kleinen Markt und ein Kaufhaus in der Steilen Straße 19. Der Schatzgräberbrunnen von Enseling ist fertig, ein Geschenk der Stadt an die Stifterin. Man kann an eine Feier denken.

„Die Heimat fanden wir in diesen Häusern..." Margarethenhöhe am 20. Juli 1912, Kleiner Markt: Der Schatzgräberbrunnen von Joseph Enseling wird eingeweiht. →

Samstag, 20. Juli 1912. Es ist 18 Uhr. Fahnen und Girlanden schmücken die Steile Straße, den Kleinen Markt. An der großen Freitreppe des Brückenhauses stehen Oberbürgermeister Holle, Georg Metzendorf, der Bildhauer Joseph Enseling, Stadtverordnete, Ehrengäste, weißgekleidete Mädchen mit Kornblumenkränzen im Haar. Als Margarethe Krupp (58) mit dem Wagen vorfuhr, geht die achtjährige Margarethe Metzendorf ihr mit einem Blumenstrauß entgegen:

„Du edle Frau! − Aus grünen Einsamkeiten
Ließ Deine Güte diese Stadt erstehn.
Nun siehst Du Straßen sich und Plätze breiten
Und tausend frohe Menschen siehst Du schreiten,
Die sich in ihrer Traulichkeit ergehn.“

Margarethe Krupp hört auch noch die beiden weiteren Strophen; sieht die Fahnen, die Menschen, die ihr zuwinken. Der Oberbürgermeister führt sie zum Kleinen Markt. Da steht der Brunnen: „Der Stifterin der Margarethenhöhe ... in Dankbarkeit gewidmet. Die Stadt Essen.“ Hoch oben thront der Knabe mit Spindel und Spaten, Erinnerung an die Sommerburgsage von einem vergrabenen Schatz, aber mit einer Lehrweisheit: „ Grabt Schätze nicht mit Spaten, sucht sie in edlen Taten.“ Die Margarethenhöhe ist nun der gehobene Schatz.

Es spricht der Oberbürgermeister: „Neue Idealstadt“, „große Tat“, „Lebensmut und Lebensfri-

sche, die sich hier an allen Orten geltend macht“. Auch die Bewohner der Höhe hatten ihren Dank in Versen formuliert. „Nicht Wohnung nur, die Heimat fanden wir in diesen Häusern, diesen stillen Gärten ...“ Die Dankadresse wird in einer Mappe aus grauem Saffianleder überreicht. Und da es ein Tag für Geschenke ist, überrascht Margarethe Krupp mit einer weiteren Geste ihres Wohlwollens: Ein Teil der Promenadenwege in den Tälern der Margarethenhöhe soll freigegeben werden. Diese Täler hatte sie schon im Jahre 1907 der Stadt Essen übereignet; aber zunächst für die Aufforstung gesperrt. Während das Nachtigallental noch für Jahre den Bewohnern (Landwirte ausgenommen) nicht zugänglich ist, ist nun ein Teil der Sommerburganlage geöffnet.

Nicht ganz drei Wochen später wehen wieder die Fahnen, säumen weißgekleidete Mädchen die Straßen, werden Zylinder und Strohhüte gelüftet. Wilhelm II., zur 100-Jahr-Feier der Firma Krupp nach Essen gekommen, hat sich für die Margarethenhöhe angesagt. Schon morgens haben sich auch Essener auf den Weg gemacht. Seit dem 1. Juli fahren die Linie 7 und 8 bis zur Brücke. Die Schaffner in der „Elektrischen“ haben volle Geldtaschen. Ein Zeitungsreporter hat die Szenen des 8. August 1912 festgehalten:

„Als um 12 Uhr die Zugänge zur Margarethenhöhe gesperrt wurden, stand die Menge Kopf an Kopf ... Mit fröhlichen Scherzen half man sich über die Langeweile der nun folgenden Stunden hin-

„... stand die Menge Kopf bei Kopf". Kaiserbesuch 1912 am Kleinen Markt. Neben Wilhelm II. (im hellen Mantel) Gustav Krupp.

Aber es gab auch andere Feste – wie hier vor dem Krupp-Konsum (Hoher Weg). Knaben in Matrosenanzügen, Wettkampf: „Auf die Plätze, fertig ..."

weg. Selbst mehrere Regenschauer ließen sich die Zuschauer gefallen, bis das Warten um 2 1/2 Uhr endlich belohnt wurde. Vor dem Brückenkopf hielten die Automobile, und der Kaiser ging ... die breite Freitreppe hinauf ... durchschritt die Steile Straße. In das von Herrn Wulfmeier bewohnte Haus Nr. 25 kehrte er dann mit Herrn Krupp und einigen anderen Herren seines Gefolges ein und nahm die ganze Inneneinrichtung sehr eingehend in Augenschein..."

Nächste Station Marktplatz. Der Wagen ist vor dem Kruppschen Konsum vorgefahren. Der Reporter berichtet: „Bevor er in den Wagen stieg, unterhielt der Kaiser sich einige Minuten mit Frau Exzellenz Krupp und man konnte deutlich sehen, wie er ihr seine Bewunderung über das Geschaute ausdrückte."

Fotos von diesem Kaiserbesuch, gerahmt und ungerahmt, hingen seitdem in manchen Wohnstuben auf der Margarethenhöhe. Aber nicht jeder hörte mit beifälliger Miene zu, wenn spätere Erinnerungen den Besuch des deutschen Kaisers wieder auffrischten. Heinrich Verdong (75), der 1913 mit seinen Eltern auf die Höhe kam: „Wir waren Rheinländer und die hatten nicht viel übrig für die Preußen."

Im Oktober 1912 legt Georg Metzendorf seinen überarbeiteten Bebauungsplan vor. Seine Erläuterungen dazu, veröffentlicht im Januar 1913, kann man auch als Antwort auf jene Kritiker verstehen, die ihm für die 1. Bauperiode „Kleinstadtromantik" vorwarfen. Er schreibt:

„Als ich vor vier Jahren damit beauftragt wurde, auf diesem stark zerklüfteten Terrain eine Siedlung zu bauen, ging ich bei der Festlegung der Straßenzüge hauptsächlich von dem Gedanken aus, die Führungen der Linien dem Gelände anzupassen. Es war demnach ganz natürlich, daß die Straßen in ihrem Verlauf den Höhenkurven folgten. Eine solche Anordnung der Straßenzüge war notwendig, da große Erdbewegungen vermieden werden mußten, um die Straßenausbaukosten niedrig zu halten. Zudem schaffte sie architektonisch interessante Straßenbilder.“

„In dem Bebauungsplan, den ich jetzt nach vierjähriger Arbeit erneut aufgestellt habe, sind mancherlei Änderungen vorgenommen worden, die eine straffere Führung der Straßenlinien ergeben. Die gerade Straße ist dabei mehr berücksichtigt, da dies jetzt auch möglich ist, weil nunmehr die Bebauung auf der Höhe und dementsprechend auf weniger bewegtem Gelände einsetzt.“

Metzendorf weiter: „Das Gelände der Margarethe Krupp-Stiftung macht ungefähr ein Zweihundertfünfzigstel des ganzen Gebiets von Groß-Essen aus und liegt an der Peripherie dieser Stadt. Es kann sich daher bei meiner Arbeit nur um die Gestaltung und Durchbildung eines Wohnviertels ohne durchrauschenden Großstadtverkehr handeln. Ich habe mithin keine Aufgabe zu erfüllen, die mit dem Problem großstädtischer Bebauung etwas zu tun hat. Die Siedlung soll lediglich als abgesonderte Erholungsstätte und zum beschaulichen Aufenthalt ihrer Bewohner dienen. Ich habe dabei nicht an die Lösung großer Verkehrsprobleme und Programme zu denken, lediglich eine abge-

Erdgeschoß eines Einzelhauses: Die Spülküche, in der auch die Badewanne stand, führte in den Garten. Neben dem Herd in der Küche war der Dauerbrandeinsatz des Kachelofens. Der Ofen wärmte das Wohnzimmer und über Luftschächte auch die oberen Räume.

schlossene Wohnenklave von Groß-Essen soll sie darstellen.“

„Dagegen soll jeder Bewohner in dieser Siedlung seinen individuellen Bedürfnissen gemäß leben können. Ich vermeide alles – soweit dies eben möglich ist – was als eine Numerierung der Bewohner oder ein Einzwängen in ein Schema gedeutet werden könnte.“

„Die Häuser selbst möchte ich noch viel regelmäßiger und einfacher in der Form durchbilden. Ich verweise hierbei auf die Hausprojektierungen der IV. Bauperiode (zum Beispiel am Laubenweg – Anmerkung des Autors). Die äußere Form entwickelt sich klar aus der Grundrißgestaltung und diese wieder ist unter voller Berücksichtigung der Zweckmäßigkeit und Billigkeit gelöst.“

„Jede Wohnung soll eine zentrale Heizung, eine Lüftung, ein Bad und einen Garten haben. Alle diese Ansprüche sind mit den einfachsten Mitteln befriedigt, denn die Billigkeit muß die erste Richtlinie bei dem Kleinwohnhaus sein. Ich habe nicht versucht, meine Siedlung durch das Experimentieren mit neuen Formen interessant zu machen. Das Moderne im Kleinwohnhaus muß in seiner praktischen Brauchbarkeit, in der Wohlfeilheit und in der Einfachheit zu finden sein.“

„Im nächsten Jahre werden wir bereits mit dem Bau einer Schule beginnen. Ich hoffe, daß dann auch bald die erste Kirche entstehen wird.

Das Gesamtbild schreit direkt nach einer stark nach aufwärts strebenden Form, die ich mit der Kirche und der Schule erreichen möchte. Wird in dem jetzt beschrittenen Tempo weitergebaut, so wird für die Siedlung eine Gesamtbauzeit von ungefähr 20 Jahren benötigt werden . . . .“

Metzendorf hat nicht zurückgesteckt. Er fühlt sich eher bestärkt in seinem „Programm“. Vielleicht ist nur der Hinweis auf die künftig „einfacheren Haus-

— 6 —

Nach 10 Uhr abends darf niemand durch Gesang, Musik oder Lärm die Ruhe der Mitbewohner und Nachbarn stören.

§ 13.
Unpünktliche Zahlung der Miete, fortgesetzte Nichtbeachtung der Mietbestimmungen, unmoralische Führung des Mieters oder seiner Hausgenossen haben die Kündigung der Wohnung zur Folge.

§ 14.
Die Stempelkosten des Mietvertrages zahlt die Vermieterin.

Essen, den 25. Maerz 1911

Der Mieter:
Jos. Schefers

Ehefrau:
Elisabeth Schefers

Namens der Vermieterin:
Der Vorstand der Margarethe-Krupp-Stiftung.

Beigeordneter,
stel. vertr. Vorsitzender.

Quittung für das Jahr 1911

Monat	Miete M	Miete ₰	Zahlung am	Unterschrift als Quittung
Januar				
Februar				
März				
April	21	33	—	
Mai	21	33	—	
Juni	21	85	—	
Juli	21	33		
August	21	3	3	
September	21	33		
Oktober	21	33		
November	21	24		
Dezember	21	3	3	

Josef Schefers, Steile Straße 15, drei Räume mit Garten, war einer der ersten Mieter der Margarethenhöhe, wie zwei Seiten des Mietvertrages aus dem Jahre 1911 zeigen.

Einer der wenigen noch erhaltenen Original-Kachelöfen aus den Anfangsjahren der Margarethenhöhe; hier in der Wohnung von Friedrich Wiechmann, Metzendorfstraße 38 c.

formen" ein Zugeständnis an seine Kritiker. Vielleicht...

Der Stadtbaurat a. D. Jakob P. Schneider, der sich 1921 mit Metzendorf und Carl Mink zu einer Arbeitsgemeinschaft verband, wies diese Kritiken in späteren Aufsätzen zurück:

„Sämtliche Bauwerke zeigten eine im Ruhrrevier damals kaum noch gekannte Qualität der handwerklichen Ausführung, teilweise erreicht durch Heranziehung süddeutscher Techniker (Putz, Bruchstein, Schindeln) und sogar süddeutscher Handwerker. Letzteres rief bei der einheimischen Zunft einen Sturm der Entrüstung hervor. Erstaunlich scheint uns heute, wie dieser Baukünstler, der gern aus dem vollen schöpfte, bei seiner fast barocken Liebe für Schmuck und Kleinkunst, gleichzeitig als Techniker Grundrisse entwickelte, die heute noch mustergültig sind."

Die evangelische Kirche, die Metzendorf in seinen Erläuterungen zum Bebauungsplan erwähnt, ist nicht gebaut worden. Sie sollte, wie Pläne und Skizzen zeigen, an der Steilen Straße stehen, auf dem freien Gelände neben dem Gustav Adolf Haus. Der 1. Weltkrieg vereitelte die Pläne. Stadtbaurat a. D. Jakob P. Schneider bedauerte: „Fertiggestellt war vor dem Kriege auch der Marktplatz, ein in den Maßstäben fein abgewogenes Kleinstadt-Forum, leider bis heute noch ohne die Überschneidung des Turmes, der im Zuge der Steilen Straße geplanten evangelischen Kirche.

Frühe Bilder von der Höhe

Steile Straße: Bitte raustreten, der Fotograf ist da! Metzgermeister Philipp Riede ließ sich nicht lange bitten. Nebenan bewirtete Hugo Steck Gäste, die an diesem Frühsommertag im Freien saßen.

Und wie es da drinnen aussah – im Gasthaus Margarethenhöhe – zeigt diese Aufnahme aus den Anfangsjahren. Der Zeitgeschmack hat das Restaurant in den folgenden Jahrzehnten wiederholt verändert.

*Am 4. Januar 1915 im ersten
Stock des Gasthauses Margare-
thenhöhe eingeweiht: das von
Professor Metzendorf entworfene
Vorstandszimmer, hier eine Teil-
ansicht aus dem Jahre 1929 mit
dem von Otto Propheter gemalten
Bildnis der Stifterin Margarethe
Krupp. Wände und Decke des
Raumes sind aus deutschem Nuß-
baum. Besonderer Raum-
schmuck waren zwei Plastiken
von Professor Enseling und die
Vitrine mit dem Gästebuch der
Stiftung.*

*Erster Friseur am Kleinen Markt
war Karl Luttropp.*

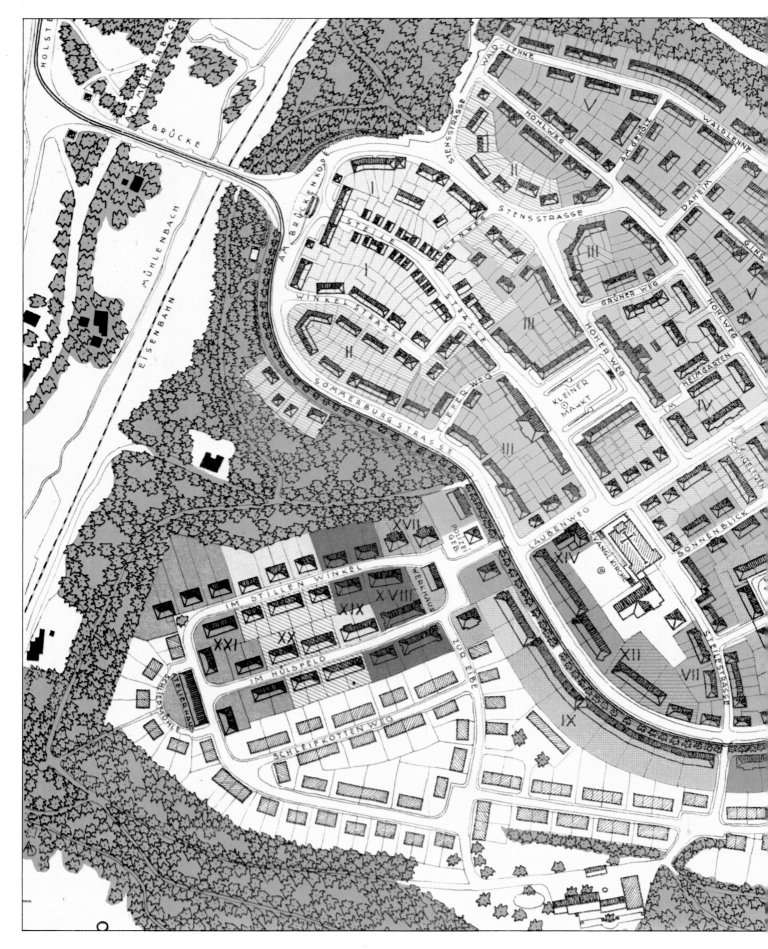

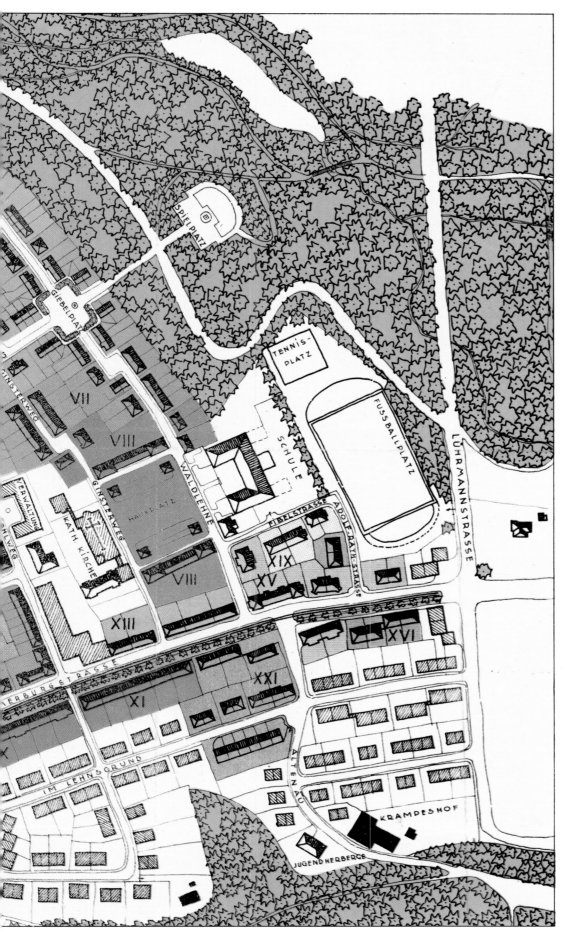

1910 – 1929

Der 1930 veröffentlichte Plan zeigt 21 Bauabschnitte von 1910 – 1929. Der untere Teil der Siedlung längs des Nachtigallentales sollte in den folgenden Jahren gebaut werden. Nicht errichtet wurden die evangelische Kirche an der Steilen Straße und das Verwaltungshaus an der Metzendorfstraße, die zu dieser Zeit noch Hohlweg hieß. Am unteren Bildrand die Gaststätte Bauer Barkhoff. 1929 entstanden auch das große Atelierhaus Im Stillen Winkel und das Garagenhaus mit 18 Boxen an der Ecke Lehnsgrund/Altenau.

Bau-jahr	Bau-periode	Ge-bäude	Woh-nungen
1910–11	I u. II	126	165
1912	III	91	116
1913	IV	67	89
1914	V	158	182
1915	VI	69	97
1916–17	VII	70	108
1918–20	VIII	27	57
1921	IX u. X	16	96
1922	XI	5	32
1923	XII	4	18
1924	XIII	5	30
1925	XIV	9	35
1926	XV	9	29
1927	XVI u. XVII	25	74
1928	XVIII und XIX	25	73
1929	XX und XXI	31	84

Steile Straße 1912: Schaustraße für prominente Besucher. Links Einmündung Rosenweg, heute Trautes Heim.

→

Weitere Ansichten aus der Frühzeit

Steile Straße 4: „Ich vermeide alles, was als ein Einzwängen in ein Schema gedeutet werden könnte." (Georg Metzendorf). Bild oben.

Hauseingang Stensstraße 15: Bei Blumenwettbewerben wurden auch die kleinen Fenster von Blumenfreunden genutzt. Zum Bild unten.

Hoher Weg: Auch die Mehrfamilienhäuser zeigten Metzendorfs Abneigung gegen „Numerierung und Schema". Zu dem großen Bild in der Mitte.

Einer der beiden Brückenpavillons. Sie waren Trinkhalle und Wartehalle (Foto) und Polizeistation. — Im Krieg wurden sie zerstört. Bild unten.

Einer der wenigen Ziegelbauten auf der Margarethenhöhe. Aus Kostengründen wurde für die meisten Bauten der Putz gewählt. Bild unten.

An Hauswänden wuchsen Efeu oder wilder Wein, an den Zäunen rankten sich Rosen hoch. Idylle mit dem Namen „Schöngelegen". Bild oben.

Eine Fuhre Sand und ihre Zweckentfremdung: Die Steile Straße wurde zum Spielplatz. Auf Autos mußte man noch nicht achten. Bild unten

103

Viermal Abitur mit Blutwurst und Käseecken

Das Haus Nummer 4 steht am Kleinen Markt. Ein Haus wie andere auch: Sie alle haben Loggien mit schlanken Säulen; und im Sommer leuchten auf beiden Seiten des Marktes die schweren blauen Blütentrauben der Glyzinen vor den hellen Wänden.

Aber Nummer 4 hat doch eine besondere Geschichte: Der Familienname am Türschild reicht in die Frühzeit der Margarethenhöhe zurück. Seit 68 Jahren wohnen die Holthoffs hier. Für diese dauerhaf-

Auch Großmutters Bügeleisen erinnert an die Familiengeschichte.

te Verbindung mit einem Haus gibt es nicht mehr allzu viele Beispiele auf der Höhe.

Die Holthoffs kamen zwei Jahre nach den ersten Mietern in das Neuland nahe der Sommerburg. Das war am 13. August 1913. Ein jungvermähltes Paar, das die neue Wohnung wie ein Hochzeitsgeschenk be-

Eugenie Holthoff (genannt Eny) um 1900. Vor ihrer Heirat war sie Lehrerin.

grüßte. Josef Holthoff (37), Hilfsschullehrer an einer katholischen Schule in Rüttenscheid, und Frau Eugenie, 29, „Eny" genannt, die vor ihrer Ehe auch Lehrerin gewesen war.

Mit diesem 13. August beginnt die Familiengeschichte der Holthoffs auf der Margarethenhöhe. Der Zufall hat sie für dieses Jubiläumsbuch aufgespürt. Ähnliche Beispiele gibt es in anderen Familien. Ihre Erinnerung reicht ebenso weit in die Vergangenheit zurück.

Niemand hat die Chronik der Holthoffs je aufgeschrieben. Sie lebt in den Erzählungen der beiden Söhne Erwin (60) und Gerd (55), die am Kleinen Markt aufgewachsen sind. Aber nur Erwin wohnt hier noch mit seiner Frau Käthe.

Josef Holthoff um 1895. Er war Hilfsschullehrer an einer Rüttenscheider Schule.

Die Erinnerung hat ihre Stützen: frühe Fotos, Großmutters Bügeleisen, die bei Familienfesten oft wiederholten Anekdoten.

„Bei uns ging es ganz spartanisch, ganz einfach zu", sagt Erwin Holthoff. Als 1926 Gerd geboren wird, leben vier Söhne in dem Haus am Kleinen Markt: Der älteste (Horst) ist zwölf Jahre alt. Rolf ist neun und Erwin fünf. Vier Söhne, von denen die ehrgeizige Mutter erwartete, daß sie alle Abitur machen würden. „Mutter glaubte fest daran, daß wir sehr intelligent waren."

Dieser Intelligenz gab sie den strengen Rahmen ihrer Erziehung. Wobei sich die frühere Pensionatsschülerin von adeliger Herkunft wohl der eigenen disziplinierten Lernjahre erinnert

haben mag. Erwin Holthoff: „Bei uns wurde sehr auf die Etikette geachtet. Sonntags durften wir nur im Jackett an den Mittagstisch."

Das schmale Einkommen des Hilfsschullehrers Josef Holthoff („Vater ging ganz in seiner Aufgabe auf") stand im Widerspruch zu dem Wunsch, allen vier Söhnen das Abitur zu ermöglichen. Aber es gab einen Ausweg und den wählten, wie sich Erwin Holthoff erinnert, nicht nur seine Eltern: „Viele Leute auf der Höhe, die ihre Kinder auf weiterführende Schulen schickten, sparten die Ausgaben im Haushalt ein." Statt feinerer Wurstsorten holte man sich Blutwurst auf den

Auf der Margarethenhöhe: Eugenie und Josef Holthoff im Kriegsjahr 1916 mit Sohn Horst.

Tisch. „Die billigste hatte die Metzgerei Rittgen in Holsterhausen." Das Pfund kostete in den

Aus dem Familienalbum: Eugenie Holthoff um das Jahr 1915 vor dem Haus Kleiner Markt 4 mit ihrer Schwiegermutter und Sohn Horst. „Bei uns wurde sehr auf Etikette geachtet" (Erwin Holthoff).

dreißiger Jahren 45 Pfennig. Erwin Holthoff ist die Strecke ein- bis zweimal in der Woche hin- und zurückgelaufen. Holsterhausen war nicht die einzige Quelle für preiswertes Einkaufen. Bei Schiesen und Flothmann an der Steilen Straße holten die Holthoffs jede Woche Käseecken. „Eine ganze Tüte für 50 Pfennig."

Die vier Holthoff-Brüder im Sommer 1929: vorn Gerd, dahinter von links: Horst, Rolf und Erwin.

Dieser Verzicht vieler Höhenbewohner auf verfeinerte Lebensmittel hat der Siedlung damals den Beinamen „Blutwurst-Kolonie" gegeben. Was in der Rückschau aber eher wie eine Anerkennung klingt.

Daß Mutter Eugenies Zuversicht in die Leistung ihrer Söhne nicht verfehlt war, zeigte sich später in seltener Einmütigkeit: Alle vier machten das Abitur, Sohn Horst sogar schon mit 17 Jahren. Als einziger der Holthoff-Brüder ist Erwin nicht zur Krupp-Oberrealschule (später Krupp-Oberschule) gegangen. Er besuchte die Goethe-Schule, weil er hier das Große Latinum machen konnte. Und wenn man erst weiß, was der neunjährige Erwin in einem Schulaufsatz als Berufswunsch formulierte, wird man sich nicht weiter wundern: „Am liebsten möchte ich Papst werden – aber wenigstens Bischof." Aus diesem Berufswunsch ist nichts geworden. Der verhinderte Papst wurde schließlich Ingenieur bei einer Essener Weltfirma, und das ist er auch heute noch.

Das Haus am Kleinen Markt hat seine äußere Form über die Jahre nicht verändert. Und wie schon 1913 hängt an der Tür der alte eiserne Klopfer. Nur im Innern haben moderne Ansichten über Wohnkomfort den Zuschnitt der Erdgeschoßräume verändert. Die Spülküche der Metzendorf-Gründung ist passé.

Als die ersten Holthoff-Brüder das Laufen lernten, gab es nur in den unteren Räumen Gasleuchten. Ging man abends in die oberen Zimmer, nahm man eine der Petroleumlampen mit, die am Kellereingang standen. Zwei der Söhne schliefen in der

Mansarde unter dem Dach. Bis dorthin reichte Metzendorfs Heizsystem nicht. „Vor dem

Kriegsjahr 1943: drei Söhne sind Soldaten, der jüngste ist Luftwaffenhelfer. Im Garten des Elternhauses nehmen sie den Vater in die Mitte. Von links: Erwin, Rolf (gefallen 1944 im Hürtgenwald), Gerd, Horst (gestorben 1979).

Waschen mußten wir morgens das Eis in der Waschschüssel zerschlagen."

Der Kleine Markt ist für die Holthoffs in all den Jahren die Bühne der Margarethenhöhe gewesen – in der Geschichte der Siedlung und in ihrem Alltag. Hier sahen sie Kaiser, Könige und einen Bundespräsidenten; hier hatten sie einen Logenplatz bei Jubiläumsfeiern, hier haben sie zweimal in der Woche den Wochenmarkt vor der Tür.

Familientreffen vor dem Haus Kleiner Markt 4 zum 50. Geburtstag von Josef Holthoff am 9. Januar 1926. Josef Holthoff – hier zwischen seinen Schwestern Franziska und Minna – vorn die drei Söhne Horst (sitzend), Rolf und Erwin. Hinter Rolf steht Eugenie Holthoff.

Hause des Friseurgeschäftes Müller trafen und ständig über neue Streiche nachgrübelten. In den Markthallen, deren Dächer bei der Jugend so beliebt waren, war der Milchladen von Hünselar, und hier konkurrierten die Gemüsehändler Josef Wichterich und Fritz Garbe. „Senkte einer von ihnen ohne Absprache seine Preise, forderte der andere ihn zum Tomatenduell heraus."

Jugendjahre in der Frühzeit der Margarethenhöhe, das waren auch Geländespiele in den Waldtälern, das Aufsteigen der Drachen auf den Stoppelfeldern jenseits der Sommerburgstraße. Trotz Blutwurst und Käseecken, für die Holthoff-Brüder war es eine unbeschwerte Kindheit. Und in das Erinnern an diese Zeit ist die Hochachtung vor

Sie hatten ihn immer, und sie behalten ihn auch: einer der wenigen noch vorhandenen Metzendorf-Türklopfer am Hause Kleiner Markt 4. Die Holthoffs verzichten weiterhin auf eine elektrische Klingel.

den Eltern unverkennbar. „Auch durch eigenen Verzicht haben sie uns unseren späteren Weg ermöglicht."

1939. Krieg! Vier Söhne, vier Soldaten. Einer fällt. Es ist Rolf, der Mitte 1944 als Oberfähnrich der Fallschirmtruppe ums Leben kommt. Die drei anderen überstehen es: Horst als Chirurg an der Ostfront, Erwin als Wachtmeister der Flak in Holland, Gerd als Luftwaffenhelfer bei der Flak-Batterie an der Sommerburgstraße. Gerd, Jahrgang 1926, wird auch noch als Soldat eingezogen, ist bei der Kapitulation im Mai 1945 im Raum Berlin eingesetzt; schlägt sich von dort nach Niederbayern durch. In Niederbayern haben seine Eltern Zuflucht gesucht vor den Bombenangriffen, den täglichen Fliegeralarmen, die nicht nur die Menschen auf

Für die jungen Holthoff-Brüder aber war der Markt die eigene Bühne. Ein Spiel- und Tummelplatz, wo man auf den mit Blech abgedeckten Dächern der Markthallen herumtollen konnte, bis eine Polizeiuniform um die Ecke bog. Und auch die Straße war Spielplatz. „Nur drei Autos habe es 1936 auf der Höhe gegeben", erinnert sich Gerd Holthoff. Und Bruder Erwin fügt hinzu: „Das erste Privatauto sei der Metzgermeister Voigt gefahren."

Der Markt hatte sogar seine „Marktgrafen", eine Gruppe junger Burschen, die sich vor dem

Eugenie und Josef Holthoff 1943 im Garten des Hauses am Kleinen Markt.

der Margarethenhöhe zermürben. Immer mehr Häuser werden zerstört, Schuttberge säumen die Straßenzüge. Diese von Bomben zerschlagene Margarethenhöhe sieht Erwin Holthoff im späten Juni 1945 nur für kurze Zeit, denn er will nach München zu seiner Braut. Und er will seine Eltern aus Niederbayern an den Kleinen Markt zurückbringen. Der Krieg ist vorbei. Man kann wieder an die Zukunft denken, trotz aller Trümmer. Man hat überlebt. Das zählt.

Auch das Haus ist noch einmal davongekommen. „Nur geringe Schäden", erinnert sich Erwin Holthoff. Andere Bewohner der Höhe wohnen nun mit Zustimmung der Holthoffs in der Nummer 4. Später muß man noch enger zusammenrücken. In den Jahren der Nachkriegs-Wohnungsnot werden — wie in anderen Häusern auch — neue Untermieter eingewiesen. Zeitweilig leben mit den Eltern und dem jüngsten Sohn Gerd sieben weitere Personen unter dem Dach von Nummer 4. Überall auf der Höhe ist an den Namensschildern neben den Haustüren der Einfamilienhäuser abzulesen, wie überbelegt die Wohnungen sind. Erst 1964 haben die

Holthoffs das Haus wieder für sich.

Heute lebt Erwin Holthoff mit seiner Frau Käthe allein in Nummer 4. In München hatten sie sich 1943 kennengelernt und dort auch 1946 geheiratet. „Wir wohnten in einem Zimmer von 13

Hochzeit auf der Margarethenhöhe am 19. April 1952: Der jüngste Holthoff-Sohn Gerd — auf dem Foto hinter der Braut — heiratet Gisela Funke aus der Straße „Im Stillen Winkel". Dem Zug voran gehen die Schwestern Ute und Petra Funke. Neben der Braut Josef Holthoff, damals 76 Jahre alt.

Quadratmetern, vorher in einem Gartenhaus." Die Höhe sehen sie nur bei Familientreffen; aber eines Tages packen sie doch an der Isar für immer die Koffer. Eine Münchnerin auf der Margarethenhöhe?

Aber da gibt es keine Zweifel, kein Zögern: „Ich habe mich schnell eingewöhnt."

Als Erwin Holthoff am 20. Dezember 1980 seinen 60. Geburtstag feiert, ist wieder Familientag. Nur noch zwei Brüder sitzen an der Festtafel im Gasthaus Margarethenhöhe. 1979 war der Arzt Horst Holthoff in Köln verstorben. Und auch die Eltern lebten schon lange nicht mehr. Doch die Familiengeschichte geht weiter: Tochter Theodolinde und Sohn Klaus-Dieter des Erwin Holthoff sind verheiratet und wohnen ebenfalls auf der Margarethenhöhe. Und wie es auf der Höhe manchmal so geht: Theodolinde, kurz „Linde" gerufen, und Ehemann Theo Even haben

sich in der Schule an der Waldlehne kennengelernt. Mit ihrer Tochter Carmen führen sie schon die jüngste Generation der Holthoffs an.

Auch Gerd, der zweite überlebende Bruder, ist der „Junge von der Margarethenhöhe" geblieben. Daran änderte weder die spätere Wohnadresse in Bredeney etwas, wo er mit seiner Frau und den beiden Söhnen Frank und Stefan lebt, noch seine berufliche Karriere. Die Margarethenhöhe ist für ihn nicht nur Jugenderinnerung, sondern auch der Ort, an dem er ein junges Mädchen aus dem „Stillen Winkel" namens Gisela Funke kennenlernte und am 19. April 1952 zum Traualtar führte. Und den einstigen Leichtathleten Gerd Holthoff verbindet sie mit seinen sportlichen Erfolgen bei TUSEM.

Die Familiengeschichte der Holthoffs, durch Tod, Zufall und andere Kräfte beeinflußt, hat einem der vier Söhne des jungen Hochzeitspaares von 1913 das Elternhaus am Kleinen Markt aufgespart. Und darin ist sich Erwin Holthoff mit vielen anderen Familien auf der Margarethenhöhe einig: „Wir können uns nicht vorstellen, daß wir hier jemals wegziehen würden."

Wieder ein Familienbild vor dem Haus Kleiner Markt 4: Die beiden noch lebenden Holthoff-Brüder sind jetzt selbst Vater (Gerd) oder Großvater (Erwin). Dieses Foto vom 20. Dezember 1980, an dem Erwin Holthoff 60 wurde, erinnert auch an das erste Foto auf dieser Treppe vor 65 Jahren. Vorn die beiden Brüder Gerd (mit Ehefrau Gisela im hellen Mantel) und Erwin (auf der Treppe) mit Ehefrau Käthe (rechts). Links oben Erwins Sohn Klaus-Dieter mit Ehefrau Renate; daneben Tochter Theodolinde mit Ehemann Theo Even und Schwiegermutter Änne Even. Ganz vorn Enkelin Carmen Even.

Die Siedlung

(Fortsetzung)

Am 12. Dezember 1913 wird dem Stiftungs-Vorstand der handgeschriebene Bericht über die ersten vier Bauperioden überreicht. 359 Wohnungen sind nun gebaut, darunter 208 Einfamilienhäuser. In diesen Wohnungen leben 1535 Menschen. Der Bericht nennt auch die Berufe der 364 Mieter:

174 Kruppsche Arbeiter, Beamte und Pensionäre

55 städtische Arbeiter und Beamte

24 Postbeamte

20 Eisenbahn-Arbeiter und -Beamte

13 Lehrer

11 Gerichtsbeamte

11 Beamte der Königlichen Polizeidirektion

8 Angestellte des Kohlensyndikats

7 selbständige Gewerbetreibende

39 sonstige

Die Bewohner der Margarethenhöhe finden gemeinsame Freizeitziele. Markt und Gaststätte werden zum Treffpunkt, auch bei den Hans-Sachs-Spielen und den Freizeitaktionen des 1913 gegründeten Vereins „Frohsinn auf der Höhe". Mit einem großen Fastnachtsfest stimmt man sich aufs neue Jahr 1914 ein, und der heiße Sommer mit seinen Besucherscharen macht die Siedlung zum Ausflugsort. Aber beim „Frohsinn auf der Höhe" wird es nicht bleiben. Der 1. Weltkrieg, von vielen zunächst mit Hurra begrüßt, füllt bald die Spalten der Zeitungen mit Todesnachrichten.

Erster Kriegstag ist der 1. August. Am Tag zuvor, um die Mittagszeit, hatten Extrablätter die „Erklärung des Kriegszustandes für Deutschland" bekanntgegeben. Stunden später trafen sich Essens Stadtverordnete im Rathaus. Der Essener General-Anzeiger zitierte Oberbürgermeister Wilhelm Holle: „Eine besondere Freude hat es mir bereitet, wie gestern und vorgestern die waffenfähige Jugend, patriotische Lieder singend, die Straßen unserer Stadt durchzog, der ernsten Nachrichten harrend. Wir wollen in die heutige Beratung eintreten unter der Devise eines großen Deutschen: ‚Wir Deutsche fürchten Gott, aber sonst nichts in der Welt!'"

Der Jubel auf den Straßen scheint dem Oberbürgermeister recht zu geben. „Deutschland, Deutschland über alles", singt die Menge vor dem Rathaus. Truppentransporte rollen in den Bahnhof. Soldaten winken; junge Mädchen reichen ihnen Blumensträuße. „Am Donnerstag Freibier in Paris", hat jemand mit weißer Kreide auf einen Waggon geschrieben.

Auch auf der Margarethenhöhe tauschen viele junge Männer ihren Strohhut gegen den Helm. Georg Metzendorf wird am 8. September telegrafisch zur Pionierinspektion in München einberufen. Sein Mitarbeiter Carl Mink soll in seinem Sinne weiterarbeiten.

Weiterarbeiten, solange der Krieg es zuläßt. Geldentwertung, gestiegene Baukosten, knappe Baustoffe behindern alle Pläne. Die naive Einschätzung in den ersten Kriegstagen wird verdrängt durch Skepsis und Zweifel. Brot, dann Fett, Fleisch, Butter, Eier und Kartoffeln werden rationiert.

Burgstraße (heute Kettwiger Straße) im August 1914. Es ist Krieg. Die Zeitungen geben Extrablätter heraus. Auf dem Burgplatz sammeln sich Soldaten „feldmarschmäßig" mit Stahlhelm und Tornister. Oberbürgermeister Wilhelm Holle zitiert Bismarck im Rathaus: „Wir Deutsche fürchten Gott, aber sonst nichts in der Welt".

1917 kommt jeden Sonntagabend ein Lazarettzug im Essener Hauptbahnhof an. In jenem Jahr besucht auch Kaiserin Auguste Viktoria die Margarethenhöhe.

Diese Plakette von 1916 erschien, als die Margarethe Krupp-Stiftung für Wohnungsfürsorge zehn Jahre alt war. Über dem Brückenhaus der Margarethenhöhe wird das Füllhorn ausgegossen. Am Kopf der Plakette das Porträt des 1902 verstorbenen Friedrich Alfred Krupp.

Die Lebensmittelversorgung ist bereits auf einem Tiefpunkt. Nach dem Steckrüben-Winter 1916/17 sind die städtischen Kriegsküchen nur ein schwacher Versuch, die Not zu lindern. Enttäuschung und Bitterkeit entladen sich mit Ironie. Das „Neueste Kochrezept" macht die Runde:

„Man nehme die Fleischkarte, wälze sie in der Eierkarte und brate sie in der Butterkarte an. Die Kartoffelkarten und Gemüsekarte werden mittels der Kohlenkarte gekocht und die Mehlkarte hinzugesetzt. Als Nachtisch brühe die Kaffeekarte auf und füge die Milchkarte hinzu. Liebhaber lösen die Zuckerkarte darin auf und stippen die Brotkarte hinein. Nach dem Essen wäscht man sich mit der Seifenkarte und trocknet sich mit dem Bezugschein ab".

Niemand holt mehr das Flugblatt aus der Schublade, auf dem der Essener „Kanonenwirt" seinen „Gruß aus Essen" veröffentlicht hatte — ein Loblied auf die Feuerkraft Kruppscher Kanonen. Auch sie können das Kriegsglück nicht mehr wenden. Am 8. August 1918 beginnt der deutsche Rückzug im Westen, genau sechs Jahre nach dem Tag, an dem Wilhelm II. die Margarethenhöhe bewundert hatte. Der Kaiser kommt noch ein weiteres Mal nach Essen. Acht Wochen bevor er nach Holland ins Exil geht, ruft er vor tausend Kruppschen Beamten und Arbeitern in der Essener Friedrichshalle aus: „Wir wollen kämpfen und durchhalten bis zum Letzten!" Aber nichts geht mehr. Die alte Ordnung zerbricht. Essen zählt seine Toten. Es sind 14 990 Soldaten, die ums Leben kamen.

Das Bautempo hat sich auf der Margarethenhöhe verlangsamt. 1914 werden noch 182 Wohnungen gebaut; 1915 sind es 97, in den Jahren 1916 und 1917 zusammen nur 108, und in den drei folgenden Jahren wird mit 57 Wohnungen der Tiefstand erreicht.

1919 haben Notstandsarbeiter mit dem Ausbau der Sommerburgstraße zwischen Laubenweg und Steile Straße begonnen; auf einem freien Feld an der Sommerburgstraße werden die ersten Schulbaracken aufgestellt. Margarethe Krupp stützt mit weiteren Schenkungen und Darlehen die künftigen Planungen. Dazu ge-

Margarethenhöhe als Schauobjekt: Am 12. Februar 1915 kam König Ludwig von Bayern (vorn neben Gustav Krupp) ...

... am 20. Juni 1917 ließ sich Kaiserin Auguste Viktoria von Bertha Krupp (mit Regenschirm) die Eigenart der Siedlung erklären.

hört auch das kleine Atelierhaus, in das der Graphiker und Radierer Hermann Kätelhön einziehen soll. Mit Kätelhön beginnt der Aufbau einer Künstlergemeinschaft auf der Margarethenhöhe, deren Ruf weit über Essen hinausreicht (siehe dazu das Kapitel „Die Künstler").

Metzendorf ist 1918 nach Kriegsende auf die Margarethenhöhe zurückgekehrt. Sein schöpferischer Geist stellt sich den neuen Herausforderungen. Sie sind bestimmt von der Finanzlage, der fortschreitenden Inflation, dem allgemeinen Mangel der Nachkriegsjahre. Bis Ende 1918 waren 588 Häuser für 3450 Bewohner gebaut, darunter zwei Drittel Einfamilienhäuser. Man wird nun umdenken müssen. Mehrgeschossige Etagenhäuser sollen die bisherige Flachsiedlung ablösen. Während Metzendorf sich mit seinen Mitarbeitern an die neuen Pläne macht, kommt aus der Bürgerschaft Kritik auf. Ihr Thema ist das Nachtigallental, zu dem nur die Bauern der drei auf der Talhöhe liegenden Höhe Zutritt haben und eine begrenzte Zahl weiterer Bewohner. Am 25. März 1919 schreibt eine Vertretung der Bürgerschaft an Gustav Krupp:

„Euer Hochwohlgeboren! Die Bewohner der Margarethenhöhe empfinden es sehr schmerzlich, daß die die Siedlung umgebenden Parkanlagen immer noch nicht für den Verkehr freigegeben sind. Um so mehr, als eine Anzahl besonders bevorzugter Familien — vorwiegend städtische Angestellte — die Anlagen schon seit einigen Jahren ohne Beschränkung begehen dürfen bzw. im Besitz eines Schlüssels sind.

Die bis jetzt freigegebenen Anlagen an der Lührmann-Stiftung zwischen der Brands-Mühle und der Lührmannstraße (Sommerburg) sind zu klein, um der ganzen, in den Abendstunden Erholung suchenden Bevölkerung der Siedlung wirklich Erholung bieten zu können..."

Am 2. April antwortet Karl Bernsau, Leiter der Kruppschen Privatverwaltung:

„...teilen wir Ihnen ergebenst mit, daß Ihre Exzellenz, Frau Geheimrat Krupp, die Waldanlagen in der Nähe der Margarethenhöhe selbstverständlich geschaffen hat, um späterhin den Bewohnern der Stiftung die Möglichkeit zu Spaziergängen in diesen Waldkulturen zu erschließen. Der bis jetzt noch geschlossene Teil ist noch sehr jung und bedarf noch so sehr der Aufsicht, daß es sich aus diesem Grunde nicht empfiehlt, denselben dem allgemeinen Verkehr zu übergeben, zumal Spaziergänge in diesen Kulturen auch noch keine großen Reize bieten können..."

Das Thema ist vertagt. Dafür gelingt ein anderer Vorstoß: Am 7. November genehmigt der Stiftungs-Vorstand mit Blick auf die schlechte Versorgungslage „das Halten von Ziegen und Hühnern". Vielleicht ist es auch als Trostpflaster für die angekündigten höheren Mieten gedacht. Und in dem Erinnerungsrundschreiben an die Mieter vom 1. März 1920 wird nicht nur erneut an die mögliche Ziegenhaltung erinnert, sondern auch „um sparsamsten Wasserverbrauch ersucht".

Sommerburgstraße in den frühen 20er Jahren: wenig Autoverkehr, und die Straßenbahn wird erst 1927 bis zum Laubenweg hochgeführt.

Das gab es einmal: eine Kahnpartie im Mühlenbachtal (hier mit der Familie Rieth 1925). Der Teich unterhalb der Margarethenbrücke gehörte zur 1922 erbauten Gaststätte „Zur Brandsmühle". Im Sommer 1934 wurde er auch als Freibad genutzt. Auf dem nach dem Krieg aufgefüllten Gelände ist heute der Kinderhort des Klinikums untergebracht.

Es sind unruhige Jahre. Der neue Oberbürgermeister, Dr. Hans Luther, hatte 1918 richtig vorausgesagt: „Die Rückkehr zum Frieden wird viel schwieriger sein als seinerzeit der Übergang zum Krieg." Heimkehrende Soldaten ziehen durch die Innenstadt; im Rathaus tagen Arbeiter- und Soldatenräte; 1919 streiken die Bergleute im Revier; 1920 kommt es nach dem gescheiterten Kapp-Putsch in Berlin in den Städten des Ruhrgebiets zum Bürgerkrieg. In Essen sterben 40 Menschen bei den Kämpfen zwischen der sogenannten Roten Armee und Verbänden von Sicherheitspolizei und Reichswehr.

Krupp will nun Lokomotiven, Landmaschinen, Schreib- und Rechenmaschinen bauen. Kanonen sind in Deutschland nicht mehr gefragt. In Berlin haben die Sozialdemokraten das Heft in der Hand; in Essen ist bei den Stadtverordnetenwahlen im März 1919 das katholische Zentrum stärkste Fraktion geworden.

Das sind nur Momentaufnahmen der Geschichte, an deren Rande auch die Margarethenhöhe liegt. Sie wird nicht aufgerüttelt von Demonstrationen, Straßenkämpfen, Feuergefechten; aber sie teilt die allgemeine Not, den Verfall materieller Werte. Um so besser – wie immer in Notzeiten – blüht das Unterhaltungsgewerbe. Im Handelshof tanzt man zu „Salome", bewundert im Colosseum am Kopstadtplatz „Die Fledermaus" oder läßt sich zum Blütenfest mit Ball in die Bredeneyer Krone einladen. Wer zu Hause bleiben möchte, streitet sich vielleicht im Gasthaus Margarethenhöhe mit seinen Stammtischfreunden über die neuen

Stiftungspläne. An der Sommerburgstraße, so weiß man nun, werden auf der Westseite – bis zur Höhe Ginsterweg – 16 dreigeschossige Reihenhäuser mit 96 Wohnungen gebaut.

Diese Pläne wurden nicht nur, wie es später der stellvertretende Vorstandsvorsitzende Ernst Bode ausdrückte, „von romantisch schwärmenden Laienkreisen lebhaft bekämpft". Entschiedener Gegner des Vorhabens ist Robert Schmohl, Betriebsdirektor der

Die Gedenkmedaille erinnerte an einen Zwischenfall, der 1923 ganz Deutschland bewegte: 14 Kruppsche Lehrlinge und Arbeiter wurden durch Schüsse französischer Besatzungssoldaten getötet.

Kruppschen Bauabteilung. Als Erbauer des Altenhofs kann er sich von seinem Ideal der flachen Bebauung nicht lösen. Aber Schmohl wird im Stiftungsvorstand überstimmt. Der Stadtbaurat a.D. Jakob Schneider, der 1921 als Partner in Metzendorfs Architektur-Büro eintrat, begründete diesen Schritt: „Es entstand als erste Frucht der gemeinsamen Arbeit der Vorschlag, die vorhandene Hauptverkehrsstraße mit dreigeschossigen Häusern zu bebauen und damit der lockeren Siedlung ein festes Rückgrat zu geben. Eine veredelte Geschoßwohnung sollte die Erfahrungen der früheren Jahre nutzbar machen."

Diese Bebauung der Sommerburgstraße, von manchen Bewohnern als Sperriegel betrachtet, leitet den planerischen Übergang zum Westteil der Siedlung ein; zu einem Ackergelände, das von den Höfen Barkhoff (früher Hülsmann) und Krampe bewirtschaftet wird. Aber auch der alte Teil der Margarethenhöhe zwischen Sommerburgstraße und Waldlehne hat noch freie Flächen. Es sind das als Gartengelände genutzte Grundstück des späteren Robert-Schmohl-Platzes (1927), der Standort für die Schule an der Waldlehne (1928) und das Gebiet zwischen Steile Straße, Laubenweg und Sommerburgstraße, dessen Mittelpunkt ab 1924 das Gustav Adolf Haus sein wird.

Dem kurzen Aufschwung der Bauaktivitäten 1921 an der Sommerburgstraße folgt 1922 und 1923 ein Tief. In beiden Jahren zusammen werden nur 50 Wohnungen gebaut. Aber dafür kommt aus dem Mühlenbachtal am nördlichen Rand der Siedlung frohe Kunde: Die neue Gaststätte „Zur Brandsmühle" bietet sich mit einem großen Gondelteich als künftiges Freizeitvergnügen an.

Aktivitäten werden auch von der katholischen und evangelischen Gemeinde gemeldet. Gottesdienst hatte man bisher im Sommerburg-Wald, im Saal des Gasthauses Margarethenhöhe oder in den Schulbaracken abgehalten. Der Wunsch nach einem eigenen Gotteshaus blieb. Die Katholiken bereiten sich mit Spenden und Konzerten des neugegründeten Kirchenchors auf den Bau einer Notkirche am Ginsterweg vor; die evangelischen

Christen bemühen sich auf ähnlichen Wegen und in Selbsthilfe um ein Gemeinde- und Jugendhaus an der Steilen Straße. Zu beiden Bauten wird 1923 der Grundstein gelegt.

Aber es gibt ein anderes Ereignis, das alle Gespräche, Absichten und Meinungen des Jahres 1923 beeinflußt. Am 10. Januar sind französische Truppen in Essen einmarschiert. Weltkriegsverlierer Deutschland habe seine Kriegsschulden nicht pünktlich bezahlt, sagt die Besatzungsmacht. Die Reichsregierung in Berlin nennt den Einmarsch „fremde Willkür" und ruft zum passiven Widerstand auf. Es kommt zu Sabotageakten, Verhaftungen, Zusammenstößen. Die Bergarbeiterverbände kritisieren: „Die französischen Imperialisten wollen mit brutaler Gewalt der Ruhrbevölkerung ihre Herrschaft aufzwingen." Statt der Versöhnung nach vier Jahren Krieg gibt es auf beiden Seiten Verhärtung. Dazu hat entschieden der Krupp-Zwischenfall vom 31. März 1923 beigetragen. 13 Kruppsche Lehrlinge und Arbeiter waren bei einer Demonstation in der Altendorfer Straße durch Schüsse eines französischen Kommandos getötet worden.

Die Franzosen bleiben zweieinhalb Jahre. Im Jahr, in dem sie eingerückt sind, erreicht auch die Inflation ihren Höhepunkt. Im August 1923 erhalten Bergleute einen Schichtlohn von zwei Millionen Mark. Für ein Ei werden am 29. September 8 bis 9 Millionen Mark bezahlt. Und die Miete für ein fünfräumiges Einfamilienhaus auf der Margarethenhöhe, am 1. Oktober mit 20 Millionen Mark ausgewiesen, erreichte am 1. Dezember den Höchststand von 3,6 Billionen Mark. Bei einer Demonstration vor dem Essener Rathaus beklagt sich ein Arbeitsloser über die neuen Unterstützungssätze: „Was sind denn fünf Millionen Mark!"

Beispiele neuer Sachlichkeit: Metzendorf-Häuser im Stillen Winkel (1928).

Am 4. Februar 1924 schreibt Georg Metzendorf an Margarethe Krupp: „... Beigeschlossen habe ich ferner eine von mir verfaßte Denkschrift „Gegen die Wohnungsnot". In Essen allein sind 15 000 wohnungssuchende Familien ... Auf die altgewohnte Weise kann diese Not nicht gesteuert werden. – Wenn die Leute wirklich untergebracht werden sollen, dann müssen neue Wege gesucht werden, die den Wohnungsbau erheblich verbilligen ... Die Flachbauweise, wie sie auf der Margarethenhöhe in idealer Weise verwirklicht wurde, ist nicht mehr anwendbar, wenigstens nicht, solange wir unter der Geldbeutelschwindsucht leiden. Diese Feststellungen sind recht traurig; aber haben es nicht viele unserer Mitmenschen so gewollt?"

Feiertage: Im Mai 1924 wird die katholische Notkirche eingeweiht ...

... im Dezember 1924 ist im evangelischen Gustav Adolf Haus der erste Gottesdienst.

Feststimmung dagegen in den beiden Kirchengemeinden. Die katholische Notkirche „Zur Heiligen Familie" wird am 25. Mai 1924 eingeweiht; im Gustav Adolf Haus ist der erste Gottesdienst am 21. Dezember. Für die katholische Gemeinde war es der zweite Höhepunkt. Den ersten hatte sie schon im Mai 1922 erlebt, als die Ankunft des 1. Pfarrrektors Wilhelm Dohmen wie ein Volksfest gefeiert wurde.

In der zweiten Hälfte der 20er Jahre dehnt sich die Margarethenhöhe stetig weiter aus − nach Süden bis an die Lührmannstraße, nach Westen bis ans Nachtigallental.

Wohnungen in neuem Stil, in neuer Bauauffassung entstehen. Strengere Linien beherrschen die Architektur. 295 Wohnungen sind es in den Jahren von 1925 bis 1929. Erleichtert wird die Anlieferung des Baustoffes für das neue Wohnviertel Im Stillen Winkel durch einen Abzweig von der Eisenbahnlinie des Mühlenbachtals. Heinrich Verdong aus der Straße Schöngelegen 9, erinnert sich: „Die Waggons wurden auf dieses Nebengleis geschoben und die Baustoffe am Taleinschnitt auf Loren umgeladen. Die Loren zog man hoch und beförderte sie über die Lorenbahn weiter."

Aber bevor hier die ersten Grundmauern hochwuchsen, waren auf der Höhe zwei Neuerungen zu feiern: 1925 ist das Gründungsjahr für die „Keramische Werkstatt Margarethenhöhe GmbH" und das Eröffnungsjahr der Gaststätte Barkhoff. Wilhelm Barkhoff hatte den Hof seines Onkels Theodor Hülsmann 1910 als Pächter übernommen.

Schon im folgenden Jahr ist die Gaststätte der Rahmen für einen sportlichen Auftakt. Am 20. Oktober 1926 wird hier der Turn- und Sportverein Margarethenhöhe gegründet. Nicht nur der neue Kamin aus der Keramischen Werkstatt wärmt die Gründungsmitglieder. Es ist auch die Freude darüber, daß sich schon am ersten Tag hundert Mitglieder in die Liste eintragen. Und ganz oben

Auch ihren Spitzenleistungen verdankt TUSEM sein Ansehen. Auf dem Foto von 1981: Herbert Lettau, August Blumensaat, Siegfried Lettau.

steht der Name Johann Laupenmühlen, der den Vorsitz bis zum Jahre 1936 behalten wird. Bald gibt es die ersten Staffel- und Waldläufe; und Zurufe bei Wettkämpfen bestimmen den Kurznamen des Vereins: „TUSEM". Es beginnt der unaufhaltsame Aufstieg einer Sportgemeinschaft, die ebenso zur Geschichte der Margarethenhöhe gehört wie die Künstlerkolonie, die „Bürgerschaft" oder die Aktivitäten beider Kirchen.

Humor und Geselligkeit kamen nicht zu kurz: Einladung zum „Sängerkrieg im Negerdorf".

3. Verein Klüngel-Quartett „Vereinigte Pillendreher" aus Nörgelhausen

Gegründet: In letzter Stunde

Staatlich geprüfte Giftmischer. — Inhaber zahlreicher Steckbriefe.

Vorsitzender: Gustava Lippenpomade aus Puppchenshausen.

Chorleiter: Wilm Brustpulver, Musik- und Orgeldreher auf Schloß Winterburg in Nudelauflauf

I. Tenor:
Heini Säuglingsstiller, Heldensänger auf düsteren Augen.

II. Tenor:
Augustus Wegerichtern
Willi Wermutbalsam

I. Baß:
Jupp Wochholderblüte

Josefi Fliedertee
Seppel Schafgarbe

II. Baß:
Heinzi Wundpuder
Fränzchen Weepulver
Henry Haartinktur
Willi Mundwasser

Gewählte Chöre.

1. Der Apotheker, 11 stimmig
2. Gefundene Idee, Musik von Heini Säuglingsstiller

Chöre für 3. Verein

3 a) Kenet ihr das Lied vom Apotheker schon das schöne Lied man sprich soviel davon! Laßt es uns singen mag es gelingen daß es Euch recht gut gefällt! Darum fangen wir jetzt an: Es war einmal ein Apotheker, Apotheker, Apotheker, Apo . a . po . theker . . . A . po . . the . ke . . das war das Lied. Bum!

Gefundene Idee! 3 b) Slavonisches Ständgen.
In des Abends Dämmerschleier schlich ich mich zu dir, mein Lieb, meine iLieder dir zu weihen, kleiner Herzensdieb. Leise schlüpf ich durch das Pförtchen n des Gartens Blütenpracht, freudig sah ich durch das Fenster, wo mein Schätzchen wacht. Ja! Ah . . auf zu dir in zarten Tönen hallt mein Liebessang.

Meine Wonne, meine Sonne, all mein Glück bist du allein, selig bin ich darf ich schauen dir ins Auge rein, deiner blonden Lockenfülle, deiner Wangen purpurglühen, deines Mundes schelmisch Lächeln zieh'n zu dir mich hin. Ach Ach . . gib mir Ruhe, schenk mir Frieden, komm herab zu mir.

Gesings-Klub „LÖTITIA" aus Fuselheim am Supsee

Gegründet: Lang, lang ist's her

Vorsitzender: Blasius Vorderhinterscheidt
Dirigent: Hieronymus Strietzknochen

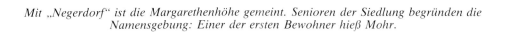

Mit „Negerdorf" ist die Margarethenhöhe gemeint. Senioren der Siedlung begründen die Namensgebung: Einer der ersten Bewohner hieß Mohr.

Die ersten Ansätze nachbarlicher Beziehungen in den ersten Siedlungsjahren hatte der Weltkrieg (1914-1918) verschüttet. Aber gerade die Abgeschlossenheit der Margarethenhöhe begünstigte ein gemeinschaftliches Denken, einen Verzicht auf übersteigerte eigene Interessen. TUSEM hat in seinem Erfolgslauf über Jahrzehnte zu diesem Gefühl von Verbundenheit beigetragen, das auf der Margarethenhöhe nur bei konträren politischen Entwicklungen gestört war. Hinzu kam, daß Einzel- und Mannschaftsleistungen das Ansehen der Siedlung nun auch auf einem anderen Gebiet förderten. Wer schon außerhalb Essens nichts von Metzendorf, dem sozialem Wohnbeispiel oder dem Denkmalsrang der Höhe wußte, der kannte und kennt Namen wie Blumensaat, Lettau, Hellerforth, Schönewolf, Albrecht, Lochmann, Kröll, Kalthoff, Kalweit, Tempel, Neiß. Und die Handball-Siege sind nicht nur Gesprächsthema am Stammtisch im Gasthaus Margarethenhöhe.

Während der neue Sportverein also meisterliche Ehren im Wettkampf sucht, werden westlich der Sommerburgstraße dem meisterlichen Können in Kunst und Kunsthandwerk bessere Entfaltungsmöglichkeiten geboten: Hinter dem Kätelhön-Atelier entsteht Im Stillen Winkel 1 das Werkhaus mit Goldschmiede, graphischer Werkstatt und Buchbinderei (1927); zwei Jahre später vervollständigt das große Atelierhaus mit zehn Ateliers Im Stillen Winkel 46 das Angebot der Stiftung an Kunst und Kunsthandwerk (siehe Kapitel „Die Künstler").

1926

Dieses erste Luftbild von der Margarethenhöhe und Teilen Holsterhausens wurde 1926 aufgenommen: Pilotystraße, Ittenbachstraße und Holsterhauser Straße sind nur spärlich bebaut. Die Freiflächen im Vordergrund sind meist als Gärten genutzt. Hinter dem hellen Band der Brücke über dem Mühlenbachtal liegt zwischen den Waldtälern die Margarethenhöhe. Sie ist über Sommerburgstraße und Lührmannstraße noch nicht hinausgewachsen. Neben den Waldtälern dehnen sich weite Ackerflächen aus.

Aber die zweite Hälfte der 20er Jahre liefert noch weitere Gründe zu Fest und Feier. Am 1. Oktober 1928 wird die Schule an der Waldlehne eröffnet. Die Barackenzeit ist vorbei. „Das 20klassige Schulgebäude von Metzendorf, so berichtet die „Essener Allgemeine Zeitung", sei ganz beherrscht von den Grundsätzen der neuen Sachlichkeit. Unter dem Bild des Reichspräsidenten von Hindenburg haben sich Eltern, Lehrer und Schüler versammelt. Auch die beiden Rektoren Hegmann und Höhner hören es gern, wenn man von „Essens schönster Schule" spricht. Je zehn Klassen haben der katholische und der evangelische Flügel; dazu Turnhalle, Schulküche und Nähsaal als Gemeinschaftsräume.

Von hier bis zur Altenau ist es nicht weit für alle, die auch den nächsten Festakt nicht missen wollen. Nahe der Stelle, an der sich der Weg ins Nachtigallental hinabsenkt, ist die Jugendherberge für 40 Jungen und 28 Mädchen fast vollendet. Eingeweiht wird sie am 27. Januar 1929.

Höhepunkt des Jahres 1929 ist für die Margarethenhöhe aber der 14. März, der Vorabend des Tages, an dem Margarethe Krupp 75 Jahre alt wird. Auf den Fenstersimsen stehen farbige Lichter; Fahnen und Girlanden schmücken die Straßen, der Kleine Markt ist mit Lorbeerbäumen umstellt. Scheinwerfer heben den Platz taghell aus der Dunkelheit; elektrische Birnen beleuchten die Fassade des Konsumgebäudes. Immer stärker wird der Andrang. Die Polizei schätzt, daß 10 000 Menschen auf den Straßen sind. „Eine kleine Lichtwoche für

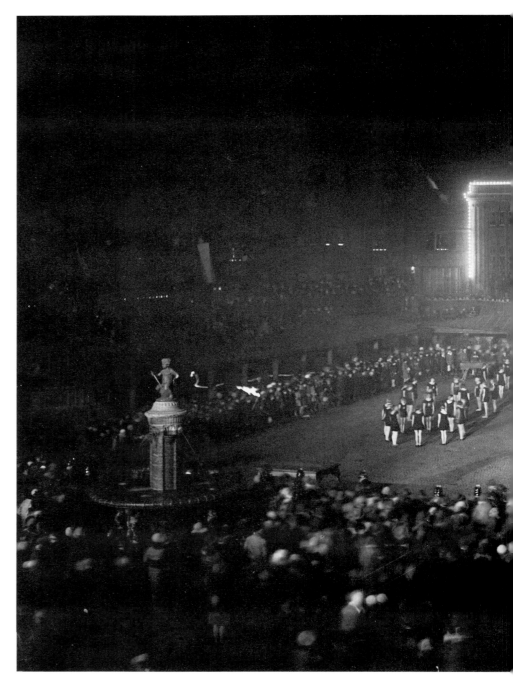

sich", schreibt am nächsten Tag der Essener Anzeiger. „Meisterstücke lichttechnischer Dekorationskunst."

Während im Gustav Adolf Haus der Festakt beginnt, macht sich eine Stafette des Turn- und Sportvereins auf den Weg. Die Hülse, die die Läufer zum Hügel bringen, enthält eine Glückwunschadresse:

„... haben sich die Männer und Frauen der Margarethenhöhe im Gustav Adolf Haus versammelt, um in würdiger Feier ihre Verehrung und Dankbarkeit zum Ausdruck zu bringen."

Es ist einer von ungezählten Glückwünschen. Die Kinder der Schule an der Waldlehne haben einen Band mit ihren Zeichnungen von der Margarethenhöhe

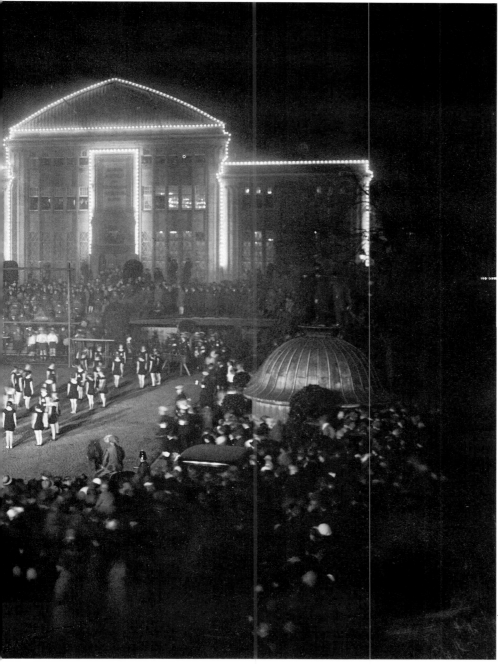

Zum 75. Geburtstag der Stifterin Margarethe Krupp feierte die Margarethenhöhe ein Volksfest: Lichter erhellen den Kleinen Markt, Turner zeigen ihr Können.

ten Saal. Margarethe Krupp ist nicht dabei. Sie wird erst gegen 21 Uhr erwartet. „… aber im Geiste weilt sie unter uns, denn alles, was unsere Augen innen und draußen sehen, ist ja in erster Linie ihr Werk."

Aber dann kommt die Stifterin der Margarethenhöhe, begleitet von ihrer Tochter Bertha, ihrer Schwester Barbara, ihrem Bruder Felix von Ende, dessen Großgemälde lange Jahre im Restaurant des Gasthauses am Markt hing. Im Saal dieses Gasthauses warten die Gratulanten auf sie; darunter Anna Metzendorf, die ihren erkrankten Mann vertritt.

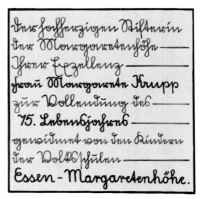

Von den Volksschulen ein handschriftlicher Gruß an die Stifterin: Zeichnungen von der Margarethenhöhe – „gewidmet von den Kindern …"

überreicht. Walter Froese schrieb in Schönschrift das Vorwort dazu:

„Das haben wir Kinder alles selber gemacht. Von mir ist auch 'ne Zeichnung dabei. Unser Fräulein hat geschmunzelt, weil nicht schön sie sei. Der Schornstein sei schief, die Tür zu klein; leicht falle noch das ganze Häuslein ein. Aber wenn nach fünf Jahren ich wiederkommen darf, ist alles richtig, genau und scharf."

Im Gustav Adolf Haus stimmt die Liedertafel Margarethenhöhe unter Gustav Starkgraf auf den Abend ein: „Hebet die Herzen zum Himmel empor…". Oskar Heise, Vorsitzender der Wirtschaftlichen Vereinigung, sieht vom Podium auf den vollbesetz-

Georg Metzendorf hatte einen großen Fotoband zum Hügel geschickt: „Margarethenhöhe – Erinnerungen und 20 Jahre Baugeschichte". Er schrieb dazu: „Das Buch bitte ich auch gleichzeitig als eine Art von Rechenschaftsbericht … aufzufassen."

Margarethe Krupp ist, wie ihr Antwortbrief zeigt, hoch erfreut: „Der Band … wird nicht nur mich bis an mein Lebensende begleiten, sondern auch meinen Nachkommen dauernd ein wertvoller Schatz bleiben."

123

Erst Schulbaracken, dann neues Haus:
ABC und Kanonenofen

Alte Klassenbilder – mit ihnen leben die Erinnerungen auf. Hugo Rieth hat die Schulbaracken an der Sommerburgstraße, aber auch die neue Schule an der Waldlehne erlebt. 1928 war sein erstes Schuljahr. Darüber hat er seine Erinnerungen niedergeschrieben:

„Mitten im Klassenzimmer stand ein großer schwarzer Kanonenofen." Schulanfänger Hugo Rieth über sein erstes Schuljahr

Da stand der große Mann im grauen Anzug vor mir, blickte zu mir herunter, und indem er mir seine Hand auf den Kopf legte, sagte er: „Der wird's schon schaffen!"

Ich war klein und schmächtig, und ich mußte den Kopf in den Nacken legen, um das Gesicht des Mannes sehen zu können, ein Gesicht, das Vertrauen und

Seit 1928 wußte jeder, was es geschlagen hatte: Turmuhr der Schule an der Waldlehne.

Schulklasse 1920 mit Lehrerin Ida Paul, die von 1914-1939 unterrichtete.

Klasse im zweiten Schuljahr mit Lehrer Denkhaus (1916-1926).

Schule ade! Am letzten Schultag noch ein Foto zur Erinnerung.

Freundlichkeit ausstrahlte.

Neben mir stand meine Mutter, deren Hand ich krampfhaft festhielt. Sie hatte den Mann da vor uns in ihrer Fürsorge gefragt, ob es nicht vielleicht doch besser wäre, wenn ich ein Jahr zurückgestellt würde. Aber mit der Antwort von Rektor Hegmann war es entschieden, war sozusagen mein Schicksal besiegelt: Der Ernst des Lebens begann — ich mußte zur Schule. Und das war Ostern 1928.

Die Schule. — Das waren mehrere Holzbaracken auf einem Grundstück an der Sommerburgstraße. Nebenan führte ein Weg zum Nachtigallental, die heutige Straße Altenau. In dem Schulraum, dessen eine Seite eine Fensterfront einnahm, waren Bänke mit Klappsitzen, die Tafel, das Lehrerpult, ein Schrank und die Dinge, die in einen solchen Raum gehören. In der Mitte des Raumes aber stand ein mächtiger runder eiserner schwarzer Ofen, ein sogenannter Kanonenofen, mit einem ebenso schwarzen Ofenrohr. Seltsam, ich erinnere mich an nichts so sehr, wie an diesen Ofen.

„Alle Vögel sind schon da" und „Der Mai ist gekommen" lernten und sangen wir. Es war ja Frühling. Vor uns stand Fräulein Winterberg, gab Einsatz und Takt, Lob und Tadel.

Fräulein Winterberg hatte eine Bubikopffrisur, wie man sie damals trug. Sie hatte ein etwas strenges Gesicht, aber gütige Augen, Augen, mit denen sie lächeln konnte. Und seitdem mag ich Menschen, die das können. Eigentümlich, wie solche Kindheitserinnerungen, solche winzigen Dinge fortwirken und ein ganzes Leben lebendig bleiben.

„AAA … aaa …", schrieben wir die Vokale und dann die Konsonanten des Alphabets in Sütterlinschrift auf die Schiefertafel. Manchmal quietschte eine Griffel, ein unangenehmer Ton, der die angespannte Stille des Raumes durchdrang …

Damals konnte man noch vom Schulhof bis zum Krampehof, dem uralten Kersebaumshof, blicken. Bis zum Wald war alles Feld und Wiese…

Der Schulhof war dick mit Kies belegt. Vor einigen Jahren erzählte mir ein Bekannter, der im Lehnsgrund wohnt, daß sich gerade dort, wo früher dieser Schulhof lag, in seiner Gartenerde viel Kies befindet. Ich

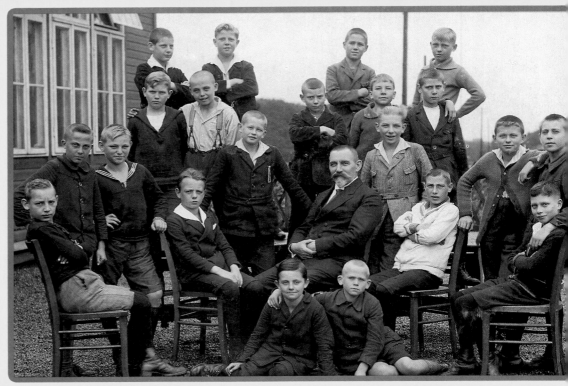

Schulklasse 1926 mit Rektor Hegmann (1914-1929).

Lehrer May (bis 1957, dann Rektor) mit seiner Klasse im Sommer 1927.

126

1928: Das letzte Jahr in den Schulbaracken an der Sommerburgstraße.

Seit Oktober 1928 in der neuen Schule: Klasse mit Lehrer Hördemann um 1930.

mußte lächeln. Er war also noch da, der Kiesbelag von „unserem" Schulhof.

Jeden Wochentag kam ich auf meinem Schulweg durch die Waldlehne. Dort stand das noch im Bau befindliche neue Schulgebäude. Ein wuchtiger Bau, und mir kam er damals riesengroß vor. Und dann die große Uhr auf dem Dach. Eine so große Uhr hatte ich noch nie gesehen. Es ist schon komisch –, wenn ich heute an diese Schule denke, fällt mir zuerst diese Uhr ein mit ihren gelben Zifferbalken und den gelben Zeigern.

Vor und um den Neubau war noch ein wüstes Durcheinander von Lehmhaufen und Stapeln von Ziegelsteinen, Speis- und Kalkwannen, Brettern und Balken. Und man konnte so schön auf den Brettern wippen, über die die Arbeiter ihre Schubkarren fuhren.

Es war aber auch ein Spaß, mit Holzlatten in die Kalkwannen zu schlagen. Es plitschte und platschte so schön. Ja, und einmal schlug ich etwas kräftiger zu. Die Kalkbrühe spritzte hoch und – mein schöner Matrosenanzug war über und über mit weißen Flecken bedeckt. Mit dem Schreck in den Gliedern und Angst im Nakken schlich ich nach Hause. Heute noch bin ich meiner Mutter dankbar, daß es nur bei einer Strafpredigt blieb.

Und dann zogen wir um in die neue Schule. Alles war so neu, so frisch. Es roch nach Farbe und nach Bohnerwachs. Statt auf Klappsitzen saßen wir auf kleinen Stühlchen und an Tischchen. Und dann die neue Turnhalle mit ihren hellen Holzdielen. Irgendwie war es eine neue Welt. Aber auch an sie gewöhnten wir uns, und das Lernen ging weiter.

Wir hatten auch in der Zukunft andere Lehrer: Lehrer Hördemann und Lehrer Wenzel, Lehrer Schröer und Lehrer May, an die ich mich erinnere. Sie hatten manchen Spaß und manchen Ärger mit uns. Oder wir mit ihnen, je nachdem von welcher Seite es man betrachtet. Manchmal kommt mir das Wundern, daß sie es verstanden und schafften uns etwas „beizubringen".

Solche Gedanken an die erste Schulzeit sind wie Edelsteinsplitter, die im Licht der Erinnerung leuchten und gleißen und hell vor einem stehen, selbst nach so lan-

Kein Klassenbild, aber sehenswert: Kindergarten vor dem Gustav Adolf Haus (1930/31).

Heute sind ihre Enkel Schüler: März 1937 mit Lehrerin Grimberg (1933-1938).

Gruppenbild um 1938 mit Lehrerin Schrey (1921-1938).

ger Zeit. Oder gerade deshalb?

Als ich vor Jahren den pensionierten Rektor May traf, der ein Bekannter meines Vaters war, sagte er zu mir: „Hugo, ich weiß noch, wie du so klein warst!" Und er hielt seine Hand waagerecht irgendwo in Kniehöhe. Wir sahen uns an, schmunzelten und dachten beide an die damalige Zeit. Und das ist jetzt schon mehr als 50 Jahre her.

33 Schülerinnen mit Lehrerin Stein im Juni 1959 (im Hintergrund der Hauxplatz).

Und das sind die Schüler der Gemeinschaftsgrundschule an der Waldlehne im Sommer 1981. Auf dem Rasen des Hauxplatzes wird für das Foto geprobt. Lehrerinnen, Pfarrer und Rektor geben in der letzten Reihe der bewegten Szene den Halt. Im Hintergrund das von Metzendorf entworfene Schulgebäude aus dem Jahre 1928.

→

Neue Ansichten einer Gartenvorstadt: Häuser an der Sommerburgstraße, erbaut 1922.

1926 entsteht der Robert-Schmohl-Platz. Lammert-Plastiken krönen die Torbögen.

Die Siedlung

(Fortsetzung)

Die Geschichte der Stadt hat in diesen Jahren ebenfalls ihre Höhepunkte gehabt. Nach dem Abzug der französischen Besatzungsmacht (1925) belebt sich das Ausstellungsgeschäft an der Norbertstraße wieder. 1927 wird in der Nachbarschaft der Margarethenhöhe der Botanische Garten eröffnet; und 1929 macht die neue Gruga Schlagzeilen. In- und ausländische Zeitungen nennen sie das „Blumenwunder an der Ruhr". Die Abkürzung Gruga steht für Große Ruhrländische Gartenbauausstellung.

Bewohner der Höhe, die mit dem Flugzeug verreisen wollen, haben den Startplatz nun (fast) vor der Tür. Mit einem Volksfest war der Flughafen Essen/Mülheim am 30. August 1925 eingeweiht worden. In vier Stunden ist man in Berlin, in sechs in Westerland, und London erreicht man nach fünf Stunden.

Als besonderen Erfolg feiert man im Essener Rathaus die größte Eingemeindung der Stadtgeschichte. 167 000 Bewohner des bisherigen Landkreises sind nun Essener Bürger geworden.

Doch der wirtschaftliche Aufschwung, den die zweite Hälfte der 20er Jahre versprochen hatte, hält nicht an. Im Oktober 1929, am „Schwarzen Freitag", meldet die New Yorker Börse Kursstürze mit Milliardenverlusten. Die Kursstürze leiten die Weltwirtschaftskrise ein. Es ist vorbei mit dem Wohlstand − auch in der deutschen Wirtschaft, die sich gerade wieder gefestigt hatte. Die Zahl der Arbeitslosen steigt.

Die Stiftung spürt es, wie viele andere auch. Im Bericht des Vorstandes vom 31. Januar 1931 heißt es: „Von der augenblicklichen Krise bleibt die Stiftung nicht verschont." In der Neubau-

Vor 50 Jahren: Feststimmung auf dem Stoppelfeld.

tätigkeit sei ein erheblicher Rückschritt zu verzeichnen.

Die schon beschlossene Mieterhöhung für die Nachkriegsbauten wird wieder rückgängig gemacht. Der Vorstand begründet: „... ist davon mit Rücksicht auf die augenblicklichen Bestrebungen der Wirtschaft, Löhne und Gehälter abzubauen und damit die allgemeinen Preise zu senken, vorläufig Abstand genommen worden." Daß die Zahl der Arbeitslosen auch auf der Margarethenhöhe steigt, zeigen die 15 000 Mark Mietrückstände.

Am 24. Februar 1931 stirbt Margarethe Krupp im Alter von 76 Jahren. Mitglieder des Vorstandes und Vertreter der Bürgerschaft erinnern in einer Trauerfeier an die Geschichte der Siedlung und ihre Stifterin. Für Ernst Bode, den stellvertretenden Vorstandsvorsitzenden, ist die Siedlung „der Grundstein zu einem volkswirtschaftlich bedeutungsvollen Unternehmen auf gemeinnütziger Grundlage, das heute einem Wert von 17 bis 18 Millionen Mark entspricht".

Der Tod Margarethe Krupps berührt auch noch die 25-Jahr-Feier der Stiftung am 18. Dezember im Gustav Adolf Haus. „Margarethe Krupp", so Oberbürgermeister Bracht, „ist fast ein halbes Jahrhundert Bürgerin der Stadt Essen gewesen, deren Entwicklung sie mit starkem persönlichen Anteil erlebt hat." Von ihren sozialen Gründungen sei die Margarethenhöhe die markanteste Schöpfung.

Der stellvertretende Vorstandsvorsitzende Ernst Bode fügt den vielen Beschreibungen eine weitere hinzu, die später oft zitiert wird: „Dichtung in Stein und Grün". Bode in seiner Jubiläumsfestrede:

„In 23 Bauabschnitten wurden 776 Häuser mit 1392 Wohnungen erstellt...

... Es entstanden Kaufhäuser, Konsumanstalten, Metzgereien, eine Apotheke, ein Garagenhaus, ein großes Volksschulgebäude, evangelische und katholische Gemeindehäuser − Einrichtungen, deren die Siedlung für ein Eigenleben bedarf…

… Für die Jugend sind Spiel- und Sportplätze hergerichtet. Die modernste Essener Jugendherberge befindet sich auf der Margarethenhöhe…"

Warum dies möglich war, daran erinnert er in dieser Feierstunde erneut: „Frau Margarethe Krupp gab nicht nur das für die Siedlung notwendige Gelände von 50 Hektar kostenlos hin, sondern stattete die Stiftung bei ihrer Errichtung auch mit einem Kapital von einer Million Mark aus. Später schenkte sie weitere Millionen, gab Darlehen …" Und in der Schrift, die Bode zum Jubiläumstag am 1. Dezember 1931 vorgelegt hatte, kommt der eher kühle Stadtbeamte sogar ins Schwärmen:

„Eine der größten städtebaulichen Aufgaben … ein Werk von einheitlichem Guß. Kein Wunder, daß die Margarethenhöhe mit ihren entzückenden Bauten sowie mit ihren Wäldern, die ebenfalls eine Schenkung von Frau Krupp sind, nicht nur ein beliebter Ausflugsort für die einheimische Bevölkerung ist, sondern schon kurz nach Baubeginn fortlaufend Fachleute, Künstler, Gelehrte und Fürstlichkeiten bei sich gesehen hat und sieht."

Doch Bode findet wieder in die weniger optimistische Gegenwart zurück: „Das Jubiläum der Stiftung fällt in die Zeit einer unsäglichen, kaum ausdenkbaren Wirtschaftsdepression."

Die Depression ist überall in der Stadt zu spüren. Die Zahl der Arbeitslosen ist auf 46 000 gestie-

Einmal Schnee — bei der Einweihung der Jugendherberge am 27. Januar 1929.

Einmal Wolkenbruch — und ein kühner Autofahrer: Brückenszene um 1930.

Man traf sich bei der Einweihung des Ehrenmals am 2. Februar 1930 ...

... und man traf sich im erweiterten Kaffeegarten von Bauer Barkhoff (um 1930).

gen. Einige Tausend von ihnen werden bei Notstandsarbeiten eingesetzt; so beim Bau des Baldeneysees, der im Juli 1931 beginnt. Viele dieser Arbeitslosen sitzen in den Versammlungen von Hitlers NSDAP. Bis zum April 1932 haben die Nationalsozialisten ihren Essener Stimmenanteil bei der Reichspräsidentenwahl auf 25,9 Prozent erhöht.

Es sind auch die Jahre, in denen Häuser an den Straßen Zur Eibe, im Lehnsgrund und Im Hülsfeld entstehen; TUSEM den Sportplatz an der Lührmannstraße weiter befestigt, die Stiftung einen Bebauungsplan für das Gelände zwischen Norbertstraße, Sommerburg- und Lührmannstraße vorbereitet. Aber es ist keine Zeit für lange Pläne. Ein politischer Umbruch kündigt sich an. Am 30. Januar 1933 wird Hitler Reichskanzler. Es ist das Jahr, in dem Zeitungen verboten oder „gleichgeschaltet" werden; jüdische Warenhäuser von allen Lieferungen der Stadt Essen ausgeschlossen sind; bei der Bücherverbrennung auf dem Gerlingplatz Werke von Kästner, Zuckmayer, Tucholsky und Thomas Mann in Flammen aufgehen; politische Gegnerschaft in eine Zelle oder hinter Stacheldraht führt.

Der politische Umbruch ist auch auf der Margarethenhöhe zu spüren. Gegnerschaft wird nun deutlicher; manche nachbarlichen Bande lösen sich; die Ortsgruppe von Hitlers NSDAP zieht in das Verwaltungshaus der Stiftung an der Sommerburgstraße. Zum erstenmal genehmigt der Vorstand eine Spende für das nationalsozialistische Winterhilfswerk (WHW).

1931

Die Margarethenhöhe aus Richtung Nachtigallental gesehen: Den Lehnsgrund (vorn) gibt es erst als kurzes Straßenstück, rechts und links davon sind die Ackerflächen noch unbebaut. Nur das Viertel „Im Stillen Winkel" hat sich bis an das Nachtigallental vorgeschoben. Vorn rechts liegt der TUSEM-Sportplatz; links daneben die 1928 eröffnete Schule an der Waldlehne.

Es ist auch das Jahr, in dem die Keramische Werkstatt aus dem Hohlweg (Metzendorfstraße) nach Stoppenberg umzieht; die Pläne für die Margarethenhöhe II zurückgestellt werden; bei einer Neuwahl des Stiftungsvorstandes einige neue Namen die alten ersetzen; unter den neuen auch der des NSDAP-Ortsgruppenleiters. Die veränderte politische Lage mache eine Neuwahl erforderlich, hatte der stellvertretende Vorsitzende Ernst Bode in der Sitzung am 6. Mai 1933 angekündigt.

Das Jahr bringt eine weitere Veränderung: Die Stiftung wird gemeinnütziges Wohnungsunternehmen mit eigenem Aufsichtsrat und Vorstand. Schon vorher hatte sie sich durch eine Verfassungsänderung von der Stadt Essen gelöst.

Der Einzug der NSDAP-Ortsgruppe unters Dach der Stiftungsverwaltung wirkte wie ein symbolischer Akt. Die Unduldsamkeit gegen andere Rassen, andere politische Überzeugungen festigte sich auch hier. Dr. Joseph M. Koch, der heute im oberbayrischen Söcking lebt, führt seine persönlichen Erfahrungen als Beispiel an:

„Ende 1934 oder Anfang 1935 setzte die Stiftung unter dem Druck der NSDAP meinen Eltern im Laubenweg den Stuhl vor die Tür mit der Begründung, sie gehörten nicht mehr zur Volksgemeinschaft. Das gleiche Schicksal erlitt der bereits aus dem Rathaus entfernte städtische Beigeordnete Hugo Verspohl."

Zum politischen Klima dieser Zeit gehört auch jener Vorfall,

der sich am 5. März 1933, dem Tag der Reichstagswahl, ereignete. Dr. Koch beschreibt die Szene:

„Mein Vater hatte die zu diesem Zeitpunkt noch gültige Reichsflagge am Haus aufgezogen. Etwa gegen 9.30 Uhr erschien der NSDAP-Kreisleiter Freitag mit einer Gruppe von SA-Männern. Sie verlangten die sofortige Entfernung der Flagge, andernfalls sie Gewalt anwenden würden. Mein Vater versuchte vergeblich, die rechtliche Situation klar zu machen."

Der so bedrängte Reichstagsabgeordnete Johann Koch, der hier eine ähnliche Erfahrung von Gewaltandrohung macht, wie sechs Tage später die von SA-Leuten bedrohte Redaktion der katholischen Essener „Volks-Zeitung", ruft schließlich nach der Polizei. Dazu wieder in seinen heutigen Erinnerungen der Sohn: „Nach kurzer Zeit erschienen zwei uniformierte Polizeibeamte, die angesichts der bedrohlichen Situation die Fahne als beschlagnahmt erklärten. Ich montierte daraufhin die Fahne ab, verweigerte aber die Aushändigung an die SA-Leute." In Begleitung seines Vaters, der der Zentrumspartei angehörte, und eskortiert von den Polizeibeamten habe er dann die Fahne unter dem Johlen der SA-Männer zum Polizeirevier an der Sommerburgstraße getragen.

Wie alle Partei- oder Staatsdiktaturen überall in der Welt funktionierte auch diese in der Anwendung von Macht perfekt. Es sind dies frühe Beispiele einer Gleichschaltung, die mit Marschtritt und Marschliedern, Unifor-

mierung und vordergründigem Glanz Millionen von Unentschlossenen, Enttäuschten und Hoffenden in ihren Bann zog oder sie zu begeisterten Mitträgern einer Idee machten. Sie gehörten nicht zu den radikalen Kerntruppen, die Andersgesinnte an den Pranger stellten; nicht zu denen, die die Schaufenster jüdischer Geschäfte einwarfen, Synagogen anzündeten. Sie hörten und sahen nicht oder wollten nicht hören und sehen. Sie hatten sich der Macht kritiklos überantwortet oder fürchteten sie. Millionen klatschten dem Hitler-Staat Beifall wie die Vertreter anderer Nationen 1936 bei den Olympischen Spielen in Berlin. Wann erkennen Menschen ohne politischem Scharfsinn, in welchem Augenblick die Macht zum Machtmißbrauch wird? Jahre nach einem Zusammenbruch lassen sich Zeitverhältnisse besser analysieren, als auf einer Woge gesteuerter oder auch nicht gesteuerter Begeisterung. Die kleine Welt der Margarethenhöhe ist wie alle Gemeinschaften eingebunden in die straffe Führung der Partei.

Abseits dieser staatlichen Machtentfaltung geht ein Leben zu Ende, das 25 Jahre lang der gestalterische Mittelpunkt der Siedlung war: 1934, in dem Jahr, in dem der Stifterin Margarethe Krupp auf dem Hauxplatz mit der Plastik „Die Säerin" ein Denkmal gesetzt wird, stirbt ihr Baumeister Professor Metzendorf im Alter von 59 Jahren. Zu seinen Ehren wird der Hohlweg in Metzendorfstraße unbenannt. Die Nachfolge wirft keine Frage auf: Den langjährigen Mitarbeiter Carl Mink hat der Baumeister selbst

Der Wahlsonntag in Essen

Wahlbeteiligung 87,1 Prozent – Ruhiger und störungsfreier Verlauf

Die entscheidungsreiche Wahlschlacht der Nachkriegsjahre, ein wirklicher Volksentscheid über Geltung und Zukunft der Nation, liegt hinter uns. Essens Bevölkerung hatte die Bedeutung dieses Tages erkannt. Nahezu vollzählig ist die wahlberechtigte Bürgerschaft an die Urne getreten. Die bei den vorjährigen zahlreichen Wahlen immerhin noch sehr beachtliche Partei der Nichtwähler hat – eines der markantesten Merkmale dieser Wahl – eine schwere Schlappe erlitten.

Links: Wahlpropaganda am Balkon.
Mitte links: Beim Blankowett der Stahlhelmsparte Essen Mitte auf dem Burgplatz.
Unten links: Die „Schlangen" waren diesmal länger.
Unten rechts: (Eine Straße im Segeroth).

Der Verlauf des Wahltages

In unserer Stadt war, um dieses vorweg festzustellen, durchaus ruhig und friedlich. Irgendwelche Zwischenfälle und Störungen waren bis zum Abend nicht zu verzeichnen. Dennoch unterschied sich das Gesicht der Stadt in mancher Beziehung von dem früherer Wahltage. Möglich, daß das vorfrühlingsmäßig milde Wetter des Sonntags vielen Wählern veranlaßte, ihrer Wahlpflicht schon am Vormittag zu genügen, um den Nachmittagsspaziergang nach Belieben ausdehnen zu können. Jedenfalls war, im Gegensatz zu den früheren Wahltagen, der Andrang zu den Abstimmungslokalen schon am frühen Vormittag in fast allen Stadtgebieten auffallend stark; mancherorts standen die Wähler bereits vor Oeffnung der wie immer äußerlich durch die Propagandaplakate der Parteien kenntlichen Lokale Schlange, um ja früh genug ihr Recht auszuüben. Die Straßen wiesen infolgedessen besonders in den dichtbevölkerten Stadtteilen schon um diese Zeit ein außergewöhnlich reges Leben auf. Viele Wahllokale waren auch ständig von starken Gruppen interessierter Mitbürger umlagert, in denen die Möglichkeiten des Wahlausgangs lebhaft diskutiert wurden, eine Beobachtung, die bisher an Wahltagen kaum gemacht werden konnte. In manchen Straßenzügen wurde das Bild belebt durch die stärkere Beflaggung der Häuser; allerdings war ein Flaggenkrieg, wie er sich bei der letzten Wahl vor allem im Segeroth bemerkbar machte, nicht ausgebrochen.

Das Wahlgeschäft

selbst wickelte sich trotz des von Beginn an bei weitem stärkeren Andranges wohl infolge der fleißigen Uebung im letzten Jahr überall reibungslos ab. Während es früher am Vormittag stille Stunden gab, war diesmal in den meisten Lokalen kaum eine Unterbrechung; zeitweise herrschte, besonders wieder zwischen 11 und 13 Uhr, vielerorts lebhaftester Betrieb, so daß Schlangen durch das ganze Lokal bis auf die Straße hinaus nichts Außergewöhnliches waren. Bis 13 Uhr hatten durchweg 45 bis 50 Prozent und mehr der Wahlberechtigten schon ihre Stimme abgegeben. Nach Abflauen der Mittagszeit setzte es sich dann gegen 15 Uhr wieder heftig an und blieb bis zum Schluß sehr lebendig. Die überraschende Lebhaftigkeit des Wahlbetriebes ließ schon bald den Schluß zu, daß die Parteien nichts unversucht ließen, auch den hartnäckigsten Wahlmüden an die Urne zu bringen; vielfach konnte man Bemühungen dieser Art beobachten. Es war daher auch nicht schwer vorauszusagen, daß

die Wahlbeteiligung

diejenige der letzten Wahlen weithin übersteigen werde. Unsere Erkundigungen in Abstimmungslokalen der verschiedensten Stadtgebiete in den letzten Stunden vor Wahlschluß gaben die erfreuliche Bestätigung. Schon eine Stunde vor Schließung der Urnen schwankte die Beteiligung in den betreffenden Lokalen zwischen 85 und 90 Prozent.

Auf dem städtischen Wahlbüro

im Hauptkassenraum des Rathauses, das wie immer unmittelbar nach Wahlschluß mit seinem eingespielten Apparat die Zählarbeit aufnahm, machte sich der Umstand, daß diesmal zwei Wahlen stattfanden und infolgedessen die Stimmenzählung in den Abstimmungslokalen erheblich mehr Zeit erforderte, zu Anfang stark bemerkbar. Der Einlauf der Zählergebnisse verzögerte sich daher zunächst. Gegen 20 Uhr konnte jedoch das Wahlergebnis aus den ersten 50 Stimmbezirken den Pressevertretern bekanntgegeben werden. Späterhin ging die Arbeit dann wieder sehr viel schneller vonstatten, so daß gegen 23 Uhr das vorläufige Endergebnis der Wahlen in Groß-Essen

das an anderer Stelle wiedergegeben ist, vorlag. Die Wahlbeteiligung betrug nach diesem vorläufigen Ergebnis 87,1 Prozent, entspricht also unseren oben mitgeteilten Feststellungen. Entsprechend der Wahlbeteiligung war

das Interesse am Wahlausgang

ungemein groß. Der außergewöhnlich starke Verkehr, der sich nach Einbruch der Dunkelheit vor allem auf den Straßen der Innenstadt entwickelte, und bis in die Nachtstunden unvermindert anhielt, bewies, das empörung der fortlaufende Aushang der Wahlresultate in den Geschäftsstellen der Essener Allgemeinen Zeitung fand starke Beachtung. Was nun das

Essener Wahlergebnis

anlangt, so fällt zunächst der starke Stimmenzuwachs der Nationalsozialisten ins Auge. Sie haben gegenüber der letzten Reichstagswahl rund 50 Prozent gewonnen. Auch das Zentrum hat relativ gut abgeschnitten und seine Stimmenzahl um nahezu 10.000 erhöhen können. Starke Verluste erlitten die Kommunisten, während die Sozialdemokraten sich ebenfalls behaupteten. Die Deutschnationalen, jetzt Kampffront Schwarz-Weiß-Rot, gewannen 2000 Stimmen. Der Christliche Volksdienst büßte etwa 1000 Stimmen ein. Die Deutsche Volkspartei hat sogar 2000 Stimmen weniger als bei der letzten Wahl erhalten.

Wie würde das Stadtparlament aussehen?

Unter Zugrundelegung der gestrigen Wahlen

Am nächsten Sonntag finden nun die Wahlen zum Stadtparlament statt. Erfahrungsgemäß ist die Wahlbeteiligung bei den Kommunalwahlen bei weitem geringer als bei den Wahlen zum Reichstag oder Preußischen Landtag. Auch spielen für viele Mitbürger örtliche kommunalpolitische Imponderabilien eine Rolle, die sie häufig veranlassen, ihre Stimme besonderen für die Kommunalwahl aufgestellten Wahlvorschlägen zu geben. Die Zusammensetzung des künftigen Essener Stadtparlaments läßt sich aber immerhin doch annähernd auf Grund des gestrigen Wahlergebnisses voraussagen, zumal ja die großen, ins Gewicht fallenden Parteien auch bei den Kommunalwahlen den Ausschlag geben. Die Zahl der Mandate für die Stadtverordnetenversammlung beträgt nach dem Stande der Bevölkerung 91. Je nach der Stärke der Partei wird ihre Mandatszahl nach dem Proportionalsystem ermittelt. Legen wir nun die gestrigen Wahlergebnisse zugrunde, so würden die Stadtverordnetenmandate sich wie folgt verteilen. Zum Vergleich sind die Mandatszahlen der Stadtverordnetenwahlen von 1929 und die auf Grund der Reichstagswahl vom 6. November 1932 errechneten Mandate herangezogen.

	Reichstagswahl gestern	Reichstagsw. 6.11.1932	Stadtverordn. Wahl 1929	Stadtverordn. gestern	Reichstagsw. 6.11.1932	Stadtverordn. Wahl 1929
Nat.-Soz.	119 750	73 751	8 220	29	20	3
Soz.-Dem.	42 357	41 135	37 492	10	11	13
Komm.	78 004	89 348	48 248	18	24	18
Zentrum	118 383	109 443	94 994	28	29	33
Deutschnat.	23 813	21 876	15 950	5	5	5
Volkspartei	3 063	5 011	19 170	–	1	7
Chr. Volksd.	5 656	6 381	8 487	1	1	3

Die Entwicklung der Parteien in Essen

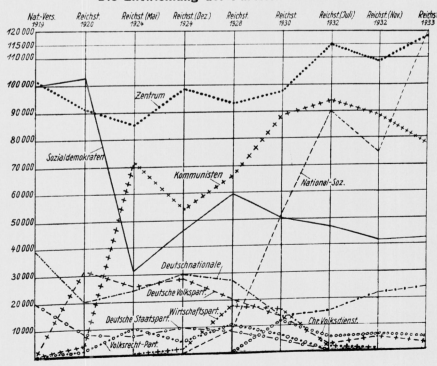

| Nat.-Vers. 1919 | Reichst. 1920 | Reichst. (Mai) 1924 | Reichst. (Dez.) 1924 | Reichst. 1928 | Reichst. 1930 | Reichst. (Juli) 1932 | Reichst. (Nov.) 1932 | Reichst. 1933 |

Zentrum
Sozialdemokraten
Kommunisten
National-Soz.
Deutschnationale
Deutsche Volkspart.
Deutsche Staatspart.
Wirtschaftspart.
Chr. Volksdienst
Volksrecht-Part.

Reichstagswahlen am 5. März 1933: Die Nationalsozialisten holen 30,6 Prozent der Essener Stimmen; dicht gefolgt vom katholischen Zentrum mit 30,1. Die KPD erhält in Essen 19,9, die SPD 10,8 Prozent. Vier Monate später (14. Juli) werden alle Parteien außer Hitlers NSDAP verboten. Am 6. März 1933, dem Tag nach dem Wahlsonntag, stellte die Essener Allgemeine Zeitung die Entwicklung der Parteien in einer Graphik dar.

empfohlen. Metzendorf wird nach seinem Wunsch unweit des Nachtigallentals auf dem Südwest-Friedhof beigesetzt.

Die Vorstandsgeschäfte führt jetzt der bisherige Stadtamtmann Hans Rigol. Er war lange Jahre vorher im Auftrag der Stadt geschäftlicher Leiter der Stiftung gewesen. Einen Wechsel gibt es im Aufsichtsrat: Der stellvertretende Vorsitzende Ernst Bode geht als Hochschullehrer nach Breslau. Sein Ehrenamt übernimmt der städtische Beigeordnete Sturm Kegel. Nach der Stiftungsverfassung ist der jeweilige Oberbürgermeister Vorsitzender des Aufsichtsrats. In der Praxis nimmt aber ein von ihm benannter Vertreter diese Aufgaben wahr. Mit „Oberbürgermeister" war bei der Gründung nicht an den heutigen politischen Repräsentanten der Stadt gedacht, sondern an den damaligen Chef der Verwaltung.

Zwei weitere Schenkungen sind das Gesprächsthema der Jahre 1936 und 1937 auf der Margarethenhöhe:

Der von Gustav Krupp gestiftete Halbachhammer im Nachtigallental wird in Betrieb genommen;

Bertha und Gustav Krupp überschreiben der Margarethe Krupp-Stiftung 16 Hektar Ackerland zwischen Lührmannstraße, Sommerburg- und Norbertstraße.

Der Kriegsausbruch 1939 verhindert den Bau der „Margarethenhöhe II". Er verhindert auch den Baubeginn für die Brücke, die im Zuge der Lührmannstraße

über das Nachtigallental führen soll. Aber es entstehen neue Wohnungen im Lehnsgrund, am Ginsterweg, an der Schliepmühle und in der Straße Wortbergrode.

1938 erlebt die Margarethenhöhe in ihrer Nachbarschaft noch einmal ein großes Fest. Am 9. Oktober wird die Reichsgartenschau eröffnet. Durch den vergrößerten Park fahren vier kleine grüne Dampfloks, am neuen Großen Blumenhof spielt man zum Tanz auf: „Kann denn Liebe Sünde sein...", „Ich werde jede Nacht von Ihnen träumen...", „Regentropfen, die an mein Fenster klopfen...".

Auf den Straßen gibt es andere Lieder. Das Jungvolk marschiert. „Es zittern die morschen Knochen der Welt vor dem großen Krieg". Er kommt schon bald. Am 1. September 1939 beginnt der Zweite Weltkrieg. Hitler befiehlt den Einmarsch in Polen. Die „Rheinisch-Westfälische-Zeitung" schreibt: „Es gibt keine Entmutigung, geschweige denn eine Panik. Das deutsche Volk ist ein einziger stählerner Block; keine Not kann ihn zermürben, kein Schlag ihn sprengen; er kann nur härter werden."

Die Lage ist richtig beurteilt. Sie dauert an, solange die deutschen Armeen in Ost, West, Süd und Nord von Blitzsieg zu Blitzsieg eilen und der Luftkrieg sich noch in Grenzen hält. Aber 1942 erleiden die deutschen Soldaten in Rußland ihr Stalingrad, und die britische Luftwaffe verstärkt ihre Nachtangriffe. Lili Marleen wird bald nicht bei der Laterne, sondern zwischen Trümmern stehn. Am 5. März 1943, abends

Schrecken des Bombenkrieges: Die Sommerburgstraße im Jahre 1944

Wasserwagen versorgten die Bevölkerung. Hier das nur leicht beschädigte Haus Stensstraße 30 (rechts); links die Häuser Hoher Weg 2 und 4. Foto vermutlich 1944.

um neun, fliegen britische Bomber den ersten Großangriff auf Essen. 1000 Sprengbomben, 80 Minen und 292 000 Brandbomben fallen auf die Stadt. Ist dieser Angriff eine Antwort auf den vom Reichspropagandaminister Joseph Göbbels am 18. Februar verkündeten „totalen Krieg"?

In der Essener Altstadt sind neunzig Prozent aller Gebäude zerstört, 457 Menschen wurden getötet, 1593 verletzt.

Von jetzt an gibt es keine Ruhe mehr. Weitere Großangriffe folgen. Im Sommer 1943 sind mehr als 110 000 Essener obdachlos. Die deutsche Luftwaffe, in vielen Feldzügen aufgerieben, von pausenlosen Einsätzen über England mit hohen Verlusten zurückgekehrt, kann die massierten Einflüge feindlicher Bomber nicht mehr aufhalten. Hitlers Reichsmarschall Hermann Göring, der Meier heißen wollte, falls jemals feindliche Flugzeuge die deutschen Grenzen überfliegen würden, heißt schon längst Hermann Meier.

Die Menschen beginnen, sich in die Erde einzugraben. Sie leben in Kellern, deren Decke mit Holzstempeln abgestützt sind; sie übernachten in dickwandigen Betonbunkern oder Luftschutzstollen. Sie greifen nach ihren Habseligkeiten in Koffern und Kartons, wenn die ersten Sirenen aufheulen und sitzen dann übernächtigt, mit blassen Gesichtern in Keller- oder Bunkerecken. Sie hören die Einschläge der Bomben und spüren das Beben der Wände in ihrem Rücken. Und sie fragen sich, ob sie nicht auf die falsche Zukunft gesetzt haben.

Die Unterlagen der Luftschutzleiter tragen meist den Vermerk „Geheim" oder „Nur für den Dienstgebrauch". Eine nüchterne Bilanz der Schrecken, hier in einem Beispiel wiedergegeben:

„Schadensmeldung vom Luftangriff am 3. April 1943.
Vorläufige Abschlußmeldung.
Fliegeralarm: von 22.31 Uhr bis 0.06 Uhr.
Luftangriff: von 22.44 Uhr bis 23.16 Uhr.

Abgeworfen wurden:

151 Sprengbomben
77 Minenbomben
50 400 Stabbrandbomben
12 300 Phosphorbrandbomben
ca. 100 Flugblätter.

Bei diesem Angriff wurde erneut Krupp betroffen, ferner besonders die südwestlich anschließenden Stadtteile Rüttenscheid, Holsterhausen und Essen-West...

Personenschäden:

118 Tote, davon
88 deutsche Zivilisten
2 Eisenbahner
2 Angehörige des Luftschutzes
10 Flaksoldaten
16 französische Zivilarbeiter
458 Verletzte

Sachschäden:

635 Häuser zerstört
526 Häuser schwer beschädigt
1305 Häuser mittelschwer beschädigt
5298 Häuser leicht beschädigt.

Infolge zerstörter Wohnungen wurden 11 600 Personen obdachlos..."

Wegen der andauernden Luftangriffe wird die Schule an der Waldlehne nach Württemberg evakuiert. 1944 zerstört ein Bom-

Trümmerfelder, geflickte Dächer und die ersten Ziegelsteine, die aus dem Schutt geborgen wurden: Steile Straße 1945 – mit Blick auf das Brückenhaus und Holsterhausen.

benvolltreffer die Pfarrkirche „Zur Heiligen Familie". Auch der Südwestflügel der Schule ist ein Trümmerhaufen. An den immer wieder propagierten Endsieg glaubt niemand mehr. Und der letzte schwere Bombenangriff vom 11. März 1945 trifft die Stadt tödlich, übersät sie mit Bombentrichtern und zerbrochenem Mauerwerk. Die „Räder rollen nicht mehr für den Sieg", denn die Gleise sind ein Gewirr von verbogenem Stahl.

Die Bomben des 11. März fallen auf das Krupp-Gelände; sie treffen erneut auch die Margarethenhöhe; sie pflügen die Gruga um.

Zu den Toten dieser Nacht gehören drei Luftwaffenhelfer in der Flakstellung an der Sommerburgstraße.

Vor dem Krieg haben die Synagogen gebrannt, jetzt brennen Wohnhäuser, Fabriken, Kirchen. Der Bombenkrieg trifft sie alle. Frau Klara Felmede, die heute Im Stillen Winkel 44 wohnt, erinnert sich: „Im Nachtigallental und an der Halben Höhe hatte man Stollen in die Talhänge getrieben. Je stärker der Luftkrieg zunahm, um so öfter mußte man in die Schutzräume. Später sind wir wochenlang aus der Kabine, die uns im Bunker zugeteilt war, nicht mehr herausgegangen."

Essen Stunde Null. Der Bombenkrieg hat die Stadt gelähmt. Der Hauptbahnhof, die Bahnsteige sind ein Gewirr von verbogenen Stahlträgern und Mauerbruch. Straßenbahnwagen, mit denen niemand mehr fahren kann, stehen verlassen in den Gleisen, ein großer Bombentrichter ist notdürftig abgesichert. Essen am 11. April 1945.

Wie es in den letzten Kriegswochen auf der Margarethenhöhe aussah, ist auch in der Chronik der katholischen Gemeinde „Zur Heiligen Familie" beschrieben:

„Viele Wochen kein Wasser – ohne Licht und Gas. Die Lebensmittel werden immer knapper. Die ständigen Luftalarme, die Luftangriffe, die Unruhe bei Tag und Nacht gehen allmählich auf die Nerven … Die heiligen Messen im Keller des Pfarrheims werden gut besucht. Wohl nie ist so innig gebetet worden, wie in den letzten Wochen der Kampfhandlungen …"

Und nach dem letzten Großangriff vom 11. März 1945: „Auch die Margarethenhöhe stark getroffen. Ein schwerer Treffer ging in die Trümmer der Kirche."

„Es gab viele Tote. Es scheinen alle Lebensmöglichkeiten in der Stadt genommen zu sein. Der Hunger beginnt. Viele Familien sind evakuiert. Ausgebombte aus der Stadt und Essen-West ziehen in die leeren Wohnungen ein."

Immer häufiger hört man: „Warum hissen wir nicht endlich die weiße Fahne?"

Nach dem Angriff des 11. März ist die Stadt „nur noch ein Schatten ihrer selbst". Die „Räder rollen nicht mehr für den Sieg, denn die Gleise sind ein Gewirr von verbogenem Stahl. Und auch bei der Straßenbahn hängen die Leitungen in Fetzen.

Die Bomben fielen auf das Krupp-Gelände, sie pflügten die Gruga um, sie trafen die Margarethenhöhe. Eine Tagebuchno-

Auch die Bäume stehen wie erstarrt, leblos. Sommerburgstraße nach Bombenangriffen.

Untere Steile Straße im Kriegswinter 1944/45: Im Hintergrund das Brückenhaus.

Mühlenbachtal hinter dem Hohlweg (Brandsmühle): Trümmer und Bombentrichter.

Überall die Spuren des Krieges: hier zerstörte Häuser in der Waldlehne.

tiz aus jenen Tagen: „Die Menschen sind von einer Lethargie, Stumpfheit und stiller Verzweiflung." Aber nach vier Wochen ist der Schrecken vorbei. Auch über Meisenburg- und Sommerburgstraße rücken amerikanische Truppen auf die Innenstadt vor. Am 11. April 1945 übergibt Oberbürgermeister Just Dillgardt die Stadt Essen an den US-General Ridgway.

Die Innenstadt ist ein Gewirr von verbogenen Stahlträgern, Mauerbruch, Hauswänden mit leeren Fenstern. Ein Augenzeuge berichtet: „Zusammenhanglos erlebte man Trümmer, Rauch, unverständliche Stimmen. Leute stehen untätig in Gruppen herum, klettern über sinnlos gewordene Panzersperren, stehlen abgerissene Leitungen, hängen vereinzelt weiße Fahnen heraus."

Die Stadt nördlich der Ruhr ist nun fest in amerikanischer Hand. Nur auf der anderen Ruhrseite wird noch weitergekämpft. Wieder hat eine neue Ordnung die Szene verwandelt. Es ist die Ordnung der Sieger. Jeeps, Panzer, Lastwagen mit dem weißen Stern der Alliierten fahren durch die Trümmerschluchten. Die Idole der Hitler-Zeit sind gestürzt.

Im Rathaus und an Ruinenmauern hängen seit dem 11. April 1945 die Plakate der Militärregierung. General Eisenhower, Oberster Befehlshaber der Alliierten Streitkräfte, teilt den Essener Bürgern mit:

„Wir kommen als siegreiches Heer, jedoch nicht als Unterdrücker. Wir werden den Nationalsozialismus und den deutschen

Militarismus vernichten, die Herrschaft der Nationalsozialistischen Deutschen Arbeiterpartei (NSDAP) beseitigen;

die grausamen, harten und ungerechten Rechtsgrundsätze und Einrichtungen, die von der NSDAP geschaffen worden sind, aufheben."

Andere Plakate verordnen: „Die Ausgehzeit ist von 6 bis 19 Uhr festgesetzt."

Aber es ist Frieden. Das allein zählt. Es gibt keine Fliegeralarme mehr, keine Todesängste in Kellern und Luftschutzstollen. Die Last ist abgeschüttelt. Man denkt nur noch daran, wie man satt werden kann, wo man Wasser bekommt; ob es irgendwo in dieser Ruinenstadt Milch für die Kinder gibt.

Wie wird man nach zwölf Hitler-Jahren nun mit den Siegern leben, für die alle Deutschen zunächst „Nazis" waren, Angehörige eines Volkes, das mit seinen Armeen in neutrale Länder eingefallen war, das man verantwortlich machte für die Konzentrationslager und die Zwangsarbeit. Aber es ist noch nicht die Zeit, die eigene Vergangenheit zu bewältigen. Auch die Sieger werden mit der ihrigen beschäftigt sein, wenn man ihnen eines Tages die Bombardierung Dresdens und die bitteren Erfahrungen der deutschen Flüchtlinge aus dem Osten als Kriegsverbrechen vorhält. Eine Aufrechnung? Sicher nicht, aber

es gehört ebenso zur Geschichte. Nur muß man hinzufügen, daß Hitler die Zeit des Schreckens in Gang setzte, daß menschliches Leid durch diese Vernichtungspolitik ein unvorstellbares Ausmaß angenommen hatte.

Nur 62 Wohnungen auf der Margarethenhöhe sind unbeschädigt, fast die Hälfte aller Wohnungen ist nicht mehr bewohn-

Mit Lastwagen und Loren fuhren sie den Trümmerschutt in die Waldtäler, füllten damit die Bombentrichter aus.

bar. Am 30. April 1945 kehrt Heinrich Verdong aus kurzer Gefangenschaft in die Trümmerlandschaft zurück. Es ist auch der Tag, an dem Hitler im Führerbunker in Berlin Selbstmord begeht. Zwar ist für Essen durch das schnelle Vorrücken der Amerikaner der Krieg früher beendet, aber an anderen Fronten wird noch weitergekämpft. Berlin kapituliert am 2. Mai. Die bedingungslose Kapitulation der deutschen Wehrmacht wird am 7. und 8. Mai unterzeichnet.

Heinrich Verdong erinnert sich der ersten Eindrücke nach seiner Heimkehr: „Wasser holte man sich an den Quellen im Wald; Strom gab es stundenweise über Notleitungen. Über die beschädigte Brücke führte nur ein schmaler Fußweg." Verdong hatte der katholischen Zentrumspartei angehört, die wie andere Parteien in den Hitler-Jahren verboten war. Demokraten sind jetzt gefragt. Sie sind gleich mit dabei, als das politische Leben der Stadt sich wieder zu regen beginnt. Zunächst werden sie für die Rathaus-Ausschüsse von der Besatzungsmacht ernannt; ab Herbst 1946 in freier Wahl bestimmt.

Heinrich Verdong ist einer der wenigen noch lebenden älteren Augenzeugen, die man als „Männer oder Politiker der ersten Stunde" bezeichnete. Hier ist er aber nicht befragt worden über seine Aufgaben im Nachkriegs-Essen, die ihm als Ratsherr und Vorsitzendem der CDU-Fraktion zugewachsen waren. Es geht um die wichtige Rolle, die er beim Wiederaufbau der Margarethenhöhe spielte. Dazu hatte ihn nicht nur die mehr als 30jährige Verbundenheit mit der Siedlung bewegt. Verdong wird im September 1945 zum Aufsichtsratsmitglied der Stiftung ernannt. Wieder gibt es eine politische Umschichtung. Vertreter der Parteien, die es bis 1933 gab, sitzen neben den Verwaltungsleuten. Das große politische Reinema-

An die
Bewohner des Stadtteils Essen=Margarethenhöhe

Unsere schöne Gartenstadt Margarethenhöhe hat durch die Kriegsereignisse 40 Prozent ihrer Wohnungen eingebüßt. Es gilt nun, alle Kräfte für den Wiederaufbau einzusetzen. Daher haben sich, um den Wiederaufbau der Margarethen= höhe in geordnete Bahnen zu lenken, die Vertreter der drei großen politischen Parteien, die Vertreter der Konfessionen, der Jugendorganisationen und die Vertreter der freien Wohlfahrtsverbände zusammengefunden und die

„Demokratische Arbeitsgemeinschaft Margarethenhöhe"

gebildet. Als Mittlerin für alle Volkskreise ruft daher die „Demokratische Arbeitsgemeinschaft Margarethenhöhe" auch Sie, sich tatkräftig und mit eigener Hand am Wiederaufbau der Margarethenhöhe zu beteiligen. Nicht nur Maurer, Zimmerleute und sonstige Fachleute werden benötigt, die Vorarbeiten machen den Einsatz von vielen Händen notwendig, die nicht fachlich vorgebildet zu sein brauchen. So kann zum Beispiel bei folgenden Arbeiten jedermann mithelfen:

Wegräumen der Schuttmassen,
Putzen von Ziegelsteinen.

Beim eigentlichen Aufbau kann jeder dadurch wertvolle Hilfe leisten, wenn er sich als Helfer den Fachkräften zur Verfügung stellt.

Wir appellieren daher an den Geist der Gemeinschaft in Ihnen, der uns auch über die schweren Kriegsjahre hin= weggeholfen hat. Die höchste Gemeinschaftsleistung aber liegt in dem Einsatz Aller für Alle, wenn zum Wiederaufbau gerufen wird.

Was verlangt wird, kann ein jeder leisten.

Nur der hat ein Wohnrecht in unserem Stadtteil, der seinen Beitrag zur Gemeinschaftsarbeit leistet.

Mit unserem Aufruf zur Mitarbeit wenden wir uns besonders an die Jugend der Margarethenhöhe, gleichgültig welcher Konfession und welcher politischen Anschauung. Ihrem Schaffensdrang ist in der Freizeit ein weites Feld der Betätigung gegeben. Die besondere Aufgabe der Jugend wird darin liegen, daß sie für die älteren Bewohner der Margarethenhöhe ein Altersheim mitschaffen soll.

„Jugend der Margarethenhöhe baut dem Alter ein Heim!"

Das ist wahrlich eine Aufgabe, durch welche die Jugend zeigen kann, daß sie die zwingenden Notwendigkeiten unserer Zeit verstanden hat. Gerade die Jugend soll nicht müßiger Zuschauer, sondern entscheidender Mitformer und Mitgestalter unseres künftigen Lebens sein. Deshalb heißt es insbesondere für die Jugend nicht mehr: „Stillgestanden!", sondern

„Jugend, rührt Euch!"
Für alle gilt der Satz: „Sei selbstlos und hilf!"

Warten Sie nicht behördlichen Zwang ab, sondern erklären Sie noch heute Ihre Bereitschaft zur Mitarbeit, indem Sie sich in die bei der Kasse der Margarethe=Krupp=Stiftung aufliegende Liste eintragen.

Außer dieser Aufgabe hat sich die „Demokratische Arbeitsgemeinschaft Margarethenhöhe" das Ziel gesteckt, in den kommenden ruhigeren Zeiten das angestaute Bedürfnis nach der Behandlung von Kultur= und Bildungsfragen, das während der harten Kriegszeit zurückgestellt werden mußte, zu befriedigen. Auch Wirtschafts= und Verkehrs= fragen wird die Arbeitsgemeinschaft, soweit sie für die Margarethenhöhe von besonderem Interesse sind, behandeln.

„Darum frisch ans Werk!!!"

„Demokratische Arbeitsgemeinschaft Margarethenhöhe"
i. A.: Verdong, Schnabel, Mistelski, Daugsch

Appell an freiwillige Helfer 1946: „Alle Kräfte für den Wiederaufbau einsetzen..."
(Flugblatt der „Demokratischen Arbeitsgemeinschaft Margarethenhöhe").

chen war schon von den Besatzungsmächten besorgt worden. Führende Nationalsozialisten waren verhaftet oder geflohen.

Der Aufsichtsrat weiß, welche Herausforderungen auf ihn warten: Es geht um den Aufbau der durch Luftangriffe stark beschädigten Siedlung. Es geht um die Frage, wann die Margarethenhöhe wieder an die Versorgungsleitungen und an die Verkehrswege angeschlossen werden kann. Und es geht um die vorausschaubaren Konflikte, sobald evakuierte Bewohner bei ihrer Rückkehr nach Essen in ihre schon belegten Häuser einziehen wollen.

Schlangestehen für Fleisch, Brot, Milch überall in Essen: Hausfrauen 1947 an der Hindenburgstraße.

1981 ist nicht mehr vorstellbar, wie die Siedlung 1945 ausgesehen hat, aber da sind die Fotodokumente, die das Ausmaß der Zerstörung zeigen. In dieser Trümmerlandschaft leben am 1. April 1945 rund 2 400 Menschen. Im September ist diese Zahl auf mehr als 5 000 angewachsen. Es ist die Zeit der Selbsthilfe. Dächer werden geflickt, Ziegelsteine aus dem Schutt geborgen, Wege freigeschaufelt. Im Vorstand der Stiftung bahnt sich ein Wechsel an. Der Sozialdemokrat Wilhelm Carl, Prokurist der Vereinigten Untertage- und Schachtbaugesellschaft, soll das Amt des ausscheidenden Hans Rigol übernehmen. Der offizielle Übergabetermin ist der 1. April 1946.

Zuvor hatte Heinrich Verdong zur Gründung einer „Demokratischen Arbeitsgemein-

150

Dächer werden geflickt, Ziegelsteine aus dem Schutt geborgen, Wege freigeschaufelt: Freiwillige Arbeitsgemeinschaft 1946/47 am Giebelplatz.

schaft Margarethenhöhe" eingeladen. Vertreter von Kirchen, der Parteien CDU, SPD und KPD, von Schulen, Jugendorganisationen, Wohlfahrtsverbänden und der Stiftung stimmten am Nachmittag des 22. Januar 1946 zu. Ihr

Hauptthema war der freiwillige Arbeitseinsatz. In einem Flugblatt wurde den Bewohnern mitgeteilt, was man von ihnen erwartete: „Wegräumen der Schuttmassen, Putzen von Ziegelsteinen". Und an die Jugend appel-

lierte die Arbeitsgemeinschaft mit Anspielung auf die Hitlerjahre: „... heißt es insbesondere für die Jugend nicht mehr: ‚Stillgestanden!', sondern ‚Rührt Euch!'" Wobei mit gezielter Doppelsinnigkeit das aktive „sich für andere rühren" gemeint war.

Vorsitzender Heinrich Verdong nannte die Gründung dieser Arbeitsgemeinschaft „einen Markstein in der Entwicklung unseres Stadtteils." Neben dem freiwilligen Wiederaufbau an den Samstagen bemühten sich Ausschüsse um die Wiederbelebung kultureller Aktivitäten und den Anschluß der Margarethenhöhe an das Verkehrsnetz. Zitat Verdong vom 22. Januar 1946: „Es kann kein Dauerzustand sein, bis zum Hauptbahnhof Essen einen Fußmarsch von drei Viertel Stunden machen zu müssen."

Dieser Mängelbericht schlägt sich auch in einem von Heinrich Verdong beeinflußten Antrag nieder, den die CDU im Oktober 1946 an die erstmals wieder frei gewählte Stadtvertretung richtete. Darin heißt es nach der Forderung, die Verkehrsverbindungen zur Margarethenhöhe „baldigst" zu verbessern:

„Dieser Stadtteil hat keine Straßenbahnverbindung, keinen Fernsprechanschluß, keine Bahnverbindung und ist nur über sehr stark beschädigte Verkehrswege zu erreichen. Die Brücke ... erhielt zwei Bombentreffer und mußte für den Fahrverkehr gesperrt werden. Umleitung erfolgt über die Lührmannstraße."

Und weiter: „Die Holsterhauser Straße als Hauptzufahrtstraße von der Stadtmitte zur Margare-

Sie halfen mit beim Wiederaufbau der Margarethenhöhe: Frauen, heimgekehrte Soldaten, Mitarbeiter der Stiftung. Rechts vorn: Wilhelm Carl, neuer Geschäftsführer der Margarethe Krupp-Stiftung für Wohnungsfürsorge (Foto etwa 1947).

Als der erste Schutt weggeräumt war, blieben weite, häuserlose Flächen zurück. Sommerburgstraße 56-64 im Nachkriegsjahr 1946.

thenhöhe weist an zahlreichen Stellen heute noch derartige Schäden auf, daß eine Benutzung nur bei trockenem Wetter möglich ist. Der Übergang für Fußgänger über die Margarethenhöhe ist ein Schlammbad, das täglich neben den zahlreichen Erwachsenen auch die Schulkinder durchwaten müssen. Das Fehlen jeglicher Fernsprechverbindung macht sich besonders in Fällen dringender Hilfeanforderung besonders bemerkbar."

Was für die Margarethenhöhe gilt, galt auch für viele andere Bezirke der Stadt. Für deren Wiederaufbau hatte der von der britischen Militärregierung eingesetzte Oberbürgermeister Heinz Renner (KPD) in einem Appell an die Bevölkerung von Groß-Essen am 4. März 1946 verfügt: „... muß die gesamte arbeitsfähige männliche und weibliche Bevölkerung im Alter von 18 bis zum vollendeten 55. Jahr herangezogen werden." Ausgenommen waren nur „Bergarbeiter (untertage), Hausfrauen, Invaliden, schwerbeschädigte und arbeitsunfähige Opfer des Hitler-Terrors". Der Aufruf teilte für die erste Wiederaufbauaktion als Arbeitszeit zu: „Für nichtfaschistische Bürger 20 Stunden, für Buchnazis und Mitläufer 40 Stunden, für aktive Nazis 60 Stunden".

Aber es sind nicht nur die zertrümmerten Häuser, die blok-

kierten Verkehrswege, die 400 Bombentrichter auf dem landwirtschaftlichen Gelände, die diese ersten Nachkriegsjahre aus der Stadtgeschichte besonders herausheben. Der Hunger kam hinzu; die Kälte in den Herbst- und Wintermonaten. „Die Versorgung der Essener Bevölkerung ist katastrophal geworden",

Steineputzen – eine harte Arbeit. Frauen der Margarethenhöhe faßten mit zu.

schreibt die „Rhein-Ruhr-Zeitung" am 12. Juli 1946. In der Chronik der Kirche „Zur Heiligen Familie" heißt es über diese Zeit:

„Selten fahren Züge. Sie sind überfüllt. Hungernde, die aufs Land fahren. Es fehlen auch Kleidung und Brennmaterial. Wälder werden gerodet. Kostbares Holz wird verheizt. Auch Trümmer-

holz. Der Winter ist streng. Für die Toten hat man vielfach keine Särge. Man begräbt sie in Papier- und Strohsäcken."

Am 11. August 1946 spricht Dr. Erich Schumacher, der 1. Vorsitzende der Sozialdemokratischen Partei, auf dem von Hausruinen umstellten Burgplatz: „Ich sehe die Gefahr, die von einem konzentrierten Block von hungernden, frierenden, an ihrer Zukunft verzweifelnden Menschen ausgeht."

Das politische Leben in der Stadt ist seit Oktober 1946 frei von den meisten Zwängen der britischen Besatzungsmacht, die nach der Aufteilung der Besatzungszonen die Amerikaner abgelöst hatte. Nach dem Kommunisten Heinz Renner ist nun der Christdemokrat Dr. Gustav Heinemann der erste frei gewählte Oberbürgermeister der Stadt. Er wird es drei Jahre bleiben.

Auf der Margarethenhöhe hat sich das Trümmerbild gewandelt. Was bislang wie ein Chaos aussah, läßt jetzt erste Umrisse eines Wiederaufbaus erkennen. Heinrich Verdong hatte sich seines alten Freundes Peter Landers erinnert. Dessen Lorenbahn, die im Sauerland ausgelagert war, fuhr nun den Trümmerschutt in ein Lupinenfeld hinter dem Giebelplatz, füllte damit auch die Bombentrichter und einen Taleinschnitt am Bunker.

Noch gibt es keine harten politischen Fronten zwischen den Parteien. Alle packen mit an. Das gilt für den Christdemokraten Verdong ebenso, wie für den Sozialdemokraten Wilhelm Carl, den neuen Geschäftsführer der Stiftung. Und von den 100 Mitarbeitern im Regiebetrieb der Margarethe Krupp-Stiftung, so schätzt Heinrich Verdong, ist in der frühen Nachkriegszeit mehr als die Hälfte Kommunisten gewesen. Diese vorübergehende Gewichtung der KPD zeigt sich auch in den Ergebnissen der ersten Wahlen (siehe dazu Kapitel „Nicht jeder weiß …“).

Mit den Aktivitäten der „Demokratischen Arbeitsgemeinschaft" verbindet sich nun das Wiederaufbauprogramm der Stiftung. „Die Margarethenhöhe", so wird später in einer Bilanz festgestellt, „war als erster Essener Stadtteil von Trümmern geräumt."

Aber es ist immer noch Notzeit und damit ist nicht nur der andauernde Mangel an Lebensmitteln gemeint. Die Sieger des Krieges demontieren Werksanlagen, sprengen Fabrikhallen, vor allem bei Krupp. Die Menschen demonstrieren — gegen den Hunger und gegen die Demontagen. Sie stehen in langen Schlangen vor den Läden. Klara Felmede erinnert sich auch an diesen Mangel: „Für den unteren Teil der Margarethenhöhe gab es einen Hydranten vor dem Krupp-Konsum. Wir fuhren mit einem Bollerwagen und Eimern dorthin. Als das erste Wasser wieder durch die Leitung kam, haben wir die Wasserhähne bekränzt. So glücklich waren wir."

Diese Jahre haften am stärksten in der Erinnerung. Kilometerweit lief man durch die Stadt, weil es irgendwo in einem Geschäft Brot geben sollte. Für ein Viertel Liter Milch wartete man geduldig zwei Stunden vor Hünselars Behelfsmilchladen in der alten Jugendherberge. Aber all das war immer noch besser, als die Bombennächte im Bunker, wo „jeder Kerzenstummel, jedes Streichholz ein Heiligtum war".

Wie die Margarethenhöhe von Trümmern zu räumen war, das wußte man. Doch wie sollte man sie wieder aufbauen? Im alten Stil? Oder würden sich jene Einzelstimmen durchsetzen, die eine dichtere, höhere und einfachere Bebauung empfahlen, um die Wohnungsnot schneller zu lindern. Das heutige Bild der Margarethenhöhe beantwortet die Frage. Metzendorfs Gartenvorstadt entstand dort, wo der Krieg Ruinen hinterlassen hatte, mit geringen Abweichungen als getreue Nachschöpfung. Aufsichtsrat und Vorstand der Stiftung fanden also — wie man jetzt noch anerkennen muß — zu einer gemeinsamen Linie, die eine große Idee in die neue Zeit hinüberrettete. Eine Anerkennung, in die Chronisten auch die beiden Architekten Fierenkothen und Funke mit einschließen.

Von da an begleiten den Wiederaufbau von Jahr zu Jahr die Erfolgszahlen. Auch die Verkehrsverbindungen bessern sich: 1947 hat der Ratsherr Heinrich Verdong endlich Erfolg mit seinen Bemühungen um einen Eisenbahnhaltepunkt auf der Strecke Rüttenscheid-Heißen. Am 25. März hält der erste Personenzug

Nach der Währungsreform am 20. Juni 1948 kamen wieder Waren in die Schaufenster, und auf dem Kleinen Markt drehten sich die ersten Kirmes-Karussells.

1949 entstehen 33 Häuser an der Straße Lührmannwald – die Margarethenhöhe bekommt Zuwachs: Eine Mustersiedlung der ersten Bauausstellung.

unterhalb der Brücke. Im Jahr darauf (16. Mai) wird die Straßenbahnlinie zur Margarethenhöhe wieder eröffnet.

In einem Zeitungsbericht vom 18.12.1948 heißt es über den Wiederaufbau, der auch durch Baudarlehen und Eigenleistungen großer Firmen gefördert wurde:

„Außer den Wohnungen sind instandgesetzt worden das Gasthaus Kallenberg am Markt und die bekannte Gaststätte Bark-

Kinderfest 1948 zwischen Trümmern im Ginsterweg. Der Kakao wurde mit ein paar Eimern Wasser verdünnt.

hoff, deren leckere Stutenbrote mit Schinken den Essenern in angenehmer Erinnerung blieben... Auch die Jugendherberge ist wiederhergestellt. In diesem Bauwerk, das nicht Eigentum der Stiftung ist, wurde ein Durchgangslager für Ostflüchtlinge eingerichtet, 40 Familien aus Schlesien und Ostpreußen ..."

„Auf dem ehemaligen Flakgelände an der Sommerburgstraße bis zur Norbertstraße gehören der Stiftung 80 Morgen Land. Es ist beabsichtigt, hier mehrgeschossige Mietshäuser mit Kleingärten und Einfamilienhäuser mit 500 bis 600 Quadratmetern Land zu errichten. Die Verwirklichung dieser Pläne ... wird einige Jahre beanspruchen."

Einige Jahre, das sind dann doch 14 Jahre, denn erst im Sommer 1962 fahren die Bagger auf das Ackerland.

Den Zukunftsoptimismus hat nach den Jahren des Behelfs, des Hungers, der Sorge um Arbeitsplätze die Währungsreform vom 20. Juni 1948 verursacht. Lang entbehrte Waren liegen wieder in den Schaufenstern, man kann wieder planen, neue Firmen ansiedeln. Die Stadt, die bis 1949 eine Million Kubikmeter Trümmerschutt beseitigt hat, denkt an neue Wohnviertel, an den Wiederaufbau der City, plant Schulen, Freizeitparks, Straßen. An der Gruga ist 1949 die erste Nachkriegs-Bauausstellung zu sehen; die der Margarethenhöhe an der neuen Straße Lührmannwald einen Zuwachs von 33 Häusern bringt. Die Zahl der bewohnbaren Wohnungen ist nun wieder auf 1596 gestiegen. Auch bürgerschaftliches Leben regt sich — diesmal nicht aus der Notgemeinschaft des Jahres 1946 heraus. 1950 entsteht die „Bürgerschaft". Die Gründungsversammlung wird mit der Schlagzeile verkündet: „Margarethenhöhe soll wieder Schmuckstück werden."

Im Essener Rathaus hat 1949 Dr. Hans Toussaint (CDU) das Amt des Oberbürgermeisters übernommen. Die Spuren des Krieges verblassen von Jahr zu Jahr. Bei Krupp werden die Demontagen eingestellt; die Stadt hat wieder 600 000 Einwohner und auf ihren Straßen fahren

Wiederaufbau aus Trümmern: Richtkranz über der Steilen Straße.

Früher großes Atelierhaus, dann Wohnungen Im Stillen Winkel 42-46.

Bald können die Mieter wieder einziehen: Sommerburgstraße 20-22.

20 000 Kraftfahrzeuge; 4 000 mehr als 1939. Und nichts unterstreicht besser den neuen beginnenden Wohlstand, das Ende der Hungerjahre, als die Anweisung der Stiftung an ihre Mieter: Sie dürfen ab 1. August 1952 keine Hühner, Kaninchen und Tauben mehr halten.

Neubau 1962: Das Senioren-Wohnhaus an der Altenau wird bezogen. Es ist das erste Hochhaus auf der Margarethenhöhe. Die Bürgerschaft hatte gegen den Hochbau protestiert.

Die Einwohnerzahl der Siedlung hat sich 1952 fast verdoppelt. Es wird eng in den Wohnungen. Viele Häuser sind überbelegt. Es dauert noch Jahre, bis der Essener Wohnungsmarkt die Zustände erträglicher macht und der Bau der Margarethenhöhe II einen Ausgleich schafft.

Auch dieses Haus (Laubenweg 15) wurde im alten Stil wiederaufgebaut.

Fahnen, Girlanden und die Menge Kopf bei Kopf. Es ist der 5. September 1956. In der Steilen Straße und am Kleinen Markt gibt's kein Durchkommen mehr. Bundespräsident Theodor Heuss wird erwartet. Festtage auf der Margarethenhöhe. Die Stiftung wird 50 Jahre alt. ⟶

Im Jubiläumsjahr 1956 kamen prominente Besucher

Ein Bundespräsident und eine Königin

September 1956 – die Margarethenhöhe feiert ihr Goldjubiläum. Tausende sind auf den Straßen, im Festzelt und bei den zahlreichen Veranstaltungen. Und an zwei Tagen ist der Andrang besonders groß: Ein Bundespräsident (Theodor Heuss) und eine Königin (Friederike) werden erwartet. Die Kamera hat die Begegnungen festgehalten.

Alle Balkone, Mauern, Fenster und auch der Marktbrunnen besetzt. Zuschauer am Kleinen Markt wollen Theodor Heuss begrüßen. Bild oben.

Bewohner der Margarethenhöhe säumen die Straßen, Theodor Heuss winkt zurück. Bild unte

Erst Freude, dann Tränen. Ein Blick zurück mit Barbara Ostwald, die fünf Jahre alt war, als Theodor Heuss zur Margarethenhöhe kam. Und als Patenkind des Bundespräsidenten, so war es entschieden, sollte sie ein Gedicht aufsagen: „Noch bin ich klein und weiß nicht viel....“ Barbara lernte, die Mutter nähte das Kleid. 5. September: ein Strauß roter Nelken, ein Knicks und die verwirrenden Blitzlichter der Fotografen. „Den Anfang habe ich noch gesagt, dann kamen die Tränen.“ Der Bundespräsident tröstete, schickte nach zwei Tüten Bonbons – und die Welt war wieder in Ordnung.

160

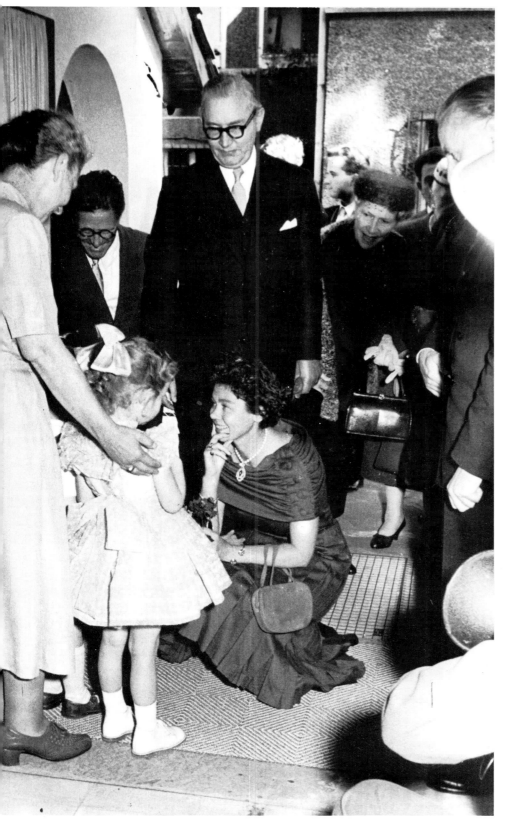

Viele Wagen, viele Zuschauer,
viele Helfer, viele Fotografen –
und im Mercedes 300 eine Königin.

Am Tag, als die Königin kam (19. September): Friederike von Griechenland
mit dem Aufsichtsratsvorsitzenden
Dr. Hollatz und Alfried Krupps General-
bevollmächtigtem Berthold Beitz (ganz
rechts) auf der Steilen Straße.

Begegnung im evangelischen Kindergarten: Ute (4) Auge in Auge mit Friederike
von Griechenland. Beobachter der Szene sind Stiftungs-Aufsichtsratsvorsitzender Dr.-Ing. Hollatz (Mitte) und Bertha
Krupp (neben ihm).

In den fünfziger Jahren rundet sich das Bild der Margarethenhöhe. Auch neue Wohnbauten entstehen, so das Seniorenhochhaus Altenau und die Häuser an der Wortbergrode und im Lehnsgrund. Und zwischen Metzendorfstraße und Ginsterweg hat sich die katholische Gemeinde eine neue Kirche errichtet. Ende 1955 teilt die Stiftung mit: „Der Wiederaufbau im alten Teil der Margarethenhöhe ist beendet." Das Jubiläumsjahr 1956 kündigt sich an. Prominente Besucher kommen; es gibt Kinder- und Schützenfeste, Großveranstaltungen in einem 2 000-Personen-Zelt, und der Turn- und Sportverein Margarethenhöhe (TUSEM) feiert in diesen Festwochen sein 30jähriges Bestehen.

Das Jahr 1956 bewirkt aber mehr, als festliche Tage für die damals mehr als 9 000 Bewohner. Es leitet mit einem Architektenwettbewerb auch die großräumige Erweiterung der Gartenvorstadt zwischen Lührmannwald, Sommerburg- und Norbertstraße ein. Eine neue große Wohnsiedlung mit 1 200 Wohnungen für rund 4 000 Menschen soll nach dem preisgekrönten Entwurf des Essener Architekten Dipl.-Ing. Wilhelm Seidensticker entstehen. So wird es am 26. Ja-

nuar 1957 auf der offiziellen Feierstunde zum Goldjubiläum der Stiftung in Anwesenheit des neuen Oberbürgermeisters Wilhelm Nieswandt (SPD) mitgeteilt.

Hatte das zweieinhalbwöchige Septemberfest des Vorjahres die Bewohner zu Sport, Spiel und Spaß vereinigt, so ging es jetzt um die Würdigung der Margarethenhöhe als „bausoziale Tat". Der Aufsichtsratsvorsitzende der Stiftung, Dr.-Ing. J. W. Hollatz, nannte sie „eine Kulturtat ersten Ranges." Sie werde „auch in Zukunft das siedlungspolitische Ge-

Seidenstickers Entwurf war nicht das erste Modell. Schon Ende der 30er Jahre sollte das Gelände an Sommerburg- und Norbertstraße bebaut werden. Der Ausbruch des 2. Weltkriegs (1939) verhinderte die Pläne.

wissen unserer Städtebau- und Wohnsiedlungspolitik bleiben." Das Vorbild der Margarethenhöhe müsse man vor dem dunklen Hintergrund des ... allgemeinen städtebaulichen Bankrotts des 19. Jahrhunderts betrachten. Dieses Vorbild habe seine fortwirkende Kraft.

Die optimistischen Erwartungen an den baldigen Baubeginn für die neue Margarethenhöhe erfüllen sich nicht. Viel Zeit wird auf die Streitfrage verwendet, wie man am wirtschaftlichsten bauen kann. Moderne Techniken sind im Gespräch, von Fertigbauteilen nach schwedischem Vorbild ist die Rede, aber auch davon, daß kleinere Bauunternehmen dadurch benachteiligt werden könnten. Die geringe Wandelbarkeit der Standardformen aus Beton, so wenden Kritiker ein, führe zur Eintönigkeit.

Der Berichterstatter einer Zeitung, der im Juni 1960 über das künftige Baugelände geht, hat seine Eindrücke notiert: „Vergebens späht der Blick über das freundlich gewellte Land nach einem Anfang aus. Die Früchte des Feldes wachsen ungestört, noch ritzt kein Bagger die Erde... Seit der Wettbewerb entschieden wurde, ist eine gute Weile vergangen, Zeit genug, auch für ein Unternehmen dieser Größe."

Aber es dauert noch weitere zwei Jahre, bis die ersten Bagger sich in die Erde graben und weitere 18 Jahre, bis die letzte Freifläche im Straßenwinkel Sommerburg- und Norbertstraße bebaut ist. Entstanden sind in dieser Zeit Häuser in unterschiedlichen Bau-

Das preisge-
krönte Modell
der sogenannten
„Margarethen-
höhe II". Der
Essener Archi-
tekt Dr.-Ing.
Wilhelm Seiden-
sticker (links) er-
läutert Oberbür-
germeister Wil-
helm Nieswandt
(Mitte) im Janu-
ar 1957 seinen
Entwurf. Neben
Seidensticker
Baudezernent
Dr. Hollatz.

Fünf Jahre spä-
ter, im Sommer
1962, fährt der
erste Bagger auf
das Ackerland,
auf dem die
„Margarethen-
höhe II" entste-
hen soll. Im Hin-
tergrund rechts
eines der Häuser
am Lührmann-
wald; links die
Haltestelle
Lührmannwald.

formen, die zur Margarethe Krupp-Stiftung oder zum Krupp Wohnungsbau gehören.

Auch jenseits der Sommerburgstraße, außerhalb des Stiftungsgebiets, entstand längs des Nachtigallentals eine Wohnsiedlung. Die Grundstücke der Margarethenhöhe, ob auf dem Stiftungsgelände oder im Krupp-Eigentum, sind also ausgeschöpft.

Der mit dem Plantitel „Margarethenhöhe II" bezeichnete neue Teil der Gartenvorstadt stimmt nur in den wesentlichen Zügen mit dem Seidensticker-Entwurf überein. Die Absicht des Architekten, mehr Raum zwischen den Häuserzeilen zu lassen, dem Kern der Siedlung mit Café, Restaurant und Ladenlokalen einen Treffpunkt zu geben, wurde nicht verwirklicht. Wirtschaftliche Gesichtspunkte, die bessere Ausnutzung des Bodens setzten sich durch. Und die neuen Großbauten in den Randzonen haben sich eigenwillig vom architektonischen Grundgedanken abgesetzt. (Siehe dazu auch das Interview mit Dr. Seidensticker auf den Seiten 168 und 169.)

Aber für die meisten Bewohner der Margarethenhöhe II zählen diese kritischen Anmerkungen nicht. Sie loben die Nähe der Gruga, der Waldtäler, und der Kleine Markt ist an Markttagen auch ihr Treffpunkt geworden.

Nur die Jugend – ob auf der Margarethenhöhe I oder II – sieht sich noch enttäuscht in ihrem Wunsch nach einem Café oder einer Eisdiele. Zwar bieten beide Kirchen und der Turn- und Sportverein viele Freizeitmöglichkeiten, doch das ist wohl nicht

Für die ersten Bewohner der Gartenvorstadt war dies die „neue Margarethenhöhe". Die Bauten wurden ab 1927 bezogen. Auch sie zeigen Metzendorfs architektonische Vielseitigkeit.

der Freiraum, der hier außerhalb der gewohnten Einrichtungen erhofft wird. Ein Imbißwagen hat diese Lücke entdeckt. An vier Wochentagen fährt er zu festgelegten Zeiten die Siedlungsstraßen ab; wird somit auch zum Treffpunkt bei Pommes Frites, Bratwurst und Cola. Was Soziologen Kommunikation nennen, ist hier zu besichtigen.

Für Senioren stellt sich diese Frage nicht. Sie haben als Treffpunkte den Kleinen Markt, die

Ruhebänke, den „Margarethenhof" an der Wortbergrode und die Altenbegegnungsstätte der Arbeiterwohlfahrt am Wangeroogeweg 6. Auch das neue Altenzentrum am Helgolandring will für die nachbarschaftlichen Beziehungen Gutes bewirken.

In ihren Bauformen ist die Margarethenhöhe in den vergangenen Jahrzehnten mehrere Wege gegangen. Andere Auffassungen in der Architektur, wirtschaftliche Gesichtspunkte,

164

Die Straße „Im Stillen Winkel", hier ein Bild aus dem Jahre 1981, war früher beliebte Wohn- und Atelierstraße der Künstlerkolonie Margarethenhöhe.

Zeit 3000 bis 4000 DM nicht leisten könne. Eine dem Original angenäherte Normaltür kostet 1.400 DM.

Ein Zwiespalt, mit dem die Stiftung, so Malone, nicht gerne lebe, aus dem sie aber das Beste zu machen gedenke. Der Denkmalspfleger hat auch — was das Gesamtbild der Margarethenhöhe angeht — nur geringe Einwände. Das Zusammenspiel beider Kräfte müßte also künftig eine vernünftige Plattform haben.

Und die Bewohner der Margarethenhöhe? Es sind Angestellte, Arbeiter, Beamte, Angehörige freier Berufe, Kaufleute. Die Siedlung hat sich auch anderen sozialen Schichten geöffnet. Und der Zustrom der Bewerber, die vor allem im denkmalwürdigen alten Teil der Gartenvorstadt leben möchten, hält an — auch wenn sie auf dreieinhalb- und mehrräumige Wohnungen zwölf bis fünfzehn Jahre warten müssen.

Die Ideen des Baumeisters Georg Metzendorf über menschliches Wohnen sind im Jubiläumsjahr 1981 so begehrenswert wie am ersten Tag.

manchmal auch mangelndes Gespür für die Gesamtsicht haben das Bild gewandelt. Das hat aber den herausragenden Rang der Stiftung nicht nachhaltig beeinflussen können.

Vor allem die begrenzten Finanzmittel der Stiftung, die nur durch Mieteinnahmen gespeist werden, engen den Rahmen der Denkmalspflege ein. Das gilt für kleinere Objekte — Fenster und Türen. Spannungen sind also zu erwarten, sobald der schon unter Denkmalsschutz stehende alte Teil der Margarethenhöhe auf die neue, gesetzlich verbindliche Liste des Landeskonservators gesetzt wird. Das ist in naher Zukunft zu erwarten. Für Stiftungsgeschäftsführer Robert Malone ist dies — wie er sagt — „bei aller Liebe zum Überlieferten auch eine Frage der Wirtschaftlichkeit." Allein die Dacherneuerung erfordere so hohe Geldmittel, daß man sich eine von Handwerkern gedrechselte Originaltür für zur

Im Jubiläumsjahr 1981 waren die letzten Handgriffe getan: Die 1962 begonnene „Margarethenhöhe II" war bis zur A 52 (Norbertstraße) am unteren Bildrand hochgewachsen. Links begrenzt die Sommerburgstraße den neuen Teil der Gartenvorstadt; auf der anderen Seite ist die Gruga ihr Nachbar. Unten rechts: Karstadt-Hauptverwaltung und darüber Landespolizeischule. ➞

Gutes Beispiel – aber mit kleinen Fehlern

Anmerkungen zur Margarethenhöhe II – Gespräch mit Dr.-Ing. Wilhelm Seidensticker

Nach seinem im Januar 1957 preisgekrönten Entwurf wurde die Margarethenhöhe II gebaut: Dr. Ing. Wilhelm Seidensticker, Architekt und Buchautor („Umbau der Umwelt"). Wie beurteilt er im Jubiläumsjahr 1981 seinen damaligen Entwurf und dessen Verwirklichung. Hätte man den neuen Teil nicht besser im Stil der alten Margarethenhöhe weitergeführt?

Seidensticker: Jede Zeit hat ihre eigenen Vorstellungen, ihren eigenen Lebensstil. Es wäre falsch gewesen, in der architektonischen Haltung des historischen Teils zu bleiben. Mein Entwurf sah aber einen weichen, flachen Übergang zum neuen Gelände vor. Neben der alten, sehr feinmaßstäblichen Siedlung von einst sollten keine harten Akzente gesetzt werden.

Also auch heute noch ein deutliches Ja zur damaligen Konzeption?

Seidensticker: Sie ist aus dem Zeitgeist der 50er und frühen 60er Jahre richtig entwickelt worden: Vom Rand her zur Mitte hin höhenmäßig gesteigert; in den ursprünglichen Randgebieten schön gegliedert und aufgelockert.

Hätte man auf die drei achtgeschossigen Häuser nicht ebenso gut verzichten können?

Seidensticker: Diese Häuser waren damals eine Beigabe der Zeit. Die Margarethenhöhe II war eines der ersten großen Aufbauerlebnisse nach dem Kriege. Erstmalig wurden Ziele vorgegeben, die wir vor dem Krieg und während des Krieges nicht kannten.

Aber nicht alle Architektenträume sind gereift.

Seidensticker: Nein, nicht alle. Denn: Obschon die später mitbeteiligten Architekten sich in die Vorstellungen des Entwurfs im wesentlichen eingepaßt haben, wäre es besser gewesen, man hätte dem Entwurfs-Architekten eine Art Oberleitung angetragen. Doch trotz aller Kritik: Man kann in der Margarethenhöhe II auch heute noch ein gelungenes Beispiel für die ersten größeren Nachkriegssiedlungen sehen.

Wurde dieses Beispiel nicht durch wirtschaftlichen Zwang zum Negativen hin verändert?

Seidensticker: Aus wirtschaftlichen Gründen ist es zu einigen unglücklichen Pannen gekommen. So ist das zentrale Heizwerk gegen meinen anhaltenden Widerstand als harte und unmaßstäbliche Bausumme errichtet worden. Das ist eine Narbe in dieser Siedlung. Der später gebaute Selbstbedienungsladen und der Kindergarten am Helgolandring sind dagegen in einstöckiger Bauweise recht gut eingepaßt.

Wie beurteilen Sie in diesem Zusammenhang das Altenheim am Helgolandring?

Seidensticker: Vom Maßstab her ist es auch nicht sehr glücklich. Es ist einfach zu hoch, drängt sich als Baukörper zu stark auf.

Der erste Entwurf für die Siedlung, der ja von Ihnen stammt, sah eine gelockerte Bauweise vor.

Seidensticker: Ich glaube, er ist zwei- oder dreimal überarbeitet worden. Dabei ging es, wie ich schon sagte, um wirtschaftliche Gesichtspunkte, um eine größere Ausnutzung des Baugeländes. Wir Architekten

168

Dr. Ing. Wilhelm Seidenstikker, Architekt und Buchautor: „Bei aller Kritik...

... an einigen Bauformen in den Randzonen ist die Margarethenhöhe II...

... eine Siedlung, die man jederzeit vorzeigen kann."

leiden ja immer wieder darunter, daß nur recht selten unzerredete Entwürfe ausgeführt werden.

Wir sprechen hier bisher von den ersten Abschnitten der Wohnbebauung, die den größten Teil des Geländes abdekken. Ausgespart blieb für lange Jahre der Geländewinkel zwischen Norbert- und Sommerburgstraße. Erst 1981 ist auch dieser letzte Teil der Margarethenhöhe II fertig geworden.

Seidensticker: Leider durch unverhältnismäßig hohe Bauten mit weißen Eternit-Platten und Flachdächern. Die stehen nun neben Putzbauten, die geneigte Satteldächer haben. Ich meine, man hätte hier etwas aus dem Geist, dem Material, den Baumassen und der Dachneigung der Vor-Bebauung hineinnehmen sollen. Diese Kritik gilt auch für das Wohnhochhaus und das vorgelagerte Geschäftszentrum an der Ecke Lührmannwald und Sommerburgstraße. Ich beanstande sie nicht als architektonische Einzelpersönlichkeit, sondern nur im Zusammenhang mit dem Gesamtbild. Man hätte doch auch diese Randzonen aus dem ursprünglichen Maßstab heraus entwik-

keln können. Hier vermisse ich Einfühlsamkeit. Man denkt an die Parzelle und nicht an das Ganze.

Ist der alte Teil der Margarethenhöhe für Sie da ein besseres Beispiel?

Seidensticker: Nun, da haben Sie den Kleinen Markt, ein Zentrum, das den Mittelpunkt ganz deutlich ablesbar macht. So war es ja auch im Wettbewerbs-Entwurf für den neuen Teil der Margarethenhöhe vorgesehen: Die Siedlung wächst in Stufen zur Mitte hoch, zu den drei Punkthäusern auf dem Hügel. Und deshalb widersprach es dieser Auffassung, daß man in die äußeren Randzonen Hochhäuser setzte.

Wenn Sie zusammenfassen − das, was Sie Pannen oder „kleine Sünden" nennen, mit eingeschlossen − wie lautet dann Ihr Urteil?

Seidensticker: Was sich negativ entwickelt hat, sind mehr die Randzonen. Davon und vom störenden Heizwerk einmal abgesehen, ist der Kern der Margarethenhöhe II eine glückliche Lösung, in der Idee und Charakter des Wettbewerbsentwurfs deutlich werden. Eine Siedlung, die man jederzeit vorzeigen kann.

Treffpunkt
Kleiner Markt

Markttag im Sommer 1981. Über die Verkaufsstände hinweg geht der Blick auf das Gasthaus Margarethenhöhe. Es ist Samstagmorgen. In einigen Gärten sind schon Sonnenschirme und Liegestühle aufgestellt. Es grünt so grün...

D er Kleine Markt ist der Treffpunkt der Siedlung. Mittwochs und samstags bauen die Händler ihre Stände auf. Rings um den Schatzgräberbrunnen türmen sich leere Kisten und Kartons. Hier sieht man sich, tauscht die kleinen Beobachtungen des Alltags aus, läßt die Minuten freizügig verrinnen.

Man kennt sich auch auf beiden Seiten der Verkaufsstände. „Schon vom Urlaub zurück? Oder fahren Sie noch?" Der Austausch Ware gegen Geld wird zur freundschaftlichen Begegnung.

Der Kleine Markt ist 1912 eingeweiht worden. Georg Metzendorf, Baumeister der Margarethenhöhe, hatte mit ihm „einen Schmuckplatz von poetischer Stimmung" schaffen wollen. Darüber sind bald siebzig Jahre vergangen, aber die nachbarschaftliche Atmosphäre und der Charme sind geblieben.

Dr. WALTER BUSCHMANN, Landesdenkmalspfleger, Bonn

Margarethenhöhe — ein Gesamtkunstwerk

Als 1909 die ersten Grundmauern für die Gartenvorstadt Margarethenhöhe gezogen wurden, konnte das Kruppsche Siedlungswerk bereits auf eine stolze Bilanz verweisen. Nach den gradlinigen durch Alfred Krupp gegründeten Siedlungen der 1870er Jahre hatte besonders Friedrich Alfred Krupp, nachdem er 1887 die Leitung des Unternehmens übernommen hat-

Dr. Walter Buschmann: „Eine ganz eigenständige Lösung"

te, in Anlehnung an die großen englischen Vorbilder weithin beachtete Siedlungsanlagen geschaffen. Ihre stets hohe Qualität wurde durch das seit 1891 von Robert Schmohl geleitete Kruppsche Baubüro garantiert.

Eigenständige Lösung

Die bis heute erhaltenen, wenn auch leider teilweise erheblich reduzierten Siedlungen Altenhof, Dahlhauser Heide, Emscher-Lippe, Margarethenhof sind hervorragende Dokumente des patriarchalisch geprägten Werkswohnungsbaus im 19. Jahrhundert.

Die Margarethenhöhe in Essen schließt sich an diese Vorbilder an und zeigt dennoch in mehrfacher Hinsicht eine ganz eigenständige Lösung des gleichen Problems. Die Organisationsform als Stiftung, an der zu gleichen Teilen das Unternehmen und die Stadt Essen beteiligt waren, verweist auf die auch bei Krupp nach dem Tod des letzten Fabrikherrn 1902 stattfindende Entpersönlichung des Betriebes. Gleichzeitig wird dadurch aber auch die besonders durch den Gründer der Gartenstadtbewegung Ebenezer Howard betonte kommunale Verantwortung für den Kleinwohnungsbau verdeutlicht. Die durch Rüstungsaufträge in den zwei Jahrzehnten vor dem 1. Weltkrieg stark expandierende Industrie verursachte zur Jahrhundertwende eine sprunghaft steigende Beschäftigtenzahl mit neuen Wohnungsproblemen, die nur in konzertierter Aktion von Industriebetrieb und Kommune gemeinsam bewältigt werden konnten.

Ein großer Wurf

Neben diesen, im Kruppschen Siedlungswerk neuartigen Organisationsformen, beeindruckt die Margarethenhöhe auch durch die zwar noch traditionsgebundenen und dennoch selbständigen Formen in Architektur und städtebaulicher Gestaltung. Hierfür war der 1909 mit der Planung beauftragte Architekt Georg Metzendorf verantwortlich. Der zu dieser Zeit 34jährige Georg Metzendorf gründete seine Architektur auf andere Vorbilder als der einer anderen Generation angehörende und für die früheren Siedlungen verantwortliche nun bereits 54jährige Robert Schmohl.

Metzendorf war beeinflußt von der um 1900 durch Cornelius Gurlitt, Paul Mebes und A. E. Brinckmann wiederentdeckten und propagierten Baukunst und besonders auch der Stadtbaukunst des 18. Jahrhunderts. Metzendorf hatte sich ausgezeichnet durch seine Beteiligung an der Hessischen Landesausstellung für freie und angewandte Kunst, die 1908 auf der Mathildenhöhe in Darmstadt stattfand. Für diese Ausstellung hatte er im Rahmen einer Mustersiedlung, an der sich mit Joseph Maria Olbrich auch einer der bekanntesten Vertreter der entstehenden modernen Bewegung beteiligte, ein Kleinwohnhaus entwickelt, das sich durch harmonische Ausbildung der Gesamtform, sichere Beherrschung des Details und Sinn für die Nutzbarkeit auszeichnete.

Wenn Metzendorf 1909 auf dieser Grundlage mit der Planung und Ausführung einer 50 ha großen, für 16 000 Einwohner berechneten Siedlungsanlage beauftragt wurde, lag darin sicher ein Risiko, aber auch die Chance, einen großen Wurf zu tun. Daß sich letzteres verwirklichen sollte, zeigt die heute noch weitgehend im Originalzustand erhaltene Gartenvorstadt Margarethenhöhe.

Motiv der Abgeschiedenheit

Anders als alle bisherigen Krupp-Siedlungen vermittelt die Margarethenhöhe einen eher städtischen, bzw. kleinstädtischen Eindruck. Dies wird zweifellos durch die von der Stadt durch das tiefe Mühlenbachtal getrennte, auf einer Hügelkuppe von geschlossenen Wäldern umgebenen Lage gefördert, die jedoch auch geschickt in diesem Sinne ausgenutzt wird: Der Hauptzugang erfolgt über eine mächtige, aus Ruhrsandstein gemauerte Brücke, die Häuser sind zum Rand wallartig zu Zeilen zusammengefaßt und öffnen sich an den prägnanten Stellen durch torartige Situationen, Geländesprünge werden nach außen durch massive Stützmauern aus Bruchstein bewältigt.

Das alles will einen langsamen Übergang, eine fließende Verbindung zur Umgebung vermeiden und die Angrenzung der Siedlung aus dem natürlichen Umfeld und aus dem übrigen Stadtkörper analog zu der von Mauern umwehten historischen Stadt bewirken.

Eine gleichartige, an städtischen Vorbildern orientierte Situation findet sich im Innern der Siedlung. Kurzum: Die Margarethenhöhe wird beherrscht von dem Motiv der Abgeschiedenheit und kleinstädtischen Urbanität.

Reizvoller Kontrast

Maßgebend für Siedlungsanlage und Hausgestaltung waren historische Motive, wobei Metzendorf selbst auf die Straßenbilder des 18. Jahrhunderts als Vorbild verwies. Auffallend ist der reizvolle Kontrast zwischen den geometrisch strengeren Platz- und Straßenanlagen am zentralen Marktplatz und den gewundenen Straßenführungen in den Randbereichen. Das erstere war ausdrückliches Planungsziel, während das zweite durch die be-

wegten typographischen Verhältnisse eher erzwungen wurde. Beides zusammen steht jedoch in höchst reizvoller, sich gegenseitig ergänzender Verbindung.

Nur eine Heizstelle

In der Gestaltung der Häuser zeigt sich die in mehreren Bauphasen ablaufende Entstehung der Margarethenhöhe. Die zunächst detailreiche, liebevolle Einzelbehandlung der Fassaden, die mit Lauben, Erkern, Eingangsloggien gegliedert sind, weicht später einfacheren Formen bis schließlich das zwei- bis fünfachsige, zweigeschossige, mit Wohndach versehene Normalhaus das Bild der Siedlung bestimmte. Diese auf Verwendung weniger Grundrißtypen basierende Hausform sollte zugleich auch die angestrebte praktische Brauchbarkeit und Preisgünstigkeit in der Gestaltung zum Ausdruck bringen. Mit der Einhaltung dieser Grundform ging eine lebhafte, erfindungsreiche Detailgestaltung für Lauben und Zwerghäuser, Fenster und Türen einher. Insgesamt zeigen die Straßenbilder eine äußerst glückliche, harmonische Verbindung von Prägnanz oder Einzelformen und Einbindung der Details in das Siedlungsganze.

Das schon bei der Betrachtung des Äußeren der Häuser zu erkennende maßgebliche Gestaltungsmotiv Nützlichkeit und Rentabilität war erst recht bei der Grundrißgestaltung und der Ausstattung zur Geltung gekommen. Bemerkenswert ist besonders das Heizsystem. Mit einer Heizquelle

konnte das ganze Haus geheizt, das Essen gekocht und das Badewasser bereitet werden. Hier erwies sich einmal mehr die für die Wohnungsreformbewegung typische Innovationskraft. Metzendorf hat weiterhin auch Entwürfe für Möbel und sonstige Ausstattung geliefert.

Die Gartenvorstadt Margarethenhöhe muß als ein Gesamtkunstwerk verstanden werden, dessen Planung und Ausführung durch das von Georg Metzendorf geleitete Planungsbüro erfolgte. Sie läßt sich leicht in die Reihe der bedeutendsten Siedlungsanlagen des 19. und frühen 20. Jahrhunderts einreihen. Ihre Qualität wurde noch während der Entstehungszeit erkannt und in zahlreichen zeitgenössischen Publikationen (z. B. Fritz Schumacher 1916, A.E. Buschmann 1913, Richard Klapheck 1928 und 1930) gewürdigt.

Europäischer Rang

Die Gartenvorstadt Margarethenhöhe bildet damit zwar Höhepunkt und zugleich auch Abschluß des Kruppschen Siedlungswerkes, steht aber zugleich auch am Anfang einer Tendenz im Kleinwohnungsbau, die auf einer starken traditionalistischen Basis gegründet war und mit Namen wie Hermann Muthesius, Paul Schmittheuer, Heinrich Tessenow u. a. verbunden ist. Heute läßt sich die Gartenvorstadt Margarethenhöhe aus der Baugeschichtsschreibung nicht mehr wegdenken — sie zählt zu den großen Leistungen mitteleuropäischer Architektur.

Ansichten eines Stadtteils

Vorn TUSEM-Sportplatz und Tennisplatz, dahinter die Schule an der Waldlehne und das grüne Rechteck des Haux-Platzes.

Vorn der Teich im Nachtigallental, darüber der helle Hochbau des Senioren-Hauses „Altenau". Rechts wieder der TUSEM-Sportplatz.

Über das Nachtigallental hinweg ein Blick auf den Teil der Siedlung (Bildmitte), der in den 20er und 30er Jahren gebaut wurde.

Vorn die Pfarrkirche „Zur Heiligen Familie", an der vorbei zum oberen Bildrand die Metzendorfstraße führt.

Nicht jeder weiß . . .

. . . daß es auf der Margarethenhöhe 50 Namen für Straßen und Plätze gibt.

. . . daß die Gartenvorstadt mit 132,68 Hektar 0,68 Prozent der Essener Gesamtfläche bedeckt.

. . . daß es an Langeoog-, Spiekeroog- und Wangeroogeweg 90 öffentlich geförderte Altenwohnungen gibt.

. . . daß die gesamten Grünflächen 15,7 Prozent der Margarethenhöhe ausmachen.

. . . daß es vier praktische Ärzte, eine Fachärztin für innere Krankheiten, eine Kinderärztin, zwei Zahnärzte und drei Kindergärten gibt.

. . . daß zwei Apotheken, zwei Bäckereien, vier Friseure, eine Fahrschule, acht Lebensmittelgeschäfte, zwei Filialen der Stadtsparkassen, eine Bankzweigstelle, eine Drogerie, zwei Textilläden, eine Metzgerei, ein Schuhwarengeschäft, drei Blumenläden, drei Gaststätten (darunter eine mit einem 21-Betten-Hotel), zwei Tabak- und Zeitschriftenhändler, ein Optiker, zwei Wäschereien und einen Wochenmarkt (mittwochs und samstags) zum Angebot gehören.

. . . daß die Einwohnerzahl der Margarethenhöhe seit 1965 gleichbleibend über 8000 liegt. (1. Januar 1981: 8813, davon 3931 Männer und 4882 Frauen).

. . . daß 1914 die Miete für ein Einfamilienhaus mit 100 qm Wohnfläche 50 Mark ausmachte; 1922 auf 72,80 DM stieg, am 1. Oktober des Inflationsjahres 1923 zwanzig Millionen Mark betrug; 1976 mit 248,50 DM bemessen wurde und 1981 (nicht modernisiert) mit 345,– DM.

. . . daß die Umweltbelastungen durch Schwefeldioxyd und Staubniederschläge unter den Essener Werten liegen.

. . . daß 1939 auf der Margarethenhöhe 5311 Menschen lebten; die Zahl im letzten Kriegsjahr auf 2407 sank, im Jahre 1946 auf 7289 stieg und 1952 die höchste Einwohnerzahl mit 10.000 erreicht wurde.

. . . daß die Siedlungsdichte nach dem Stand vom 1. Januar 1981 mit rund 60 Einwohner pro Hektar höher ist, als der Essener Durchschnittswert (31).

. . . daß 4241 Einwohner katholisch sind (48,1%), 3999 evangelisch (45,4%) und 573 (6,5%) sonstigen oder keinen Glaubensgemeinschaften angehören.

. . . daß fast ein Viertel der Bewohner 65 und mehr Jahre alt ist.

. . . daß von 3660 Wohnungen (die nicht der Stiftung gehörenden Wohnungen dazugerechnet) 588 bis zum Jahre 1918 gebaut wurden, 982 zwischen 1919–1948 und 2090 Wohnungen seit 1949 (Stand vom 1. Januar 1981).

. . . daß der Oberbrandmeister Michael Gerhards, Sonnenblick 16, mit mehr als 1.000 Dias die größte private Fotosammlung auf der Margarethenhöhe hat.

Monika und Michael Gerhards

. . . daß durch das Gemeinnützigkeitsgesetz bestimmte Gewerbebetriebe wie Fahrradgeschäfte, Küchenstudios oder Karate-Institute nicht zugelassen sind.

. . . daß 4882 der 8813 Bewohner der Gartenstadt nach dem Stand vom 1. Januar 1981 weibliche und 3931 männliche Einwohner waren.

. . . daß nach einer 1970 veröffentlichten Statistik 54% der Bewohner Angestellte waren, 18,5% Arbeiter und 9% Beamte.

. . . daß bei Zuzügen zur Margarethenhöhe aus dem Stadtgebiet die meisten neuen Bewohner aus Holsterhausen, Frohnhausen, Rüttenscheid, Bredeney und Haarzopf kommen.

. . . daß bei Aufräumungsarbeiten im November 1979 im Gustav-Adolf-Haus eine Kaffeemühle mit großem Schwungrad gefunden wurde und daß dieses Erbstück aus alten Tagen nun dem Ruhrlandmuseum gehört.

. . . daß die ersten Gemeindewahlen nach dem Kriege 1946 auf der Margarethenhöhe folgende Ergebnisse hatten: CDU 46,9%, SPD 30,3%, FDP 7,9%, KPD 7,2% und bei der Landtagswahl 1947 die CDU 37,1% der Stimmen bekam, die SPD 29,2%, die FDP 10,7% und die KPD 11%.

. . . daß die FDP bei der Gemeindewahl 1952 mit 17,2% ihren höchsten Stimmenanteil auf der Margarethenhöhe erreichte, die CDU ihren höchsten Anteil bei der Bundestagswahl 1957 mit 49,7% bekam und die SPD bei der Bundestagswahl 1969 mit 51,3%.

. . . daß bei der Bundestagswahl 1980 die Parteien mit folgenden Prozentzahlen abschnitten (in Klammern zum Vergleich die Essener Gesamtzahlen:) SPD 50,21% (55,17), CDU 32,79% (32,55), FDP 15,5% (10,68), Grüne 0,84% (1,04), DKP 0,24% (0,32).

. . . daß etwa die Hälfte der Einwohner verheiratet ist.

. . . daß die Brücke über das Mühlenbachtal 172 Meter lang und 13 Meter hoch ist.

. . . daß der erste Briefkasten der Margarethenhöhe 1912 in der Steile Straße 24 angebracht wurde.

. . . daß der Vorstand der Margarethe Krupp-Stiftung am 1. März 1920 die Mieter um „sparsamsten Wasserverbrauch ersuchte", weil das Wasser schon 31 Pfennig pro Kubikmeter koste.

. . . daß der bekannte Heraldiker Kurt Schweder aus Essen-Steele ein Wappen des Stadtteils Margarethenhöhe entwarf. Es wird hier erstmals veröffentlicht. Schweder über seinen von Margarethen-Blüten beherrschten Entwurf: „Die gezinnte Rundbogenbrücke weist einmal auf die Brücke über das Mühlenbachtal und erinnert zum anderen mit den Zinnen an die alte Sommerburg." Die hier nicht wiedergegebenen Farben Grün und Gold erklärt er „mit der landschaftlich reizvollen Lage und deren goldige Bewohner".

. . . daß auf der Margarethenhöhe zwei (inzwischen verstorbene) Sportler von internationalen Ruf lebten, die zu den stärksten Männern der Welt zählten. Sie gehörten beide den Vereinigten Kraftsportvereinen Essen 88 an (Gewichtheber). Karl Jansen („Der eiserne Karl") wurde 1935 Europameister im Leichtgewicht, holte bei den Olympischen Spielen 1936 in Berlin die Bronzemedaille und war neunmal Deutscher Meister und Rekordhalter. − Theo Aaldering kam 1950 zur Margarethenhöhe, wurde neunmal Deutscher Meister, war bis 1960 auch Rekordhalter. Sein bestes internationales Ergebnis erzielte er 1958

bei den Welt- und Europameisterschaften in Wien, wo er den vierten und zweiten Platz belegte.

Karl Jansen *Theo Aaldering (rechts) und John Davis*

. . . daß die erste Hebamme auf der Margarethenhöhe Gertrud Boland hieß. Gertrud Boland, geborene Vogt, hatte 1891 den Maurerpolier Georg Boland geheiratet, dessen Firma am Bau der Margarethenhöhe beteiligt war. 1911 zog die Familie in die Straße Hoher Weg 19. Daß hier eine Hebamme wohnte, verriet zunächst die Nachbildung eines Storches im Fenster, später ein gemalter Storch an der Wand neben der Haustür. Als erstes Kind auf der Margarethenhöhe wurde der Familie Wonitzky ein Knabe geboren. Gertrud Boland übte ihren Beruf bis zu ihrem Tod am 4. Dezember 1934 aus.

Gertrud Boland

. . . daß der Aufsichtsrat der Margarethe Krupp-Stiftung für Wohnungsfürsorge elf Mitglieder hat mit dem Oberstadtdirektor als Vorsitzenden; und daß die übrigen zehn Positionen zu gleichen Teilen von der Firma Krupp und der Stadt Essen besetzt werden. Aufsichtsrat 1981 von der Firma Friedrich Krupp GmbH ernannt: Direktor Dr. Erhard Reusch (stellvertretender

Vorsitzender); Direktor Dr. Max-Ernst Beurlen; Geschäftsführer Gerhard Ballhausen; Betriebsratsmitglied Manfred Giesen (ab 22. Mai 1980); Betriebsratsmitglied Hiltrud Wiegand. Vom Rat der Stadt Essen gewählt: Beigeordneter Dr. Eberhard Neumann (Schriftführer); Ratsherr Herbert Herrmann; Gewerkschaftssekretär Joachim Demmler; Michael Doll; Ratsherr Ewald Kleining.

. . . daß Theodor Mönninger (geb. 22.2.1897) das erste Bienenhaus auf der Margarethenhöhe baute und hier 1927 den Imkerverein mitgründete. Mönninger war auch ein weit über Essen hinaus bekannter Züchter von Kanarienvögel. 1976 zeichnete ihn der Imkerverband Rheinland mit der Carl-Schneider-Medaille aus.

Theodor Mönninger

. . . daß am 17. Mai 1916 der Kruppsche Gartenbauverein gegründet wurde und danach 470 Kleingärten auf dem 16 Hektar großen Gelände südlich der Lührmannstraße entstanden.

. . . daß für den 1932 geplanten aber nicht ausgeführten Kirchenbau der evangelischen Gemeinde Margarethenhöhe bereits ein Entwurf vorlag (siehe Zeichnung).

. . . daß in jedem Jahr auf der Margarethenhöhe mehr als 100 Wohnungen modernisiert werden und Heizung und Bad dabei Vorrang haben.

Straßenfeste lebten wieder auf, St. Martin reitet immer noch und immer wieder heißt es: Hallo, Nachbar ... machen Sie mit?

Nicht jeder weiß . . .

. . . daß 1962 beim Abbruch des Stenshofes der seit 1951 als Baudenkmal gesicherte Turm als „Romanisches Haus" entdeckt wurde (der Abbruch des Hofes erfolgte, um die Gruga zum Külshammerweg hin zu erweitern). Der Turm mit einem Grundriß von 6,30 x 10 Meter stammt aus dem 12. Jahrhundert. Als Wohnsitz eines adeligen Dienstmannes war er eines der Steinhäuser an der Nordgrenze der Werdener Abtei. Das Würfel-Kapitell (Foto) gehörte zu einer Fenstergliederung des Romanischen Hauses. Das Material ist Kalk-Sinter aus der römischen Wasserleitung, die aus der Eifel kommend das römische Köln mit Frischwasser versorgte.

. . . daß Heinz Breil aus der Sommerburgstraße 145 anläßlich des Stiftungs-Jubiläums 101 Erinnerungsmedaillen auf seine Kosten anfertigen ließ und an Freunde und Bekannte verschenkte. 101 war die Hausnummer seines Geburtshauses.

Heinz Breil

. . . daß sich die 3660 Wohnungen auf der Margarethenhöhe (Stand 1. Januar 1981) wie folgt aufteilen: 51 mit einem Raum; 318 mit zwei Räumen, 1.177 mit drei Räumen; 1.197 mit vier Räumen; 539 mit fünf; 378 mit sechs und mehr Räumen.

. . . daß Krupp-Wohnungsbau auf der Margarethenhöhe mit 409 Mietwohnun-

gen vertreten ist, außerdem 112 Eigenheime und 52 Eigentumswohnungen und elf gewerbliche Einheiten baute und im gesamten Essener Stadtgebiet 14.065 Wohnungen hat.

. . . daß TUSEM-Präsident Klaus Ostwald (Stellvertreter Klaus Schorn) mit 32 Jahren auch der jüngste Präsident eines Bundesligavereins ist. Die Handballer des Turn- und Sportvereins Margarethenhöhe waren 1979 in die Bundesliga aufgestiegen.

Klaus Ostwald   *Klaus Schorn*

. . . daß Bredeney mit 41,73 Quadratmeter Wohnfläche je Einwohner die Spitze aller 50 Essener Stadtteile hält; Karnap mit 16,49 am schlechtesten abschneidet und die Margarethenhöhe mit 29,94 im Mittelfeld liegt.

. . . daß Goldschmied Max Zeitz sen., Schüler von Elisabeth Treskow, dem Bürgerschützenverein Margarethenhö-

Max Zeitz

he zum Goldjubiläum der Stiftung 1956 die von ihm gefertigte Königskette stiftete (hier ins Bild gerückt von Max Zeitz jun.). Auf dem Wappenschild zeigt sie den Schatzgräberbrunnen. – 1981 brachte Zeitz jun. zur 75-Jahr-Feier der Stiftung eine Silbermedaille heraus. Für

sie wählte er wie sein Vater als Motiv den Schatzgräberbrunnen. Die andere Seite zeigt die Margarethenbrücke 1913.

. . . daß ein Modell der Margarethenhöhe von 1910/11 im Reichstag in Berlin ausgestellt ist.

. . . daß Herbert Lettau (hier 1930 auf dem TUSEM-Sportplatz) schon in den Anfangsjahren des Turn- und Sportvereins Margarethenhöhe die frühen Erfolge auf der Aschenbahn mit erkämpfte.

Herbert Lettau

. . . daß der Name „Gustav Adolf Haus" ein Dank an die Schwedenhilfe ist, die während der französischen Besatzung (1923-1925) auch der evangelischen Gemeinde Margarethenhöhe zugute kam.

. . . daß die ersten Mieter der Margarethenhöhe 1911 ein Rundschreiben erhielten, das sie auf preiswerte Möbelkäufe aufmerksam machte: „Es sind mit verschiedenen Möbelfabrikanten und Schreinereien Abmachungen getroffen worden über zu lieferende solide und schöne Möbelstücke. Wer solche braucht oder haben will, wende sich wegen der äußeren Form... an den bauleitenden Architekten Metzendorf. Jedem Mieter ist damit Gelegenheit geboten, auf die billigste Art zu Möbeln zu gelangen, welche bei praktischer Anlage eine künstlerisch schöne Form haben."

. . . daß Bundespräsident Theodor Heuss 1956 über die Margarethenhöhe sagte: „Für Deutschland war sie das große Exempel, in die Industrielandschaft Behaglichkeit und Anmut hineinzubringen."

. . . daß man mit einer Wartezeit von 12 bis 15 Jahren rechnen muß, wenn man auf der alten Margarethenhöhe eine Wohnung mit dreieinhalb oder mehr Räumen sucht.

. . . daß mehrere Bewohner der Margarethenhöhe schon in der Frühzeit in der Gartenvorstadt geboren wurden, darunter Hugo Dittrich aus der Steilen Straße, der mit dem Geburtsdatum 11.4.1911 die Liste anführt (2. von links).
Aber auch Karl Reuss (ganz links), Hanne Breilmann, Franz Vormbruck, Fritz Heinrich und Siegfried Lettau gehören mit dem Geburtsjahr 1912 noch zu den „Erstgeborenen". Das Foto wurde vor dem Seniorenzentrum „Margarethenhof" an der Wortbergrode aufgenommen.

. . . daß es bei der Margarethe Krupp-Stiftung für Wohnungsfürsorge seit dem Jahre 1915 ein Gästebuch gibt, in das sich unter anderen Margarethe Krupp, Kaiserin Auguste Viktoria, König Ludwig von Bayern, Bundespräsident Theodor Heuss und Königin Friederike von Griechenland eingetragen haben. Das Blatt aus dem Jahre 1915 zeigt unter anderen die Unterschriften von Margarethe Krupp, Oberbürgermeister Holle, Georg Metzendorf.

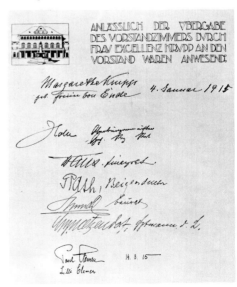

. . . daß der frühere Gondelteich der Gaststätte „Zur Brandsmühle" im Mühlenbachtal einen Sommer lang als Freibad genutzt wurde (1934).

Frühling

*Nun ist er end-
lich kommen
doch
Im grünen
Knospenschuh;
„Er kam, er kam
ja immer noch",
Die Bäume nik-
ken sich's zu."*

**THEODOR
FONTANE**
*(Garten am
Hohen Weg)*

Sommer

*Und dann schlug
es von den
Beeten
wie ein Würzge-
witter her,
Blumen blühten,
Blüten glühten,
tausendfältig,
honigschwer.*

**FRIEDRICH
BISCHOFF**
*(Gärten an der
Winkelstraße)*

Herbst

„Sonne, herbst-
lich dünn und
zag,

Und das Obst
fällt von den
Bäumen.

Stille wohnt in
blauen Räumen

Einen langen
Nachmittag."

GEORG TRAKL
(Das Haus
Waldlehne 1).

Winter

Der Winter ist
ein rechter
Mann,

Kernfest und auf
die Dauer;

Sein Fleisch
fühlt sich wie Ei-
sen an,

Und scheut nicht
süß noch sauer.

MATTHIAS
CLAUDIUS
(Hauxplatz)

Auf-gelesen

**und zeichnerisch mitempfunden
von GERD HÜSCH**

Dünger

„Das Fuhrwesen der Gußstahlfabrik
gibt an Werksangehörige Pferdedünger
unter folgenden Bedingungen ab:

    1 Schubkarre zu 0,40 Mark
    1 Handkarre zu   1.50 Mark
    1 Pferdekarre zu 5.00 Mark"

Aus „Kruppsche Mitteilungen" vom 25. März 1912,
zweiter Jahrgang.

Busch-Feuer

„In große Gefahr begeben sich Pärchen,
wenn sie sich in frühen Morgenstunden,
nachmittags und abends außerhalb der
Wege im Gebüsch aufhalten und dort
lagern. Die infolge der Kaninchenplage
notwendig gewordene Bejagung der unmittelbaren Umgebung der Margarethenhöhe kann so zu schweren Unfällen
durch Schrotschüsse führen!"

Aus dem Mitteilungsblatt
„Die Bürgerschaft" August
1951.

Babelbau

„Ehrlich: Wer hätte Lust, in ein solches
Hausungetüm einzuziehen? Wo sollten
die Bewohner ihre Erholung finden?
Auf zwölf Balkonen übereinander oder
in luftiger Höhe am offenen Fenster?
Für alle weibliche Jugend in diesem Ba-
belbau steht zur abendlichen Verab-
schiedung nur eine Haustür zur Verfügung . . ."

Stellungnahme der Bürger-
schaft im Juli 1952 zu Hoch-
hausplänen.

Ausblicke

„Wenn man früher zur Sommerzeit auf
dem südlichen Ausläufer des Holsterhauser Höhenrückens – in der Nähe des
alten Howarhofes (Hohe Warte) –
stand, so blickte man im Süden, jenseits
des Mühlenbachtals auf ein Meer von
grünen Baumwipfeln, aus dem die Dächer einiger Bergmannskotten und größerer Gehöfte teilweise hervorlugten.
Aus der Tiefe des Tales vernahm man zu
Zeiten das Geklapper der beiden Was-
sermühlen.
Jetzt grüßt von dem ansteigenden Gelände jenseits des Tales die in maleri-
schen Gruppen hingelagerte Gartenstadt herüber, die, an den Seiten um-
rahmt vom Grün der Wälder und den
neuen gärtnerischen Anlagen am Talab-
hange, mit dem hellgrauen Verputz der
Häuser, den dunkelblauen Dachbedek-
kungen und den weißgestrichenen Fen-
sterrahmen und Schornsteinen dem Auge des Beschauers einen reizenden Anblick darbietet."

Aus Essener Wanderbuch
1918 Spaziergang in Essen.

Schläge

„Wir mußten als Kinder zur Kep-
lerschule in Holsterhausen, weil es die
Schulbaracken auf der Margarethenhöhe ja noch nicht gab. Und die Kinder der
Kaulbachhöhe ließen uns nie ungescho-
ren vorbei. Was haben wir da Schläge
gekriegt!"

Heinrich Verdong, der 1913
mit seinen Eltern zur Margarethenhöhe kam.

Klage

„Es ist darüber Klage geführt worden,
daß die Anpflanzungen vor und in der
Stiftung sehr unter dem Spiel und der
Zerstörungswut der Kinder zu leiden
haben. Zum Beispiel sind die an den
Mauern angepflanzten Schlinggewächse
trotz eiserner Schutzkörbe und öfterer
Nachhilfe durch Aufbinden nicht hoch-
zubekommen."

Aus einem Rundschreiben
der Margarethe Krupp-
Stiftung an die Mieter
(1.4.1912).

Rostschutz

„Der Abortdeckel ist nach Gebrauch
hochzuklappen, und die Scharnierbän-
der sind – um Rostbildung zu vermeiden – in angemessenen Zeitabschnitten
mit Maschinenöl zu ölen."

Aus Anweisungen für Mie-
ter vom 8.2.1915.

Märchen

„Es war wie ein Märchen anfangs auf der
Margarethenhöhe. Nur etwa 70 nette
Einfamilienhäuser, ringsherum herrli-
cher Wald mit Wegen, die mit kurz-
geschorenem Rasen bedeckt waren. Im
Walde, für den aufmerksamen Beobachter, allerhand Getier: Rehe, Hasen,
Füchse und vor allem Vögel. Und die
sangen und jubilierten den ganzen Tag.
. . . Zwischen Himmelfahrt und Pfingsten kamen viele Stadtbewohner, um
dem Gesang der Nachtigallen zu lau-
schen. Rechts und links der Brücke sangen sie ihr Lied. Leider ging dieses herr-
liche Konzert immer mehr zurück, als
die Straßenbahn über die Brücke fuhr."

Aus der schriftlichen Erinnerung des Frühbewohners
August Holz an die Jahre
1911 und 1912.

100!

„Zu den besonders vordringlichen Aufgaben gehören der Bau von Garagen
und die Schaffung von Kinderspielplät-
zen. Rund 100 Kraftfahrzeuge gibt es
jetzt schon auf der Margarethenhöhe,
die zum Teil nachts auf der Straße stehen müssen."

Der Bürgerausschuß zum
Jahresende 1952.

Hexerei

„Das Rätsel um ‚Hexe‘, den sechsjährigen Drahthaarfox des Josef Marschang von der Sommerburgstraße, ist gelöst: Der Hund hatte mehrfach allein den Weg von der Margarethenhöhe zur Innenstadt zurückgelegt, um sein ‚Frauchen‘ in ihrem Geschäft zu besuchen. Erstaunt war man immer über die Rekordzeit, in der der Hund die Strecke zurückgelegt hatte. Aber nun ist es heraus: Der Hund fuhr unbeobachtet mit der Straßenbahn.“

Aus dem Mitteilungsblatt „Die Bürgerschaft“ Dezember 1954.

Bärendienst

„Es war am 24. Mai 1922. Eine Zigeunertruppe mit Affen und Tanzbären kam zur Margarethenhöhe. Die Bären tanzten auf dem Kleinen Markt zu den Schlägen eines Tamburins. Plötzlich scheute das Pferd, das vor der Metzgerei Finkensiep stand und raste in einem Höllentempo mit seinem Wagen die Steile Straße hinab, stieß gegen die Hauswand an der Ecke Rosenweg, der später in Trautes Heim umbenannt wurde, jagte weiter und stürzte dann die Treppe am Brückenkopf hinunter. Der Wagen überschlug sich, das Pferd blieb wie durch ein Wunder unverletzt. Als einige Zeit später eine Kutsche mit zwei Pferden ebenfalls die Treppe hinabstürzte, ging es dieses Mal nicht so gnädig ab. Nun brachte man unter dem Torbogen Sperrpfosten an.“

Hanne Breilmann (68) erinnert sich.

Kindheit

„In meiner Kindheit ging es auf der Margarethenhöhe schlichter und rustikaler zu – wie auf dem Lande. Da kamen die Haarzopfer mit fünf Mark in der Tasche und einer Schubkarre zum Konsum. Es war nicht so vornehm wie heute, wo einer mit dem Auto vorfährt, um für 20 Pfennig Petersilie zu kaufen.“

Aus den Erinnerungen des 75jährigen früheren Schreinermeisters Friedrich Wiechmann aus der Metzendorfstraße 38 c.

Trautes Heim

„Als es 1929 nach der Eingemeindung von Werden hieß, der Rosenweg würde in ‚Trautes Heim‘ umbenannt, weil Werden auch einen Rosenweg hatte, hatte ich mich sehr geärgert. Ich bin 1912 im Rosenweg geboren. Die Leute sagten: ‚Das erste Röschen vom Rosenweg.‘ Und weil ich mich über die Namensänderung sehr ärgerte, malte ich ein Schild, auf dem stand: ‚Glück allein‘. Das hängte ich unter den neuen Straßennamen. Jetzt hieß es also: ‚Trautes Heim – Glück allein‘. Die Leute sahen, lachten, staunten.“

Hanne Breilmann

Wasserkur

„Alles mit Vernunft essen und trinken, jeden Morgen acht Schluck klares Wasser genießen, 40 Zentner Kohlen in den Keller schaufeln. Es ist kein Kunststück, alt zu werden.“

Rudolf Schwenger aus der Metzendorfstraße, als er 85 wurde.

Vorschau

„Wie wird es wohl sein, wenn die Kinder, die dann erwachsene Menschen sind, das 75jährige Bestehen der Margarethenhöhe feiern? Ob dann noch Festzüge durch die Straßen ziehen? Schreitet die Technik in dem Tempo fort, dann werden wir 1981 schon eine fahrplanmäßige Verbindung zu den Sternen und zum Mond haben.“

Friedrich Quint, Mitglied der Bürgerschaft, 1956 beim 50jährigen Bestehen der Margarethenhöhe.

Kaulquappen

„Wir lebten in ständiger nachbarlicher Fehde mit den Kindern von der Kaulbachhöhe, die wir ‚Kaulquappen‘ nannten. Die Hügel am Hohlweg hatten wir numeriert. Bei Auseinandersetzungen hieß es dann: ‚Schnell hinter den dritten Lehmberg!‘“

Erinnerungen von Klara Felmede, Im Stillen Winkel 44.

Eindrücke

„Wir schritten zwischen grünen Hecken, darin die Finken lärmten, einen breiten Weg entlang, der uns rechts nach wenigen Schritten den Blick auf das Werkhaus öffnete. In der Ferne bimmelte die Straßenbahn wieder ins Tal hinab; Kinder spielen ein ungefährliches Spiel mitten auf dem Fahrdamm. Es ist einsam hier; die Großstadt ist versunken.“

Die Zeitschrift „West-Woche“ 1928.

Einmal
Tälerweg und zurück

Seit dem frühen Morgen fällt Regen aus dem Sommerhimmel. Das Pflaster am Brückenkopf glänzt. Von der „Halben Höhe" kommt ein Bus der Linie 157, schwenkt in die Sommerburgstraße ein.

Ein Pfad führt nahe der Brücke ins Mühlenbachtal. Früher war dies auch der Weg zur Bahnstation Margarethenhöhe – bis zum 30. Mai 1959; danach gab es keinen Personenverkehr mehr auf der Strecke Rüttenscheid–Heißen.

Nur wenige Spaziergänger sind an diesem Morgen unterwegs. Durch das Grün sieht man einen Streifen verrosteter Gleise. Vor neunzig Jahren haben französische Kriegsgefangene beim Bau der Strecke Erdreich und Schotter bewegt. 1872 sind Kohlen von der Zeche Langenbrahm zum erstenmal hier vorbeigerollt.

Kundiger Führer: Heimatforscher Hugo Rieth an der alten Ziegelmauer.

Reste einer rotbraunen Ziegelmauer lehnen gegen den Erdwall am Weg. Aus dem verwitterten Mörtel wächst Gras. Als 1910 der Bau der Brücke und der Margarethenhöhe begann, hat man auf der Plattform Baumaterial abge-

laden, das die Eisenbahn ins Tal brachte.

Von links mündet der Schleifkottenweg in den Pfad. Sein Name erinnert an die alte Ölmühle im Mühlenbachtal, von der alle Spuren verweht sind.

Damit Wälder und Täler noch lange erhalten bleiben: Hier ist Landschaftsschutzgebiet.

Schleifkottenweg, Höhenpfad, Nachtigallental. Weiter oben sieht man durch Baumlücken die Häuser „Im Stillen Winkel". Es regnet jetzt stärker. Die Blätter des Bergahorns, der Linden, der amerikanischen Roteichen und Buchen schützen nicht mehr. Spaziergänger haben sich ihre Kapuzen ins Gesicht gezogen.

Durch dieses Tal sind schon vor einigen hundert Jahren Menschen gestreift. Knechte und Mägde der Bauernhöfe, die das Heu von den Wiesen holten oder die frischgemolkene Milch im kalten Wasser der Kreuzenbecke kühlten. An den Hängen wurde nach Kohle gegraben; hier und im benachbarten Mühlenbachtal.

Morgenstimmung: die Kreuzenbecke im Nachtigallental. Oberhalb des Tals siedelten sich die ersten Bauern an.

Den alten Steinbruch hat man nach dem 2. Weltkrieg (1939-1945) mit dem Trümmerschutt der Luftangriffe aufgefüllt. Wenn die Bäume ihr Laub abwerfen, kann man von oben das historische Dreiländereck sehen. Die Gebiete der Herrschaft Broich, der Abteien Essen und Werden stießen dort zusammen.

Eine Narbe mit aufgeworfenem, aber längst bewachsenem Erdreich durchzieht den Waldhang. Hier soll sich in den ersten Apriltagen 1945 eine Abteilung des Volkssturms eingegraben haben, weil amerikanische Truppen von Karnap und Kettwig her auf die Stadt vorrückten.

Kriegsspuren auch in der Nachbarschaft. Ein alter, jetzt verfüllter Luftschutzstollen; schnelle Zuflucht, wenn bei Überraschungsangriffen der Weg zum Bunker am Hohlweg zu gefährlich war.

Der Regen hat aufgehört. Es ist die Stunde der Sonne. Wo sie den Talweg erreicht, dampft die Erde. Am Weg ein kleiner Brunnen, eingefaßt mit Steinplatten. In den ersten Nachkriegsmonaten, als die Wasserrohre noch zerstört waren, sind die Frauen mit Eimern zur Quelle und dann wieder den Hang hinaufgegangen.

Der Pfad steigt an, führt später abwärts zum Karpfenteich. Der Halbachhammer liegt im Blickfeld. Lange Jahrhunderte hat er an der Sieg gestanden. Die 80 Zentner schwere Hammerwelle, angetrieben vom Wasserrad; dazu der Bär (Hammer), der mit einem Eigengewicht von sechs Zentnern auf das glühende Eisen fällt. Ein technisches Kulturdenkmal. Gustav Krupp hat es 1936 der Stadt Essen geschenkt. Es sollte das erste Beispiel eines „Industriepfades" rings um die Margarethenhöhe sein. Eine Nagelschmiede, eine Eisenschmelze waren als weitere Denkmäler gedacht. Doch es blieb bei den Plänen. Auch der von Hugo Rieth vorgeschlagene Naturlehrpfad verstaubt irgendwo als Aktennotiz.

Brunnen im Nachtigallental: 1945 holten Hausfrauen hier ihr Wasser.

Die ältesten Holzteile des Halbachhammers sind aus dem 18. Jahrhundert. Andere Stücke mußten schon früher erneuert werden.

Karpfenteich: Stockenten, Schwäne und Teichhühner gleiten über das Wasser. Unter der großen Trauerweide stehen drei junge Männer. Mit ihren elektronischen Sendegeräten steuern sie die Fahrt der pfeilschnellen Modellboote.

Neben dem Friedhofseingang hat Efeu die Scheunengrundmauern des früheren Hofes Altena überwuchert. Jahrhunderte begegnen sich.

Nichts verhüllt mehr das Sonnenlicht. Es bricht sich in den leichten Wellen des Teiches. Von Süden strömt die Kreuzenbecke talabwärts. Erdreich hat das Wasser hellbraun gefärbt.

Den Weg wieder zurück. Bis zu der Stelle, an der das Nachtigallental ins Mühlenbachtal mündet. Ein Tal der Kleingärten, durch das der kanalisierte Mühlenbach und der rostige Schienenstrang der Eisenbahn führen. Ein Sportfeld, ein Tennisplatz neben den Häusern aus schwerem Steinbruch. Wo heute Tennis gespielt wird, war einst der Mühlenteich der Borgsmühle.

Inschriften erinnern an die Vergangenheit: über dem Eingang der früheren Mühle steht mit der Jahreszahl 1786 der verwitterte Spruch:

„Glück zu, Meister und Gesellen
Ihr wollet die Muehle recht stellen
Und arbeiten mit Fleisz
Davon hab ich Lob und Preisz
Schön Dank, mein lieber Mahlgast
Was Du zu mahlen hast
Wir wollen alles machen recht
Ich und mein getreuer Knecht."

Die 1910 stillgelegte Mühle ist heute Wohnhaus — wie alle anderen Gebäude auch. Rote und weiße Rosen sind die Giebel hochgewachsen. 1848 hat Theodor Siepmann hier die Müllerstochter Anna Catharina Borgsmüller gefreit. Eine Inschrift im Sandstein mit zwei ineinandergelegten Händen hat das Ereignis festgehalten. Und dazu das Wort: „Wer auf Gott vertraut, hat wohl gebaut."

Brandsmühle im Mühlenbachtal:
1937 stürzte das Mühlenhaus ein; die Mühle verfiel.

Über die Wickenburgbrücke auf die andere Seite des Mühlbachtales: Schlichte Wohnhäuser, aber auch Villen sind am Hang hochgebaut worden, eingesäumt von den alten Heuwegen der Holsterhauser Bauern. Über diese Wege brachten sie ihr Vieh auf das Wiesen- und Weideland.

Einige hundert Meter voraus überspannt die Margarethenbrücke das weite Tal, nördlicher Zugang zur Margarethenhöhe. Georg Metzendorf hat die Brücke 1910 entworfen und gebaut.

Hinter der Brücke Kleingärten und der große Kindergarten des Klinikum. Vor einigen Jahrzehnten hätte man zu dieser Stunde einige hundert Stimmen gehört; auf den Kaffeeterrassen der Gaststätte „Zur Brandsmühle" und auf dem Gondelteich. Und noch weiter zurück, beurkundet schon 1406, stand hier die Brandsmühle, benannt nach der Familie Brandes, die Pächter von Mühle, Acker und Wald war. Das Gut gehörte der Werdener Abtei. Der Abt von Werden hatte es für die Höfe der Bauernschaft Rüttenscheid bauen lassen. Und die Bauern waren verpflichtet, ihr Korn hier zu mahlen.

Wie in die Borgsmühle der Essener Äbtissin, so heiratete auch in die Mühle des Abtes ein Bauernsohn ein. Er kam vom Hülsmannshof und fügte seinem Namen an: „... genannt Brandsmüller".

1905 hat die Stadt Essen die Mühle mit ihren 55 Morgen Land und 15 Morgen Hochwald aufgekauft, Gelände für die ersten Bauten des Städtischen Krankenhauses.

1922 läßt der Gastwirt Louis Vignold das bäuerliche Wohnhaus abreißen. Er baut an dieser Stelle sein Restaurant „Zur Brandsmühle". Das Mühlenhaus mit dem großen Wasserrad ver-

Der Straßenname erinnert an die Vergangenheit des Tales.

fällt. 1937 stürzt es ein. Die Bombenangriffe des 2. Weltkrieges zerstören die Gaststätte. Und als der Krieg vorbei ist, wird auch der Gondelteich zugekippt. Schutt gab es genug. Heute überragen die Hochbauten des Klinikum diesen Teil des Mühlenbachtales. Der alte Hohlweg, der an ihnen vorbei von Holsterhausen ins Tal führt, ist geblieben.

Hinter der Eisenbahnunterführung öffnet sich weit das Tal der Sommerburg. Spaziergänger gehen im Schatten hoher Buchen. Am östlichen Hang die Überreste einer Abwasseranlage. Sie gehörte zur Lührmannstiftung. Auch die Sommerburg, die sich vom Hohlweg zur Lührmannstraße hin hochzieht, hat die Erinnerungen an den Krieg längst unter neuem Grün begraben. Trüm-

Am Morgen, wenn die ersten Sonnenstrahlen durch das Geäst dringen, ist noch Stille in den Tälern der Margarethenhöhe.
Frühe Spaziergänger am Sommerburgteich; Schwäne im Nachtigallental – Am Abend zum Treffpunkt Bauer Barkhoff.

190

merschutt füllte die Bombentrichter.

Am Goldfischteich füttern Kinder die Schwäne auf dem schmutzig-trüben Wasser. Und da ist man schon in der Nachbarschaft des Ortes, der vor bald tausend Jahren die Sommerburg des Grundherrn von Rüttenscheid war; zwei Erdhügel nahe der Lührmannstraße, einst umgeben von Wasser und Holzpalisaden.

Auf einem der Hügel stand der hölzerne Wohnturm, zwei oder drei Stockwerke hoch. Diese mittelalterlichen Burgen des kleinen Landadels hießen „Motte" (französisch „la motte" – Erdhügel).

Nur die bewachsenen Hügel blieben erhalten. Und eine Sage. Es ist die Sage von der Sommerburg. Eine Geschichte von Liebe, Leid und einem großen Schatz. Und von den mißglückten Versuchen der Menschen, diesen Schatz zu heben.

Ein Findling als Wegweiser.

Die Wälder rings um die Margarethenhöhe haben ihre Geschichte. Und ihre Geschichten. Man kann sie sehen, greifen, nacherzählen. Am besten, wenn es demnächst wieder heißt: Einmal Tälerweg und zurück!

Die Schöne von der Sommerburg
ertränkte sich im Weiher

*„Und die Rüttenscheidter
Glöckli,
die haben schönen Klang.
Und die Stein-Actionäre,
die machen keinen Fang."*

Ein Spottvers. Erschienen ist er am 25. Mai 1862 in der „Essener Zeitung". Er rührt an eine Sage, die man sich schon seit Jahrhunderten an langen Winterabenden auf Rüttenscheids Bauernhöfen und Kotten erzählte. Aber der Spott sollte nicht die Sage treffen, sondern das vergebliche Bemühen der Menschen, den unter einem riesigen Stein vermuteten Goldschatz zu heben. Auch der Schatzgräberbrunnen auf dem Marktplatz der Margarethenhöhe erinnert daran.

Schon am 7. Mai 1862 hatte die „Essener Zeitung" geschrieben: „In jüngster Zeit bildete sich hier eine Actien-Gesellschaft unter dem Namen ‚Großer Stein', deren Zweck es ist, im Interesse der Wissenschaft Nachgrabungen in der Umgebung des ehemaligen Schlosses Sommerburg . . . in Rüttenscheid zu veranstalten."

Die genannte Gesellschaft, so hieß es weiter, wolle in nächster Zeit „die Hebung eines bei der Ruine des Schlosses befindlichen Steines, eines Denkmals grauer Vorzeit . . . vornehmen. Der erwähnte collossale Stein ist das Produkt eines fernen Landes, geheimnißvoll, wie er dorthin geschafft, birgt er auch seine Geheimnisse und man sieht deshalb mit großer Spannung dem Resultate seiner Hebung entgegen. . . "

Die Schatzsucher des Jahres 1862 haben noch — wie andere vor ihnen — das Gold in der Erde gesucht; die Sommerburg-Besucher des Jahres 1981 sind Spaziergänger. Ihr größter Schatz ist die Erholung auf den Waldwegen. Sie sehen nahe der Lührmannstraße auf der Nordseite zwei flache Hügel. Auf dem kleineren hat vor 1000 Jahren ein Wohn-

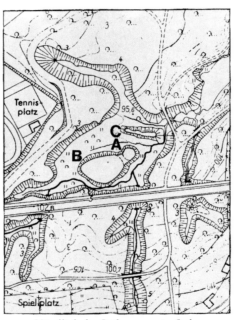

Nördlich der Lührmannstraße lag die Sommerburg: A = Hauptburg, B = Vorburg, C = Wall.

turm aus Holz oder Fachwerk gestanden. Beide Hügel waren umflutet und durch Palisaden geschützt. So schließen Heimatforscher aus dieser und aus vergleichbaren Anlagen. Hugo Rieth in seiner 1970 erschienenen

Arbeit „Der Ursprung von Rüttenscheid — Sommerburg und Romanisches Haus": „Da um 970 Frithuric Grundherr von Rudenscethe (Rüttenscheid) war, kann auch nicht mehr daran gezweifelt werden, daß er diese Motte bewohnte. Der Ursprung der Bauernschaft Rüttenscheid wäre damit gefunden." („La motte" — Erdhügel).

Daß es sich hier um eine ehemalige mittelalterliche Burg (Motte) handelt, bestätigt auch Professor Dr. Walter Jansen, der frühere stellvertretende Direktor des Rheinischen Landesmuseums Bonn. Aber die Frage, warum man nicht mit wissenschaftlichen Grabungen die Wissenslücken ausfüllt, beantwortet er so: „Warum sollten wir die natürliche Umgebung durch Grabungen verändern. Es ist besser, die Motte in ihrem jetzigen Zustand zu belassen; es sei denn, die Anlage wäre gefährdet."

So bleiben also die letzten Geheimnisse bewahrt, und nur die Sage wird weiterleben. Und so wie sie von Hof zu Hof, von Generation zu Generation getragen wurde, veränderte sich auch die Geschichte um den versunkenen Schatz.

Sage 1

Ein Ritter kehrt mit einer schönen Orientalin von seinem Kreuzzug ins Heilige Land an die

Ein Wohnturm aus Holz oder Fachwerk (Hauptburg) auf dem kleineren der umfluteten Hügel — so könnte die Sommerburg ausgesehen haben (Zeichnung Rieth).

Dieses Luftbild zeigt die Lage der Sommerburg, heute noch durch Erdhügel erkennbar. Vorn der Erdwall, dahinter Haupt- und Vorburg. Die helle Fläche ist der TUSEM-Sportplatz; rechts daneben liegt die Schule an der Waldlehne. Durchschnitten wird das Waldgelände von der Lührmannstraße.

Ruhr zurück. Die Schöne hat Heimweh nach der fernen Heimat. Da baut ihr der ritterliche Gemahl eine Sommerburg, die so aussieht, wie das Haus, in dem sie früher lebte. Aber die Schwermut bleibt. Die heimwehkranke Orientalin ertränkt sich im Weiher vor der Burg.

Sage 2

Auf dem Grunde des großen und tiefen Teiches nahe der Sommerburg liegt ein kostbarer Schatz unter einem mächtigen Felsblock. Der gräfliche Burgherr hat ihn in Kriegszeiten dort versteckt und dazu die goldene Spindel der Gräfin. Ein böser Zauber hält den Schatz fest. Niemand kann ihn heben. Dann versucht es ein habgieriger Bauer mit 40 Pferden und 20 Knechten. Eine Kette wird um den Felsbrokken gelegt; die Pferde ziehen an, der Steinriese bewegt sich. Plötzlich aus der Tiefe „eine Stimme voll Wut und Zorn. . . . Das Wasser spritzt turmhoch auf, und mit einem dumpfen Fall sank der Stein tiefer in den Grund, so daß Menschenaugen ihn niemals wieder erblickten."

Sage 3

Sie wurde 1913 von dem Heimatschriftsteller Th. Bramkamp niedergeschrieben:

„Es ist lange her. In der Sommerburg trieben sich Wölfe und Bären herum. Im Winter kamen sie sogar bis an die Häuser und schnappten die Kinder von der Straße weg. Aber vor einem hatten sie Angst und das war der junge Graf aus der Sommerburg. Stark war er wie ein Baum und Knochen hatte er wie ein Pferd.

Die Weiber und die Mannsleute rissen Nasen und Mäuler auf, wenn er mit seinem Hengst durch die Wiesen ritt.

Eines Tages mußte er in den Krieg. Ein paar Jahre ist er sicher ausgeblieben. Als er zurückkam, brachte er sich eine schöne junge Frau mit. Ein paar Augen hatte sie – und Haare, so schwarz wie Kohlen. Aber fremde Blumen wachsen nicht gut in unserer Gegend. In der ersten Zeit ging alles gut. Im Sommer ritten sie jeden Tag zusammen aus, aber als die Herbsttage kamen, da hörte es auf einmal auf. Was zwischen den beiden vorgefallen war, wußte kein Mensch. Wohl erzählten sich die Mägde und Knechte, daß die Gräfin jeden Tag in der Kammer weinte, daß sie immer traurig am Fenster stand, wo des Mittags so nett die Sonne hereinschien und daß sie den Schwalben und Staren nachschaute, als diese nach dem Süden zogen.

Eines Tages war die Gräfin fort. Ihren Brautschatz, ein goldenes Spinnrad und ein Kessel voll Gold und Perlen, hatte sie mitgenommen. Der Graf lief wie verrückt herum, aber es war zu spät. Wo unten im Tal eine Wiese an ein Wäldchen stößt, war die Gräfin in den Sumpf gesprungen.“

Es gab noch andere Geschichten um die geheimnisvolle Sommerburg: schwarze Katzen, die auf Pferden davonsprengten; Irrlichter über dem versunkenen Goldschatz. Wer will es also der geschäftstüchtigen Actien-Gesellschaft des Jahres 1862 verdenken, daß sie bei dieser Vorrekla-

Zeitungsanzeige 1862: Mit Festball und Feuerwerk wurde im Sommerburg-Wald gefeiert. „Ist dies der geheimnisvolle Stein, das Wunder der Urwelt . . .?“

me vor allem den Schatz in den Geldbörsen der Essener und Rüttenscheider Bürger zu heben gedachte. In der „Essener Zeitung" vom 18. Mai kündigt eine Anzeige an:

„Großes Fest zur Hebung des großen Steines in der Sommerburg bei Essen am 21. und 22. Mai 1862.

PROGRAMM

Am Vorabende: Ankündigung des Festes durch Böllerschüsse.

An beiden Festtagen — nachmittags von 2 Uhr ab: Concert im festlich dekorirten Zelte; Besichtigung des großen Steines.

Festball an beiden Tagen. Feuerwerk.

Die Musik wird ausgeführt von der wohllöblichen Berg-Capelle unter Leitung und Mitwirkung des Herrn Helfer."

Fünf Silbergroschen kostete der Eintritt zum Konzert. Wer auch noch den Ball im Festzelt besuchte, zahlte fünf Silbergroschen drauf.

Und am Kettwiger Tor standen Wagen für die Fahrt zum Festzelt an der Sommerburg bereit.

Wie sehr gerade die Gastwirte am Gelingen des Festes interessiert waren, zeigten die unter der Zeitungsanzeige veröffentlichten Namen: Strünk, Hüttemann, Beckmann, Stens, Sprungmann.

Was nun aus den beiden Festtagen und dem großen Stein wurde,

berichtete die „Essener Zeitung" am 25. Mai:

„Wir sahen den Wald mit seinen grünen Zweigen, — sahen ein luftiges, prächtig decorirtes, zum Walde umgewandeltes Zelt, hatten Gelegenheit die Leistungen des Essener Bergmusik-Corps zu bewundern, auch nebenbei den duftenden Kaffee, Soda-, Selters-

Kleiner Markt im Jahre 1914: Der Schatzgräberbrunnen von 1912 knüpft an die Sommerburg-Sage an.

und Zuckerwasser, Reben- und Gerstensaft zu genießen, doch wir wollten ja der Hebung des großen Steins, dem Zwecke dieses Festes, beiwohnen.

Im Waldeswinkel, auf Rasen gebettet, zeigt man uns diesen Stein-Coloß. Doch, was ist's? Ist dies der geheimnisvolle Stein, das Wunder der Urwelt, an den sich Geister- und Spukgeschichten knüpfen? Nein, es sind ein paar Steinstücke — winzige Brocken, kaum der Rede werth und vielleicht durch Zufall dorthin gekommen, und das, du verehrliches Publikum, ist der große Stein — die Ursache des Festes.

Jedes Ding hat seinen Zweck und da mag es uns denn auch vergönnt sein, unsere unmaßgebliche Meinung auszusprechen, daß das große Fest nur veranstaltet wurde, um den Bewohnern respective der hervorragenden Klasse Rüttenscheidts ein Seitenstück zur Bredeneyer Kirmes zu liefern."

Doch der Spott hat die Veranstalter nicht abschrecken können. Sie setzten das Wald-Vergnügen mit Nachfeiern fort und beließen das Geheimnis, wo es war: Irgendwo in den Tiefen des Weihers. Und es war nicht der letzte Versuch, die alte Sommerburgsage zum Vorwand für eine Feier zu nehmen. Hugo Rieth schrieb darüber: „Bis um die Jahrhundertwende knüpften die Bewohner von der „Buschkante", also die Bauern und Kötter von Holsterhausen, an das Unternehmen der mißglückten Schatzsuche den fröhlichen Brauch, an einem Vollmondabend im Mai in den Sommerburgwald zu ziehen, um dort einige symbolische Spatenstiche zu machen. Im übrigen veranstalteten sie eine lustige Feier, die bis zum Morgen gedauert haben soll. Ein Gesangverein war mit von der Partie."

Heute sieht man in den Vollmondabenden des Monats Mai andere fröhliche Bräuche auf den Bänken des Teiches. Und sollte jemand das Wort „Schatz" hören, dann ist wohl nicht der gemeint, der immer noch tief in der Erde vermutet wird.

Abends auf die Brücke zum Konzert der Nachtigallen

Der Freizeitverkehr dringt in alle Winkel. Autos werden in Wäldern geparkt; Lärm und Abgase schaden Tieren und Pflanzen. Auch in den Waldtälern rings um die Margarethenhöhe ist es längst nicht mehr so, wie in den früheren Jahren der Gartenvorstadt. Teiche verschlammen, Tierarten werden verdrängt. „Der Freizeitdruck", so Professer Stern von der Unsiversität Essen, „schadet der Natur".

Bei der Zahl der Vogelarten sind zwar, wie Vogelkenner Werner Degenhardt nach zahlreichen Beobachtungsgängen feststellte, seit 1967 „keine wesentlichen Veränderungen eingetreten". Doch wer die Liste über die Vögel der Margarethenhöhe von 1951 einsieht, wird einige Namen heute nicht mehr finden. Neuntöter, Wendehals und Nachtigall sind Beispiele dafür.

„1911 und 1912", so erinnerte sich vor Jahren einer der ersten Bewohner der Margarethenhöhe, „traf man sich zwischen Himmelfahrt und Pfingsten abends auf der Brücke. Aus den Tälern hörte die Menge den Gesang der Nachtigallen."

Aber auch damals hieß es schon: „Mit der Zunahme des Brückenverkehrs und vor allem durch die quietschenden Geräusche der Straßenbahn, deren Endstation später am Brückenkopf war, wurde den Nachtigallen der Nistplatz verleidet. Sie zogen sich in stillere Waldgegenden zurück." Der Jagdschutzbeauftragte Martin Freimuth sagt, 1951 habe es noch eine größere Zahl von ihnen im Nachtigallental gegeben. „Zuletzt waren sie nur noch an der alten Mühle, unterhalb des Krematoriums im Mühlenbachtal."

Ein regelmäßiger Beobachter der Vogelwelt ist Werner Degenhardt vom Ornithologischen Arbeitskreis. Er zählte 38 Brutvogelarten von 1967 bis 1971 auf dem Südwestfriedhof und im benachbarten Nachtigallental. Degenhardt notiert nach Gehör und Beobachtung von April bis Anfang August. Meist ist er morgens von 4-8 Uhr unterwegs. Er sagt: „Für einige Vogelarten, die vor allem abends singen, so Rotkehlchen, Singdrossel und Amsel, eignen sich noch besser die Abendstunden."

Der Vogelkenner beobachtet nicht nur, was im Zählgebiet brütet. Auch Gäste wie Mauersegler, Schwalben, Turmfalken und Bachstelzen kommen auf seine Liste. Die Vogeldichte hat er auf dem Südwestfriedhof mit 20 bis 25 Paaren je Hektar festgestellt, und die Summe aller Beobachtungen auf einer 12,7 Hektar großen Teilfläche des Friedhofs führte zu dieser Häufigkeitstabelle:

Auf Platz eins kommt die Amsel, auf Platz zwei die Heckenbraunelle und dann folgen Rotkehlchen, Feldsperling, Star, Kohlmeise, Grünfink, Buchfink.

Werner Degenhardt schätzt, daß in der Garten-Park-Landschaft Margarethenhöhe, in der Nähe der Häuser, etwa fünfzig Vogelarten brüten. Hugo Rieth vom Ruhrlandmuseum gab 1953 noch sechzig Arten an. Er hatte in den 50er Jahren auch die Nistplätze ermittelt:

— In der Sommerburgstraße beobachtete er zum Beispiel Dohlen, Mauersegler und Buchfinken.

— Im Nachtigallental Dompfaff, Goldammer, Bachstelze, Grauschnäpper, Zaungrasmücke.

— Auf dem Südwestfriedhof den Kuckuck (der aber auch im Nachtigallental auf der Suche nach Nistgelegenheiten zu hören ist).

— Auf den Teichen die Stockente, das grünfüßige Teichhuhn, als Wintergäste gelegentlich das Bleßhuhn und den Zwergtaucher.

— Am Kleinen Markt die Ringeltaube.

Wintergäste waren auch Bergfink und Rotdrossel im Nachtigallental und an der Sommerburg. Der Seidenschwanz hielt sich in der kalten Jahreszeit an der Bahnlinie des Mühlenbachtals auf. Und bei den sogenannten „Durchzüglern" notierte Rieth: Erlenzeisig an der Sommerburg, Misteldrossel und Wacholderdrossel im Nachtigallental, Waldschnepfe auf dem Südwestfriedhof.

Diese Beobachtungen aus den 50er Jahren werden von dem Jagdschutzbeauftragten Martin Freimuth ergänzt: Er erinnert sich an Rebhühner an der alten Flakstellung (heute neuer Teil der Margarethenhöhe), an Schwarzspechte am Schliepkotten, an den Baumläufer in den alten Weiden des Nachtigallentals, an den Großen Buntspecht am Bunker nahe dem Hohlweg, der aber noch im Winter 1980/81 zur Fütterung kam.

Martin Freimuth: „Unwiderruflich verloren scheint der Steinkauz, der um den Spielkampshof herum stand. Als ein Barfrost Anfang der 60er Jahre den Spannerflug verhinderte, sind die Steinkäuze verhungert. Im Januar hatte ich noch 19 Exemplare gezählt."

Die jüngste Liste über Vogelarten rund um die Margarethenhöhe hat die Jugendgruppe des Naturschutzbundes Ruhr e.V. (Deutscher Bund für Vogelschutz) für dieses Buch zusammengestellt. Die Gruppe ermittelte:

Leben am Teich im Nachtigallental: Bei den Stockenten gab es Nachwuchs. Naturschützer beklagen, daß die Teiche der Margarethenhöhe immer mehr verschlammen. Hugo Rieth und Martin Freimuth empfehlen einen Schilfgürtel als Uferbefestigung.

Ständige Brutvögel:

Amsel	Kohlmeise
Bachstelze	Kuckuck
Blaumeise	Mauersegler
Buchfink	Mehlschwalbe
Dohle	Mönchsgrasmücke
Eichelhäher	Misteldrossel
Elster	Rauchschwalbe
Fasan	Ringeltaube
Feldsperling	Rotkehlchen
Fitis	Schwanzmeise
Gartenbaumläufer	Singdrossel
Gartenrotschwanz	Star
Gebirgsstelze	Stieglitz
Gimpel	Stockente
Girlitz	Sumpfmeise
Grünfink	Sumpfrohrsänger
Grünspecht	Tannenmeise
Hausrotschwanz	Teichralle
Haussperling	Türkentaube
Heckenbraunelle	Waldkauz
Höckerschwan	Waldlaubsänger
Klappergrasmücke	Weidenmeise
Kleiber	Zaunkönig
Kleinspecht	Zilpzalp

Unregelmäßige Brüter:

Kiebitz	Waldohreule
Turmfalke	Waldschnepfe

Andere Vögel, die beobachtet wurden:

Baumpieper	Mäusebussard
Bergfink	Rotdrossel
Bläßralle	Sommergoldhähn-
Distelfink	chen
Dorngrasmücke	Sperber
Feldlerche	Steinkauz
Gartengrasmücke	Sumpfmeise
Gelbspötter	Trauerschnäpper
Hänfling	Wiesenpieper
Haubenmeise	Wintergold-
Kernbeißer	hähnchen
Lachmöwe	Zeisig

Ehemalige Brutvögel:

Eisvogel	Wendehals
Nachtigall	

Die meisten Vogelarten sind der Margarethenhöhe und ihrer unmittelbaren Nachbarschaft also erhalten geblieben, auch wenn die stark vermehrten Elstern viele Nester zerstören.

Weniger zuversichtlich als bei den Vogelarten ist man bei der übrigen Tierwelt. Das ehemalige Ackergelände ist bebaut. Es gibt keine Hasen mehr, und seit dem Ausbau der Autostraße Essen −Düsseldorf ist den Rehen von Schuir der Übergang auf die Hochebene an der Sommerburgstraße versperrt. Das gilt auch für die Füchse, die damals die alte pappelbestandene Norbertstraße überquerten. Hinter dem früheren Wortberghof, am Hang des Nachtigallentals, hatte eine Dachsfamilie ihren Bau, erinnert sich Martin Freimuth. Heute leben noch Iltis, Mauswiesel, Hermelin und Eichhörnchen in den Wäldern rings um die Gartenvorstadt.

Naturschützer beklagen den Zustand der beiden Teiche in der Sommerburg (Goldfischteich) und im Nachtigallental (Karpfenteich). Die beiden Gewässer verschlammen; die Ufer bieten längst nicht mehr das natürliche Umfeld für die Tierwelt der Tümpel, Weiher und Teiche. Dazu Martin Freimuth: „Ein Schilfgürtel könnte die Ufer befestigen und würde vielfältigen Nutzen stiften."

Benedikt Wehr und Jens Sachtleben von der „Projektgruppe Amphibien- und Reptilienschutz Rheinland" untersuchen auch die Teiche an der Margarethenhöhe regelmäßig. Für Goldfisch- und Karpfenteich nennen sie als Gefahr Verschlammung, Fallaub und das Wegfangen von Kaulquappen. Benedikt Wehr: „Der ehrlich interessierte Amphibienfreund richtet keinen Schaden an, wenn er einige wenige Kaulquappen fängt und später wieder aussetzt. Um so mehr schaden jene Scharen von Schülern, die die Kaulquappen im Auftrag ihrer Lehrer fangen. Sie sind über die Pflege der Tiere nicht unterrichtet und lassen die Larven schließlich ungewollt umkommen."

Beide Teiche waren einmal Massenlaichplätze. Beobachtungen im Jahre 1980 förderten aber nur noch dürftige Ergebnisse: Im Karpfenteich wurden keine Amphibien mehr festgestellt; im Goldfischteich gab es nur einen geschätzten Bestand von zehn Paar Erdkröten und zwei Paar Grasfröschen. Und auch zu diesem Thema ergänzt Martin Freimuth: „Früher konnte man das ‚Unkenläuten' noch hören, wenn die Unken zum Laichgewässer strebten. Feuersalamander und Erdkröten waren zahlreich, Berg- und Kamm-Molch in allen Gewässern, Ringelnattern und Blindschleichen in den Tälern der Margarethenhöhe nicht selten. Ich habe tausende kleiner Kröten über die Lührmannstraße wandern sehen, so daß man bedenken mußte, wo man den Fuß hinsetzte."

Warum Naturschützer mit ihren Untersuchungen und Beobachtungen soviel Freizeit opfern, erklärte Professor Günther Stern in einem Gespräch mit dem Autor des Buches so:

„Wir möchten, daß die Menschen auch in zwanzig, dreißig Jahren noch Natur vorfinden."

Zitate

„Das Heranführen der Bürger an die Natur ist wichtig, da vielen Mitbürgern (nicht nur in Großstädten) als Folge der Technisierung der Sinn für die Natur und das Natürliche in erschreckendem Maße verloren gegangen ist."

Professor Dipl.-Ing. Günther Stern,
Universität Essen

„Die Naturverhunzung arbeitet en gros, der Naturschutz en detail."

Der Dichter Hermann Löns
1911 in einer Rede

„Das unbedachte, rücksichtslose Wegfangen von Laich, Kaulquappen und Lurchen bedeutet im städtischen Raum eine sehr ernste Gefahr für den weiteren Bestand der Amphibien."

Benedikt Wehr, Mitglied
des Naturschutzbundes Ruhr

Berater

Die Kapitel „Tiere auf der Margarethenhöhe" haben durch wissenschaftliche Beobachtungen oder beratende Hinweise möglich gemacht:

Professor Günther Stern (Universität Essen);

Hugo Rieth (Ruhrlandmuseum Essen, langjähriger Vogelschutzobmann);

Martin Freimuth (Ehrenamtlicher Jagdschutzbeauftragter für den Bereich Margarethenhöhe);

Werner Degenhardt (Mitglied des Ornithologischen Arbeitskreises Essen);

Benedikt Wehr (Mitglied des Naturschutzbundes Ruhr);

Jens Sachtleben (Mitglied des Naturschutzbundes Ruhr).

Lexikon

Amphibien:

Wirbeltiere, deren Arten (Frosch, Molch, Salamander) im Wasser und auf dem Lande leben können.

Laich:

Die ins Wasser abgelegten Eier der Fische, Weichtiere und Amphibien (Lurche).

Kaulquappe:

Larve der Froschlurche (Frösche, Laubfrösche, Kröten, Krötenfrösche, Unken).

Ökologie:

Die Wissenschaft von den Beziehungen der Lebewesen zur Umwelt ihres Lebensraumes.

Ornithologie:

Vogelkunde. Ornithologe: der Vogelkenner.

Reptilien:

Kriechtiere. Dazu gehören Eidechsen, Nattern, Blindschleichen, Kreuzotter, Sumpfschildkröte.

Der Waldkauz ist immer noch Gast auf der Margarethenhöhe. Ein verletzter Kauz war 1956 trotz aller Bemühungen des Jagdschutzbeauftragten Martin Freimuth nicht mehr zu retten. Freimuth bewahrt ihn als ausgestopftes Exemplar in seiner Wohnung im Stillen Winkel 13 auf.

199

Der Wald liegt vor der Haustür

Nachtigallental, Sommerburg, Mühlenbachtal umgeben die Margarethenhöhe. Die Waldtäler sind kein Stiftungsgelände. Margarethe Krupp hatte sie der Stadt Essen geschenkt. Welche Bäume gibt es heute in den Tälern und in der Siedlung? Karl-J. Mathias vom Grünflächenamt der Stadt Essen hat diese Frage für den Jubiläumsband beantwortet. Er ist nicht nur Sachkenner, sondern auch Bewohner der Margarethenhöhe.

Baumexperte Karl-J. Mathias vom städtischen Grünflächenamt

Früher wurden in den Wäldern nur heimische Baumarten angepflanzt, vorwiegend Buchen und Eichen wie in der Sommerburg. Die ältesten von ihnen sind etwa 160 Jahre alt. Sie sterben nach und nach ab. Das Höchstalter für unser feuchtes Gebiet ist erreicht.

Nach dem 2. Weltkrieg haben sich Mischkulturen durchgesetzt. Bevorzugt wurden Ahorn, Esche, Linde, Vogelkirsche und amerikanische Eiche. Vor allem die großblättrige, schnell wachsende Roteiche behauptet sich in den Wäldern. Nadelgehölze sind selten. Vereinzelt stehen Fichten, Lärchen und Eiben.

In den vergangenen zwanzig Jahren wurden in den Hausgärten häufig Koniferen (Sammelbegriff für Nadelgehölze) angepflanzt. Es überwiegen Kiefern (Pinus nigra austriaca = österreichische Schwarzkiefer) und Fichten (Picea pugens glauca = Blaue Stechfichte), (Picea omorika = Serbische Fichte).

Über den Baumbestand in der Siedlung sagt Karl-J. Mathias: „Auf der ‚alten Margarethenhöhe‘ ist ein sehr guter alter Baumbestand mit etwa fünfzig schönen ausgewachsenen Exemplaren. Sie sollten unbedingt geschützt werden." Der Fachmann empfiehlt, die gleiche Baumart nachzupflanzen, falls einzelne Bäume mal gefällt werden müßten. Zu den großen Bäumen gehören Bergahorn, Spitzahorn, Esche, Roßkastanie, Platane, Ungarische Linde, Krimlinde.

Pappeln und Trauerweiden wurden vielfach wegen Fäulnis gefällt. Sie haben keine lange Lebensdauer. Es gibt nur noch wenige Exemplare an den Teichen im Nachtigallental und im Sommerburgwald.

In der Siedlung überwiegen baumartige Ziergehölze, die das Wohngebiet vor allem im Frühjahr durch ihren Blütenflor schmücken. Es sind die Japanische Blütenkirsche, der Goldregenbaum, der Zierapfel, Rotdorn und Vogelbeerbaum.

Einige Straßen und Plätze haben einheitlichen Baumbestand:
Sommerburgstraße: Roßkastanien mit crem- und rotfarbigen Blüten;
Laubenweg: Ungarische Linden, besonders wertvoll als Bienenweide;

Giebelplatz: Neuplanung 1975 mit Amerikanischem Silberahorn. Früher standen dort strenggeschnittene Platanen.
Hauxplatz: Platanen.

Ungarische Linde obere Stensstraße: bevorzugte Bienenweide.

Nur wenige der zahlreichen schönen Bäume der Margarethenhöhe sind als Naturdenkmale geschützt. Es sind:
— eine Esche am Waldeingang nördlich der Gaststätte Bauer Barkhoff;
— eine Eibe im Garten der Gaststätte Bauer Barkhoff (Lehnsgrund);
— eine Buche am Karpfenteich (Nachtigallental).

Es wird vorgeschlagen, den Katalog der Naturdenkmale um folgende Exemplare zu erweitern:
— Ulme Am Brückenkopf 7;
— Zerreiche in der Stensstraße (am alten Bunker);
— zwei Eiben auf der Wiese des Sommerburgwaldes;
— drei verschiedene Eichen am Teich Nachtigallental (botanische Seltenheiten);
— zwei Roßkastanien am Kleinen Markt;
— Eibe nördlich der Holzbrücke im Sommerburgwald.

*Naturdenkmal
am Waldweg
nördlich der
Gaststätte Bauer
Barkhoff: eine
mehr als 100
Jahre alte Eibe.*

Den Markt zieren im Frühjahr zwei Roßkastanien mit ihren Blütenkerzen. Im Herbst kommen die Kinder zur Kastanienernte (Bild oben).

Das Einzelexemplar einer seltenen Eiche (botanisch: „Quercus confesta"). Sie steht an der Futterstelle des Karpfenteiches (Bild unten).

Naturdenkmal im Nachtigallental südlich des Halbachhammers. Es ist eine Abart der Rotbuche mit geschlitzten Blättern (Bild oben).

30 Meter hohe Ulme am Brückenkopf. Eine der wenigen großen Ulmen in Essen. Sie sind seit Jahren wieder von einer Pilzkrankheit bedroht (Bild unten).

Abart des Bergahorn. Standort: Waldlehne unterhalb des Giebelplatzes. Der Jungbaum links ist ein Amerikanischer Silberahorn (Bild oben).

Früher waren viele Baumalleen kunstvoll geschnitten. Am Hauxplatz begrenzen Platanenalleen die Längsseiten der Rasenfläche (Bild unten).

Naturdenkmal im Garten Lehnsgrund 14. Danach wurde die Straße „Zur Eibe" benannt. Der Garten gehört zur Gaststätte „Bauer Barkhoff" (Bild oben).

Diese schattenspendende Baumallee ist der Laubenweg. Die Ungarischen Linden sind besonders wertvoll als Bienenweide (Bild unten).

203

So alt wie
die Margarethenhöhe

Sie feiern nicht nur den Geburtstag der Margarethenhöhe. Sie sind 1981 selbst 75 geworden. Was bedeutet ihnen die Gartenvorstadt? Die Namen, die bekannt wurden, stehen hier als Beispiel.

Nur hier!

Ella Gondermann, Borkumstraße 30, hat schon die dritte Wohnung auf der Margarethenhöhe. 1920 war sie mit ihren Eltern in die Straße Hoher Weg 20 gezogen. Nach ihrer Hochzeit war der Kleine Markt 2 die nächste Adresse. „Als unsere Kinder verheiratet waren zogen wir zur neuen Margarethenhöhe." Die Gartenvorstadt, so sagt auch sie, sei ihre Heimat.

Alles gesagt

1932 zog Paula Albermann mit ihrem Mann in die Paul-Brandi-Straße 8. Vorher hatten beide in Essen-West gewohnt. Die Frage „Was bedeutet ihnen die Gartenvorstadt?" beantwortet sie mit dem Hinweis auf die 49 Jahre, die sie im selben Haus wohnten. „Wir zogen nicht wieder um." Paula Albermann fügte hinzu: „Damit ist alles gesagt."

Schnell heimisch

Franz Elsing, Ginsterweg 13, ist in Holsterhausen aufgewachsen. Er kam erst 1974 in die Gartenvorstadt, aber er sagt: „Ich bin trotzdem sehr schnell heimisch geworden." Die Margarethenhöhe ist für Franz Elsing eine „Wohnsiedlung in Naturnähe, in der jung und alt sich wohlfühlen." Heimisch bedeutet ihm, ganz zu Hause zu sein.

Ella Gondermann: Schon die dritte Wohnung auf der Margarethenhöhe.

Paula Albermann: 49 Jahre im selben Haus.

Franz Elsing: „Jung und alt können sich hier wohlfühlen."

Johann Hülsen-wische: Geboren jenseits des Mühlenbach-tals.

Engste Heimat

„Für mich ist die Margarethen-höhe engste Heimat", meint Johann Hülsenwische, der seit 1940 im Haus Steile Straße 74 lebt (vorher in der Straße Trautes Heim). Geboren wurde er jenseits des Mühlenbachtales, wo seine Großeltern einen Kotten hatten. „Das Geburtshaus meiner Mutter − im Wald, nicht weit vom Schleifkottenweg − steht leider nicht mehr."

Christel Stutzke: Vieles erlebt und daraus gelernt.

An meiner Ecke

Christel Stutzke schreibt: „Die Höhe ist mein ein und alles. Der schöne Wald, den ich täglich mit meinem Pudel Quirl durchwandert habe; der Sportplatz; die Schulkinder, die täglich bei mir vorbeigehen und die mir lieb und wert sind. An meiner Ecke, Lührmannstraße/Sommerburgstraße, hat sich manches abgespielt. Vieles habe ich hier erlebt und daraus gelernt."

Anna Müller: „Ich habe mich hier schnell ein-gelebt."

Wohlfühlen

In der Waldlehne 104 lebt seit 1968 Anna Müller, aber durch ihre Heirat war sie schon 1945 in die Gartenvorstadt gekommen. Sie wohnte bei ihren Schwiegereltern in dem Haus Steile Straße 33. Ihr Mann starb 1957. Was bedeutet ihr die Margarethenhöhe? Anna Müller sagt es in wenigen Worten: „Ich fühle mich hier wohl."

Oase der Ruhe

Für die Eheleute Christel und Clemens Heihoff, Metzendorf-straße 107, ist 1906 das gemeinsame Geburtsjahr. „Wir kamen am 1. Oktober 1936 auf die Margarethenhöhe und bezogen damals den Neubau Lehnsgrund 26." Beide sagen übereinstimmend: „Wir sind dankbar dafür, daß wir auch unseren Lebensabend in dieser Oase der Ruhe und Schönheit erleben dürfen."

Christel und Clemens Heihoff: Ruhiger Lebensabend.

Glückstreffer

„Unser Wunsch war stets, einmal auf der Margarethenhöhe zu wohnen, dem landschaftlich schönsten Außenbezirk. Wir haben einen Glückstreffer gemacht!" Das schreibt Heinrich Sperl, Borkumstraße 6, der mit seiner Frau Margarete im Jubiläumsjahr 75 wurde. Der frühere Kruppsche Konstrukteur zog 1964 von Holsterhausen in den neuen Teil der Margarethenhöhe.

Margarete und Heinrich Sperl: „Landschaftlich der schönste Außenbezirk."

Zufrieden

In ihrer vierten Wohnung lebt Barbara Knieriem. Aber immer waren es Umzüge auf der Margarethenhöhe. Sie wurden verursacht durch veränderte Familienverhältnisse und Krankheiten. Heute wohnt Barbara Knieriem mit ihrer Schwester in der Sommerburgstraße 62. Sie fügt hinzu: „Wo wir beide bis heute glücklich und zufrieden leben."

Barbara Knieriem: Vier Umzüge, aber immer auf der Höhe.

Martin Freimuth: Der Gartenvorstadt auch durch viele Aktivitäten verbunden.

Für die Höhe aktiv

„In 35 Jahren sind mir Essen und die Margarethenhöhe zur zweiten Heimat geworden", bekennt Martin Freimuth, Im Stillen Winkel 13. Er ist der Gartenvorstadt durch viele Aktivitäten verbunden: Der frühere Lehrer an Polizeischulen war 30 Jahre lang für den Jagdschutz verantwortlich. Er war Mit- und Wiederbegründer der „Bürgergemeinschaft" und des Bürger-Schützen-Vereins.

Friedrich Martschin: Er kam 1956 von Haarzopf.

Gemütlichkeit

„Die Margarethenhöhe bedeutet mir Heimat, Ruhe und Gemütlichkeit", schreibt Friedrich Martschin, Am Nachtigallental 57. Er ist 1956 von Haarzopf in die Gartenvorstadt gezogen. Vielleicht ist die Zuneigung aber schon früher gewachsen: Seit 1950 war Friedrich Martschin Kleingärtner in der Kruppschen Kleingartenanlage an der Lührmannstraße.

Henriette Hoffmeister: Auch die neue Margarethenhöhe schätzen gelernt.

Rückkehr gelungen

Durch ihre Hochzeit kam Henriette Hoffmeister im Jahre 1936 auf die Margarethenhöhe. „Mein Mann wohnte hier schon seit 1912." Im 2. Weltkrieg (1944) zerstörte ein Bombenangriff die Wohnung Im Lehnsgrund. Erst 1964 ist die Rückkehr gelungen (Borkumstraße 14). „Besonders gefällt mir im neuen Teil die aufgelockerte Bauweise", meint Henriette Hoffmeister.

Wie seh'n ich mich in stillen Stunden…

November auf der Margarethenhöhe

Am Brückenkopfe we-
hen Regenfahnen,
Die Bäume stehen nackt
und kahl.
Der Halbachhammer
duckt sich unterm
Regen –
Es hängt ein frischer
Kranz am Ehrenmal.
Im Wald liegt nasses
Laub auf allen Wegen,
Der Herbst verliert sein
Angesicht.
Der graue Nebel läßt den
Winter ahnen,
In den Geschäften brennt
am Tage Licht.
Am Kleinen Markt, da
schaut mit leeren
Augen
Der Brunnenknabe in die
Zeit . . .
Der letzte Frühling ist
schon längst
vergangen –
Der nächste Frühling
liegt noch weit.

Hugo Rieth

Der Halbachhammer

Auf rotem Ziegeldach die
Sonne kauert
Und schwarz-weiß Fach-
werk lugt durch
Strauch und Baum.
Die Trauerweide vor
dem Hause schauert,
Die Kreuzenbecke murmelt wie
im Traum,
Und auch die großen Wasserräder
träumen,
Der schwere Hammer, der auf
schwerem Amboß ruht.
Im Drambaum noch ein letztes
Arbeitsdröhnen,

Dreifach schmückte Dir Gott Deines
Lebens schimmernde Krone,
Dreifach Edelgestein leuchtet von ihr
in die Welt.
Spricht das eine vom Schaffen und
Wirken im glücklichen Kreise,
Deutet das andere Sieg über des Un-
glücks Gewalt,
Doch am hellsten erstrahlt das Kleinod
helfender Liebe,
Allen ein Segen Du, Segen sei Dir
beschert.

Sie schnitten es nicht in alle Rinden ein, aber sie schrieben es sich vom Herzen: Gedichte über die Margarethenhöhe. Die Gartenvorstadt ist den Dichtern und Reimern „Kleinod", „Perle" und „Kraftborn" gewesen. Hier eine Auswahl, die in die Heimatliteratur eingehen will.

Erloschen ist des Schmiedefeuers
rote Glut.
Am Dachfirst füttert eine Amsel
ihre Jungen.
Die Brombeerhecke duckt sich
hinterm Deich.
Der wehrt dem Lärm der Welt, der
hier verklungen –
Nur Entenrufe stehen überm nahen Teich.

Hugo Rieth

Kleinod Margarethenhöhe

Es hat mich nicht Da-
heim gelitten,
Ich aß mein Frühstück –
trank den Tee,
Dann bin ich munter aus-
geschritten,
Mein Ziel warst du –
geliebte Höh'.
Wo ich als Knabe mich
getummelt,
An deinem Herz – im
grünen Wald.
Wo in der Näh' ein Bähn-
lein bummelt,
Wo Hennemann Dasses
Büchs' geknallt.
Wo man einst sprach ver-
traute Laute,
Gut plattdeutsch, ganz
auf Ess'ner Art.
Wo einer auf den andern
baute,
Wo alte Sitten man ge-
wahrt.
Der Brunnen plätschert,
sieh doch Anne.
Ich bin so frei – so unbe-
schwert.
Im nahen Wirtshaus
manche Kanne,
Im frohen Kreise wir ge-
leert.
Der Traum ist aus, ich
zieh von hinnen,
Doch rat ich dir,
du Mühlbachsohn,
Im Alltag sollst du dich besinnen,
Wahr deiner Väter Tradition

Hans Schneider

An Schönheit bist du ohne Fehler …

Wie seh'n ich mich in stillen
Stunden
nach dir und deinem grünen
Wald,

dein' Schönheit hab ich erst empfunden
auf fremder Erde Aufenthalt.

Die ersten Schritte, die besonnen
auf deinen Straßen ich gemacht,
und ganz bestimmt hast du ver-
nommen
die ersten Worte, die ich sprach.

Gar oft durchzog ich deine Täler,
durchstreifte lustig Wald und
Feld.
An Schönheit bist du ohne Fehler,
der Grund, der mich so an dich
hält.

Du bist auch jetzt in meinem
Denken
das Ziel, das für mich Sehnsucht
ist,
und stets werd ich die Schritte
lenken,
zu dir, die du mir Heimat bist.

Ach, wie so gern wär ich ge-
blieben,
bei dir und deiner Wälder Nähe.
Doch denk ich stets an dich im
Leben
O schöne Margarethenhöhe.

Karl-Heinz Wiegandt

Eine träumende Idylle

Eine träumende Idylle — liegt die
Margarethenhöhe.
Still — als ob der Lärm des Tages
diesem Kleinod scheu entflöhe.

Durch das märchenhafte Städtchen seh ich Wanderer stau-
nend schreiten
Und bewundern diese Stätte —
voller holder Lieblichkeiten.

Über steingefügte Treppen, durch
die überwölbte Pforte
Nah ich mich entzückten Blickes
froh dem einzigartgen Orte.

Von des nahen Mühlenbachtals
grünem Baumschmuck dicht
umgrenzet,
Hat Natur zum Stimmungszauber
— ihren schönsten Schmuck
kredenzet.

Kleine giebelstolze Häuschen, an-
gepaßt dem Landschaftsbilde,
Schaun aus steilen Winkelstraßen,
über lachendes Gefilde
Zum Schatzgräberbrunnen ziehts
mich immer wieder, sonder
Schwanken —
Um beim Anblick all des Schönen
hier der Stifterin zu danken.

Wo der Arbeit Lied erklinget, tausend Schlote Funken sprühen,
Ließ zum Lohn für Fleiß und
Ringen sie dies Eden stolz erblühen.
„Was du, edle Frau, geschaffen,
überdauert Zeit und Throne —
Deine Vaterstadt setzt dankend dir
aufs Haupt die Bürgerkrone!"

Heinz Hohlmann

Abend am Karpfenteich

Wie eine Messingscheibe steigt der
Mond empor
Und hängt am Himmel wie ein
goldnes Siegel.
Ein Teichhuhn rudert nickend in
das Rohr,
Wie leblos ruhn die Enten auf dem
Wasserspiegel.
Im Blattgewirr der Bäume blei-
ches Mondlicht sprüht,
Am Halbachhammer schwarze
Schatten jagen.
Und irgendwo erstirbt ein Amsel-
lied.
Vom nahen Friedhof her kommt
eines Käuzchens Klagen.

Hugo Rieth

Das Strandbad im Mühlbachtal

Philister sind für uns verloren,
sie singen und sie lachen nicht,
sie sind für Scherze nicht geboren,
das spricht aus ihrem Angesicht!
Sie sind vom allerjüngsten Tage,
wie Hunde auf uns losgehetzt,
der Menschheit nur noch eine
Plage,
gleich Unkraut in die Welt gesetzt!

Was gerade ist, das wird ver-
bogen,
sie dichten jedem etwas an,
und wenn sie's dreimal durchge-
logen,
dann glauben sie schon selber
dran!! —
Je älter diese Brüder werden,
je schlimmer werden die Gesellen,
und daß sie immer schlimmer
werden,
soll euch ein Beispiel mal erhellen:

Im Mühlbachtal, in der Brandsmühle,
hat man ein Strandbad aufge-
macht.
War auch das Wasser manchmal
trübe,
es hat uns doch viel Freud' gemacht!
Bis eines Tages nun die Spießer
Beschwerde an den Wirt gebracht
und da das Ärgernis erregend,
hat er das Strandbad zugemacht.

Doch bald erkannte er, o Grauen:
das Schließen hatte keinen Zweck
denn als figura nichts zu
schauen,
da blieben auch die Spießer weg!!

So wie sie überall im Leben
nur lächerliche Rollen geben!
Drum pfeif auf die Korinthen-
kacker,
Unkraut wächst auf jedem
Acker!!

Willi Hambückers

Daher der Name

Adolf-Rath-Straße

Adolf Rath, geboren am 28.8.1863 in Bremke (Kreis Göttingen); gestorben am 30. November 1945 in Göttingen. Beigeordneter der Stadt Essen von 1908-1920. Vertreter der Oberbürgermeister Holle und Luther im Vorstand der Margarethe Krupp-Stiftung für Wohnungsfürsorge.

Adolf Rath

Altenau

Ein Kotten an der Westseite des Karpfenteiches (Nachtigallental), der im 2. Weltkrieg zerstört wurde. Der Name, ursprünglich eine Flurbezeichnung, ist als Altenau und Altena überliefert.

Am Brückenkopf

An der Zugangsbrücke zur Margarethenhöhe.

Am Gehölz

Die Straße liegt in der Nähe des Sommerburgwaldes.

Am Nachtigallental

Früher gab es hier viele Nachtigallen. Heute hört man sie nur noch vereinzelt am Südwestfriedhof. Ursprünglich hieß nur der obere Teil des Tales so (vom Tommesweg bis zur Sommerburgstraße). Später ging der Name auf das ganze Tal über.

Baltrumweg

Baltrum: kleinste der ostfriesischen Inseln.

Borkumstraße

Westlichste der ostfriesischen Inseln vor der Emsmündung.

Daheim

Was heißen soll: zu Hause sein. Idealname.

Fibelweg

Nach der benachbarten früheren katholischen und evangelischen Volksschule Margarethenhöhe (eröffnet am 1.10.1928). Heute Gemeinschaftsgrundschule. Die Fibel war ein bebildertes Lesebuch für Schulanfänger.

Ginsterweg

Die Strauchpflanze mit gelben, selten weißen Blüten, wuchs früher auf diesem Grundstück.

Hauxplatz

Dr. Ernst Haux, geboren am 11.3.1863 in Reutlingen, gestorben am 5.2.1938 in Tübingen. Finanzrat, Mitglied des Krupp-Direktoriums von 1896-1921 und des Aufsichtsrates von 1921-1938. Essener Stadtverordneter von 1900-1921. Arbeitsgebiete bei Krupp: Finanz- und Personalverwaltung, Wohnungs- und Wohlfahrtswesen. Als engster Berater von Margarethe Krupp am Zustandekommen und der Entwicklung der Margarethe Krupp-Stiftung für Wohnungsfürsorge maßgeblich beteiligt. Langjährige Tätigkeit im Vorstand der Stiftung.

Ernst Haux

Helgolandring

Deutsche Nordseeinsel in der Helgoländer Bucht.

Hövenerwiese

Der mundartliche Ausdruck Hövener für Höfener oder Hofbesitzer erinnert an den früheren Eigentümer des benachbarten alten Hofes Hülsmann (heute Gaststätte Bauer Barkhoff). Das Bauland war einst eine Wiese, die zu dem Hof gehörte.

Hoher Weg

Vom Kleinen Markt aus gesehen ist es eine hochliegende Straße.

Hohlweg

Benannt nach der Örtlichkeit. Früher verlief der Weg weiter im Zuge der heutigen Metzendorfstraße.

Im Heimgarten

Erfundener Name (Ein Heim im Garten).

Im Hülsfeld

Das Gelände gehörte zum nahen Hülsmannshof. Die Hauptfläche der Rodung hieß danach Hülsfeld. Sie war umgeben von Eichenwald mit Hülsen im Unterholz (Hülse: Stechpalme, Ilex).

Im Stillen Winkel

Straße, die im Winkel am Wald entlang führt.

Juistweg

Ostfriesische Insel zwischen Borkum und Norderney.

Kleiner Markt

Zentraler Platz im alten Teil der Margarethenhöhe, auf dem zweimal wöchentlich Markt abgehalten wird (mittwochs und samstags). Hier steht auch der 1912 eingeweihte Schatzgräber-Brunnen von Professor Joseph Enseling.

Langeoogweg

Ostfriesische Insel zwischen Baltrum und Spiekeroog.

Laubenweg

Frühere Namensvorschläge: Talstraße und Platanenstraße (weil hier Platanen gepflanzt werden sollten).

Lehnsgrund

Straße auf dem Grund und Boden der ehemaligen Höfe Kersebaum (später Krampe) und Hülsmann (später Barkhoff), die sich an das Nachtigallental „anlehnt".

Edmund Lührmann

Lührmannstraße

Edmund Lührmann, geboren 15.2.1845 in Essen; gestorben am 22.2.1909 auf einer Reise in Buenos Aires. Aus den Mitteln seiner Stiftung wurde am 16.7.1907 auf einem 20 Morgen großen Wald-, Feld- und Wiesengelände ein Erholungsheim für Nervenkranke eröffnet (heute Lehr- und Versuchsanstalt für Gartenbau am Külshammerweg). Das Stiftungsgelände lag am Sommerburgwald, nördlich der Lührmannstraße, die vorher noch Paulstraße hieß.

Lührmannwald

(Siehe Lührmannstraße). Die Straße führt durch die 1949 gebaute Mustersiedlung, die zur Ausstellung „Dach und Fach" gehörte.

Memmertweg

Memmert: Ostfriesische Düneninsel bei Juist.

Metzendorfstraße

Professor Georg Metzendorf, geboren 25.9.1874 Heppenheim/Bergstraße; gestorben 3.8.1934 in Essen. 1909 als Baumeister der Margarethenhöhe berufen. Andere Bauten in Essen: Eickhaus, der Baublock zwischen Rathenaustraße und Wiener Platz mit (damals) Städtischer Sparkasse, Möbel Kramm, Casa Nova, das Verwaltungshaus des Ruhrverbandes, das im 2. Weltkrieg zerstörte Schauspielhaus an der Hindenburgstraße, Stadtbibliothek, Villenbauten. Den Namen Metzendorfstraße gibt es amtlich erst seit dem 12.11.1934. Vorher (ab 1911) hieß diese Verbindung Hohlweg, davor Holsterhauser Straße.

Norderneyweg

Ostfriesische Insel zwischen Juist und Baltrum.

Paul Brandi

Paul-Brandi-Straße

Paul Brandi, geboren am 21.7.1870 in Papenburg an der Ems; gestorben 18.6.1960 in Essen. Beigeordneter der Stadt Essen von 1899-1911, dann Leiter der Essener Filiale der Disconto-Gesellschaft. Die von ihm mitverantwortete erfolgreiche Boden- und Grundstückspolitik hat das

Viertel am sogenannten Bernewäldchen und das Ostviertel für den Wohnungsbau erschlossen. Brandi gehörte lange Jahre dem Vorstand der Margarethe Krupp-Stiftung für Wohnungsfürsorge an (bis 1933). Straßenname amtlich seit 12.2.1931 (vorher Schleifkottenweg).

Robert Schmohl

Robert-Schmohl-Platz

Robert Schmohl, geboren 19.8.1855 in Isny, Allgäu; gestorben 18.8.1944 in Bielefeld. Baurat, Prokurist der Firma Fried. Krupp, Betriebsdirektor der Kruppschen Bauabteilung (1891-1924). Er setzte sich besonders für die Entwicklung der Margarethenhöhe ein. Schmohl war langjähriges Mitglied von Vorstand und Aufsichtsrat der Stiftung.

Schleifkottenweg

Zwischen Borgsmühle und Brandsmühle lag im Mühlenbachtal eine Ölmühle, deren Pächter Schlieper hieß. Die alte Lagebezeichnung: „op de Schliephütte". Daraus schließt man, hier sei früher eine Schleifmühle gewesen (durch Urkunden und Akten nicht belegt).

Schliepmühle

Schliepmühle ist die mundartliche Bezeichnung für Schleifmühle (siehe Schleifkottenweg).

Schöngelegen

Der Name weist auf die Lage der Straße hin. In der Nachbarschaft der Margarethenhöhe gab es auch ein nicht abgebautes Grubenfeld gleichen Namens.

Sommerburgstraße

Der Flurname erinnert an eine gleichnamige Wiese, die zum Wortberghof gehörte. Noch weiter zurück reicht die Sage von der Sommerburg und einem vergrabenen Schatz in den Waldungen nördlich der Lührmannstraße. Zwei Hügel in der Straßennähe sind Überreste einer mittelalterlichen Burg, einer sogenannten „Motte". Diese „Motten" waren Turmhügelburgen des kleinen Landadels mit Wohntürmen aus Holz oder Fachwerk. (Siehe dazu den bebilderten Bericht an anderer Stelle).

Sonnenblick

Idealname, der in die Reihe anderer klangvoller Namen auf der Margarethenhöhe gehört.

Spiekeroogweg

Ostfriesische Insel zwischen Langeoog und Wangerooge.

Spielkampshof

Ein Teilstück der Straße gehört zur Margarethenhöhe. Nach dem Hof Spielkamp in Haarzopf, der ursprünglich Kreuzenbeck hieß. Auf den zum Hof gehörenden Ländereien oberhalb des Nachtigallentals wurde die Bungalow-Siedlung „Am Wünnesberg" errichtet.

Steile Straße

Erst Giebelstraße genannt, weil die Giebel im unteren Teil zur Straße zeigten. Die Straße führt von der Margarethenbrücke steil hinauf.

Stensstraße

Nach dem Hof Stens. Der Name hat sich von Steinhaus über Stenhus, Stenhes zu Stens gewandelt.

Stiller Weg

Idealname, der der besonderen landschaftlichen Lage der Margarethenhöhe entspricht. Diesen Namen gibt es amtlich erst seit dem 27.6.1978 (vorher „Grüner Weg"). Die Namensänderung wurde durch die Eingemeindung des jetzigen Stadtteils Kettwig ausgelöst. Dort gibt es auch einen „Grünen Weg".

Tiefer Weg

Steil abfallende Verbindung von der Steilen Straße zur Sommerburgstraße.

Trautes Heim

Idealname. Vorher hieß die Straße „Rosenweg".

Waldlehne

Die Straße grenzt an den Sommerburgwald.

Wangeroogeweg

Ostfriesische Insel.

Winkelstraße

Eine im Winkel geführte Straße.

Wortbergrode

Nach dem Hof Wortberg, dessen Gebäude früher an der heutigen Sommerburgstraße lagen (jetzt Esso-Tankstelle). Die Straße Wortbergrode verläuft durch das ehemalige Ackergelände des Hofes.

Zur Eibe

Die Straße führt zum ehemaligen Hülsmann-Hof (heute Gaststätte Bauer Barkhoff). Die Eibe im Garten ist als Naturdenkmal gesschützt.

Die Künstler

Joseph Enseling

Hermann Schardt

Kurt Lewy

Keramische Werkstatt

Philipp Schardt

Will Lammert

Maler, Bildhauer, Goldschmiede, Buchbinder, Töpfer — alle lebten auf der Margarethenhöhe. Ein Künstlerviertel mit Ateliers und Werkräumen Im Stillen Winkel, an der Sommerburg- und in der Metzendorfstraße.

Namen erinnern daran: Elisabeth Treskow, Frida Schoy, Hermann Kätelhön, Will Lammert, Kurt Lewy, Richard Malin, Gustav Dahler, Philipp Schardt, Robert Pfropf, Theo Ortmann, Albert Renger-Patzsch, Johannes Lessmann, Max Mühleis. Kunst und Kunsthandwerk ergänzten sich.

Die Anfänge liegen mehr als 60 Jahre zurück. Viele Spuren in diese Vergangenheit verlieren sich, andere führen in Museen oder zu hinterlassenen Briefen und Werken in Privatbesitz. Und auch die Margarethenhöhe selbst bewahrt einige Arbeiten an Hauswänden, Torbögen und anderen Plätzen.

Von dem Künstlerviertel der 20er und 30er Jahre blieben nur ein Atelierhaus an der Sommerburgstraße (Professor Hermann Schardt) und die Goldschmiedwerkstatt Im Stillen Winkel (heute Max Zeitz).

Geblieben sind auch Kunstwerke, die für die Margarethenhöhe bestimmt waren, aber nicht hier entstanden sind: Arbeiten von Joseph Enseling, Lisa Merkel, Otto Lang.

Die Namensliste ist nicht vollständig. Sie ist mitbestimmt von dem, was heute noch zugänglich ist. Die folgenden Porträts stehen nur als Beispiele für eine Fülle, die der Margarethenhöhe auch in der Kunst einen besonderen Platz zuweist.

Richard Malin

Albert Renger-Patzsch

Hermann Kätelhön

Gustav Dahler

Elisabeth Treskow

Frida Schoy

„Das hätte ein Essener Modell werden können"

Zwanziger Jahre. Künstlerkolonie auf der Margarethenhöhe. „Daraus", so sagt Professor Dr. Paul Vogt, „hätte sich vielleicht ein Essener Modell entwickeln können." Professor Dr. Vogt ist Direktor des Museums Folkwang. In einem Gespräch beurteilt er die damalige Vielfalt künstlerischer Aktivitäten auf der Margarethenhöhe.

Herr Professor Vogt, in Ateliers und Werkstätten arbeitete in den 20er Jahren mehr als ein Dutzend Künstler. Die Stadtverwaltung und der Stiftungsvorstand begünstigten und förderten diese Ansiedlung von Kunst und Kunsthandwerk. Gibt es noch andere Gründe für die Aktivitäten?

Vogt: Seit dem 19. Jahrhundert hatten wir eine rasche Entwicklung der Industrie. Dabei galten vor allem wirtschaftliche Gesichtspunkte. Der Gründer des Museums Folkwang, Karl Ernst Osthaus, sagte damals sinngemäß: „Wir haben alles für die Industrialisierung und nichts für den Menschen getan." Die kulturelle Blüte in den Ruhrgebietsstädten seit 1900 ist eine Auswirkung dieser Industrialisierung — und sie ging von den Bürgern aus.

Nicht nur eine Sache von gestern

Kunst als Rückschau, Träume von einer schönen Welt — abseits der zum Teil häßlichen Industriekulisse?

Vogt: Ja, man suchte anfangs noch ganz im Sinne der Auffassung des 19. Jahrhunderts das Gute und Erhabene — aber mitten hinein brach die Revolution der zeitgenössischen Kunst. Sie drang in die Museen und in die Ausstellungen. Und der Bürger erfuhr plötzlich, daß Kunst eine direkte Beziehung zum Leben besitzen kann.

„Eine künstlerische Tradition, die auch heute noch unseren Respekt verdient." — Professor Dr. Paul Vogt, Direktor des Museums Folkwang. Im Hintergrund Renoirs „Lise".

Hier im Ruhrgebiet äußerte sich das Bemühen um neue kulturelle Schwerpunkte besonders deutlich; sicher auch als Antwort auf den Anspruch Berlins, die beherrschende Kunstmetropole zu sein.

Aber der Ankauf, das Sammeln von Kunst allein genügte ja nicht . . .

Vogt: Der Unterbau hätte nicht ausgereicht. Man brauchte die Künstler, die sich folgerichtig auch hier ansiedelten.

Es gab auch immer starke Kontakte zwischen dem Museum Folkwang und der Künstlerkolonie Margarethenhöhe. Es war ein gemeinschaftliches Denken, eine Aufgeschlossenheit, für die der Name Folkwang die Klammer war.

Vogt: Es war die große Leistung der 20er Jahre, daß man trotz der Inflation, trotz wirtschaftlicher Krisen nicht bereit war, aufzugeben, auf die schöpferische Leistung zu verzichten. Und dabei hat es, wie Sie schon erwähnten, mit den Künstlern der Margarethenhöhe intensive Kontakte gegeben. Das Museum verstand sich auch ein bißchen als Geburtshelfer und Sprachrohr all' dieser Entwicklungen. Der Name „Folkwang", den ja zunächst nur das Museum trug, dann später die Musik- und Kunstgewerbeschule, versinnbildlichte die Einheit der künstlerischen und geistigen Impulse in dieser Industriestadt. Diese „Folkwang-Idee", wie man sie nann-

Kleines Atelierhaus, Sommerburgstraße 18: Hier wurde mit Hermann Kätelhön die Künstlergemeinschaft Margarethenhöhe begründet. Heute Wohnhaus und Atelier von Professor Hermann Schardt.

Eine der seltenen Aufnahmen des 1929 erbauten großen Atelierhauses (Hinterfront). Das Gebäude Im Stillen Winkel 42 wurde bei einem Luftangriff 1943 zerstört.

te, hat also wirklich existiert. Sie besagte, daß Kunst kein Sonderbezirk des Lebens ist, sondern daß sie dem Leben in allen seinen Bereichen, vom Handwerk bis zur „hohen" Kunst, eng verbunden ist. Und daran haben die Künstler und Kunsthandwerker der Margarethenhöhe jeder in seinem Fachbereich tätig mitgewirkt.

Chance für junge Künstler

Die Anfänge der Künstlerkolonie auf der Margarethenhöhe gehen ja bis ins Jahr 1917 zurück, als der Graphiker und Radierer Hermann Kätelhön sich dort als erste zentrale Kraft niederließ.

Vogt: Kätelhön war einer der bekanntesten Graphiker seiner Zeit, gleichzeitig sehr um den damals − denken Sie an das Bauhaus − aktuellen künstlerischen Werkstattgedanken bemüht. Daraus resultiert die 1928 gegründete „Werkgemeinschaft Wamel", die noch heute am Möhnesee höchst erfolgreich vor allem mit jungen Künstlern tätig ist.

Einige dieser meist verstorbenen Künstler der Margarethenhöhe haben Sie persönlich gekannt. Kurt Lewy zum Beispiel.

Zweimal Weltklasse

Vogt: Ein Mann von hohen künstlerischen Fähigkeiten, die auf tiefem menschlichem Reichtum basierten. Er hat ihn trotz seiner schweren Erlebnisse im Konzentrationslager nie verloren. Ich habe sehr viel Güte, doch nie Bitternis bei ihm erlebt und ihn deswegen sehr verehrt. Als Künstler hat er weit über Essen hinaus gewirkt, als Maler wie in seinen Emaillearbeiten, in denen sich seine Sensibilität für Farbe und Form besonders glücklich äußerte. Selbstverständlich besitzt das Museum von ihm Bilder, die im Neubau auch wieder zu sehen sein werden. Er gehört zu jener tief getroffenen Generation, die das Erbe der abstrakten Kunst in den schwersten Jahren hüteten und ihre Ideen verfochten.

Zwei Namen aus dem Kreis der Margarethenhöhe sagten Sie einmal, gehören zur Weltklasse: der Fotograf Albert Renger-Patzsch und die Goldschmiedin Elisabeth Treskow.

Vogt: Elisabeth Treskow nicht allein als Goldschmiedin von außergewöhnlichem Rang, sondern auch als Restauratorin mittelalterlicher Goldschmiedekunst – denken Sie an die Wie-

derherstellung des Kölner Dreikönigschreins – und als Wiederentdeckerin der antiken Granulationstechnik. Einen ähnlich internationalen Rang besitzt auch Albert Renger-Patzsch, der sein Atelier zeitweilig im Museum hatte. Ich habe

ren bereits ein weitbekannter Fotograf, doch besaß Fotografie noch nicht annähernd den Stellenwert von heute, da auch die Fotos von Renger-Patzsch weltweit gehandelt werden. Wir bekommen sie zu teuersten Preisen, z. B. aus

Die Büste von Georg Metzendorf, Baumeister der Margarethenhöhe. Sie ist eine Arbeit von Professor Joseph Enseling (Besitz Museum Folkwang).

nach dem Krieg noch oft mit ihm über die Möglichkeit gesprochen, eine ähnliche Lösung zu finden. Er war in den zwanziger und dreißiger Jah-

New York angeboten. Er gehört in unsere Sammlung, nicht weil er Essener war, sondern als Essener einer der Großen seiner Zeit.

Daß sich die Künstlerkolonie auf der Margarethenhöhe so entwickelte, hat sicher auch an Leuten wie Georg Metzendorf, dem Baumeister der Gartenvorstadt, gelegen.

Vogt: Metzendorf war ein sehr vielseitiger Mann, für Essen ein geistiger Kristallisationspunkt. Denken Sie nicht nur an den Architekten und seine hiesigen Bauten. Wir besitzen im Museum z. B. ein Paar von ihm entworfene Leuchter, in denen sich die Formvorstellungen der zwanziger Jahre spiegeln.

Kunst und Kunsthandwerk auf der Margarethenhöhe – das war ja ein großes Feld. Dazu gehören auch die Keramische Werkstatt, die Buchbinderei der Frida Schoy . . .

Vogt: Frida Schoy war sicher eine der hervorragendsten Vertreterinnen ihres Fachs. Auch über die Keramische Werkstatt läßt sich nur Gutes sagen.

Das hat sich alles in einer Zeit entwickelt, die – wirtschaftlich gesehen – das Aufblühen einer Künstlerkolonie nicht begünstigte. Und auch die Künstler selbst hatten meist gerade zum Leben genug.

Vogt: Das Materielle war damals längst nicht so wichtig wie heute. Außerdem fühlte sich in jenen Jahren der Künstler weitaus mehr der Öffentlichkeit verpflichtet, als das bei vielen Jüngeren jetzt der Fall ist, die zwar ihre Nähe zum Alltagsleben betonen, sich jedoch sehr oft in neue Elfenbeintürme zurückgezogen haben. Sie haben sich ihre kleinen Sonderbezirke gebaut, in denen sie nicht selten nur noch um sich selbst kreisen, wobei es der Außenstehende schwer hat, ihnen zu folgen. Die zwanziger Jahre waren trotz aller Schwierigkeiten eine sehr fruchtbare Zeit, vergleichbar ein wenig der der ersten Nachkriegszeit nach 1945.

Leider hat es nicht lange genug gedauert.

Vogt: Das ist sicherlich sehr bedauerlich. Da hatte sich für Essen auf der Margarethenhöhe eine vielversprechende Keimzelle gebildet, aus der sich vielleicht so etwas wie ein Essener Modell entwickelt hätte. Aber dann kam 1933 und damit das Ende. Einige Künstler wurden ihrer politischen Überzeugung oder ihres Glaubens wegen verfolgt, wie Lammert und Lewy.

Und für bestimmte zeitgenössische Kunstrichtungen gab es ohnehin keine Zukunft mehr; sie galten im Sinne nationalsozialistischer Auffassung als „entartet".

Was weiter zum Verfall beitrug: Jüdische Mitbürger hatten einen gewichtigen Teil des städtischen kulturellen Lebens nicht nur finanziert, sondern getragen. Und diese Schicht fiel plötzlich aus. Folgerichtig fragten sich auch andere Mäzene, ob es noch Sinn habe, das neue Kunstbanausentum zu unterstützen, das die Künstler ins Exil jagte und die berühmten Sammlungen und Museen zerstörte. Sie waren zur Finanzierung einer staatlichen Ersatzkultur nicht bereit. Nennen Sie es eine innere Emigration Vieler, durch die unser Museum z. B. eine Reihe ihm zugedachter, bedeutender Stiftungen verloren hat.

Glauben Sie denn, daß man diesen Bruch in der Entwicklung der Künstlerkolonie auf der Margarethenhöhe überbrükken kann? Könnte man neue Ateliers bauen und sagen: Fangen wir an, wo wir damals aufgehört haben?

Vogt: Nein, ich glaube nicht, daß das geht. Wir würden eine historische Erinnerung zurückru-

fen, ein Scheinbild errichten. Wir könnten versuchen, es mit Leben zu erfüllen, aber es würde davon nichts mehr ausgehen. Die Entwicklung damals vollzog sich aus einer bestimmten,

Georg Metzendorf entwarf Möbel, Kunst- und Gebrauchsgegenstände. Dazu gehört auch dieser Leuchter aus dem Besitz des Museums Folkwang, an den Professor Dr. Vogt hier erinnert.

aktuellen Situation, aus einer neuen, ideellen Konstellation heraus. Die Künstler waren von Interesse und Wohlwollen getragen und fanden sich in Übereinstimmung mit ihrer Zeit. Wir haben heute andere und sicher nicht weniger wichtige Aufgaben.

Und ohne diesen Abbruch durch die Hitler-Jahre und den Krieg hätte sich die Künstlerkolonie sicher weiterentwickelt?

Vogt: Es hätten sich vermutlich weitere Ringe gebildet. Um Elisabeth

Treskow etwa wäre eine Goldschmiedeschule denkbar gewesen, um Kätelhön das, was heute Wamel leistet. Künstler wie Nay mußten nach dem Kriege ihre Radierungen in Paris drucken lassen, weil es hierzulande keine leistungsfähigen Werkstätten mehr gab.

Also kann man sich heute nur an die Erinnerung halten, damit man zeigt, welch ein „ungewöhnlicher Ansatzpunkt" diese Künstlerkolonie auf der Margarethenhöhe war, um mit Ihren Worten zu sprechen. Der Beitrag in diesem Buch ist der erste zusammenfassende Versuch in dieser Richtung. Eine weitere Möglichkeit wäre, vorausgesetzt, es fänden sich ein Gebäude und der Rechtsrahmen dafür, eine ständige Ausstellung auf der Margarethenhöhe. Sie könnte deutlich machen, welche künstlerischen und handwerklichen Kräfte es damals in der Gartenstadt gab. Würde das Museum Folkwang einige Stücke aus diesem Künstlerkreis dazu beisteuern?

Vogt: Das würden wir sicher gern tun. Ich hielte das für eine anschauliche Anbindung an eine künstlerische Tradition, die auch heute noch unseren unverminderten Respekt verdient.

217

Mit Hermann Kätelhön beginnt die Künstlerkolonie

Hermann Kätelhön

1884 (22. September): geboren in Hofgeismar (Hessen); aufgewachsen in Marburg/Lahn.
1906-1908: Besuch der keramischen Fachklasse der Kunstgewerbeschule Karlsruhe.
1908-1909: Graphische Fachklasse der Kunstakademie München (Peter Halm).
1908-1916: Aufenthalt und Studien im Kreise hessischer Künstler in Willingshausen (Schwalmtal).
1916: Erster Besuch in Essen.
1917: Hochzeit mit der jungen Malerin Toni Plettner aus Dresden; Übersiedlung nach Essen im November.
1920: Einzug in das für ihn erbaute kleine Atelierhaus Sommerburgstraße 18.
1923: Das „Werk Arbeit" mit zwölf Blättern erscheint (I. Folge).
1924: Arbeit an Gebirgsstudien in Einödsbach/Oberstdorf.
1930: Kätelhön verlegt den Hauptwohnsitz von der Margarethenhöhe nach Wamel/Möhnesee.
1936-1938: Atelier auf der Zeche Emscher-Lippe in Datteln.
1940 (24. November): Hermann Kätelhön stirbt im Alter von 56 Jahren auf einer Studienreise in München.
1975 (12. Januar): Toni Kätelhön stirbt im Alter von 83 Jahren.

An einem Novembertag des Kriegsjahres 1917 kommen sie mit dem Bummelzug in Essen an: Der schmächtige, 31jährige Hermann Kätelhön und seine Frau Toni (26). Er: ein Maler, Radierer und Graphiker aus dem Hessischen; sie: eine Malerin aus Dresden. Für die Margarethenhöhe ist dieser Tag ein Glückstag. Mit dem vitalen, temperamentvollen Mann beginnt die Geschichte ihrer Künstlerkolonie. Für Hermann Kätelhön ist es nicht die erste Begegnung mit der Industriestadt. Er war schon ein Jahr zuvor für einige Wochen in Essen gewesen; hatte hier den Kaufmann Wilhelm Küllenberg porträtiert. Toni Kätelhön erinnert sich später: „Aus dem stillen Dorf Willingshausen im Schwalmtal kam er in die graue Stadt der Maschinen und Fördertürme..." Diese Arbeitswelt nahm ihn gefangen und auch „der Gedanke, daß entscheidendes Leben der Zeit sich nicht in stiller Landschaft auswirkte, sondern dort, wo viele Kräfte zusammenströmten und die an-

wachsende Industrie das Dasein der Menschen gewaltig mitbestimmte".

Und trotzdem: Der Bauernsohn bleibt den Landschaften als Künstler nicht auf Dauer fern. Von Zeit zu Zeit verläßt er die Arbeitswelt an der Ruhr. Seine letzte Handzeichnung kurz vor seinem Tode zeigt das Gebirgsmassiv der Waxensteine.

Hermann und Toni Kätelhön 1920 mit ihrem Sohn Wolfgang im kleinen Atelierhaus an der Sommerburgstraße.

Die Menschen leben im November 1917 im vierten Kriegsjahr. Der Hurrapatriotismus ist längst dahin. Statt weiterer Siegesbotschaften hatte es im Winter Steckrüben gegeben. Noch mehr bewegen Kätelhön die Gedanken an seine Arbeit. Margarethenhöhe — das ist für ihn zunächst die vorläufige

Bleibe im Gasthaus am Markt. Unterm Dach werden bald die Kupferdruckpresse und die Steindruckpresse stehen; eine kleine Werkstatt für die ersten Arbeiten. Eine dieser frühen Radierungen zeigt „Kinder am Waldbach im Margarethental". Und von der Frau, die ihn fördert, die ihm an der Sommerburgstraße 1919 ein Atelierhaus bauen läßt, fertigt er 1918 eine Bleistiftzeichnung: Margarethe Krupp. 37 Jahre später ist diese Zeichnung mit 66 anderen in einer Kätelhön-Gedächtnis-Ausstellung im Museum Folkwang zu sehen.

Die zweite Wohnung der Kätelhöns auf der Margarethenhöhe ist im Ginsterweg 33; aber an der Sommerburgstraße ist schon der Grundstein zum Atelierhaus gelegt. Aus einem Urlaub im Gebirge schreibt Toni Kätelhön an Margarethe Krupp:

„Ordentlich schwer ist es uns aber trotz der Reisefreudigkeit angekommen, unser Gärtchen mit dem eigenen Kohl im Stich zu lassen. Und den Abendspaziergang zum

Erinnerung an die Jahre auf der Margarethenhöhe: So sah Kätelhön Kinder am Waldbach Margarethental.

Bauplatz so lange entbehren zu müssen, konnten wir uns auch nicht vorstellen." Aber dann ist die Arche Noah, wie Toni Kätelhön das Haus an der Sommerburgstraße nennt, endlich fertig: Wohnung, Atelier, Werkstatt. Nun fühlt Kätelhön sich unabhängig. An seine Gönnerin Margarethe Krupp schreibt er am 28. Februar 1920:

„Mein größter Wunsch ist, daß das Haus gewissermaßen der Ruhepunkt meiner Kunst und meines Lebens wird und − solange ich lebe − bleiben möge."

Treffpunkt für junge Künstler

Kätelhön denkt über persönliche Interessen weit hinaus. Junge Künstler des Ruhrgebietes kommen in seine Werkstatt auf der Margarethenhöhe: Radierer, Lithographen, Holzschneider. Sie lernen von ihm, wie man Stichel, Radiermesser und Holzschnittmesser besser führt, wie man von Kupferplatte oder Stein seine eigenen Abzüge macht.

Das Atelierhaus an der Sommerburgstraße steht für sich allein. Noch gibt es die Straßen „Im Stillen Winkel", „Zur Eibe" und „Lehns-

grund" nicht. Dort ist Ackerland und Wiese. Nur an der Sommerburgstraße wachsen jetzt die mehrstöckigen Nachkriegsbauten hoch. Die Stille, die Beschaulichkeit des Freundeskreises in Willingshausen hatte Kätelhön verlassen, weil er eine neue Herausforderung suchte. In Essen fand er sie; in der Arbeitswelt des Bergmanns unter Tage, im Schatten der Kamine und Fabrikhallen. Das „Werk Arbeit" entsteht, später folgt das „Werk Schöpfung". Das sind die Pole seines künstlerischen Schaffens. Und den Sammlungen stellt er eigene Gedichte voran: „Nächte hindurch schreibt er Zeile für Zeile", erinnerte sich seine Frau Toni. „In den frühen Morgenstunden las er mir das Errungene vor."

Gestützt durch ein Stahlkorsett

Mit Kätelhöns Gesundheit steht es nicht zum besten. Weil ihm ein paar Rippen fehlen, trägt er ein Stahlkorsett. Aber er kann nicht ausruhen, fordert immer mehr von sich. Freunden sagt er: „Ich bin ein Besessener." Ausgleich sucht er im Garten. Er ist ein begabter Gartengestalter. Toni Kätelhön am 17. Januar 1921 an Margarethe Krupp:

Nun ist die Schicht zu Ende
es ruhen Sinn und Hände
von ihrem Tagwerk aus.
Ich steh am Füllort stille,
es drängt mein müder Wille
mich allgemach nach Haus.

Ich fühl der Mutter Warten
und seh in meinem Garten
der Kinder Fröhlich sein.
Der Sonne spätes Glühen
taucht blutrot alles Blühen
in Licht und Wärme ein.

Aus den „Worten zum Werk" −
Handschrift Hermann Kätelhöns: „Nun ist die Schicht zu Ende . . .

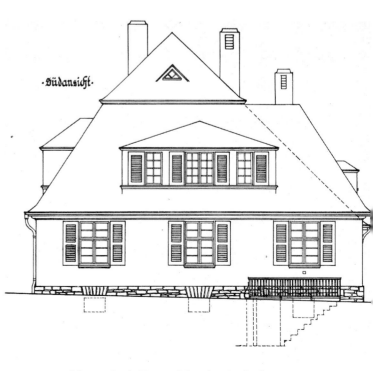

Metzendorfs Entwurf für das Atelierhaus,
das Kätelhöns „Arche Noah" war.

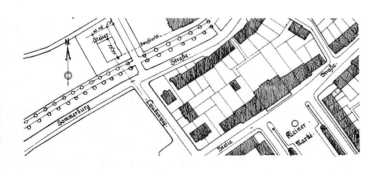

Anny und Willem van Praag,
Toni und Hermann Kätelhön
erlauben sich
J. Excellenz Frau Margarethe Krupp
zum 16. Februar abends 8 Uhr
freundlichst einzuladen.
Der Abend ist dem Gedenken
Ludw. van Beethoven'
gewidmet u. findet im Atelier
Margaretenhöhe———
Sommerburgstraße 18 statt.

u.   A.   w.   g.

Kleines Atelierhaus Sommerburgstraße 18 als
künstlerischer Treffpunkt: Einladung zum Beethoven-Abend.

Margarethe·Krupp·Stiftung·für·Wohnungsfürsorge·Essen-Ruhr·
·Atelierhaus·
·Haus·196· ·Wohnung·820·
·Essen-Ruhr, im·April·1919·

·Vorstand·d·M·K·St· ·J·V·   ·Der·Architekt·

Original-Lageplan vom April 1919:
Das Atelierhaus war die 820. Wohnung auf der Margarethenhöhe.

„Mein Mann hat sehr schöne Stauden gepflanzt und war ganz glücklich über das farbige Blühen vor seinem Fenster … Der Junge gedeiht so gut und läuft mit seinen 10 Monaten schon flink am Geländer des Ställchens entlang. All die Sonne und frische Luft in den großen Räumen, die freie Natur ringsum haben gewiß das meiste dazu geholfen . . .“

Das Kätelhön-Heim an der Sommerburgstraße ist längst zum Treffpunkt geworden. Toni Kätelhön schreibt 1940:

„Unser Häuschen nahm viele auf, die kamen: führende Persönlichkeiten der Industrie, des Bergbaus, Arbeiter, Bergleute und Künstler … Der große Atelierraum, die kleine Werkstatt umschlossen vielerlei Leben und Tun. Porträts und Studien entstanden, verschiedenste Probleme, menschlicher und künstlerischer Art, wurden in langen, heißen Disputen ausgetragen, fröhliche Feste gefeiert.“

Der Bergmann Kätelhön

Aber die meisten Studien entstehen vor Ort; Kätelhön will nicht nur von außen her sehen, er will in die Dinge eindringen. Er fährt mit den Bergleuten ein; hat wie sie Arbeitsbuch und Marke, hockt mit Stift und Zeichenbrett neben ihnen im Stollen. Er porträtiert den Pferdejungen, aber auch den Generaldirektor, dessen Honorar mit für seinen

Selbstbildnis 1920: Eine Widmung für Professor Metzendorf.

Unterhalt sorgt. Dieser Arbeitswelt verschreibt er sich ganz; kehrt dann für Wochen nicht in sein Atelierhaus auf der Margarethenhöhe zurück. Toni Kätelhön:

„In Kray, in Novembertagen fand ich meinen Mann auf der Kokerei Bonifatius unter einem Verschlag sitzend, um die Studien für die Kokereiblätter zu zeichnen. Schnee und Regen schlugen mit dem Ruß und dem Höllengetöse des Betriebs zu ihm herein.“

Während dieser Wochen bewohnt er eine kleine Stube in der Zechenkolonie.

Und dann die Keramik

Aber Kätelhöns schöpferische Kräfte haben immer wieder neue Quellen. 1924 regt er die Gründung einer keramischen Werkstatt auf der Margarethenhöhe an, die eine handwerkliche Grundlage für Bildhauer und Maler sein soll. Er selbst setzt die ersten Zeichen dafür und gewinnt den Bildhauer Will Lammert für den Aufbau. Kunst und Kunsthandwerk wirken zusammen.

Die Künstlerkolonie wächst. 1923 ist die Goldschmiedin Elisabeth Treskow in die Sommerburgstraße gezogen, 1925 folgt der Maler, Graphiker und Emailleur Kurt Lewy, dann der Bildhauer Richard Malin, die Buchbinderin Frida Schoy, der Maler Philipp Schardt, der Fotograf Albert Renger-Patzsch. Gustav Dahler war mit seinen Eltern schon früher zur Margarethenhöhe gekommen. Der Bau des Werkhauses (1927) und des großen Atelierhauses (1929) Im Stillen Winkel fördert dieses Zusammengehen, dessen künstlerischer Mittelpunkt Hermann Kätelhön ist.

„Fasziniert von der Arbeitswelt in Essen." Kätelhön-Radierung „Zeche Graf Beust" (Essen-Ost).

Stiftung für Künstler

Das Werkhaus in unmittelbarer Nachbarschaft erweitert die Möglichkeiten des Graphikers Kätelhön. Hier arbeiten nun die Druckpressen; während nebenan Goldschmiede und Buchbinder über ihren Entwürfen sitzen. Kätelhön, der sich nie begnügt, stets auf der Suche nach neuen Wegen ist, erschließt der Druckwerkstatt noch ein anderes Feld: Er regt eine Künstler-Stiftung an, finanziell getragen von Förderern aus Industrie und Gesellschaft. Begabte Künstler, so Kätelhön, sollen hier kostenlos arbeiten und drucken können und damit auch das handwerkliche Verfahren bei Kupfer- und Steindruck erhalten helfen. Das Experiment gelingt, überdauert sogar, als Kätelhön 1930 die Margarethenhöhe verläßt und in den kleinen Ort Wamel am Möhnesee zieht. Hier hatte er sich ein Jahr zuvor ein zwangsversteigertes Haus gekauft. Und das große Grüngelände regte die Phantasie des Gartenfreundes an. So kehrt der künstlerisch ruhelose Kätelhön also wieder in eine stille, unberührte Landschaft zurück. Doch auch diese neue Bindung hält ihn der Ar-

223

beitswelt nicht fern. Ein paar Jahre hat er noch eine kleine Wohnung mit Atelier in einer Zechenkolonie in Datteln, wie seine 1975 verstorbene Ehefrau Toni in seinem Todesjahr 1940 beschreibt.

Hermann Kätelhön, der vor allem auf der Margarethenhöhe so vieles bewirkte, starb auf einer Studienreise in München. Was ihm die Druckgraphik dankt, ist in zahllosen Schriften nachzulesen. Wie seine Ideen weiterlebten, erfährt man in der nach ihm benannten Hermann-Kätelhön-Straße 8 in Wamel. Kätelhön-Sohn Henner (56) setzt im elterlichen Haus mit den Werkstätten für Kupferdruck und Lithographie die Tradition fort: Junge Künstler arbeiten und wohnen hier, lernen an den Werkzeugen und Druckpressen, die bis zum Jahre 1938 auf der Margarethenhöhe standen, wie Kunst und Handwerk zusammengehen. Henner Kätelhön sieht es wie sein Vater: Persönliche Leistung gegen die industrielle Produktion; handwerkliche Abläufe wie vor 400 Jahren. Zweimal im Jahr lädt er an den Möhnesee zu den Graphiktagen ein.

Henner Kätelhön ist ganz sicher: „Vaters Ideen bleiben wach!"

„Auf die Gedanken des Vaters zu …"

Wamel am Möhnesee. Dort lebt und arbeitet heute Henner Kätelhön. Die Werkstatt seines Vaters hat er weitergeführt. Er bildet Anlernlinge zu Kupferdruckern aus; holt junge Künstler an Radierplatte und Druckpresse. „Wir wollen den Fehlentwicklungen der Massenauflagen entgegenwirken." Was 1917 auf der Margarethenhöhe begann, wird hier fortgesetzt.

Erinnerungen an die Kindheit: „Das Haus an der Sommerburgstraße ist für mich frühe Jugend. Ich war das jüngste von fünf Geschwistern, 1925 geboren. Heute leben noch zwei. – Es muß in unserem letzten Jahr auf der Margarethenhöhe gewesen sein, 1930 also. Meine Schwester Ursula und ich fanden die Liebesbriefe, die unsere Eltern sich vor ihrer Ehe geschrieben hatten. Wir haben Post gespielt und sie in den Briefkästen an der Sommerburgstraße verteilt. Die Nachbarn brachten sie mit amüsiertem Lächeln und der Versicherung zurück, sie auch ‚ganz bestimmt nicht' gelesen zu haben."

„Ja, einmal bin ich von Zuhause weggewesen; und niemand hat mich gefunden. Ich bin auf der Sommerburgstraße einer Dampfwalze nachgelaufen. So bummelte ich durch die ganze Stadt: von Spielplatz zu Spielplatz. Spätabends fand man mich in Altenessen dann wieder auf."

Erinnerung an die Eltern: „Mutter war eine stille, sehr gütige Frau. – Vater war sehr temperamentvoll, sehr intensiv. Er war fasziniert von der Arbeitswelt in Essen. – Gärten und Gartenarchitektur haben ihn immer beschäftigt. In Wamel hat er jeden Stein und Baum selber gesetzt. Ich glaube, es waren die Erbreste bäuerlicher Art in ihm. – In den letzten Jahren seines Lebens hatte er Depressionen und Todesahnungen."

Freunde: „Unser Haus hier in Wamel, das Vater als Sicherheit für die Familie gekauft hatte, blieb auch immer für unsere Essener Freunde offen. Als der Bombenkrieg die Ruhrgebietsstädte zerstörte, kamen die Familien Schardt und Renger-Patzsch zu uns."

Henner Kätelhön über sich und seine Arbeit: „Ich bewege mich mit vielen Aktivitäten auf die Gedanken meines Vaters zu."

Als Kinder auf der Margarethenhöhe gelebt: Ernst Renger-Patzsch (links) und Henner Kätelhön. Im Kätelhön-Haus in Wamel (Möhnesee) sprachen sie mit dem Autor über ihre Väter.

Henner Kätelhön setzt im elterlichen Haus in Wamel die auf der Margarethenhöhe begonnene Arbeit fort: „Vaters Ideen bleiben wach." Handwerkliche Abläufe wie vor 400 Jahren.

Toni Kätelhön 1940 über ihre Wohnung in einer Zechenkolonie

„Das alles lieben wir"

Ihr Hauptwohnsitz war für 13 Jahre die Margarethenhöhe, dann zogen sie nach Wamel am Möhnesee. Aber wenn Hermann Kätelhön der von ihm beschriebenen und gezeichneten Arbeitswelt des Bergmanns ganz nahe sein wollte, lebten sie für eine Weile in einer Zechenkolonie. Toni Kätelhön sagte darüber 1940:

„Jetzt hat der Bergmann Kätelhön eine kleine Wohnung in der Kolonie der Zeche Emscher-Lippe in Datteln. Er hat da auch ein Gärtchen und eine Feierabendbank wie alle, und ich kehre dort, da wir nun seit ein paar Jahren auf dem Lande wohnen, wie in eine alte Heimat ein.

Abends stehe ich lange oft am Fenster. Da sehe ich vorn, dunkel im Schlaf, die Häuser der Kolonie. Dahinter ragt die Kokerei auf, lichterfüllt, klirrend und tönend in der Arbeitsenergie.

Und wie auf der Margarethenhöhe ziehen wieder viele Menschen aus vielerlei Wesen und Stand hierher in das kleine Haus... Zuerst allerdings blieben die Kumpel mißtrauisch gegenüber dem fremden Mann im gleichen Arbeitszeug wie sie, um allmählich doch wißbegierig, dem Zeichenbrett näherzukommen.

Ihre altgewohnte Umgebung, sich selbst und die Arbeit da aufgezeichnet zu finden, so daß alles, was doch eigentlich häßlich war, ein Bild gab −, zu sehen, daß einer da war, dem es wichtig schien, dies alles festzuhalten, so viel Mühen und Opfer an Bequemlichkeiten dranzugeben, erfüllte sie mit

Hauer vor Ort: Radierung Hermann Kätelhöns aus dem Jahre 1929.

Vertrauen. Und sie begannen zu helfen und zu erzählen, und als bester Dank galt ihnen, bald ein Bild zu besitzen. Da ist auch Weihnachten die Frau eines Fördermaschinisten gekommen und hat in lauter Groschen eine Summe aus dem Geldbeutel gezählt. Sie hatte sie gespart, um ein Bild für ihren Mann zu kaufen, das er sich so sehr wünschte."

Das „M" steht für Qualität und für Margarethenhöhe

Entstanden ist sie vor 57 Jahren auf der Margarethenhöhe; verlegt wurde sie 1933 in ein altes Magazingebäude an der Gelsenkirchener Straße 74 in Stoppenberg; aber das Markenzeichen ist geblieben. Ein „M" als Mittelpunkt steht für Margarethenhöhe, denn die Keramische Werkstatt auf dem Zechengelände von Zollverein hält auf Tradition.

Es begann mit Hermann Kätelhön. Der Maler, Graphiker und Radierer war ein Freund der Keramik. Er hatte einen Teil seiner Studien darauf verwandt.

Margarethenhöhe, das ist in den 20er Jahren immer noch Ausbau, und die Wandplastik, die Kleinplastik über Haustüren und Torgiebeln, bieten sich als Schmuck an. Kätelhön findet einen Partner, den jungen Bildhauer Will Lammert, der 1922 aus Hagen in die Gartenvorstadt gekommen ist. Auch Lammert hat eine Fachschule für Keramik besucht. Zwei Jahre später beginnt er mit dem Aufbau der Werkstatt im Hohlweg (Metzendorfstraße). Hier ist auch sein Bildhaueratelier.

1925 wird mit einem Gründungskapital von 50.000 Mark die „Keramische Werkstatt Margarethenhöhe GmbH" gegründet. Einer der Mitbegründer und Treuhänder, Dr. Fritz Gummert, vertritt den hier sehr engagierten Bergbau. Erster Leiter der Werkstatt (bis 1927) ist Will Lammert; seine Nachfolger sind Johannes Leßmann, Walburga Külz, Helmut Gniesmer. Aber Lammert und Kätelhön haben die künstlerischen Ziele gesetzt: anspruchsvolle Formen, matte Glasur. Schon im Mai 1925 zeigt Lammert seine Arbeiten im Museum Folkwang. 1927 wird im neuen Botanischen Garten sein „Katzenbrunnen" aufgestellt. 1929 erwirbt die Gruga seine Wasserspeifiguren und seinen Straußenbrunnen. Zwei von Lammerts Kleinplastiken auf der Margarethenhöhe sind noch erhalten: die Katzen als Torbogenkrönung an den beiden Eingängen zum Robert-Schmohl-Platz.

Töpfermeister Helmut Gniesmer, ab 1953 Leiter der Keramischen Werkstatt, fühlt sich wie seine Vorgänger der traditionellen Linie verpflichtet: „Wir halten uns an die Vorstellungen der Gründer." Gniesmer selbst stammt aus einer alten Töpferfamilie („Vom Vater habe ich es

Damals wie heute: anspruchsvolle Keramik.

Bilder der Frühzeit: Künstlerische Ziele gesetzt.

Seit 1953 leitet Helmut Gniesmer die Keramische Werkstatt.

„Wir sind bekannt für unsere matten Glasuren" (Gniesmer).

gelernt"). Wie Lammert hat auch er eine Vorliebe für die keramische Wandgestaltung; die Bauplastik. Doch das 10-Personen-Team an der Gelsenkirchener Straße (Gniesmers Ehefrau Ingeborg, drei Gesellen, drei Lehrlinge, zwei Praktikanten) muß vor allem den Kundenwünschen nach Vasen, Krügen, Schalen, Wandtellern und Eßgeschirr nachkommen. Gniesmer: „Gerade viele junge Leute suchen das Besondere. Der Trend heißt: Weg von der Serienproduktion!"

So drehen sich die Scheiben am Arbeitstag oft ohne Pause. Aus formlosen Tonballen wachsen unter den Händen der Töpfer die Gefäße hoch. Und nach Schrühbrand, Glasur und dem zweiten Brand werden die Keramikarbeiten aus dem Ofen geholt. Erdfarbene Glasuren oder auch ein Mattblau; selten ist ein Stück wie das andere. Das „freie Spiel des Feuers" sorgt für Nuancen. „Wir sind bekannt für unsere matten Glasuren", sagt Helmut Gniesmer. „Wer Leuchtendes liebt, der muß ins Kaufhaus gehen."

Die Werkstatt beliefert Einrichtungshäuser, Kunstgewerbeläden,

Messen. Und auch im Ausland ist das Firmenzeichen mit dem großen „M" als Gütezeichen bekannt. Daß Kunden manchmal mit eigenen Entwürfen oder Vorstellungen Form und Dekor bestimmen, muß eine Auftragswerkstatt wohl in Kauf nehmen. Aber die eigene traditionelle Linie bleibt gewahrt.

Zu den Bildhauern, die im alten Magazingebäude der Schachtanlage gern zu Gast sind, gehört auch Herbert Lungwitz. Wie zu Kätelhöns und Lammerts Zeiten wird diese Zusammenarbeit mit Künstlern gesucht. Und wie im Gründungsjahr ist der Bergbau die sichere wirtschaftliche Basis für die Töpferei. Die Keramische Werkstatt gehört zur Ruhrkohle AG.

Vor allem aber ist sie ständige Erinnerung an die einstige Künstlerkolonie Margarethenhöhe, die ihren Ruf auch ihr verdankte.

227

Der frühe Ruhm ist ihr immer treu geblieben

Elisabeth Treskow

1898 (20. August): geboren in Bochum.
1913 erlernt sie das Ziselieren in der „Hagener Silberschmiede", dann zwei Jahre Besuch der Essener Kunstgewerbeschule (die spätere Folkwang-Schule für Gestaltung).
1915-1917: Besuch der Staatlichen Höheren Fachschule in Schwäbisch-Gmünd.
1917-1918: Lehre in der Goldschmiede-Werkstatt von Professor Karl Rothmüller (München). Gesellenprüfung und einjährige Gehilfenzeit.
1919-1923: eigene Werkstatt in Bochum.
1923: Übersiedlung zur Margarethenhöhe in Essen. Zunächst ein Atelier im Hause Sommerburgstraße 64; dann (ab 1927) Werkstatt und Wohnung im neuen Werkhaus.
1924: Meisterprüfung in Düsseldorf.
1943: Werkstatt auf der Margarethenhöhe muß geschlossen werden, weil Reichspropagandaminister Goebbels den „totalen Krieg" verkündet hat. Goldschmiedearbeiten und Kunsthandwerk waren danach „unnötiger Luxus".
1943-1948: Werkstatt in alter Fabrik in Detmold, die ihr Schwager gemietet hatte. Restaurierungsaufträge vom Landeskonservator.
1948-1964: Lehrauftrag mit Professur an der Werkkunstschule Köln.
Seit 1964 weitere Tätigkeit als Goldschmiedin.

Sie ist 82, als wir mit ihr sprechen: Professorin Elisabeth Treskow, Goldschmiedin und Sammlerin, und bis ins hohe Alter hinein wegen ihrer Entwürfe gefragt.

Der frühe Ruhm ist geblieben. Einen Treskow-Schmuck zu besitzen, ist immer noch vielen Kunden eine Reise nach Brühl wert. Sie hat keine eigene Werkstatt mehr, aber was sie abends in ihrer Wohnung im Seniorenheim mit flüchtigen Skizzen entwirft, führen Goldschmiede für sie aus. „Natürlich sprudeln die Ideen nicht mehr so, wissen Sie. Alles geht langsamer und bedächtiger." Ein Augenleiden behindert sie.

Zwanzig Jahre lang hatte Elisabeth Treskow auf der Margarethenhöhe gelebt und gearbeitet. Sie kam 1923. Unruhige Jahre. Französische Besatzung im Ruhrgebiet, Geldentwertung. „Werden Sie Bildhauer", sagte Joseph Enseling, Lehrer aus der Essener Kunstgewerbeschule. Und der Maler Urbach riet ihr zum Malerberuf. „Aber meine Begabung hätte nicht ausgereicht, etwas so Gutes zu machen, wie ich es als Goldschmiedin erreicht habe." Und erreicht hat sie Ungewöhnliches. Dafür steht nicht nur das Urteil von Professor Dr. Paul Vogt, Direktor des Museum Folkwang, der sie zur Weltklasse zählt. Das Kunstgewerbemuseum in Köln, dem sie ihre antike Schmucksammlung stiftete, hat schon tausend Arbeiten fotografisch erfaßt. „Das sind natürlich nicht alle."

Geboren wurde sie 1898 in Bochum, gelernt und studiert hat sie in Essen, Schwäbisch-Gmünd und München. Die Meisterprüfung machte sie 1924 in Düsseldorf. Warum kam sie zur Margarethenhöhe? „Ich hatte gehört, daß die Stadt dort Künstler und Kunsthandwerker ansiedeln wollte."

Ihre erste Wohnung mit Atelier ist im 4. Stock des Hauses Sommerburgstraße 64. Vom Giebel sieht sie auf den großen Schulhof neben den Schulbaracken und die Äcker des Krampe- und Wortberg-Hofes. Ein paar Haustüren weiter wohnt der Bildhauer Will Lammert. Ihn lernt sie als ersten kennen. Noch gibt es das Werkhaus und das große Atelierhaus an der späteren Straße „Im Stillen Winkel" nicht. Die neuen mehrstöckigen Nachkriegsbauten in der Sommerburgstraße mit ihren Dachateliers sind Anfänge des Künstlerviertels. Hier zieht in Nummer 20 auch der Maler Kurt Lewy ein. Es ist der frühe Kreis: Hermann Kätelhön, Elisabeth Treskow, Will Lammert, Kurt Lewy, Karl Rössing.

Freundschaften? Ja, vor allem mit den Lammerts und dem Ehepaar Lewy. Die Kontakte werden nur durch die

Frühe Aufnahme des Werkhauses (links), erbaut 1927.

Goldschmiede-
werkstatt des
Werkhauses Im
Stillen Winkel 1:
Elisabeth Tres-
kow, Mitarbei-
ter. Rechts Max
Zeitz: „Er war
Lehrling, Gesel-
le und Meister
bei mir." Foto
etwa 1929. Heu-
te arbeitet Max
Zeitz jun. in der
Werkstatt.

Elisabeth Tres-
kow 1928: Ein
Ring wird ent-
worfen. „Ich
mache den
Schmuck, um zu
schmücken. Ich
liebe es nicht,
ihn in Vitrinen
aufzubewahren.
Der Schmuck
gehört an die
Frau. Dann hat
er sein Ziel ja er-
reicht."

„Die Brosche ist auf Pech aufge-kittet. Ich treibe jetzt mit einem Ziselierhammer die Ornamente hinein." (Elisa-beth Treskow 1928).

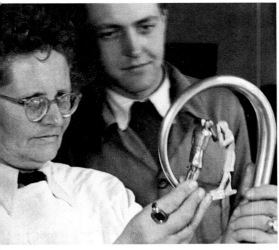

Ein Bischofsstab entsteht.

Das Handwerkszeug des Goldschmieds.

Elisabeth Treskow 1981: Der Ruhm blieb.

Hitler-Jahre unterbrochen, als die Freunde ins Ausland fliehen, weil sie Juden sind und mit politischer Verfolgung rechnen müssen.

Erinnerung an die Zwanziger Jahre: „Wir alle haben oft zusammengesessen. Kätelhön sang sehr schön und spielte Laute." Trotz aller Sorgen sei der Optimismus, so sagte sie, ungebrochen geblieben. „Es war ja wirtschaftlich eine schlimme Zeit. Die Leute kauften wohl, aber das Geld war nichts mehr wert. Wir konnten uns mit Mühe und Not ernähren und unsere Schuhe sohlen lassen."

1927 wird das Werkhaus fertig, zwei Jahre später das Atelierhaus. Bildhauer und Maler, Goldschmiede und Buchbinder ziehen in die Straße „Im Stillen Winkel". Die Keramische Werkstatt bleibt im Hohlweg (Metzendorfstraße).

Das Werkhaus setzt einen neuen Schwerpunkt. Hier arbeiten nun die Goldschmiedin Elisabeth Treskow, die Buchbinderin Frida Schoy, der Maler Josef Albert Benkert und die von Kätelhön gegründete Künstler-Druckerei Margarethenhöhe. Elisabeth Treskow über den Süddeutschen Josef-Albert Benkert: „Zu un-

serer Zeit war er sehr bekannt, aber Sie wissen ja, wie schnell der Ruhm schwindet." Sie selbst hat dies für sich nie feststellen müssen. Vor allem ihre Wiederentdeckung antiker Verfahren in der Goldschmiedekunst machen auf den Namen Treskow auch international aufmerksam. „Man kann den Förderern der Kunst auf der Margarethenhöhe nicht genug dafür danken", schreibt der „Essener Anzeiger" am 6. September 1927, „daß sie gerade solchen meisterlichen Kunstgebieten in Essen Heimstatt geben, wie Elisabeth Treskow sie beherrscht."

Auch andere Blätter greifen das Thema auf. Die Margarethenhöhe wird nicht mehr allein als großer Wurf eines überragenden Baumeisters gelobt. Arbeiten Elisabeth Treskows und ihrer Werkhaus-Nachbarin, der Buchbinderin Frida Schoy, sind immer häufiger auf Ausstellungen zu sehen. Manches davon haben sie gemeinsam geschaffen. Auch der Maler Kurt Lewy ist mit seinen Emaille-Arbeiten ihr Partner, und der später weltberühmte Fotograf Albert Renger-Patzsch kommt zu Werkstatt-Aufnahmen ins Werkhaus. Renger-Patzsch lebt „Im Stillen Winkel" 30.

„Eines Tages besuchte uns die alte Frau Krupp. Einer meiner Mitarbeiter schmolz gerade Gold oder Silber. Ich war erstaunt, wie gut sie sich auskannte. ‚Wir sind Ihnen sehr dankbar für diese schöne Margarethenhöhe‘, sagte ich. Sie fragte: ‚Wie geht es Ihnen übrigens wirtschaftlich?‘ – Ich darauf: ‚Gut, und für unsere Kunden sorgen wir selber.‘ – ‚Das höre ich gern‘, sagte Margarethe Krupp.“

Ob es auch Kontakte zur Bevölkerung auf der Margarethenhöhe gab? „Nur sehr wenige. Künstler – das war eine andere Welt. Vielleicht etwas verrückt aus der Sicht vieler Bürger. Zu abseits vom eigenen Leben.“ Es hätte zum Kennenlernen mehr Zeit gebraucht. Doch dann kam 1933 und die Künstlerkolonie verlor einige ihrer schöpferischen Kräfte. Es wurde nie mehr so wie früher.

Elisabeth Treskow arbeitet und wohnt bis 1943 im Werkhaus; dann muß sie die Werkstatt schließen. Schmuck darf nicht mehr hergestellt werden im Jahr des „totalen Krieges“. Sie geht nach Detmold, restauriert dort für den Landeskonservator; 1948 folgt sie dem Ruf der Werkschule Köln als

Leiterin der Klasse für Gold- und Silberschmiedekunst. Auf die Margarethenhöhe ist sie nur noch als Besucherin zurückgekehrt. Aber alte Kontakte sind geblieben oder werden wieder aufgenommen. Die Künstler von damals sind weit verstreut nach dem Krie-

1000 Arbeiten fotografisch erfaßt. „Das sind natürlich nicht alle.“

ge; doch sie besuchen sich; die gemeinsame Vergangenheit bindet immer noch.

Die Margarethenhöhe war für Elisabeth Treskow ein wichtiger Abschnitt ihres langen erfolgreichen Künstlerlebens. Das war die Zeit, in der sie erstes internationales Ansehen gewann, ihre vielseitigen Arbeiten mit Preisen und Medaillen der Weltausstellungen ausgezeichnet wurden. Nicht nur der Schmuck als Ring, Spange, Kette,

Amtskette des Essener Oberbürgermeisters, 1955 von Elisabeth Treskow entworfen und gearbeitet. Hier Oberbürgermeister Dr. Hans Toussaint mit König Paul von Griechenland (19.9.1956).

Elisabeth Treskow arbeitete auch für Kirchen. Das Foto vom betenden Engel ist ein Beispiel dafür. In Köln entwarf sie Kreuze und Tabernakel; in Essen einen Sicherheitsschrein für die Goldene Madonna.

Kette des Kölner Oberbürgermeisters: eine Arbeit von Elisabeth Treskow.

Armband forderte Idee und Können bei ihr heraus. Ihre schöpferische Phantasie fand auch neue Ausdrucksformen bei Sakralgefäßen, Kassetten und Buchbeschlägen.

In ihren Schmuckstükken sind immer wieder farbige Edelsteine verarbeitet; selten Brillanten. Mehrere in Leder gebundene Fotobände bewahren die Fülle der Entwürfe auf. Anschauungsmaterial auch für ihre Besucher im Seniorenheim. Sie kommen aus Essen, Dortmund, Köln, Düsseldorf oder Hamburg. Töchtern ihrer Kunden scheint kostbarer Schmuck manchmal nicht so begehrenswert. „Schenk mir lieber ein Mofa", sagte vor einigen Monaten ein junges Mädchen, als ihr Vater in Gegenwart von Elisabeth Treskow nach den Wünschen fragte.

Die Seniorin der früheren Künstlerkolonie auf der Margarethenhöhe weiß, daß Geschmack, Mode, Wertvorstellungen sich ständig ändern. Aber die meisten ihrer Arbeiten sind an solchen kurzfristigen Zeit-Begriffen nicht zu messen. Die persönliche Handschrift der Elisabeth Treskow überdauert sie.

Elf Jahre Erfolg, Aufträge, Ansehen — dann die Flucht

Will Lammert

1892 (5. Januar): geboren in Hagen.
1911: Staatliche Kunstgewerbeschule Hamburg (Stipendium durch den Hagener Kunstsammler Karl Ernst Osthaus vermittelt).
1912–1913: Studien in Paris.
1914: Lammert zeigt Arbeiten auf einer Werkbundausstellung in Köln.
1914–1918: Erster Weltkrieg; als Soldat schwer verwundet.
1918: Besuch der Fachschule für Keramik in Höhr bei Koblenz.
Danach mit der Hilfe des Sammlers Karl Ernst Osthaus Aufbau eines Ateliers in Hagen. — Heirat mit der jüdischen Ärztin Hedwig Meierbach.
1922: Übersiedlung nach Essen. Wohnung auf der Margarethenhöhe (Sommerburgstraße, später „Im Stillen Winkel"). Erstes Bildhaueratelier im Hohlweg (Metzendorfstraße).
1924: Lammert beginnt mit dem Aufbau der Keramischen Werkstatt Margarethenhöhe.
1929: Umzug in das für zehn Künstler errichtete große Atelierhaus „Im Stillen Winkel".
1931: Rompreis. Lammert lebt für ein Jahr in der Villa Massimo, dem römischen Stipendienatelier für deutsche Künstler.
1933: Lammert unterstützt die illegale Tätigkeit der KPD gegen Hitler. Flucht nach Holland.
1951: Ostberlin. Mitglied der Deutschen Akademie der Künste.
1957 (30. Oktober): Will Lammert stirbt im Alter von 65 Jahren.

Ein junger Bildhauer kommt 1922 auf die Margarethenhöhe: Will Lammert, 30 Jahre alt. In seiner Begleitung sind seine Frau, die Ärztin Hedwig Lammert, und der fast zweijährige Sohn Till. Seine Arbeiten waren schon auf Ausstellungen in Köln, Düsseldorf, Münster und Barmen. Einige dieser ausgestellten Porträts und Figuren entstanden im ersten eigenen Atelier in Hagen, bei dessen Aufbau ihm der Kunstförderer Karl Ernst Osthaus geholfen hatte.

Osthaus stirbt 1921, ein Jahr später erwirbt Essen seine große Kunstsammlung, eröff-

Zwei Katzenpaare (1926) auf den Torbögen des Robert-Schmohl-Platzes: Sie sind die einzige Keramik-Arbeit des Bildhauers auf der Margarethenhöhe.

net mit ihr das Folkwangmuseum. Vielleicht hat auch dies Lammert zu seinem Umzug bewogen; denn auf der Margarethenhöhe, so wußte er, waren Künstler und Kunsthandwerker will-

kommen. Und die Umsiedlung in die Gartenvorstadt wird für ihn der Beginn einer sehr schöpferischen Phase, wie die Vielzahl seiner Arbeiten in den Zwanziger Jahren zeigt.

Mit dazu beigetragen hat sein früher Kontakt zur Keramik. Angeregt durch Hermann Kätelhön richtet er neben seinem Atelier die Keramische Werkstatt ein, beschäftigt sich vor allem mit der Bauplastik. Die Ergebnisse dieser Tätigkeit, drei Brunnen, werden im Botanischen Garten und in der Gruga aufgestellt.

Noch stärker ist er mit seinen Plastiken gefordert: Es sind Christusdarstellungen in und an der Trauerhalle des Südwestfriedhofs, ein Bronze-Kruzifix in der Trauerhalle des Parkfriedhofs, figürliche Darstellungen für die Börse (das spätere Haus der Technik), Arbeiten für das Glückaufhaus, für die Häuser des Ruhr-Siedlungsverbandes und des Allgemeinen Bauvereins. Das Museum Folkwang erwirbt die 1930 entstandene Bronzebüste des Karl Ernst Osthaus.

Ein Jahr später wird Lammerts bildhauerisches Werk auch durch den Rompreis anerkannt. Er erhält ein ein-

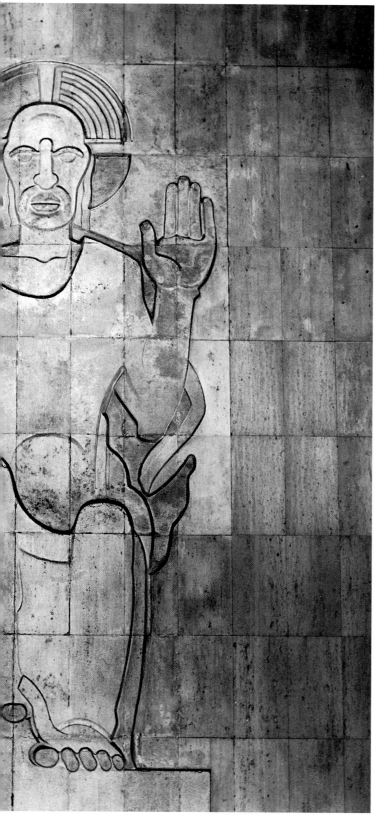

jähriges Stipendium für die römische „Villa Massimo". Von Italien kehrt er mit einem reichen Skizzenbuch und vertieften politischen Ansichten zurück. Er wendet sich nun stärker der kommunistischen Partei zu, der er ab 1932 als Mitglied angehört.

Am 30. Januar wird Hitler Reichskanzler. Für den Künstler Lammert und seine jüdische Frau gibt es in Deutschland keine Zukunft mehr. Die Ärztin sieht die Zahl der Patienten schwinden, fühlt sich bedroht; Lammert wartet vergeblich auf weitere Aufträge. Und seine illegale Tätigkeit, die Weitergabe von politischen Schriften, bleibt auch nicht unentdeckt. Lammert flüchtet nach Holland, reist dann nach Paris weiter. Seine Frau kommt mit den Söhnen Till und Uriel nach. Aber Frankreich mißbilligt die weiter ausgeübten politischen Aktivitäten des Emigranten und weist ihn aus. Das nächste Land seiner Wahl ist die Sowjetunion. Sie ist es für 17 Jahre. Die Lammerts leben zunächst in Moskau, dann in Kasan. Seinem politischen Kurs

Segnender Christus in der Großen Einsegnungshalle des Südwestfriedhofes (1926/27): Eines der wenigen Werke aus der Essener Zeit, die erhalten blieben.

ist Will Lammert treugeblieben, aber sein künstlerischer Stil ist nun stark orientiert an der einseitigen Kunstauffassung seines Gastlandes. Nur wenig erinnert noch an die künstlerische Vielfalt der Zwanziger Jahre. In Essen sind unterdes die

Lammert als Zeichner: Wasserträgerinnen (1927).

vielen Lammert-Arbeiten in den Hitler-Jahren entfernt oder zerstört worden.

1951 verläßt Lammert mit seiner Familie die Sowjetunion. Ostberlin feiert ihn als starke Kraft einer „neuen, sozialistischen Kunst".

Aber gerade sein letztes Werk hebt sich wieder über beengte Erwartungen hinaus: das Mahnmal für das Frauen-KZ Ravensbrück. Er hat es nicht mehr ganz vollenden können.

Lammert starb 1957. Elf schöpferische Jahre seines bewegten Lebens hatte er auf der Margarethenhöhe verbracht.

Kurt Lewy: Essener Künstler mit großem Ruf

Ein Name, den man nicht vergessen sollte

Kurt Lewy

1898 (29. Juli): in Essen geboren.
1919–1922: Schüler an der Kunstgewerbeschule Essen.
Auszeichnungen für Plakatentwürfe und Buchillustrationen.
1923: Studium an der staatlichen Hochschule für bildende Künste in Berlin (Emailliertechniken).
1925–1935: Als Graphiker, Maler und Emailleur auf der Margarethenhöhe.
1929: Eheschließung mit Lilli Schulte.
1930–1933: Lehrer für Schrift und Plakat an der Kunstgewerbeschule. Entlassung wegen seiner jüdischen Herkunft.
1935: Kurt Lewy wandert mit seiner Frau aus. Neuer Wohnsitz ist Brüssel.
1940: Deutscher Angriff auf Belgien, Holland und Luxemburg. Deutsche Emigranten werden in Lagern an der französisch-spanischen Grenze interniert.
1942: Lewy flüchtet aus dem Lager, taucht in Brüssel unter. Nach einem Jahr erneute Festnahme und Einlieferung in das belgische Auffanglager Mecheln. Seine Frau muß ins Gefängnis.
1944: Befreiung nach dem Einmarsch der alliierten Truppen und durch das Eingreifen eines belgischen Regierungsmitglieds. Bis zum Einmarsch der alliierten Truppen bei einem Gärtner versteckt.
1944–1963: Erneut als Maler und Emailleur in Brüssel tätig.
1959: Glasfenster und Emailleplaketten für die neue Synagoge in Essen.
1963 (11. November): Der herzkranke Kurt Lewy stirbt nach einem Oberschenkelbruch in der Freiburger Universitätsklinik.

Sein Grab ist auf dem jüdischen Segeroth-Friedhof. Und auch die Glasfenster in der neuen Synagoge; die Zeichnungen aus seiner Lagerzeit in der Gedenkstätte an der Steeler Straße; seine Arbeiten im Museum Folkwang erinnern an ihn: an Leben und Wirken des Graphikers, Malers und Emailleurs Kurt Lewy.

In Essen wurde er 1898 geboren; auf der Kunstgewerbeschule war er Schüler und Lehrer, und zehn Jahre lang (1925–1935) gehörte er zur Künstlerkolonie Margarethenhöhe. Aber Essen war nicht nur die Stadt der frühen Erfolge. Es war ebenso der Beginn einer Kette von Demütigungen, Emigration, Lagerhaft.

Sein Geburtshaus stand in der Gerlingstraße. Hier war die Industrie nicht weit, von hier aus sah man Fördertürme im Ost-Viertel, die Krupp-Kamine und die Schornsteine der chemischen Fabrik. Und ein paar Minuten Fußweg war es nur bis zur väterlichen Talgschmelze am Kopstadtplatz, die später zur Viehofer Straße verlegt wurde.

Doch den Knaben Kurt zieht es nicht zu den Schmelzbottichen. Sein Talent weist in eine andere Richtung: zum alten Rüttenscheider Rathaus, dem Heim der Kunstgewerbeschule.

Seine Lehrer sind Urbach, Poetter, Enseling. Er gewinnt nicht nur an Können; er gewinnt auch Freundschaft und Liebe der Mitschülerin Lilli Schulte, die später seine Lebensgefährtin wird.

Lilli Lewy 1981 mit einer Arbeit ihres Mannes: Erinnerungen wachhalten.

Weitere Studien schließen sich an. Die Emailletechnik will er erlernen. Und er bringt es auch darin zur Meisterschaft. 1925 läßt er sich auf der Margarethenhöhe nieder, wohnt und arbeitet zunächst in der Sommerburgstraße 20, dann im großen Atelierhaus „Im Stillen Winkel". Die Künstlerkolonie hat ein neues Mitglied.

Sommer 1981. Lilli Lewy ist zum Gespräch von Brüssel herübergekommen. Ins Essener Haus ihres Bruders. Sie hat Ausstellungskataloge mitgebracht: Museum Folkwang, Galerien in Amsterdam, London, New York, Mailand, Brüssel, Chartres. Kurt Lewy mit Aquarellen, Ölbildern, Lithographien, Emaillearbeiten, Glasfenstern. Dies alles haben sie geteilt: künstlerisches Ansehen, Erfolge, aber auch die menschlichen Enttäuschungen, die Angst der Verfolgten.

Wir sitzen auf der Terrasse. Die Augustsonne brennt; nur unter den Sträuchern des Gartens ist Kühle. „Ich glaube, ich hole jetzt den Kaffee." Wieder einmal hat die gebürtige Essenerin ihre Wohnung an der Avenue Roger Vandendriessche in Brüssel verlassen. Sie besucht Ausstellungen, schreibt darüber für Zeitungen. Und sie bemüht sich darum, die Erinnerung an ihren Mann wachzuhalten.

Ihre eigenen künstlerischen Talente hat sie in den gemeinsamen Jahren zurückgestellt, hat sich als Mitarbeiterin ih-

res Mannes verstanden, die anregt, beurteilt, mit auswählt. Jetzt arbeitet Lilli Lewy an Collagen, entwickelt eine eigene Technik mit ihrer Malerei auf Spiegelflächen. „Früher habe ich auch mal die naive Kunst sehr geschätzt." Sie stellte in Brüssel aus; war an Ausstellungen in Charleroi beteiligt.

Auf der Margarethenhöhe haben sich Kurt Lewy und Lilli Schulte 1928 verlobt, ein Jahr später ist die Hochzeit. „Elisabeth Treskow hat nach Entwürfen meines Mannes unsere Ringe gemacht."

Schon 1926 kaufte Kurt Lewy einen Emaillierofen. „Seine Neigung galt den Miniaturen". Bei einigen dieser Emaille-Arbeiten ist Elisabeth Treskow Partnerin. Die Künstlerkolonie wächst zusammen; begünstigt durch das große Atelierhaus mit zehn Ateliers, das 1929 fertig wird. „Der Souverän", so sagt Lilli Lewy, „war Hermann Kätelhön. Er war die überragende Figur." Sie lieben den Austausch ihrer künstlerischen Ansichten, diskutierten und fei-

Für die Bibliothek der neuen Synagoge in Essen schuf Kurt Lewy zwölf farbige runde Glasfenster mit Motiven aus der Bibel. Das war 1959.

erten miteinander. „Von einem Atelier in das andere." Menschliche Bindungen und Freundschaften entstehen, die unberührt bleiben von unterschiedlichen politischen oder gesellschaftlichen Meinungen.

1930 kehrt der frühere Schüler als Lehrer an die Kunstgewerbeschule zurück, die seit drei Jahren schon Folkwangschule heißt. Kurt Lewy hat längst auf sich aufmerksam gemacht, auch mit einer Ausstellung im Museum Folkwang. Doch künstlerische und berufliche Erfolge werden jäh unterbrochen. Hitler kommt an die Macht. Unter den Schriftproben seiner Schüler findet Kurt Lewy eines Tages den Satz: „Die Juden sind unser Unglück." Er korrigiert nur das Schriftbild und gibt die Arbeit zurück, sagt kein Wort. „Aber als mein Mann nach Hause kam, sah ich, wie verstört er war." Folkwang-Direktor Alfred Fischer ruft an: „Ich kann Sie nicht mehr halten. Sie müssen gehen." Lewy will es von ihm schriftlich haben, aber einige Tage später ruft Fischer erneut an: „Ich bin Ihnen gefolgt. Mir ist auch gekündigt worden."

Die Lewys wissen: Es ist nur noch eine Frage der Zeit, wie lange sie im

Straßenbahnfriedhof, Öl. Eine Arbeit aus dem Jahre 1950.

Kurt Lewy: Emaillearbeit 1927. Die Silberarbeit ist von Elisabeth Treskow.

Abseits leben können und dürfen. Freunde und Angehörige unterstützen sie. Dann reift der Plan: „Wir gehen nach Brüssel." 1935 verlassen sie die Margarethenhöhe.

Nur ein paar Jahre können sie unbesorgt, wenn auch sehr bescheiden, in dem fremden Land leben. Im Mai 1940 rücken die deutschen Armeen in den Westen vor. Mit der Freiheit ist es für Kurt Lewy vorbei. Alle männlichen deutschen Emigranten werden in Lagern an der französisch-spanischen Grenze interniert. 1942 kann er fliehen; schlägt sich nach Brüssel durch; wird ein Jahr später von deutschen Sicherheitskräften wieder verhaftet und in ein belgisches Auffanglager eingeliefert. Auch seiner nicht-jüdischen Frau bleibt diesmal die Haft nicht erspart. „Diese Jahre waren wie ein Alpdruck", sagt Lilli Lewy.

Das Leben hinter Gittern ist 1944 für Kurt Lewy endlich vorbei. Mit dem Vorrücken der alliierten Truppen, die in der Normandie gelandet sind, endet auch das Lagerleben. Aus dem Lager hat Lewy Zeichnungen mitgebracht. Sie sind heute in der „Alten Synagoge" an der Steeler Straße zu sehen.

Fünf Jahre nach Kriegsende, 1950, würdigt das Museum Folkwang mit einer Ausstellung seiner Bilder den Mann, der lange Jahre auf so herausragende Weise zum Kulturleben der Stadt Essen gehört hatte.

Kurt Lewy rechnet nicht auf. Er begegnet seiner Heimatstadt und ihren Menschen so, als

Kurt Lewy privat: „Nie seine Güte verloren ..."

hätte es das Jahr 1933 nicht gegeben. Museumsdirektor Dr. Vogt sagt dazu: „Obwohl er viel erdulden mußte, hat er nie seine Güte, seine Liebenswürdigkeit verloren."

In Essen hat Kurt Lewy noch ein besonderes Zeichen seiner Kunst setzen können: durch zwölf runde Glasfenster mit biblischen Szenen in

der neuen Synagoge an der Sedanstraße und den Emaillearbeiten am Thoraschrank. Eines seiner Bilder befindet sich im Museum Folkwang.

Ein kranker Mann war 1944 aus dem Lager heimgekehrt. Sein Herzleiden hatte sich sehr verschlimmert. 1959 wird ihm ein Bein amputiert. 1963 stirbt er nach einem Oberschenkelbruch in der Freiburger Universitätsklinik.

Der Sommernachmittag auf der Gartenterrasse geht seinem Ende zu. Lilli Lewy legt die Kataloge, die verstreut auf dem Tisch liegen, wieder zusammen. „Kann man ein Leben an einem Nachmittag erzählen?" – Nein, man kann es nicht. Aber es ist ein neuer Anstoß, an einen

Maler zu erinnern, dessen Namen man nicht vergessen sollte.

„Stille Kunst"
Worte über Lewy

„*Sehr ausgewogene geometrische Phantasien, die hohen Seelenadel und große innere Ruhe ausstrahlen.*"
Lexikon der abstrakten Malerei (1956)

„*Ich bewunderte vor allem seine handwerkliche Meisterschaft und die unbeirrbare Konzentration, mit der er seine künstlerischen Absichten verwirklichte.*"
Professor Hermann Schardt (1959).

„*Von den kleinformatigen Emailleplatten Kurt Lewys, die aus einer sparsamen Farbenskala geschaffen werden, geht eine unübertreffliche Leuchtkraft aus, die an die große Zeit der Emaillekunst des 12. Jahrhunderts denken läßt.*"
Dr. H. Feldbusch (1959)

„*Seine stille, in sich beruhende, auf Ordnung bedachte Kunst . . .*"
Professor Dr. Paul Vogt (1979)

Ausstellungen:
(von 1928–1981) in Essen, Breslau, Brüssel, Aachen, Gent, Düsseldorf, New York, London, Amsterdam, Oslo, Mailand, Ostende.

Museen:
Arbeiten von Lewy in den Museen von Essen, Aachen, Lüttich, Ostende, Utrecht und Verviers, Buffalo-Newark.

Das Leben des Bildhauers und Malers Richard Malin

„Koste es, was es wolle – ich male"

Richard Malin

1904: (26. April) geboren in Samter, Provinz Posen.
1920: Erste bildhauerische Ausbildung in Hagen; bauplastische Versuche.
1923: Kunstschule in Magdeburg (Plastik, Zeichnen). Erste abstrakte Schnitzereien und große Kohlezeichnungen.
1927: Rückkehr nach Hagen; plastischer Gemeinschaftsauftrag.
1928: „Nach Essen ins wirtschaftliche Nichts. Schwerer Beginn" (Zitat Richard Malin). Arbeit in der Keramischen Werkstatt Margarethenhöhe; Verbindung von Plastik und Farbe (Glasur).
1928–1931: Mehrere Gemeinschaftsausstellungen im Museum Folkwang und in Düsseldorf.
1939–1947: Soldat (Sanitätsdienst). Kriegsgefangenschaft.
1943: Elsbeth Malin und ihre Kinder wegen der Fliegerangriffe von der Margarethenhöhe nach Württemberg evakuiert.
1948: Richard Malin läßt sich am Evakuierungsort der Familie als Pfleger ausbilden.
1953: Rückkehr zur Margarethenhöhe.
1959: Entdeckung der „Glasbilder" – auf Keramik aufgeschmolzenes farbiges Glas.
1963: Malin wendet sich ganz der Malerei zu.
1971: Umzug nach Kirchzarten (Schwarzwald). Elsbeth Malin arbeitet als Schwesternhelferin; in der Freizeit Schnitzarbeiten. Die Krippenfiguren in der Pfarrkirche „Zur Heiligen Familie" (Margarethenhöhe) sind von ihrer Hand.
1975 (5. September): Richard Malin stirbt im Alter von 71 Jahren.

Einige seiner frühen Keramikarbeiten hängen an Hauswänden der Margarethenhöhe. Ein stolzer Hahn, zu dem ein Huhn aufschaut, hält einen Sockel im Ginsterweg besetzt. Der Bildhauer und Maler Richard Malin, 1975 in Kirchzarten verstorben, hinterließ seine künstlerischen Spuren. Obschon er sich in den letzten zwölf Lebensjahren nur der Malerei zuwandte, die Keramik verdankt ihm viele Anstöße. Und hier, auf der Margarethenhöhe, fand er 1928 schon das geeignete Feld dafür. Kätelhön, Lammert, Metzendorf waren Freunde dieses der Kunst sehr nahen Handwerks, das in der Werkstatt am Hohlweg (Metzendorfstraße) nach neuen Ausdrucksformen suchte. Malins vielseitige Talente, geschult im westfälischen Hagen und auf der Kunstschule Magdeburg, eröffneten neue Möglichkeiten.

Malins späterer Schwager, der Maler Gustav Dahler, erinnert sich: „Aus einem kleinen Atelierhaus zu Füßen der Osthausvilla in Hagen war der 24jährige Richard Malin zur Margarethenhöhe gezogen und hatte, fast gleichalt-

rig mit mir, sich an die Arbeit gemacht. Das Material seiner Arbeit war Holz oder keramischer Ton. Er schnitzte seine Figuren und gestaltete seine reichgegliederten Bilder und Wände als keramische Reliefs in stark farbigen Glasuren. Wir haben viel voneinander gelernt."

Familie Malin 1936 im Garten des Atelierhauses: „Meine Geräte sind nicht die Ellenbogen, sondern die Pinsel."

Dahler beschreibt auch Malins Lebensgefährtin, Elsbeth, Schwester seiner Ehefrau Hanneliese und in jungen Jahren Goldschmiedin bei Elisabeth Treskow: „Sie hatte später, inmitten ihrer großen Kinderschar, neben der täglichen robusten Arbeit in der Familie, das Schnitzen und Gestalten von Menschen- und Tierfiguren begonnen. Bei fast

bäuerlicher Lebenseinfachheit arbeitete sie oft pausenlos an figürlichen Gruppen von ungewöhnlicher Kraft."

Richard Malin ist vom Glück nicht begünstigt. Der künstlerische Erfolg stellt sich ein; aber der wirtschaftliche läßt auf sich warten. Existenzängste bedrücken ihn. Er ist ein Zweifler, einer, der sich oft menschlich enttäuscht fühlt und darum zum Skeptiker wurde. Die Familie wächst und damit wachsen die finanziellen Sorgen. Auch wenn er als Künstler seinen Weg immer deutlicher sieht.

1939! Es ist Krieg. Für Malin heißt das: Soldat im Sanitätsdienst und Gefangenschaft. Elsbeth Malin, die heute in Kirchzarten wohnt, dazu: „Die acht Jahre Krieg und Gefangenschaft haben, gerade als sein Schaffen Früchte tragen wollte, aus seinem Leben ein Stück herausgerissen."

Im Dezember 1947 wird Richard Malin aus der Kriegsgefangenschaft entlassen. Wohnung und Atelier auf der Margarethenhöhe sind 1943 bei einem Fliegerangriff zerstört worden. Also reist er zu seiner evakuierten Familie

Viele Talente: Richard Malin war Bildhauer, Maler und Entdecker der „Glasbilder".

Auf der Margarethenhöhe erinnern einige Keramikarbeiten an Richard Malin: hier im Ginsterweg.

nach Württemberg, läßt sich als Pfleger ausbilden, arbeitet in der Alten- und Suchtpflege. Mit der Kunst kann man in der Not der Nachkriegsjahre keine Familie ernähren.

Erst 1953 wagt er die Rückkehr nach Essen. Die achtköpfige Familie lebt zunächst in notvoller Enge in einer Behelfsunterkunft, ist zeitweilig obdachlos. Erst dann findet sie wieder eine Heimstatt auf der Margarethenhöhe. Die Margarethe Krupp-Stiftung für Wohnungsfürsorge hatte über dem Kindergarten im Lehnsgrund eine Dachwohnung mit einem kleinen Atelier ausgebaut. Aber wieder hat Richard Malin Existenzängste. Er ist keine Kämpfernatur, will sich nicht um jeden Preis durchsetzen. In seinen Jahresnotizen steht der Satz: „Meine Geräte sind nicht die Ellenbogen, sondern die Pinsel!" Doch seine schöpferischen Kräfte erlahmen nicht. Er entwickelt eine Glasbildtechnik, bei der farbiges Glas auf Keramik aufgeschmolzen wird. 1959 notiert er: „Vielseitige Arbeit in dieser Technik und gelegentliche Verkäufe." Im Jahr darauf beginnt er mit seinen Modellierkursen für Kinder; ist glücklich darüber, daß sie ein so gutes Echo finden.

Immer stärker neigt er jetzt zur Malerei. „Koste es, was es wolle! Bei aller Existenzangst nun Zuversicht. Privat gezeigte Bilder in Hamburg verkauft, auch das Folkwangmuseum vermittelt meine Arbeiten."

Pst! Ein Frauenkopf von Malin im Lehnsgrund.

1971, er ist jetzt 67, nimmt er Abschied von Essen, nachdem auch die jüngsten Kinder das Elternhaus verlassen hatten. Er läßt sich im Schwarzwaldort Kirchzarten nieder. Richard Malin notiert: „Ich male, meine Frau verdient als Schwesternhelferin die Brötchen."

Vier Jahre später, am 5. September 1975, stirbt er. Sein Wunsch, seine Arbeiten einmal geschlossen in einer Ausstellung zeigen zu können, hat sich nicht mehr erfüllt. Elsbeth Malin: „Mir fehlen neben meinem Schwesterndienst Kraft, Zeit und Gelegenheit dazu. Aber ich hoffe immer noch, daß es einmal möglich sein wird!"

Der Maler Philipp Schardt

Erst Schüler . . .
dann Lehrer
der Folkwangschule

Philipp Schardt

1906: geboren am 15. Juli in Gelsenkirchen; aufgewachsen in Rüttenscheid.
1927-1931: Studium Folkwang-Kunstgewerbeschule.
1939-1940: Lehrer für Malerei und Zeichnen an der Folkwangschule; Bühnenbildner am Stadttheater Oberhausen.
1940-1946: Kriegseinsatz als Soldat, Gefangenschaft.
1948: Folkwangschule: Fachlehrer für Wandmalerei.
1956: Leiter der „Werkgruppe Malerei".
1972: Gestorben am 7. August.
Studienreisen: Italien, Frankreich, Griechenland. Vorliebe für Paris.

Verblaßte Foto-Erinnerung: die Brüder Philipp (links) und Hermann Schardt 1930 auf der Margarethenhöhe.

Er war einer der Stillen im Lande. Über sein Talent als Maler sprach er nicht gern. Über seine Person, sein Leben erst recht nicht. So bleiben der Orientierung nur seine hinterlassenen Arbeiten und die Erinnerungen der Menschen, die ihm nahestanden.

Wie andere Künstler auch, sucht Philipp Schardt zunächst nach der Schulzeit die handwerkliche Ausbildung. Er ist Dekorationsmaler bei der Essener Firma Grothus; arbeitet dann als Volontär und Praktikant einige Jahre in angesehenen Werkstätten Süd- und Westdeutschlands. „Hier empfing er seine entscheidenden Eindrücke", erinnert sich sein jüngerer Bruder Professor Hermann Schardt.

Nach kurzer freiberuflicher Tätigkeit wird er 1927 in der Folkwang-Kunstgewerbeschule aufgenommen; bleibt hier bis zum Wintersemester 1930/31. Belegt hat er die Fächer Raummalerei, Glasmalerei, Mosaik, Graphik, Buchillustration und Schrift. Er ist Meisterschüler bei Professor Krite.

1931 heiratet Philipp Schardt; bezieht seine Wohnung und das Behelfsatelier an der Sommerburgstraße 64. Ein Jahr später hat er Glück: Das neue Atelierhaus Im Stillen Winkel 42 nimmt ihn auf. Jetzt hat sein Talent den größeren Rahmen.

1939 erfüllt sich ein weiterer Wunsch für ihn: Er wird Lehrer für Malerei und Zeichnen an der Folkwangschule; und das Stadttheater Oberhausen beruft ihn als Bühnenbildner.

Nur kurze Zeit kann er beiden Aufgaben nachgehen. 1940 wird er Soldat, ist bis 1946 Kriegsgefangener. Als er zurückkommt, steht er vor den Trümmern des Atelierhauses. Ein Bombenangriff hat 1943 nicht nur das Haus, er hat auch seine Arbeiten vernichtet.

Aber beruflich geht es wieder aufwärts. 1948 kehrt er als Fachlehrer für Wandmalerei an die Folkwangschule zurück; wird 1956 Leiter der „Werkgruppe Malerei".

Philipp Schardt stirbt am 7. August 1972. Er ist 66 Jahre alt geworden. Seine Arbeiten befinden sich an privaten und öffentlichen Bauten; Mosaiken, Glasfenster, Wandbilder sind Zeugen seiner vielseitigen Begabung. Es bleibt der Gedanke an einen Mann, der auf seine stille Weise zum Ruf der Künstlerkolonie Margarethenhöhe beigetragen hat. Auch sein Glasfenster im evangelischen Kindergarten Steile Straße 60 erinnert daran.

Philipp Schardt: Marmorintarsien im Essener Theater.

Versammlung der Tiere: Buntglasfenster im evangelischen Kindergarten (Entwurf Philipp Schardt).

Die Erinnerungen des Malers Gustav Dahler

Für mich war es eine glückliche Zeit

Gustav Dahler

1906: geboren in Essen-West.
1913: Die Familie Dahler zieht zur Margarethenhöhe.
1921: Erstes Semester an der Kunstgewerbeschule Essen. Daneben Anregungen von Hermann Kätelhön.
1922-1924: Verkürzte handwerkliche Lehre als Maler und Anstreicher, die nach dem ersten Semester Voraussetzung für das weitere Studium an der Kunstgewerbeschule war.
1925: Unterricht bei Professor Kriete (Wandgestaltung).
1925: Akademie Düsseldorf: Glasmalerei und Mosaik bei Professor Thorn-Prikker.
1929: Einzug ins neue Atelierhaus auf der Margarethenhöhe.
1932: Hochzeit mit der Malerin Hanneliese Friederichs.
1939-1945: Sechs Kriegsjahre als Soldat.
Seit 1945: Zahlreiche Arbeiten für „Kunst am Bau".
1977: Gustav Dahler †.

„Eine glückliche Zeit". So bezeichnete der Maler Gustav Dahler sein Leben in der Künstlerkolonie Margarethenhöhe. „Es war eine Gemeinschaft mit starken menschlichen Beziehungen – bis der totalitäre Staat in den dreißiger Jahren alles in den Griff nahm." Die Margarethenhöhe war für ihn als Künstler keine Neuentdeckung. Er lernte sie schon kennen, als die Eltern von Essen-West in die Gartenstadt zogen. Erinnerungen an diese Jugendjahre: „Wir trafen uns am Abend vor dem Marktbrunnen und sangen Heimatlieder."

Mit 15 geht er für ein Semester zur Kunstgewerbeschule, macht, weil das so verlangt wurde, eine zweijährige Handwerkslehre. „Danach war ich handwerklich erfahren im Umgang mit Decken und Wänden neuer Architektur." Zurück zur Kunstgewerbeschule. Wandgestaltung ist nun sein Thema, Professor Kriete sein Lehrer. Abends Zeichenstunden. Dabei lernt er die Modezeichnerin Hanneliese Friederichs kennen, die später seine Frau wird. Beide

verbindet die Liebe zur Natur.

„Die Begeisterung für die Glasmalerei, für das Sgraffito und das Mosaik ließ mich dann Schüler an der Düsseldorfer Kunstakademie bei Professor Thorn-Prikker werden." Georg Metzendorf, Baumeister der Margarethenhöhe, sieht im Atelier von Kätelhön eine der Mosaikarbeiten des jungen Dahler. Er ist beeindruckt, bietet Dahler ein Kelleratelier unter seinem Baubüro an. Erste Erfolge stellen sich ein, erste Aufträge, dar-

Arbeitsraum Gustav Dahlers im großen Atelierhaus: „Es war eine glückliche Zeit."

unter eine große Arbeit für das Haus der Technik.

Auch die junge Gruga nutzt die Talente. Dahler stellt dort seine Arbeiten aus; seine spätere Frau Hanneliese malt für das Grugacafé ihre ersten Blumenaquarelle. 1929 bezieht Gustav

Dahler eines der zehn Ateliers im großen Atelierhaus „Im Stillen Winkel". Seine Nachbarn sind der Bildhauer Will Lammert und der Maler und Emailleur Kurt Lewy. „Mit meinem Hineinwachsen in eine ständig sich vergrößernde Künstlerschaft mehrte sich auch die Begegnung von Haus zu Haus. Ob einer dichtete, malte, formte oder musizierte, er nahm die Verbindung mit dem anderen auf."

Gustav Dahler in seinen Erinnerungen, die er 1976 niederschrieb:

„Ich sehe noch, wie Kurt Lewy mit seiner Frau Lilli und der kleinen Gehilfin seine kindlich-zarten Figuren auf Dosen und Silberschalen malte und zu leuchtend farbigen Bildern brannte – wie eines abends der Dichter Joachim Ringelnatz, der bei ihm zu Besuch war, dastand und seine geistreich verschlüsselten Verse las."

„Ich denke an Hermann Kätelhön, wie er über seine Kupferplatten gebeugt mit der Radiernadel seine sehr detaillierten Zeichnungen übertrug."

Gustav Dahler ist nun als Wandgestalter über-

Große Wandmosaiken in der Schule an der Waldlehne . . .

. . . erinnern an Gustav Dahlers künstlerisches Wirken.

all gefragt – in Essen und in anderen Städten. Und die 23jährige Hanneliese, die mit Blumenaquarellen auf sich aufmerksam machte, wird Beraterin für Innenausstattung im renommierten Eickhaus an der Kettwiger Straße.

Doch Veränderungen kündigen sich in der Künstlerkolonie an. „Sie nahmen unter dem Zeichen des Hakenkreuzes ihren Lauf", schreibt Gustav Dahler 1976. „Die beiden zur Hälfte jüdischen Ehen rechts und links von mir im Atelierhaus gerieten zunehmend in Bedrängnis und Lebensängste. Eines Morgens (1933) blieb das eine, anderen Tages auch das zweite Atelier verlassen. Will Lammert und Kurt Lewy waren mit ihren Familien geflohen … In der Künstlerkolonie zerfiel der menschliche Zusammenhang. Kätelhön war schon 1930 an den Möhnesee gezogen. Professor Kriete nach Norddeutschland, Rössing nach Süden abgewandert. Der Bühnenmaler Hein Heckroth hatte mit dem Jooss-Ballett den Weg nach England gesucht. Obwohl wieder junge Künstler die Plätze der abgewanderten einnahmen, war die glückliche Zeit zu Ende gegangen."

Dahler wohnt und arbeitet bis zu seinem Tod 1977 in einem schlichten Haus in Mülheim-Saarn, das vorher als Modellhaus in der Gruga gestanden hatte. Damals, 1932, erwarb er es für 5000 Mark und ließ es an einem Talhang in Waldnähe wieder aufbauen.

Hanneliese Dahler lebt heute im Schwarzwaldort Schramberg. Von dort schickte sie die „Lebenserinnerungen" ihres Mannes, die auch als seine Bekenntnisse zu verstehen sind. Als Gustav Dahler 70 wurde, hatte er die Frage, was ihn besonders bewege, so beantwortet: „Die große Liebe zur Schöpfung, aber auch die Angst, daß wir sie kaputt machen."

Arbeiten von Gustav Dahler (Auswahl): Mosaikbilder in der Schule Margarethenhöhe, in einigen Sparkassen, im Hüttenwerk Rheinhausen, am Rathaus und im Schwimmbad Mülheim. – Außerdem Wandbilder, Gipsschnitte, Keramikbilder, Gobelins, Antikglasfenster in öffentlichen Gebäuden, Schulen, Industriebauten, Privathäusern und in der Gruga.

Ihre erste eigene Werkstatt war im Werkhaus

Frida Schoy

1889: geboren in Duisburg.
1912: Ehe mit Dr. Carl Schoy, der später als kenntnisreichster Forscher arabischer Astronomie und Mathematik gilt.
1915-1917: Besuch der Essener Kunstgewerbeschule.
1917: Arbeit in der Düsseldorfer Werkstätte des bekannten Einbandmeisters Carl Schulze. Danach zweijährige Gehilfenzeit in der Graphischen Anstalt der Fried. Krupp AG.
1924: Meisterprüfung mit Auszeichnung.
1925: Dr. Carl Schoy stirbt.
1926: Frida Schoy erlernt die Technik der Handvergoldung bei Otto Dorfner in Weimar.
1927: Buchbinderwerkstatt im neuen Werkhaus auf der Margarethenhöhe; Arbeitsgemeinschaft mit der Goldschmiedin Elisabeth Treskow.
1944: Bei einem Bombenangriff wird das Werkhaus im Oktober erneut getroffen. Es brennt aus. Die Werkstatt wird nach Kettwig verlegt.
1947: Frida Schoy zieht mit ihrer Mitarbeiterin Margret Schulte-Vogelheim in das frühere Abteigebäude in Werden.
1948 (21. Juni): Die Folkwang-Werkschule in der alten Abtei nimmt den Unterricht wieder auf. Die Buchbinderklasse leitet Frida Schoy.
1955: Mit 66 Jahren scheidet Frida Schoy als Lehrerin der Folkwangschule aus. Werkstattleiterin Margret Schulte-Vogelheim übernimmt die Klasse (bis 1958).
1963: Frida Schoy stirbt im Alter von 74 Jahren.

Was sie in 17 Jahren aufgebaut hat, wird bei einem Bombenangriff zerstört. Es ist der Nachmittag des 25. Oktober 1944. Die Buchbindemeisterin Frida Schoy (55) steht vor dem ausgebrannten Werkhaus „Im Stillen Winkel 1". Wohnung und Werkstatt sind verloren. Nur die Buchbindemaschinen wird man später wieder aufarbeiten können. Später? Keiner weiß in diesem letzten Kriegsherbst, wie es weitergehen soll.

Begonnen hatte es 1927, als sie mit der Goldschmiedin Elisabeth Treskow in das gerade eröffnete Werk-

Frida Schoy mit einem ihrer Entwürfe: Dekoration wird nicht zum Selbstzweck.

haus einzog. Davor lagen die Jahre auf der Essener Kunstgewerbeschule, die Arbeit in den Düsseldorfer Buchbindewerkstätten, die zweijährige Gehilfenzeit bei der Graphischen Anstalt von Krupp, die mit Auszeichnung bestandene Meisterprüfung. Und

davor lagen auch die Jahre ihrer Ehe mit dem Mann, der erst ihr Lehrer auf dem Realgymnasium und dann ein bekannter Wissenschaftler war.

1927 also, zwei Jahre nach dem Tod des Dr. Carl Schoy beginnt ihr eigener Weg. Und da ist man schon auf sie aufmerksam geworden; auf ihre Begabung, ihre ungewöhnlichen Fähigkeiten, auf ihr feinsinniges Gespür für die Möglichkeiten des Materials. Die „Einheit von Einband und Buch" sei ihr ausschlaggebendes stilistisches Ziel, formulierte damals der Kunstkritiker Paul Joseph Cremers.

Bestimmt war ihre Arbeit wie bei anderen Künstlern und Kunsthandwerkern vom Werkbund. Der Werkbund war 1907 gegründet worden, ein Zusammenschluß führender Künstler, Architekten, Handwerker, Kunsterzieher und Industrieller. Eine neue, aus dem Jugendstil entwickelte Kunstgesinnung sollte gefördert werden; die Formerneuerung im Sinne von Material und Werkgerechtigkeit.

Frida Schoy hat dies für sich erreicht. Ihre Bucheinbände, ihre Kassetten sprechen vor allem durch das Material;

Strenge Sachlichkeit: Frida Schoy 1928 im Werkhaus Margarethenhöhe.

Kassette aus den 20er Jahren. Die Beschläge sind von Elisabeth Treskow.

Buchbeispiel 1928: Weißes Schweinsleder, Vorsatz: versilbertes Leder, Beschläge: Elisabeth Treskow.

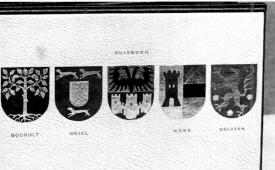

Gästebuch der Stadt Essen (Entwurf Schoy): Stahlplatten aus der Krupp-Schmiede.

Glückwunsch-Adressenmappe 1940: Weißes Maroquinleder und Stadtwappen als Intarsien.

Dekoration wird nicht zum Selbstzweck, die strenge Sachlichkeit überwiegt. Paul Joseph Cremers nannte die Einbände „scharf auf den Zweck hin geschaffene Arbeiten". Und das gilt ebenso für jene Stücke, die in der Arbeitsgemeinschaft mit Elisabeth Treskow entstanden sind: für die Beschläge, die die Goldschmiedin für Bücher und Kassetten fertigte.

Die Erinnerung an Frida Schoy, die 1963 verstarb, wird heute von ihrer Schülerin Margret Schulte-Vogelheim wachgehalten. Auch sie ein starkes Talent, das in Frida Schoys Werkstatt auf der Margarethenhöhe seinen Weg fand. Als die Buchbindemeisterin 1947 mit dem Aufbau einer neuen Werkstatt in der alten Werdener Abtei beginnt, ist Margret Schulte-Vogelheim als Mitarbeiterin wieder bei ihr.

Am 21. Juni 1948, dem Tag nach der Währungsreform, wird die Folkwang-Werkschule eröffnet. Frida Schoy unterrichtet die Buchbindeklassen. Margret Schulte-Vogelheim, jetzt auch Meisterin, leitet die Privat-Werkstatt, wird 1955 dann ihre Nachfolgerin.

Fünf Jahre später baut die einstige Schülerin in der Ladenspelderstraße 54 in Holsterhausen ihre eigene Werkstatt auf. Hinter Glas stehen hier preisgekrönte Einbände. Urkunden erinnern an die Erfolge beider Meisterinnen. „Heute lebe ich nicht von der Kunst, sondern vom Restaurieren", sagt Margret Schulte-Vogelheim.

Buchbindemeisterin Margret Schulte-Vogelheim, Schülerin von Frida Schoy: Alte Werke restauriert.

Da liegen die beschädigten alten Werke aus Bibliotheken Nord- und Westdeutschlands:

Handschriften, Pergamente, Frühdrucke aus der Zeit vor 1500. Was Brand, Wasser und Zerfall zerstörten, wird hier mit sensibler Hand erneuert, wiederhergestellt. Es ist schon vierzig Jahre her, daß Margret Schulte-Vogelheim in der Werkstatt auf der Margarethenhöhe der Meisterin über die Schulter sah. Der Geist Frida Schoys blieb bei ihr lebendig.

Der Schatz, den Enseling hinterließ, ist ein Brunnen

Joseph Enseling

1886 (28. November): geboren in Coesfeld/Westfalen.
1905-1910: Studium an der Kunstakademie Düsseldorf (Rudolf Bosselt, Wilhelm Kreis, Peter Behrens).
1910-1912: Akademie Colarossi, Paris (Aristide Maillol).
1912-1938: Lehrer an der Kunstgewerbeschule Essen (die spätere Folkwangschule)
1938-1952: Lehrer an der Staatlichen Kunstakademie Düsseldorf.
1957 (16. Juli): Professor Enseling stirbt im Alter von 70 Jahren in Düsseldorf.

Samstagnachmittag, 20. Juli 1912: Weißgekleidete Mädchen steigen die Stufen zum Kleinen Markt hinab, begrüßen Margarethe Krupp. Festtag auf der Margarethenhöhe. Der von der Stadt Essen gestiftete Schatzgräberbrunnen wird eingeweiht. Unter den Ehrengästen ist ein 25jähriger Mann, der sogar Sonderbeifall bekommt: Der Bildhauer Joseph Enseling hat den Schatzgräberbrunnen geschaffen. Joseph Enseling hat später zwar nicht in der Gartenvorstadt, sondern im Stadtwald gewohnt (Waldsaum 93), aber die Bindungen zur Margarethenhöhe sind immer sehr eng gewesen. Über den von ihm sehr geschätzten Baumeister Georg Metzendorf sagte er damals: „Ein außergewöhnlicher Mann. Freundlich. Kein Wort zuviel. Ein nobler Charakter." Daß Metzendorf ihn auch als Mensch beeindruckte, verwundert nicht. Für Enseling gelten ähnliche Eigenschaften. Und die meisten seiner Plastiken sind Werke der Stille, sind — wie ein Kunstkritiker es ausdrückte — „von zeitloser Ruhe, Klarheit und Harmonie".

Einige Künstler und Kunsthandwerker der Margarethenhöhe haben ihn auch als Lehrer auf der Essener Kunstgewerbeschule kennengelernt (1912-1938).

Recht früh war Enseling zu Ansehen gekommen. Recht früh hat er seinen eigenen Weg gesucht. Geholfen haben ihm dabei so herausragende Lehrer wie der Pariser Bildhauer Aristide Maillol. Im Jahr, in dem der Schatzgräberbrunnen eingeweiht wird (1912), ist der 25jährige bereits Lehrer an der Kunstgewerbeschule (Folkwang). Die Schüler der Bildhauerklasse will er „frei von allen modischen Einflüssen" unterrichten. Enseling ist kein Freund von Experimenten, die zu weit von seiner Bahn abweichen würden. Aber sicher hat diese gleichbleibende klassische Harmonie dem Bildhauer Enseling viele Türen geöffnet, so auch bei der Ruhrindustrie.

Joseph Beuys, einer seiner Schüler nach 1945 an der Kunstakademie Düsseldorf, an die Enseling Ende der 30er Jahre berufen wurde, sah in ihm den traditionellen Kunstbegriff verkörpert. „Mein erster Lehrer Joseph Enseling war ein wirklicher Akademiker, ein Mensch, der sich auch sehr für Anatomie des menschlichen Körpers interessierte . . . "

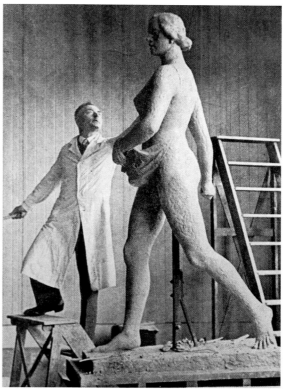

*Schatzgräber-
brunnen von Jo-
seph Enseling
auf dem Kleinen
Markt (1912):
Erinnerung an
eine alte Sage.*

*Professor Jo-
seph Enseling in
seinem Atelier:
„Die Säende"
gewinnt Gestalt.*

ZUR ERINNERUNG AN DIE
HOCHHERZIGE STIFTERIN
DER MARGARETHENHÖHE
FRAU F.A. KRUPP

*Seit 1934 steht
die Bronzepla-
stik auf dem
Hauxplatz. Ge-
widmet ist sie
Margarethe
Krupp.*

Und in der Stadt Essen, in der er 26 Jahre wirkte, sind viele seiner Plastiken und Denkmäler noch erhalten.

In seiner Essener Lehrzeit, nicht zuletzt angeregt durch das Beispiel Margarethenhöhe, hat Enseling immer wieder auf den Zusammenhang zwischen Architektur und Plastik hingewiesen. Daß er diesen Gedanken nicht noch besser in seinen Schülern verankern konnte, beklagt er 1929 in einer Sonderausgabe der „Essener Allgemeinen Zeitung": An letzte und wesentlichste Dinge zu rühren sei ihm versagt geblieben. Das war der kämpferische Teil des Joseph Enseling, der auch die öffentliche Auseinandersetzung nicht scheute.

1938 geht Enseling als Lehrer an die Staatliche Kunstakademie Düsseldorf, unterrichtet hier bis zum Jahre 1952. Als Professor Joseph Enseling 1957 stirbt, sind fast genau 45 Jahre seit dem Tag vergangen, da auf der Margarethenhöhe sein Schatzgräberbrunnen eingeweiht wurde. Der sagenhafte Schatz in der Sommerburg, an den er erinnert, ist nicht gefunden worden. Dafür ist der Brunnen selbst zum Schatz geworden.

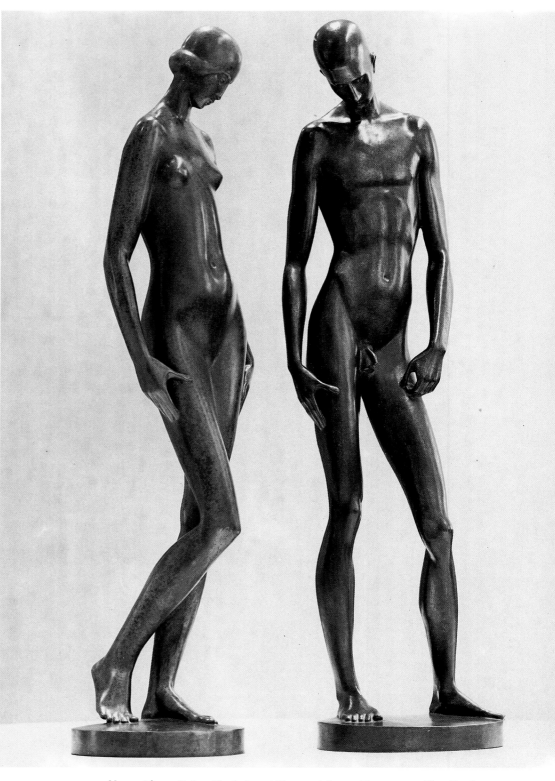

„Von zeitloser Ruhe, Klarheit und Harmonie": zwei Statuen von Enseling im Verwaltungsgebäude der Margarethe Krupp-Stiftung. Früher standen sie im Aufsichtsratszimmer am Kleinen Markt.

250

Spielender Bär: Enseling-Plastik im Gasthaus Margarethenhöhe.

Was in Essen an Enseling erinnert

Enseling arbeitete in Stein, Bronze, Keramik und Holz. Seine Hauptthemen waren Porträtplastiken und Denkmäler von tiefer innerer Ausdruckskraft.

Essener Arbeiten

Schatzgräberbrunnen Margarethenhöhe (1912); Kandelaber im Ehrenhof des Kruppschen Turmhauses (1912); Ehrentafel für die 2841 im 1. Weltkrieg gefallenen Kruppschen Werksangehörigen (1926); drei Plastiken am früheren Sparkassenportal, Rathenaustraße (1930), die heute in der Kassenhalle der Hauptsparkasse im III. Hagen aufgestellt sind; Steinskulpturen an dem 1928 fertiggestellten Baedekerhaus.

Außerdem auf der Margarethenhöhe das Denkmal „Die Säende" auf dem Hauxplatz (1934), die Bildnisplakette von Margarethe Krupp am Brückenkopf (1935), zwei Statuen im Verwaltungsgebäude der Margarethe Krupp-Stiftung, eine Tierplastik im Treppenhaus des Gasthauses Margarethenhöhe.

Von Enseling sind auch die beiden Plastiken der Heiligen Barbara und eines Bergmannes am Ruhrkohlehaus; die Porträtbüsten der Architekten Metzendorf und Körner im Folkwang-Museum, ein Totenmal auf dem Ehrenfriedhof, eine Gedenktafel im Haus der Emschergenossenschaft, die Gruga-Plastik „Der Friede".

Umgeben von Erinnerungen an das schöpferische Leben des Vaters: Anne-Lise Hegel-Enseling und Dr. jur. Jost Enseling in der elterlichen Wohnung in Düsseldorf. Das Bildnis von Joseph Enseling malte ten Hampel.

Rat für Fotografen: Den Gegenstand liebend erkennen

Albert Renger-Patzsch

1897 (12. Juni): geboren in Würzburg.
1916-1918: Soldat im 1. Weltkrieg. Dann Chemiestudium an der Technischen Hochschule Dresden.
1922: Leiter der Bildstelle des Folkwang-Archivs. Heirat mit Agnes von Braunschweig. Kinder Sabine (1974 †) und Ernst.
1925: Umsiedlung von Darmstadt nach Bad Harzburg als freier Fotograf. Buchveröffentlichungen in schneller Folge: „Das Chorgestühl von Cappenberg" (1925), „Die Halligen" (1927), „Lübeck" (1928), „Die Welt ist schön" (1928), „Dresden" (1929), „Das Münster in Essen" (1929), „Eisen und Stahl" (1930). Der letzte Band in dieser weiter fortgesetzten Reihe erscheint in seinem Todesjahr 1966: „Gestein".
1928: Umzug nach Essen, Wohnung auf der Margarethenhöhe. (Im Stillen Winkel 30) Atelier im Museum Folkwang.
1933: Lehrer an der Folkwangschule; Leiter der Abteilung „Bildmäßige Fotografie". Nach zwei Semestern gibt er seine Tätigkeit auf, weil er die beabsichtigte Rückverwandlung der Folkwangschule in eine berufsständische Handwerkerschule ablehnt.
1944: Im Herbst zieht die Familie an den Möhnesee. Hier hatte sich 1930 schon Hermann Kätelhön niedergelassen. Hauptthema künftiger Bildbände ist die Natur. Als einer der fotografischen Höhepunkte gilt der letzte Band „Gestein".
1966 (27. September): Albert Renger-Patzsch stirbt 69jährig in Wamel.

Für Thomas Mann war er „ein Sucher und Finder voller Entdeckerlust des Auges, den Erscheinungen mit jener exakten Liebe und energischen Zartheit zugetan, die nur das Künstlerherz kennt", (1928).

Kurt Tucholsky schrieb 1927: „Der Mann hat einfach drei Augen; je zwei im Kopf, mit denen er den Bildausschnitt sieht, und die Linse im Kasten."

Und Klaus Honnef in einem 1977 vom Rheinischen Landesmuseum herausgegebenen Band: „Seine Fotografien sind von einer kristallenen Klarheit, kein Schmand, keine Verbrämung haftet daran."

Albert Renger-Patzsch, der die Geschichte der Fotografie so bereicherte, von dem Originalbilder heute in New York für 1000 bis 3000 Mark gehandelt werden, hat von 1928 bis 1944 auf der Margarethenhöhe gelebt. Hier wuchsen seine Kinder Ernst und Sabine auf; hier fotografierte er Arbeiten von Elisabeth Treskow, Frida Schoy, Kurt Lewy und Hermann Kätelhön. Und einige Bilder sind von ihm noch erhalten, bei denen die Margarethen-

höhe das Motiv ist — oder die Familie.

Heute fragt man sich, wenn man die Fülle seiner Bildbände sieht, an seine Mitarbeit an anderen Büchern und Zeitschriften denkt, wie er dies alles schaffen konnte. Es ist nur mit dieser schöpferischen Unruhe zu erklären, die ihn immer wieder nach neuen Motiven suchen ließ.

War Essen, war von allem die Margarethenhöhe dabei sein Ruhepol, holte er sich hier, in der Gartenstadt Kraft für neue Aufgaben? Künstler, Kunsthandwerker, die ihn aus jener Zeit kannten, bejahen

Von Tochter Sabine im Sommer 1939 fotografiert: Autopanne auf einer Familienreise durch Elsaß und Baden.

dies. Und sie erinnern sich gern der anregenden Gespräche mit ihm, die — wie sie sagen — auch für sie immer ein Gewinn gewesen seien.

1933 geht er als Lehrer an die Folkwangschule. Aber er bleibt nur zwei Semester. Nicht nur mit dem neuen Führungsstil

lebt er bald im Widerspruch, ihm mißfällt die Absicht, die Schule zu einer rein berufsständischen Handwerksschule zurückzustufen. Renger-Patzsch ist wieder auf freiem Feld. Weitere Fotobände entstehen: die Insel Sylt, Wasserburgen, das Erzgebirge. Vor allem das Ruhrgebiet gehört zu seinem Thema, seit er 1928 nach Essen gekommen ist. Seine Kamera hat dieses zersiedelte, mißhandelte Revier mit unbestechlicher Schärfe festgehalten: die unfertigen Straßen, Hinterhöfe mit verstaubten Mauern und davor das Bruchland, aus dem Nachbarn sich ein Stück Garten herausgegraben haben. Daneben, auf anderen Bildern, die strengere Industriearchitektur späterer Jahre: die gespreizten Beine des Förderturms von „Zollverein" über die glatten Fassaden der anderen Zechenbauten. Herausgelöst aus ihrer Umwelt, als wären sie anonyme Maschinen, Behältnisse, von unsichtbaren Kräften genutzt. Kein Arbeiter schafft vor der Kamera, keine Lokomotive kreuzt den Weg, nur Architektur teilt sich mit.

1929 sagt er über Fotografie und Kunst: „Eine Reihe Menschen von kultiviertem Geschmack, technischem Können und starkem formalen Talent machten die Photographie zu einer ernsthaften künstlerischen Angelegenheit." Aber diese Einordnung ist für ihn belanglos: „Man kann alles beweisen − daß sie Kunst ist, daß sie keine ist . . . " Wie immer − über seine Bedeutung ist längst entschieden. Für Museen mit Fotosammlungen sind Originale von Renger-Patzsch heute unverzichtbar.

Familienfoto 1930 Im Stillen Winkel: Tochter Sabine, Agnes und Albert Renger-Patzsch, Sohn Ernst.

1944 hat er mit seiner Familie die Margarethenhöhe verlassen. Es ist das Jahr, in dem bei einem Bombenangriff 18.000 seiner fotografischen Platten vernichtet wurden. Wamel am Möhnesee ist der neue Wohnort. Wie Hermann Kätelhön vor ihm, ist er von der unverfälschten Natur beeindruckt. Vor allem nach den Bombennächten im Revier. Und diese Landschaft regt den Fotografen zu vielen Naturthemen an. Auch für diese Bilder gilt, was Renger-Patzsch in einem 1965 veröffentlichten Aufsatz geschrieben hat: „Der Photograph sollte seinen Gegenstand liebend erkennen, denn wie sollte er sonst Frucht bringen?"

Winterlandschaft Ruhrgebiet: Rauchwolken, Kamine, Fördertürme (Sammlung Museum Folkwang).

Im Jahre 1929 entstand auch dieses Foto von Albert Renger-Patzsch: Bahn-damm am Essener Haupt-bahnhof.

„Essen Stadt-rand" – ein Renger-Foto aus dem Jahre 1929.

Professor Hermann Schardt:

„Künstlergemeinschaft hat uns viel gegeben"

Hermann Schardt

1912 (27. Juni): geboren in Essen.
1927-1931: Ausbildung und Tätigkeit als Lithograph; Besuch von Abendschulen und Sonderkursen.
1931-1933: Studium der Malerei, der freien und angewandten Graphik, Schrift, Illustration und Holzstich an der Folkwangschule bei den Professoren Fischer, Burchartz, Rössing, Poetter, Kriete, Urbach.
Ab 1931: Atelier und Wohnung mit seinem Bruder Philipp im Großen Atelierhaus, Margarethenhöhe.
1935: Verleihung des Albrecht Dürer-Preises für die in Schrift und Bild in Holz gestochene Dichtung „Cornet" (Rilke).
1935: Berufung als Lehrer für freie und angewandte Graphik an der Folkwangschule, 1940 Leiter der Abteilung für Gebrauchsgraphik.
1940-1945: Kriegsdienst.
1945-1948: Mit der Familie nach Wamel am Möhnesee. Tätig als freier Maler und Graphiker.
1948: Berufung zum Direktor der Folkwangschule für Gestaltung.
1950: Verleihung der Professur.
1962: Verleihung des Folkwang-Ehrenringes.
1970: Gründer und Direktor des Deutschen Plakat-Museums.
1971: Die Folkwangschule für Gestaltung verliert ihre Selbständigkeit und wird in die neue Gesamthochschule eingebunden.
1977: Letztes Jahr seiner Tätigkeit als Lehrer. Danach freier Maler, Graphiker, Bildhauer. Wohnung in Essen-Margarethenhöhe, Kleines Atelierhaus.

Von Jugend an gab es nichts anderes für ihn: zeichnen wollte er, Künstler werden. Und der Vater, als Bildhauer offen für solche Wünsche, förderte das Talent. Zuspruch kam auch vom älteren Bruder Philipp, der mit seiner Malkunst die Begabungen in der Familie zum Trio machte. Dies ist also die Geschichte von Hermann Schardt, Professor, langjähriger Direktor der Folkwangschule für Gestaltung.

Mit 15 sollte er zur Kunstgewerbeschule gehen. Aber in vielen Familien war das Geld knapp in den Zwanziger Jahren. Auch bei den Schardts. Das hieß verzichten, warten, auf eine spätere Chance hoffen.

Der junge Schardt macht zunächst eine Lehre, wird als Lithograph ausgebildet. Mit den ersten eigenen Steindrucken geht er zu Hermann Kätelhön.

Kätelhön ist längst ein bekannter Radierer, Graphiker, Maler. Er lebt und arbeitet in dem Atelierhaus Sommerburgstraße 18, in das viele Jahre später Schardt einziehen wird. „Er trug einen großen Künstlerhut und einen weiten Mantel. Für mich, den jungen Lithographen, war er die Symbolfigur

einer Meisterschaft und dessen, was man erreichen kann." Dieser Senior unter den Künstlern auf der Margarethenhöhe soll also beurteilen, ob da nun wieder ein Talent heranwächst. Und Kätelhön sagt: „Gut, gut."

Die Geschichte hat sich seit jenem Tag 53 Jahre weiterbewegt. Wieder wird jemand in dem Atelierhaus an der Sommerburgstraße befragt. Aber nun ist es Professor Hermann

Hermann Schardt 1932 mit Scotchterrier Lorbas vor dem großen Atelierhaus (Hinterfront).

Schardt, der junge Lithograph des Jahres 1928, der ein Urteil abgibt. Ein Urteil über die Künstlerkolonie Margarethenhöhe, die heute nur noch in Erinnerung lebt. Und er, der letzte dieser Künstler, sagt: „Es war eine Zeit, die uns allen sehr viel gegeben hat und die die Margarethenhöhe in der Öffentlichkeit noch weiter

als Musterbeispiel heraushob."

Atelierhaus heute: Wohn- und Arbeitsräume. Das große Fenster gibt den Blick auf den Garten frei. Rasen, Sträucher, ein paar Bäume, durch die man die Frontseite des Werkhauses sieht. Hier hat der schmächtige Hermann Kätelhön über seinen Radierungen gesessen. Drüben im Werkhaus standen die Druckpressen. Geräusche, Gerüche einer Werkstatt, die weitbekannt war wegen ihrer Stein- und Kupferdrucke.

„So um 1931 zog ich zu meinem Bruder Philipp ins große Atelierhaus." Das ist auch das Jahr, in dem Alfred Fischer, Direktor der Folkwangschule, seine Arbeiten sieht. Schardt kann mit dem Studium beginnen. Im Atelier seines Bruders entsteht der „Cornet" als erste größere Illustrationsfolge. Sie ist seiner Freundin Marianne gewidmet, die später seine Frau wird. Schardt ist 23, als er für den „Cornet" den Dürer-Preis erhält. Die Folkwangschule holt ihn als Lehrer für Grafik.

1940 wird er Soldat. Die Erlebnisse an der Front und in den vom Luftkrieg zerstörten Städten hält der Skizzenblock fest. Aus diesen

Professor Hermann Schardt im kleinen Atelierhaus: „.... eine Zeit, die uns allen sehr viel gegeben hat."

„Cornet" (Rilke): In Holz gestochene Dichtung. Dafür bekam er 1935 den Dürer-Preis.

257

Skizzen entsteht von 1943 bis 1945 der Zyklus „Totentanz".

Kriegsende. Weite Teile der Margarethenhöhe liegen in Trümmern. Auch das große Atelierhaus. Hermann Schardt, der all seine Arbeiten verloren hat, geht nach Wamel. Seine Familie lebt schon dort, fand Zuflucht bei den Kätelhöns.

1948 kommt die große Chance: Er wird zum Direktor der Folkwangschule für Gestaltung berufen. Das ist eine Aufgabe, die seine ganze Energie verlangt. Nicht die Ideen des Lehrers für freie Grafik sind zunächst wichtig, sondern Ideen zum Wiederaufbau. Nachkriegsjahre, Jahre des Behelfs. Eine alte Abtei in Werden, angeschlagen von den Luftangriffen, mit einem Mangel an Räumen, Werkzeugen – das ist der Schulalltag. Daß die Nöte überwunden wurden, die Folkwangschule für Gestaltung ihr Ansehen steigerte, aber trotzdem lange Jahre vergeblich um ihre Anhebung als Hochschule kämpfte, ist schon Ortsgeschichte. Leider auch die Tatsache, daß die Folkwang-Idee von der Einheit der Künste den Organisationsformen einer Fachschule geopfert wurde.

Nachzutragen ist noch: Gründer und Direktor des Deutschen Plakat-Museums, eine Vielzahl von Arbeiten (Holzstich, Zeichnung, Radierung, Aquarell, Lithographie, Wandgestaltung, Plastik am Bau, Mosaik, Glasschliff, Grafik-Design, Marmorintarsien, Arbeiten in Edelmetall). Ein Essener Beispiel ist die Bronze-Tür der Marktkirche.

Seit 1977 unterrichtet er nicht mehr. Der Tag ist ohnehin ausgefüllt. Sein ausschließlicher Arbeitsplatz ist jetzt das Kleine Atelierhaus an der Sommerburgstraße, das am Anfang der Künstlerkolonie stand.

Illustrationsfolgen:

1933: R. M. Rilke „Cornet".
1943: „Totentanz" (30 Holzstiche).
1945: Schleiermacher „Katechismus".
1946: Voltaire „Candide".
1947: Goethe „Römische Elegien".
1947: Balzac „Christus in Flandern".
1947: Goldoni „Der Murrkopf".
1948: Geißler „Der liebe Augustin".
1949: Defoe „Robinson Crusoe".
1950: Chamisso „Peter Schlemihl".
1950: „Totentanz" zweiter Teil.
1959: Lob der Frauen in latinischen Gärten.
1963: Lais, meine Geliebte, ein Brief des Aristainetos.

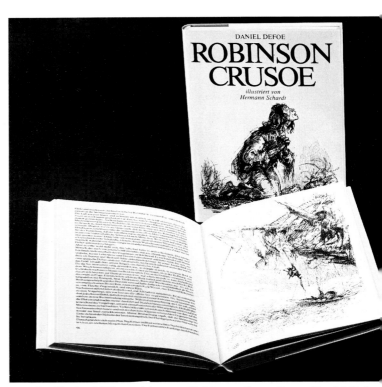

Im Herbst 1981 erschienen: „Robinson Crusoe" von Daniel Defoe Das Buch bringt 57 Zeichnungen von Hermann Schardt. „Robinson Crusoe" war schon 1949 eines seiner künstlerischen Them

„Totentanz" – aus der Folge von 30 Holzschnitten, 1943.

Illustration
„Brügge" zu
„Flandrische
Geschichten",
Feder, 1950

259

Wo die Kunst auf der Höhe ist...

Ein Führer zu den Kunstwerken auf der Margarethenhöhe. Was an anderer Stelle des Buches noch nicht gezeigt wurde, ist hier im Bild dargestellt. Dazu gehören auch die Arbeiten jener Künstler, die nicht in der Gartenvorstadt lebten und wirkten. Kurze Texthinweise fassen noch einmal alle Bildwerke zusammen.

Kleiner Markt:

Schatzgräberbrunnen (1912) von Joseph Enseling, geb. 1886, gest. 1957.

Giebelplatz:

Eingang zum Sommerburgwald. – „Fasanen" – Plastiken von Otto Lang, geb. 1855, gest. 1928. Münchner Bildhauer, Sohn eines Bildschnitzers aus Oberammergau. Essener Arbeiten: Grabdenkmal für Alfred Krupp, Denkmal und Grabdenkmal für Friedrich Alfred Krupp.

Waldlehne:

Eingang zum Sommerburgwald – Plastiken „Kinder mit Hasen" (Otto Lang).

Paul-Brandi-Straße:

„Bronzeknabe" (1956), gestiftet von Paul Brandi: Plastik von Lisa Merkel, Tochter des Stifters. Paul Brandi war langjähriges Vorstandsmitglied der Margarethe Krupp-Stiftung für Wohnungsfürsorge. Die Bildhauerin Lisa Merkel wurde 1916 in Essen geboren und lebt heute in Diessen am Ammersee. Zu ihren Essener Arbeiten gehören auch die Porträtplastiken der Professoren Reisner, Krekeler und Giesen im Haus der Technik.

Richard Malin „Junge Familie",
„Der Reiter", „Rotkäppchen" (Lehnsgrund).

Richard Malin:
„Eselsritt" (Lehnsgrund).

Richard Malin: Keramikwand
(Zur Eibe).

Richard Malin: „Die Katze"
(Lehnsgrund).

Richard Malin: Bildkeramiken
(Wortbergrode).

Otto Lang:
„Kinder mit Hasen"
an der Waldlehne.

Richard Malin: „Pfeifen-
raucher" (Eckhaus Lehns-
grund / Steile Straße).

Joseph Enseling: Bildnis-
plakette von Margarethe
Krupp am Brückenkopf.

Steile Straße 46:

Gasthaus Margarethenhö-
he, Treppenhaus: „Spielen-
der Bär" von Joseph Ense-
ling. − Früheres Vorstands-
und Aufsichtsratszimmer (1.
Stock): Gemälde der Stifterin
Margarethe Krupp (1929) von
Otto Propheter, geb. 1875 in
Mannheim, gest. 1927 in
Karlsruhe.

Hauxplatz:

„Die Säende" von Joseph
Enseling (1934).

Robert-Schmohl-Platz:

Torbogenkrönung:
„Katzen", von Will Lammert
(1927), geb. 1892, gest. 1957.

Ginsterweg 46:

Tierplastik (Hahn und
Huhn) − von Richard Malin,
geb. 1904, gest. 1975.

Metzendorfstraße:

Nr. 75-79: Tierplastiken
„Wolf, Bär und Steinbock"
von Richard Malin.

Steile Straße 60:

Großes Glasfenster im
evangelischen Kindergarten
(1955/56) von Philipp
Schardt, geb. 1906, gest.
1972.

Lehnsgrund:

Nr. 6: Sgraffito „Eselsritt"
(Sgraffito: in feuchten Putz
geritzte Zeichnung). − Ecke
Lehnsgrund/Steile Straße:
„Schweigende Frau" und
„Mann mit Pfeife". Nr. 15-17:
„Junge Familie" und „Der
Reiter". − Nr. 19: Kleinkera-
mik „Rotkäppchen". − Nr.
20: „Katze". Alle Arbeiten
von Richard Malin.

Otto Propheter: Margarethe Krupp
(Gasthaus Margarethenhöhe).

Josef Baron:
Plastik in der
lischen Pfarrkirche.

Otto Lang:
„Fasanen"
am Giebelplatz.

Richard Malin
„Wolf, Bär und Steinbock"
(Metzendorfstraße).

261

Zur Eibe 10:

Keramikbilder von Richard Malin.

Brückenkopf:

Bildnisplakette Margarethe Krupp (1935) von Joseph Enseling.

Sommerburgstraße 14:

Im Hause der Stiftungsverwaltung: zwei Statuen (Jüngling und Mädchen) von Joseph Enseling.

Pfarrkirche:

„Zur Heiligen Familie": Plastik „Der Menschenfischer" am Taufbrunnen, von Josef Baron aus Hemmerde bei Unna (1965).

Waldlehne:

Gemeinschaftsgrundschule: Wandmosaiken von Gustav Dahler, geb. 1906, gest. 1977.

Anmerkung: Weitere Keramikarbeiten gibt es als Hausschmuck in jenem Teil der Margarethenhöhe, der nicht zur Stiftung, sondern zum Krupp-Wohnungsbau gehört. Die Herkunft dieser Arbeiten (zum Beispiel am Hause Wortbergrode 19) ist nach Auskunft von Krupp-Wohnungsbau nicht mehr einwandfrei zu klären. Unbestimmt bleiben auch die Entstehungsdaten einiger Bildwerke.

Lisa Merkel: Bronzeknabe an der Paul-Brandi-Straße.

Felix von Ende, Bruder von Margarethe Krupp, malte dieses Breitwandgemälde („Elfentanz") für das Gasthaus Margarethenhöhe. Es hing einige Jahrzehnte dort, wurde aber vor einigen Jahren bei Umbauarbeiten so stark beschädigt, daß es nicht mehr zu verwenden war.

Das Fest

*Sprung auf
und hinein ins
Jubelfest 1981!*

Anmerkungen zu einem Jubiläumsfest

75 Jahre — wie ein Familienfest

Jubiläumsjahr 1981. Wie 25 Jahre vorher gab es Ausschüsse, Sitzungen; wurde geplant, verworfen und wieder neu geplant.

Ein Fest sollte gefeiert werden. Dem 75jährigen Bestehen der Margarethe Krupp-Stiftung für Wohnungsfürsorge war ein bescheidener Rahmen vorgegeben.

„Es ist mir eine besondere Freude" — Oberbürgermeister Horst Katzor eröffnet die Festwoche.

Zaungäste auf der Mauer: Sie warten auf das Festprogramm. Kleiner Markt, was nun?

Es gab keine wohlgefüllten Kassen und keine prominenten Gäste wie 1956, als Bundespräsident Heuss und Königin Friederike von Griechenland auf die Höhe kamen. Ebenfalls im September, denn damals wie 1981 wurde — des Wetters wegen — das Jubiläum schon Monate früher gefeiert.

Feste muß man organisieren; Leute mit Stehvermögen sind gefragt. Michael Gerhards ist hier stellvertretend für alle Beteiligten genannt, die sich zudem auf die Mithilfe der Stadt Essen stützen konnten. Michael Gerhards, Oberbrandmeister aus dem Sonnenblick, trainiert durch einige

Malen, was die Farben hergeben — Künstler von morgen vor dem Gustav Adolf Haus.

„Von uns aus öfter mal ein Fest." – Seniorennachmittag im Gasthaus Margarethenhöhe.

Der Kinder Freud': „Kunigundes Liebesleid" – aufgeführt auf dem Kleinen Markt.

Straßenfeste, war die Antriebskraft jener Tage.

Es gab keine Besuchermassen. 1981 ist nicht 1956, und der Flugtag am Eröffnungswochenende mag viele Familien von der Margarethenhöhe weggezogen haben. Es war eher eine Familienfeier, die aber mit dem Promenadenkonzert des Philharmonischen Orchester auf dem Marktplatz eine besonders klangvolle Note erhielt.

Lange geprobt, aber jetzt der Auftritt: Tanzstudio Renate Blunk (Margarethenhöhe).

Mitgespielt, mitgelacht und jetzt „Mahlzeit!"

Man schnuppert und fragt sich: Soll ich oder soll ich nicht?

Kritische Stimmen haben sich daneben (zum Beispiel) noch mehr Veranstaltungen gewünscht, die als historische Schau an die Entstehungszeit der Gartenvorstadt erinnert hätten. Oder eine weitgreifende Ausstellung zur Entwicklungsgeschichte der Margarethenhöhe.

Doch auch Familienfeste haben ihre Vorzüge, wie die Fülle kleinerer Veranstaltungen bewiesen hat. Die direkte Ansprache ermunterte viele Besucher zum Mitmachen, und wer es unter die-

Der „Grüne AWo-Frosch" kam zur Borkumstraße: Springen, toben, was das Luftkissen hält.

Kranz am Brückenkopf: Die Stifterin Margarethe Krupp wurde geehrt.

„Hört mich an, ihr lieben Leute." – Die „Sage von der Sommerburg" (Hugo Rieth).

266

*Treffpunkt Halbachhammer: Nicht gehämmert,
aber gegrillt.*

„Zugabe!"

sem Blickwinkel sieht, darf mit der Festwoche zufrieden sein.

Der nachbarschaftliche Gedanke, verstärkt schon durch die Straßenfeste vergangener Jahre, bekam hier neue Anstöße. Oberbürgermeister Horst Katzor sagte es bei der Eröffnungsfeier: „Ein überschaubarer Bereich, in dem die Anonymität der Großstadt durchbrochen ist. Hier wohnt man nicht nur, sondern hier redet man miteinander, kurz gesagt, hier fühlt man sich wohl."

Und nur darauf kommt es an. Ein Eindruck, den die Festwoche des Jahres 1981 erneut vermittelte. Die Gartenvorstadt hat in 75 Jahren ihre Mieter gewechselt, aber die Chance zum nachbarschaftlichen Kontakt ist unverändert geblieben.

*Nach dem Alter wird nicht gefragt –
nur der Schwung zählt.*

Ob am Tage oder am Abend, jede Veranstaltung hatte ihre Akteure und ihre Zuschauer.

Am Sonntag (4. Oktober) klang die Festwoche aus — mit einem Platzkonzert und einem Feuerwerk, auf das der Regen fiel. Die Jubiläumszahl „75" verglühte im Dunkel des Herbstabends. Das nächste Jubiläumsfest ist im Jahre 2006.

Zeittafel

Das war's in 75 Jahren

Margarethenhöhe

1906
31. Mai: Verlobungsfeier auf Villa Hügel. Das Brautpaar sind Bertha Krupp und Gustav von Bohlen und Halbach.

15. Oktober: Margarethe Krupp teilt der Stadt Essen mit: „Aus Anlaß der Vermählung meiner Tochter Bertha will ich eine Stiftung errichten, die vor allem der Wohnungsfürsorge für die minderbemittelten Klassen dienen soll. Die Stiftung soll den Namen „Margarethe Krupp-Stiftung für Wohnungsfürsorge" tragen."

1. Dezember: Margarethe Krupp unterzeichnet die Stiftungsurkunde. Dieser Tag ist das Gründungsdatum.

1907
Kaiser Wilhelm I. genehmigt die Margarethe Krupp-Stiftung für Wohnungsfürsorge (27. Mai).

Erste Sitzung des Stiftungsvorstandes; den Vorsitz hat Oberbürgermeister Wilhelm Holle (23. Juli).

Margarethe Krupp übereignet der Stadt Essen die Wald- und Talstreifen rings um das Siedlungsgelände als öffentliche Anlage und Spazierwege. Sie werden vorerst noch gesperrt.

1908
Der Essener „General-Anzeiger" befürwortet den Plan, die Lührmannstraße mit einem 200 Meter langen Damm über das Nachtigallental zu führen (23. Juni). Er begründet: Für Bergleute, Milchhändler und Geschäftsleute gäbe es keine Verbindung mehr zwischen Haarzopf, Fulerum und Rüttenscheid. Das Tal zwischen diesen Ortsteilen war gesperrt worden, weil Margarethe Krupp Promenaden und Baumalleen anlegen ließ.

Der Vorstand der Margarethe Krupp-Stiftung wählt Georg Metzendorf zum Architekten (24. Juli).

1909
Georg Metzendorf tritt am 1. Januar seinen Dienst bei der Stadt Essen an. Die Planungsarbeiten beginnen. Erstes Bauvorhaben ist die Brücke über das Mühlenbachtal.

Der Aufschließungsplan wird im Juli von Georg Metzendorf und dem Baudezernenten Robert Schmidt vorgelegt.

1910
Die Borgsmühle im Mühlenbachtal wird stillgelegt.

Georg Metzendorf zeigt auf der Weltausstellung in Brüssel das „Kleinwohnhaus eines Industriearbeiters".

Die neue Brücke über das Mühlenbachtal wird eingeweiht (10. September). Sie ist zunächst nur für Fußgänger passierbar.

Essener Daten

1906
Essen Stadt hat 231.000 Einwohner. Dazu gehören: die Altstadt, die um den Stadtkern gelagerten Viertel Ost, Nord, West, Süd, Südost; dann Altendorf, Frohnhausen, Holsterhausen, Rüttenscheid.

42. Tonkünstlerfest. Die Komponisten Richard Strauß und Gustav Mahler dirigieren in Essen (25.–28. Mai).

Oberbürgermeister Erich Zweigert stirbt im Alter von 57 Jahren (27. Mai). Sein Nachfolger ist Wilhelm Holle (Wahl am 2. Juli). Erich Zweigert war fünf Wochen vor seinem Tod zum Ehrenbürger der Stadt Essen ernannt worden.

Die Essener Steinkohlenbergwerke AG mit 4400 Beschäftigten wird durch den Industriellen Carl Funke gegründet.

Der Regierungspräsident genehmigt die neuen „ortsüblichen Tagelöhne". Sie steigen für mehr als 16 Jahre alte männliche Arbeiter von 2,80 Mark auf 3,40 Mark; für weibliche Arbeitnehmer von 1,50 auf 2,20. Ein Pfund Rindfleisch kostet 80, ein Pfund Schweinefleisch 74 Pfennig.

In der Kruppschen Gußstahlfabrik in Essen arbeiten 35.192 Menschen. Die Gesamtbelegschaft der Firma einschließlich der Außenwerke: 63.100.

3388 Pferde werden in der Stadt Essen gezählt; davon 2123 in der Altstadt, 907 in Altendorf und 358 in Rüttenscheid.

Die Straßenbahn-Teilstrecke nach Holsterhausen wird eröffnet (17. August).

Von 5661 Wohnungen, die die städtische „Wohninspektion" 1906 kontrolliert, werden 2164 zum ersten Mal besichtigt. In diesen 2164 Wohnungen mit 6110 Wohnräumen leben 9829 Personen. Unter ihnen sind 1015 Kostgänger. Die Wohnungsinspektoren beanstanden in 1234 Fällen: überfüllte Räume (256), ungeeignete Räume (244), fehlende Aborte, Schutzgeländer, schlechte Lüftung (734).

Zur Silberhochzeit des Kaiserpaares (Wilhelm II. und Auguste Viktoria) gratuliert auch die Stadt Essen: „Allerdurchlauchtigster Großmächtigster Kaiser und König, Allergnädigster Kaiser, König und Herr! Allerdurchlauchtigste, Großmächtigste Kaiserin, und Königin, Allergnädigste Kaiserin, Königin und Frau. Euerer Majestäten naht sich an dem Tage, an dem Allerhöchstdieselben vor 25 Jahren den Bund fürs Leben geschlossen haben, ehrfurchtsvoll die Bürgerschaft der Stadt Essen, Euren Majestäten die unterthänigsten Glückwünsche darzubringen und ihre innigste Teilnahme und unwandelbare Treue zu versichern..."

Margarethenhöhe

Eine der ersten Zeichnungen der Brücke (1911).

1910 (Fortsetzung)
Das erste Haus der neuen Siedlung am Brückenkopf Nr. 8 ist fertiggestellt. Zunächst dient es als Büro für den Bauführer Spahn.

Bauer Wilhelm Barkhoff bezieht den Hülsmannshof (1. Oktober). Sein Onkel Theodor Hülsmann hatte sich in Willich bei Krefeld einen neuen Bauernhof gekauft. Wilhelm Barkhoff kam vom elterlichen Hof in Rüttenscheid auf die Margarethenhöhe.

1911
Die ersten 85 Familien ziehen ein (März). Es sind Wohnungen an der Giebelstraße (heute Steile Straße), am Rosenweg, in der Winkelstraße und an der Sommerburgstraße, darunter 45 Einfamilienhäuser. Die Mietverträge gelten ab 1. April. Als erster Mieter gilt offiziell der Stadtgärtner Peter Mohr (Sommerburgstraße 5). Eine andere Quelle nennt den Weichensteller Franz Dittrich, Steile Straße 17, als Erstmieter. Er soll am 11. März eingezogen sein.

Die Stadtverordnetenversammlung beschließt den Namen „Margarethenhöhe" für die neue Siedlung (21. April).

Eine englische Studiengruppe besucht die Margarethenhöhe.

Die zweite Bauperiode ist abgeschlossen. In ihr wurden die 126 Häuser mit 165 Wohnungen gebaut, darunter das Kaufhaus Steile Straße 19.

Ernst-Ludwig, Großherzog von Hessen, verleiht Georg Metzendorf den Professorentitel (26. November).

1912
Fertiggestellt wurden am Kleinen Markt der Krupp-Konsum, die Gaststätte Margarethenhöhe (Hugo Steck), die Ladenlokale für Bäckerei (Anton Broich), Metzgerei (Philipp Riede) und Friseur (Luttrop). Metzendorfs Büro ist Steile Straße 27.

Essener Daten

1907
Deutschlands Sozialdemokraten halten ihren Parteitag in Essen ab. Unter den Delegierten der 530.466 Mitglieder sind August Bebel und Friedrich Ebert. Einer der Anträge fordert die Herabsetzung der Arbeitszeit „auf höchstens 8 Stunden" (September).

In Essen gibt es 95 Kraftfahrzeuge: 37 Krafträder, 52 Personenwagen und 6 Lastwagen.

Nur 16 von 1000 Neugeborenen im Stadtgebiet kommen 1906 im Krankenhaus zur Welt.

Der französische Reiseschriftsteller Jules Huret schreibt über Essen: „Eine Stadt aus Backsteinhäusern, die von Rauch und Staub geschwärzt sind. Steckt man die Nase zum Fenster hinaus, verfolgt einen der Kohlengeruch."

Die katholische Zentrumspartei erhält bei der Reichstagswahl in Essen mit 37,8% die meisten Stimmen. Es folgen die Sozialdemokraten mit 32,6 und die Nationalliberalen mit 26,3.

1908
Die Gemeinde Huttrop kommt mit 4011 Einwohnern zu Essen.

Im Rathaus Rüttenscheid wird die städtische Handwerker- und Kunstgewerbeschule eröffnet (1. Oktober). Später (ab 1928) nennt sich diese Folkwangschule für Gestaltung.

1909
Der 1. Bauabschnitt der Städtischen Krankenanstalten wird eingeweiht (29. Juli).

Das 144 Meter lange Zeppelin-Luftschiff LZ 6 landet auf dem Gelände der heutigen Gruga in der Lührmannstraße (20. September).

Einführung der staatlichen Polizei in Essen.

1910
Rellinghausen, Bergerhausen, Stadtwald und Teile von Fulerum kommen mit 14.000 Einwohnern zu Essen.

Noch 47 Prozent aller Häuser haben einen Garten.

Im Stadt- und Landkreis Essen arbeiten 29 Zechen mit 50.000 Bergleuten.

571.457 Einwohner leben in Essen Stadt und Essen Land. Von ihnen sind 79.341 (13,9%) in den Ostprovinzen geboren. Die Ostpreußen haben daran mit 44.990 Einwohnern den größten Anteil.

1911
Die Stadtverordneten genehmigen den Kauf eines Autos für die Verwaltung (16.000 Mark). Es ist in erster Linie für den Oberbürgermeister vorgesehen (3. Februar).

Das war's in 75 Jahren

Margarethenhöhe

1906 31. Mai: Verlobungsfeier auf Villa Hügel: Das Brautpaar sind Bertha Krupp und Gustav von Bohlen und Halbach.

15. Oktober: Margarethe Krupp teilt der Stadt Essen mit: „Aus Anlaß der Vermählung meiner Tochter Bertha will ich eine Stiftung errichten, die vor allem der Wohnungsfürsorge für die minderbemittelten Klassen dienen soll. Die Stiftung soll den Namen „Margarethe Krupp-Stiftung für Wohnungsfürsorge" tragen."

1. Dezember: Margarethe Krupp unterzeichnet die Stiftungsurkunde. Dieser Tag ist das Gründungsdatum.

1907 Kaiser Wilhelm I. genehmigt die Margarethe Krupp-Stiftung für Wohnungsfürsorge (27. Mai).

Erste Sitzung des Stiftungsvorstandes; den Vorsitz hat Oberbürgermeister Wilhelm Holle (23. Juli).

Margarethe Krupp übereignet der Stadt Essen die Wald- und Talstreifen rings um das Siedlungsgelände als öffentliche Anlage und Spazierwege. Sie sind aber vorerst noch gesperrt.

1908 Der Essener „General-Anzeiger" befürwortet den Plan, die Lührmannstraße auf einem 200 Meter langen Damm über das Nachtigallental zu führen (23. Juni). Er begründet: Für Bergleute, Milchhändler und Geschäftsleute gäbe es keine Verbindung mehr zwischen Haarzopf, Fulerum und Rüttenscheid. Das Tal zwischen diesen Ortsteilen war gesperrt worden, weil Margarethe Krupp Promenaden und Baumalleen anlegen ließ.

Der Vorstand der Margarethe Krupp-Stiftung wählt Georg Metzendorf zum Architekten (24. Juli).

1909 Georg Metzendorf tritt am 1. Januar seinen Dienst bei der Stadt Essen an. Die Planungsarbeiten beginnen. Erstes Bauvorhaben ist die Brücke über das Mühlenbachtal.

Der Aufschließungsplan wird im Juli von Georg Metzendorf und dem Baudezernenten Robert Schmidt vorgelegt.

1910 Die Borgsmühle im Mühlenbachtal wird stillgelegt.

Georg Metzendorf zeigt auf der Weltausstellung in Brüssel das „Kleinwohnhaus eines Industriearbeiters".

Die neue Brücke über das Mühlenbachtal wird eingeweiht (10. September). Sie ist zunächst nur für Fußgänger passierbar.

Essener Daten

1906 Essen Stadt hat 231.000 Einwohner. Dazu gehören: die Altstadt, die um den Stadtkern gelagerten Viertel Ost, Nord, West, Süd, Südost; dann Altendorf, Frohnhausen, Holsterhausen, Rüttenscheid.

42. Tonkünstlerfest. Die Komponisten Richard Strauß und Gustav Mahler dirigieren in Essen (25.–28. Mai).

Oberbürgermeister Erich Zweigert stirbt im Alter von 57 Jahren (27. Mai). Sein Nachfolger ist Wilhelm Holle (Wahl am 2. Juli). Erich Zweigert war fünf Wochen vor seinem Tod zum Ehrenbürger der Stadt Essen ernannt worden.

Die Essener Steinkohlenbergwerke AG mit 4400 Beschäftigten wird durch den Industriellen Carl Funke gegründet.

Der Regierungspräsident genehmigt die neuen „ortsüblichen Tagelöhne". Sie steigen für mehr als 16 Jahre alte männliche Arbeiter von 2,80 Mark auf 3,40 Mark; für weibliche Arbeitnehmer von 1,50 auf 2,20. Ein Pfund Rindfleisch kostet 80, ein Pfund Schweinefleisch 74 Pfennig.

In der Kruppschen Gußstahlfabrik in Essen arbeiten 35.192 Menschen. Die Gesamtbelegschaft der Firma einschließlich der Außenwerke: 63.100.

3388 Pferde werden in der Stadt Essen gezählt; davon 2123 in der Altstadt, 907 in Altendorf und 358 in Rüttenscheid.

Die Straßenbahn-Teilstrecke nach Holsterhausen wird eröffnet (17. August).

Von 5661 Wohnungen, die die städtische „Wohninspektion" 1906 kontrolliert, werden 2164 zum ersten Mal besichtigt. In diesen 2164 Wohnungen mit 6110 Wohnräumen leben 9829 Personen. Unter ihnen sind 1015 Kostgänger. Die Wohnungsinspekteure beanstanden in 1234 Fällen: überfüllte Räume (256), ungeeignete Räume (244), fehlende Aborte, Schutzgeländer, schlechte Lüftung (734).

Zur Silberhochzeit des Kaiserpaares (Wilhem II. und Auguste Viktoria) gratuliert auch die Stadt Essen: „Allerdurchlauchtigster Großmächtigster Kaiser und König, Allergnädigster Kaiser, König und Herr! Allerdurchlauchtigste, Großmächtigste Kaiserin und Königin, Allergnädigste Kaiserin, Königin und Frau. Euren Majestäten naht sich an dem Tage, an dem Allerhöchstdieselben vor 25 Jahren den Bund für das Leben geschlossen haben, ehrfurchtsvoll die Bürgerschaft der Stadt Essen, Euren Majestäten die untertänigsten Glückwünsche darzubringen und ihre innigste Teilnahme und unwandelbare Treue zu versichern . . ."

Margarethenhöhe

Eine der ersten Zeichnungen der Brücke (1911).

1910
(Fortsetzung)
Das erste Haus der neuen Siedlung am Brückenkopf Nr. 8 ist fertiggestellt. Zunächst dient es als Büro für den Bauführer Spahn.

Bauer Wilhelm Barkhoff bezieht den Hülsmannshof (1. Oktober). Sein Onkel Theodor Hülsmann hatte sich in Willich bei Krefeld einen neuen Bauernhof gekauft. Wilhelm Barkhoff kam vom elterlichen Hof in Rüttenscheid auf die Margarethenhöhe.

1911
Die ersten 85 Familien ziehen ein (März). Es sind Wohnungen an der Giebelstraße (heute Steile Straße), am Rosenweg, in der Winkelstraße und an der Sommerburgstraße, darunter 45 Einfamilienhäuser. Die Mietverträge gelten ab 1. April. Als erster Mieter gilt offiziell der Stadtgärtner Peter Mohr (Sommerburgstraße 5). Eine andere Quelle nennt den Weichensteller Franz Dittrich, Steile Straße 17, als Erstmieter. Er soll am 11. März eingezogen sein.

Die Stadtverordnetenversammlung beschließt den Namen „Margarethenhöhe" für die neue Siedlung (21. April).

Eine englische Studiengruppe besucht die Margarethenhöhe.

Die zweite Bauperiode ist abgeschlossen. In ihr wurden 126 Häuser mit 165 Wohnungen gebaut, darunter das Kaufhaus Steile Straße 19.

Ernst-Ludwig, Großherzog von Hessen, verleiht Georg Metzendorf den Professorentitel (26. November).

1912
Fertiggestellt wurden am Kleinen Markt der Krupp-Konsum, die Gaststätte Margarethenhöhe (Hugo Steck), die Ladenlokale für Bäckerei (Anton Broich), Metzgerei (Philipp Riede) und Friseur (Luttrop). Metzendorfs Büro ist Steile Straße 27.

Essener Daten

1907
Deutschlands Sozialdemokraten halten ihren Parteitag in Essen ab. Unter den Delegierten der 530.466 Mitglieder sind August Bebel und Friedrich Ebert. Einer der Anträge fordert die Herabsetzung der Arbeitszeit „auf höchstens 8 Stunden" (September).

In Essen gibt es 95 Kraftfahrzeuge: 37 Krafträder, 52 Personenwagen und 6 Lastwagen.

Nur 16 von 1000 Neugeborenen im Stadtgebiet kommen 1906 im Krankenhaus zur Welt.

Der französische Reiseschriftsteller Jules Huret schreibt über Essen: „Eine Stadt aus Backsteinhäusern, die von Rauch und Staub geschwärzt sind. Steckt man die Nase zum Fenster hinaus, verfolgt einen der Kohlengeruch."

Die katholische Zentrumspartei erhält bei den Reichstagswahlen in Essen mit 37,8% die meisten Stimmen. Es folgen die Sozialdemokraten mit 32,6 und die Nationalliberalen mit 26,3.

1908
Die Gemeinde Huttrop kommt mit 4011 Einwohnern zu Essen.

Im Rathaus Rüttenscheid wird die Städtische Handwerker- und Kunstgewerbeschule eröffnet (1. Oktober). Später (ab 1928) nennt sie sich Folkwangschule für Gestaltung.

1909
Der 1. Bauabschnitt der Städtischen Krankenanstalten wird eingeweiht (29. Juli).

Das 144 Meter lange Zeppelin-Luftschiff LZ 6 landet auf dem Gelände der heutigen Gruga in der Lührmannstraße (20. September).

Einführung der staatlichen Polizei in Essen.

1910
Rellinghausen, Bergerhausen, Stadtwald und Teile von Fulerum kommen mit 14.000 Einwohnern zu Essen.

Noch 47 Prozent aller Häuser haben einen Garten.

Im Stadt- und Landkreis Essen arbeiten 29 Zechen mit 50.000 Bergleuten.

571.457 Einwohner leben in Essen Stadt und Essen Land. Von ihnen sind 79.341 (13,9%) in den Ostprovinzen geboren. Die Ostpreußen haben daran mit 44.990 Einwohnern den größten Anteil.

1911
Die Stadtverordneten genehmigen den Kauf eines Autos für die Verwaltung (16.000 Mark). Es ist in erster Linie für den Oberbürgermeister vorgesehen (3. Februar).

Margarethenhöhe

1912
(Fortsetzung) Oberbürgermeister Holle weiht den Schatzgräber-Brunnen auf dem Kleinen Markt ein (20. Juli). Die Stadt Essen hat ihn zu Ehren der Stifterin Margarethe Krupp errichten lassen. Der Brunnen ist eine Arbeit des Bildhauers Joseph Enseling. Am gleichen Tag wird ein Teil der sogenannten Promenadenanlagen an der Sommerburg für die Bewohner freigegeben.

Kaiser Wilhelm II. besucht die Margarethenhöhe (8. August). Er war zum 100jährigen Bestehen der Firma Krupp nach Essen gekommen. Wilhelm II. besichtigt auch die Wohnung Steile Straße 25.

Eröffnung der Straßenbahnlinie zur Margarethenhöhe (Linien 7 und 8) am 1. Juli bis zur Brücke (Haltestelle Mühlenbach).

1913 Die Vereinigung „Frohsinn auf der Höhe" wird gegründet. Zu den Gründungsmitgliedern gehören der Kunstmaler Karl Hapke und der Fotograf Walter Grotjan.

Hans Sachs-Spiele auf dem Kleinen Markt (Juni).

Der Krupp-Konsum wird eröffnet (11. Oktober).

„Kleiner Markt" als Treffpunkt: Hans Sachs-Spiele 1913

Nach vier Bauperioden wohnen 1535 Menschen auf der Margarethenhöhe (Stand 6. Oktober).

1914 Margarethe Krupp wird 60 Jahre alt (15. März).

Zwölfklassige katholische Volksschule für die Margarethenhöhe eingerichtet (22. April). Erster Leiter ist Rektor Dietrich Hegmann. Da es keinen eigenen Schulbau gibt, werden die zwölf Klassen auf vier verschiedene Schulsysteme in der Nachbarschaft verteilt.

Georg Metzendorf wird zur Pionier-Inspektion nach München einberufen (9. September). Als seinen Vertreter benennt er Carl Mink.

Essener Daten

1911
(Fortsetzung) Der „Hammer Fritz", mit einem Fallgewicht von 1000 Zentnern der größte und schwerste Hammer der Firma Krupp, dröhnt am 11. März zum letzten Mal. 50 Jahre lang war sein Schlag bis in die Innenstadt zu hören.

Warenhaus Theodor-Althoff am Limbecker Platz eröffnet (heute Karstadt).

Krupp stellt die 50.000 Gußstahlkanone her.

Hermann Abendroth wird als Nachfolger von Hendrik Witte neuer Leiter des großstädtischen Orchesters (bis 1916).

Im Herbst treten die ersten hauptamtlichen Ärzte und Fürsorgerinnen in die Dienste der Stadt. Damit beginnt offiziell der öffentliche Gesundheitsdienst in Essen.

1912 Hotel Kaiserhof in der Lindenallee eröffnet. Es ist „das Luxus- und Weltstadthotel des Westens": Perserteppiche, japanische Tapeten, Wandtäfelungen aus erlesenen Hölzern, Telefon in jedem Zimmer. Werbung der Zeit für diesen Treffpunkt der Industrie: „Es ist eine Lust, hier zu leben".

Die Firma Fried. Krupp feiert ihr 100jähriges Bestehen. Zum Festakt (8. August) kommt auch Kaiser Wilhelm II. Er läßt sich eine Reihe Kruppscher Arbeiterkolonien zeigen. Zur Gußstahlfabrik gehören 1912 insgesamt 6600 Wohnungen.

Krupp entwickelt den nichtrostenden Stahl.

Das Blechwalzwerk Schulz-Knaudt im Osten der Altstadt verlegt seinen Betrieb mit 1250 Arbeitern nach Huckingen.

Bei den Reichstagswahlen erhalten die Sozialdemokraten mit 36,4% die meisten Stimmen in Essen. Zentrum: 35,3%, Nationalliberale: 25,8%.

1913 Hotel Handelshof am Hauptbahnhof eröffnet (23. Januar). 40 Zimmer. Ladenlokale, Kino, Büros. Pächter ist seit dem 13. 12. Otto Blau. Werbung der Zeit: „Hotel für Kaufleute. Normaluhr auf jedem Zimmer".

Eröffnung der „Gewerbeschau Essen-Ruhr" (26. Juli). Das ist die Geburtsstunde des Essener Messewesens. In der im gleichen Jahr an der Norbertstraße errichteten Haupthalle und den Nebenhallen stellen 200 Firmen aus (zwei Drittel aus Essen). In den Ausstellungswochen kommen bis zum 7. September 287.000 Besucher.

An der Steeler Straße wird die von Professor Edmund Körner entworfene Synagoge eingeweiht (25. September).

Margarethenhöhe

1914
(Fortsetzung)
Erster Waldgottesdienst der evangelischen Gemeinde Margarethenhöhe in der Sommerburganlage (5. Juli).

Verlängerung der Straßenbahnlinien 7 und 8 bis zur neuen Haltestelle „Am Brückenkopf" (1. Dezember).

1915
Das Vorstandszimmer im ersten Stock der Gaststätte Margarethenhöhe wird durch Margarethe Krupp der Stiftung übergeben (4. Januar).

Erster Gottesdienst der evangelischen Gemeinde im großen Saal des Gasthauses Margarethenhöhe (24. Januar).

König Ludwig von Bayern besucht die Gartenstadt (12. Februar).

1916
Die evangelische Schule Margarethenhöhe (Rektor Marens) wird mit zwölf Klassen von der Cranachschule in Holsterhausen abgezweigt. Sie bleibt zunächst Gast in der Schule an der Keplerstraße (26. September).

1917
Kaiserin Auguste-Viktoria auf der Margarethenhöhe (20. Juni).

Der Maler und Graphiker Hermann Kätelhön kommt nach Essen. Er wohnt mit seiner Frau Toni zunächst im Gasthaus „Margarethenhöhe", dann im Ginsterweg 33. Im Jahre 1920 zieht Kätelhön in das kleine Atelierhaus an der Sommerburgstraße 18, das Margarethe Krupp für ihn bauen ließ (heute – 1981 – Wohnung und Atelier von Professor Hermann Schardt).

1918
Der Stiftungsvorstand unter dem Vorsitz von Oberbürgermeister Dr. Hans Luther genehmigt die Aufstellung von vier Schulbaracken im späteren Lehnsgrund (18. März).

Bis Ende 1918 wurden 588 Häuser gebaut. Zwei Drittel der Gebäude sind Einfamilienhäuser. Die Margarethenhöhe hat 3450 Einwohner.

1919
Die Sommerburgstraße soll zwischen Laubenweg und Steile Straße durch Notstandsarbeiter ausgebaut werden. Diesem Vorhaben stimmt der Stiftungsvorstand zu (11. Februar).

Eine Kommission aus 15 Mitgliedern will „als Bindeglied zwischen Vorstand und Mietern dienen".

Margarethe Krupp gibt ein Darlehen von 500.000 Mark zum Bau eines Atelierhauses an der Sommerburgstraße 18 für den Maler und Graphiker Hermann Kätelhön (mitgeteilt in der Sitzung des Stiftungsvorstandes vom 9. Mai).

Essener Daten

Essen Hauptbahnhof 1914: Kriegsküche für Soldaten

1914
Eickhaus eröffnet (Architekt Professor Georg Metzendorf). Die Innenausstattung: Holztäfelung und grüner Marmor. Das Geschäftshaus „für gehobene Ansprüche" wurde als Einrichtungshaus gebaut: Möbel, Teppiche, Dekorationen.

Im Ruhrgebiet sind 83 Hochöfen in Betrieb.

Der 1. Weltkrieg beginnt (1. August). Die Ausstellungsfläche zwischen Norbert- und Lührmannstraße und die Messehallen dienen dem Infanterieregiment 57 als Ausbildungsgelände. Später sind hier gefangene Russen untergebracht und dann – bis zum Kriegsende 1918 – 4000 Krupparbeiter aus allen Teilen des Reiches.

Der Rhein-Herne-Kanal wird eröffnet.

Ruhrverband gegründet. Seine Aufgabe ist die Reinhaltung der Ruhr.

1915
„Zwangsbewirtschaftung für Getreideerzeugnisse", melden die Essener Zeitungen. Pro Person gibt es wöchentlich drei bis dreieinhalb Pfund Brot.

Neue Eingemeindungen: Am 1. April gewinnt Essen 129.000 Einwohner hinzu. Eingemeindet wird die Bürgermeisterei Borbeck mit den Einzelgemeinden Altenessen, Borbeck, Schönebeck, Bedingrade, Frintrop, Dellwig, Gerschede, Bochold, Vogelheim sowie Bredeney, Schuir, Haarzopf.

1916
Weitere Lebensmittelverknappung. Auch Kartoffeln, Fleisch, Käse, Eier, Butter, Nährmittel gibt es nur noch auf Karten. Die Stadt richtet Kriegsküchen ein.

Erster Luftangriff auf Essen durch zwei feindliche Maschinen (ein Kind getötet, zwei Kinder schwer verletzt, mehrere Leichtverletzte) – 24. September.

Margarethenhöhe

1919 (Fortsetzung)

Dreieinhalb Millionen Ziegelsteine für den Bau weiterer hundert Wohnungen sollen vom dafür eingerichteten Bahnanschluß im Mühlenbachtal über eine elektrisch betriebene Bremsberganlage zur Baustelle befördert werden. Das schlägt Architekt Georg Metzendorf vor (29. Juli).

Die ersten Schulbaracken werden aufgestellt. Evangelische und katholische Schüler ziehen im September und November ein. Bis 1928 werden 500–600 Schüler unterrichtet.

1920

Margarethe Krupp nimmt an einer Sitzung des Stiftungsvorstandes teil (9. Januar). Die Anpflanzung von zwei Trauerweiden am Marktplatz wird beschlossen. Kosten: 150 Mark.

„Das Halten von Ziegen und Hühnern kann auf jederzeitigen Widerruf gestattet werden", teilt der Stiftungsvorstand den Mietern am 1. März mit. Dazu und zur Herstellung von Ställen sei aber vorher die Erlaubnis einzuholen.

Das Siedlungsgelände ist zu einem Drittel bebaut.

„Wirtschaftliche Vereinigung – Verkehrs- und Verschönerungsverein Essen-Margarethenhöhe" gegründet. Vorsitzender bis zur Auflösung 1945 ist Oskar Heise.

Die Generalversammlung des Kirchenbauvereins (16. Dezember) schickt eine Abordnung zum Erzbischof von Köln, Kardinal Karl Joseph Schulte. Ihr Wunsch: Wenigstens an Sonn- und Feiertagen soll auf der Margarethenhöhe die Heilige Messe gelesen werden. Der Kardinal stimmt zu. Am 1. Weihnachtstag kann Kaplan Röntgen von St. Ludgerus Rüttenscheid den ersten Gottesdienst feiern. Für diesen Anlaß war eine der Schulbaracken als schlichte Opferstätte hergerichtet worden. Die Schulbaracke bleibt bis zum 25. Mai 1924 Notkirche.

1921

An der Sommerburgstraße (Westseite) werden 16 mehrstöckige Gebäude mit 96 Wohnungen fertiggestellt.

Erstes Auftreten des im Sommer gegründeten katholischen Kirchenchores Margarethenhöhe (23. November). Dirigent dieses „Konzertes zum besten des Kirchbaus" im kleinen Saal der „Kaupenhöhe" ist Walter Koch.

1922

Im Mühlenbachtal wird anstelle des alten Mühlen-Wohnhauses die Gaststätte „Zur Brandsmühle" gebaut. Im gleichen Jahr entsteht auch der Gondelteich. Er reicht bis zur Margarethenbrücke.

„Begräbniskosten-Beihilfe Margarethenhöhe" innerhalb der Wirtschaftlichen Vereinigung gegründet.

Essener Daten

1917

Kartoffeln sind knapp. Im Januar beginnt der sogenannte „Steckrübenwinter".

Bei großer Kälte ist zum ersten Mal seit 26 Jahren die Ruhr zugefroren (Anfang Februar).

Dreihunderttausend 50-Pfennig-Stücke werden als städtisches Kriegsgeld geprägt (30. März).

1918

In Borbeck wird der 500.000 Essener geboren (5. April). Er ist der Sohn des Eisenbahnschaffners Paul Elser und seiner Frau Mechthilde.

Der neue Oberbürgermeister Dr. Hans Luther wird in sein Amt eingeführt (5. Juni).

Kaiser Wilhelm II. besucht zum letzten Mal die Krupp-Werke und die Villa Hügel (9. und 10. September). In der Friedrichshalle spricht er zu 1000 Kruppschen Beamten und Arbeitern: „Jetzt heißt es: Deutsche, die Schwerter hoch!"

Im Stadtkreis Essen sind 158.000 Rüstungsarbeiter und 50.000 Bergarbeiter zusätzlich zu versorgen.

Ende des Kaiserreiches. Scheidemann ruft in Berlin die „Deutsche Republik" aus (9. November). Wilhelm II. geht nach Holland ins Exil.

14.990 Essener Soldaten fielen im Ersten Weltkrieg an der Front oder erlagen später ihren Verwundungen.

1919

Auf 28 Zechen im Stadt- und Landkreis Essen arbeiten im ersten Nachkriegsjahr 65.000 Menschen. Streiks der Bergleute im Revier legen Straßenbahn und Eisenbahn still (April).

Die neue Stadtverordnetenversammlung wird gewählt. Das katholische Zentrum ist die stärkste Fraktion (März).

Unterzeichnung des Versailler Friedensvertrages (28. Juni). Essen gehört zur „entmilitarisierten Zone".

1920

Kapp-Putsch in Berlin (13.–17. März). Rechtsradikale Kreise und Militär wollen die sozialdemokratische Reichsregierung stürzen. Der Putsch scheitert am Generalstreik. Unruhen auch in Essen. Am 19. März wird die Stadt von revolutionären Arbeitertrupps angegriffen und schließlich von der sogenannten „Roten Armee" besetzt. Die Kommunistische Partei nutzt den (schon gescheiterten) Putsch für ihre politischen Ziele: Sie will die Räterepublik und die „Diktatur des Proletariats". Im April rücken Reichswehrtruppen ein. Es kommt zu Kämpfen am Rhein-Herne-Kanal. Der Bürgerkrieg fordert in Essen 40 Todesopfer.

Margarethenhöhe

1922
(Fortsetzung)

Inflationsjahre: Die neuen Handwerker der Margarethe Krupp-Stiftung erhalten je 5.000 Mark Vorschuß zum Kauf von Kartoffeln und Kohlen (7. Oktober).

Auch Gehälter zeigen die schnelle Geldentwertung: Das Jahreseinkommen des Architekten Metzendorf wurde festgesetzt: am 1. Februar mit 60.000 Mark, am 1. April mit 85.000 Mark, am 1. Juni mit 104.500, am 1. Juli mit 124.900, ab 1. August mit 180.700 und ab 1. September mit 333.300 Mark. Zitat aus dem Sitzungsprotokoll des Stiftungsvorstandes am 7. Oktober: „Bei etwaigen weiteren Erhöhungen der Bezüge des Städtischen Musikdirektors erhöht sich dementsprechend auch die Vergütung des Herrn Professors Metzendorf, und es bedarf hierzu einer besonderen Beschlußfassung nicht."

Steile Straße: Fahnenschmuck für den Pfarrektor (1922).

Wilhelm Dohmen, Kaplan von St. Anna in Essen-West, wird zum Pfarrektor der Margarethenhöhe ernannt (8. Mai). Die feierliche Einführung ist am Sonntag, 28. Mai.

Bauaktivitäten 1922: 5 Häuser mit 32 Wohnungen.

1923

Der Stiftungsvorstand genehmigt den Umbau eines Stallgebäudes im Hohlweg 189 (heute Metzendorfstraße) zur Bildhauerwerkstatt (24. Februar). Die eine Million Mark Umbaukosten im Inflationsjahre 1923 werden von privaten Spendern, von der Stadt Essen und von der Stiftung aufgebracht. Bildhauer Will Lammert hatte bisher zei unzureichende Räume im Hohlweg 189. Später (1924) ist dies auch die Adresse der „Keramischen Werkstatt Margarethenhöhe".

Der Stiftungsvorstand am 18. Oktober zur Bautätigkeit 1923: „Die rapide gesteigerten Herstellungskosten ermöglichten nur die Errichtung von 18 Wohnungen."

Essener Daten

1920
(Fortsetzung)

Bei Krupp beginnen im Frühjahr die Demontagen. Französische Kontrolleure beaufsichtigen die Zerstörung von 800.000 Werkzeugen, 9000 Maschinen und 22.000 Kubikmeter Mauerwerk. Essen wird Sitz der ersten deutschen Raumplanungsbehörde. 18 Stadtkreise haben sich zu dieser Planungsgemeinschaft zusammengeschlossen. Sie nennt sich „Ruhrsiedlungsverband".

1921

Der Streik der Straßenbahner dauert sieben Tage (17.–23. Februar).

Die durch den Krieg unterbrochenen Messeaktivitäten leben wieder auf. Am 1. Februar wird der „Gemeinnützige Verein zur Verwertung des Essener Ausstellungsgeländes GmbH" gegründet.

Ostern: Die kommunistische Partei ruft zum Generalstreik auf. Bei einem Feuergefecht zwischen bewaffneter Arbeiterschaft und Polizei werden am Ostermontag auf dem Kopstadtplatz 25 Menschen getötet und 31 verletzt.

Flugverkehr Essen – Berlin vom Flugplatz Essen-Gelsenkirchen-Rotthausen aus eröffnet (16. November).

1922

Die Stadtverordnetenversammlung bewilligt 3,8 Millionen Mark für den Bau einer Straßenbahnlinie vom Rathaus Rüttenscheid durch die Ernststraße zum Ausstellungsgelände (23. Juni).

Weitere Geldentwertung: Ein Kilo Speck kostet im Januar 65 Mark, im Dezember 2400 Mark. Für ein Ei muß man am Jahresende 70 Mark zahlen. Ab 1. Oktober erhalten Essener Bauarbeiter einen Stunden-Spitzenlohn von 96 Mark.

Bürgerkrieg 1920: Reichswehr auf dem Kopstadtplatz.

Margarethenhöhe

1924 Der Stiftungsvorstand beklagt am 4. Februar: „Der bis aufs Dach fertige katholische Notkirchenbau ist eingestellt, da die französische Militärbehörde die Dachziegel, die im unbesetzten Deutschland lagern, nicht passieren lassen." Und über das evangelische Gemeindehaus: „Die Arbeiten sind bis aufs Erdgeschoß gediehen. Für den Weiterbau fehlt das nötige Geld. Wie man hört, will die evangelische Kirchengemeinde Rüttenscheid in die Bresche springen . . . "

Die katholische Notkirche „Zur Heiligen Familie" wird eingeweiht (25. Mai). Am 22. Juni ist die erste Fronleichnamsprozession auf der Margarethenhöhe.

Genehmigt wird der Umbau einer Scheune, den der Landwirt Barkhoff, Pächter des Hülsmannhofes, beantragt hatte. Wilhelm Barkhoff will eine Kaffee- und Milchwirtschaft einrichten. Die Adresse ist Sommerburgstraße 38a. Die Straße Lehnsgrund gibt es noch nicht.

Der Bildhauer Will Lammert beginnt, angeregt von Hermann Kätelhön, mit dem Ausbau einer keramischen Werkstatt im Hohlweg (Metzendorfstraße). Er will vor allem ein Verfahren für keramische Bauplastik entwickeln.

Was Lammert begann, setzt Johannes Leßmann (links) fort: Mitarbeiter der Keramischen Werkstatt.

Erster Gottesdienst im neuen evangelischen Gemeindehaus (21. Dezember). Der Name „Gustav Adolf Haus" soll an die Schwedenhilfe während der französischen Ruhrbesetzung erinnern.

1925 Die „Keramische Werkstatt Margaretenhöhe GmbH" wird gegründet. Bei der Eintragung im Amtsgericht wurde das „h" im Namen Margarethenhöhe versehentlich ausgelassen.

Essener Daten

1922 *(Fortsetzung)* Das neue Folkwang-Museum in den beiden Goldschmidt-Villen an der Bismarckstraße wird eingeweiht (29. Oktober). Firmen, Gesellschaften und private Stifter hatten 15 Millionen Mark für den Erwerb der Hagener Osthaus-Sammlung aufgebracht. Das war nur ein Bruchteil des wirklichen Wertes. Das berühmteste unter den 2000 Kunstwerken: Renoirs Dame in Weiß (Lise).

Die Franzosen fordern die Besetzung des Ruhrgebietes, weil Deutschland seine Kriegsschulden nicht pünktlich zahle. Essener Stadtverordnete protestieren: „Das wäre eine brutale Verletzung des Völkerrechts".

Inflation, Geldentwertung: Notgeld der Stadt Essen 1923.

1923 Französische Truppen rücken in Essen ein (10. Januar). Die Franzosen beschlagnahmen Hotels und Schulen als Quartiere, schließen Bahnhöfe, überwachen die Post. Die Reichsregierung ruft zum passiven Widerstand auf.

Ein französisches Kommando, das in der Autohalle an der Altendorfer Straße Kraftwagen der Firma Krupp beschlagnahmen soll, feuert in die protestierende Menge (31. März). Dabei werden 13 Kruppsche Lehrlinge und Arbeiter getötet.

Gustav Krupp und seine mitangeklagten Direktoren werden am 8. Mai von einem französischen Kriegsgericht in Werden zu Gefängnisstrafen von 10 bis 20 Jahren verurteilt. Der Vorwurf: Sie hätten „planmäßig ein Komplott gegen die Sicherheit der französischen Truppen vorbereitet". Die Verteidigung: „Die unabhängige Belegschaft läßt sich von der Werksleitung nicht ins Feuer schicken". Im Essener Rathaus nimmt man das als Abschreckung gedachte Urteil „mit tiefster Empörung" zur Kenntnis. Der passive Widerstand versteift sich; Sabotageakte nehmen zu. Die Verurteilten müssen nur einen geringen Teil ihrer Strafen verbüßen.

Margarethenhöhe

1925 (Fortsetzung)
Der Landwirt Wilhelm Barkhoff eröffnet seine Kaffee- und Milchwirtschaft (1. April). Da er im Sommer auch die Konzession für eine Schankwirtschaft erhält, plant er Umbau und Erweiterung des Hofes.

Erster Plan für ein „Werkhaus" (26. September) in der Nachbarschaft von Kätelhöns Atelierhaus. Die graphische Druckerei des geplanten Hauses soll die Ausgabe der Kätelhön-Sammlung „Arbeit" sicherstellen.

Im Baujahr 1925 entstehen neun Häuser mit 35 Wohnungen.

1926
In der Sommerburgstraße 16a entsteht das Polizeidienstgebäude „mit zwei Arrestzellen im Keller für Nachtschwärmer"!

Erste Postagentur auf der Margarethenhöhe im Hause Kleiner Markt 3 (15. September). Später Kleiner Markt 8, Hoher Weg 20, dann Steile Straße 34.

Gründungsversammlung des TUSEM (Turn- und Sportverein Essen-Margarethenhöhe e.V.) am 25. Oktober in der Gaststätte Barkhoff. Vereinsfarbe: rote Hose, weißes Hemd. Vereinsabzeichen: ein M in einem Dreieck. Der 1. Vorsitzende (bis 1936) ist Johann Laupenmühlen.

Baujahr 1926: Neun Häuser mit 29 Wohnungen.

1927
Der Bau der Volksschule an der Waldlehne beginnt.

Das Werkhaus mit drei Werkstätten und einem Atelier an der Straße „Im Stillen Winkel 1" wird gebaut. Neben der Druckerei von Kätelhön ist hier eine Goldschmiedewerkstatt (Elisabeth Treskow) und eine Buchbinderei (Frida Schoy) untergebracht.

Verlängerung der Straßenbahnlinien 7 und 8 bis Haltestelle Laubenweg (5. November).

Im Baujahr 1927 entstehen 25 Häuser mit 74 Wohnungen.

1928
Das neue Pfarrhaus der katholischen Kirchengemeinde wird bezogen (20. Februar).

Der Stiftungsvorstand beantragt am 17. März bei der Stadt Essen den Bau eines großen Atelierhauses mit 7, später 10 Atelierräumen „Im Stillen Winkel 46". Am 6. Oktober wird der Bau beschlossen.

Die evangelische Gemeinde wird 5. Pfarrbezirk der Gemeinde Rüttenscheid (1. Juli).

Tennisclub Rot-Weiß Margarethenhöhe gegründet.

Essener Daten

1923 (Fortsetzung)
Weitere Geldentwertung: Bergleute erhalten ab 30. August einen Schichtlohn von 2 Millionen Mark. Am 29. September kostet ein Ei 8 bis 9 Millionen Mark.

Die Reichsregierung unter Gustav Stresemann gibt den passiven Widerstand gegen die Besetzung des Ruhrgebiets auf (27. September).

Glückaufhaus eröffnet; Bau der „Börse" beginnt (heute Haus der Technik); Hugo Stinnes gründet die Glaswerke Ruhr in Karnap.

Schubertbund Essen gegründet.

1924
Margarethe Krupp, Essener Ehrenbürgerin, wird am 15. März 70 Jahre alt. Sie schenkt der Stadt aus diesem Anlaß ein 50 Morgen großes Waldgelände in Bredeney südlich der Norbertstraße.

Am 1. April hat die französische Besatzungsmacht in Essen stationiert: 4000 Mannschaften, 1200 Offiziere, 584 Unteroffiziere. Dazu kommen noch 750 Pferde.

Bei 405 Verkehrsunfällen im Jahre 1924 werden 6 Menschen getötet und 174 verletzt.

Von 468.104 Einwohnern der Stadt Essen (Oktober) sind 255.907 katholisch, 190.571 evangelisch. Jüdischen Glaubens sind 4036 Mitbürger.

Zum Jahresbeginn gibt es im Stadtgebiet 49.000 männliche und 5800 weibliche Arbeitslose.

Die meisten Stimmen bei der Reichstagswahl am 4. Mai erhält in Essen das Zentrum (64.214), gefolgt von der kommunistischen Partei (54.118), den Vereinigten Sozialdemokratischen Parteien (24.603), der Deutschnationalen Volkspartei (20.953) und der Deutschen Volkspartei (19.893).

Stärkste Fraktion in der Stadtverordnetenversammlung ist das Zentrum mit 24 Sitzen. Nach den Kommunisten mit 20 kommen die Mitglieder der Vereinigten Sozialdemokratischen Parteien mit 10. Die Deutschnationale Volkspartei und die Deutsche Volkspartei haben je 9 Sitze.

Weil verbotene Militärmärsche gespielt wurden, untersagt der französische Militärkommandant am 12. Juli die Stadtgartenkonzerte für vier Wochen. Musikdirektor Gustav Müller wird zu 6 Monaten Gefängnis verurteilt.

Am 10. November wird der neue Oberbürgermeister Dr. Franz Bracht eingeführt. Sein Vorgänger Dr. Hans Luther übernimmt nach Ministerämtern den Posten des Reichskanzlers (Januar 1925–Mai 1926).

Margarethenhöhe

Der neue Schulbau (Entwurf Metzendorf) an der Waldlehne, einige Monate vor seiner Einweihung (1. Oktober 1928). Der Eingangshof ist noch Bauplatz; die Uhr hat noch keine Zeiger.

1928 (Fortsetzung) Einweihungsfeier für die katholische (Rektor Hegmann) und evangelische Volksschule (Rektor Höhner) an der Waldlehne am 1. Oktober. Architekt „der schönsten Schule Essens" ist auch hier Professor Georg Metzendorf. Katholische und evangelische Schüler haben je 10 Klassenräume. TUSEM-Turner können in der Schulturnhalle trainieren.

Im Baujahr 1928 entstehen 25 Häuser mit 73 Wohnungen.

1929 Als erster evangelischer Pfarrer der neu eingerichteten Pfarrstelle Margarethenhöhe wird Pastor Otto Kerber eingeführt (6. Januar). Im gleichen Jahr wird das Pfarrhaus fertiggestellt.

Die Jugendherberge für 40 Jungen und 28 Mädchen am Nachtigallental wird eingeweiht (27. Januar). Heute steht an diesem Platz das Senioren-Hochhaus Altenau. Architekten der Jugendherberge: Professor Metzendorf und Stadtbaurat a. D. Schneider.

Margarethe Krupp nimmt mit ihrem Bruder, dem Maler Felix Freiherr vom Ende, ihren Töchtern Bertha und Barbara an einer Feierstunde im Sitzungszimmer des Stiftungsvorstandes teil (14. März). Es ist der Auftakt zu ihrem 75. Geburtstag (15. März), den die Margarethenhöhe mit einem Volksfest feiert. Der Spiel- und Sportverein TUSEM hatte die Stifterin mit einem Staffellauf vom Gustav-Adolf Haus zur Villa Hügel geehrt. Die Oberklassen der Schule an der Waldlehne wurden nach Hügel eingeladen.

Der Stiftungsvorstand stimmt dem Bau eines Garagenhauses mit 17 Boxen zu (heute Lehnsgrund). Seine Bedingung: „Vorher soll festgestellt werden, ob tatsächlich die vorgesehene Zahl von Boxen an Bewohner der Margarethenhöhe vermietet werden kann." — In der gleichen Sitzung wird der evangelischen Gemeinde Rüttenscheid das Erbbaurecht für ein Pfarrhaus an der Steile Straße bewilligt.

Essener Daten

1924 (Fortsetzung) In der Nacht vom 15. zum 16. November gibt die französische Besatzungsmacht das beschlagnahmte Eisenbahnnetz an die Reichsbahn zurück. Die Direktion Essen bezieht wieder ihre alten Geschäftsräume.

1925 Nach zweieinhalb Jahren Besatzung rücken die französischen Einheiten in den letzten Julitagen ab. In der Nacht zum ersten August läuten alle Essener Kirchenglocken den ersten „Freiheitstag" ein.

Mit einem Volksfest wird der Flughafen Essen/Mülheim eingeweiht (30. August). An der Luftverkehrsgesellschaft Ruhrgebiet (Lurag) sind unter anderem die Städte Essen, Mülheim, Duisburg und Oberhausen beteiligt. Ein Flug nach Berlin dauert vier Stunden.

Essen festigt seinen Ruf als Ausstellungsstadt: Die Themen der drei großen Fachausstellungen 1925: Bauen; Sport; Gesundheit und Arbeit. Allein die Gesundheitsausstellung hat 200.000 Besucher. Die Stadt beschließt weitere Hallenbauten.

Zur Befreiungsfeier nach zweieinhalbjähriger französischer Besatzung kommt der neue Reichspräsident von Hindenburg nach Essen (17. + 18. September).

Das Gesundheitsamt erhält sein erstes Röntgengerät. Es ist ein Geschenk der Landesversicherungsanstalt (LVA).

Neue Großbauten am Burgplatz: Das Warenhaus Blum (heute Loosen) wird im Oktober eröffnet. Blum erweitert den Bau 1929 zum I. Hagen hin.

1926 Das neue Waldtheater mit 2000 Sitzplätzen wird nahe der Schillerwiese eröffnet.

Die Interalliierte Kontrollkommission verläßt Essen. Sie hat sechs Jahre lang die Zerstörungsarbeiten bei der „Waffenschmiede Krupp" überwacht. Fast die Hälfte des gesamten Maschinenparks wurde vernichtet. Anschaffungswert: 104 Millionen Goldmark.

Löhne des Jahres 1926: Eine ungelernte Arbeiterin erhält je Arbeitsstunde 44 Pfennig, ein Bäcker 1,02 Mark, ein Maurer 1,26 Mark. Durchschnittswochenverdienst männlicher Arbeiter: 41,75 Mark brutto. Zum Vergleich: Ein Pfund Butter kostet 1,87 Mark.

Lungenentzündung und Grippe sind 1926 in Essen die häufigste Todesursache (15%). Es folgen Lungentuberkulose und Tuberkulose anderer Organe (13%), Krebskrankheiten (11%), Herzkrankheiten (9%) und Gehirnschläge mit 7 Prozent.

Auf dem Großmarkt beginnt man mit dem Bau massiver Verkaufsstände aus Beton.

Margarethenhöhe

1929 (Fortsetzung)

Die Finanzierung für das große Atelierhaus mit 10 Ateliers im „Stillen Winkel 46" ist gesichert. Den größten Teil der Bausumme von 125.000 Mark deckt die Stadt Essen durch ein 80.000 Mark-Darlehen ab.

Dietrich Hegmann, Leiter der katholischen Schule Margarethenhöhe, stirbt im Alter von 68 Jahren (8. Juni).

Das katholische Rektorat Margarethenhöhe wird selbständige Kirchengemeinde (15. Juni).

Bauleistungen 1929: 31 Gebäude mit 84 Wohnungen, darunter Atelierhaus und Garagenhaus.

1930

Einweihung des 6 Meter hohen Ehrenmals auf dem Giebelplatz (2. Februar) für die Gefallenen des Ersten Weltkrieges. 61 Bewohner der Margarethenhöhe waren in diesem Krieg (1914–1918) gefallen. Die ursprünglich für die Spitze der Säule vorgesehene Bronzefigur „Aufstrebender Jüngling" wird nicht aufgestellt. Bei einer Probeaufstellung als Hartgipsfigur in der Gruga habe das Bildwerk schlechte Pressekritiken bekommen, heißt es in zeitgenössischen Berichten. Andere Beobachter meinten, die Nacktheit des Jünglings habe Anstoß erregt.

Gründung der Ehrengarde (6. Juni). 1. Oberst ist Hermann Nottelmann.

Umbauten: Von 120 Zementbadewannen sind schon 80 durch Emaillebadewanen ersetzt worden.

Bauergebnis 1930: 12 Häuser mit 32 Wohnungen.

1931

Die Margarethe Krupp-Stiftung für Wohnungsfürsorge gibt ihre Bauleistungen seit dem Jahre 1910 bekannt (einschließlich der Häuser, die am 31. Januar noch im Bau sind):
755 Häuser mit 1332 Wohnungen und
2 Gastwirtschaften
1 Bäckerei
1 Metzgerei
1 Bäckerei
1 Kaufhaus
1 Friseurgeschäft
1 Kruppsche Verkaufsstelle
1 Verkaufsstelle des Essener Beamten-Konsum-vereins
1 Apotheke
1 Buchdruckereigebäude
1 Polizeidienstgebäude
1 Werkhaus mit drei Werkstätten und 1 Atelier
1 Ateliergebäude mit 10 Ateliers
1 Garagenhaus mit 17 Boxen und 1 Reparatur-werkstatt
1 zwanzigklassige Volksschule
1 Spiel- und Sportplatz
1 Tennisplatz (TUSEM)

Essener Daten

1926 (Fortsetzung)

Im Herbst kommt Adolf Hitler, Führer der Nationalsozialistischen Deutschen Arbeiterpartei (NSDAP), zum ersten Mal nach Essen.

Krupp bringt das WIDIA („Wie Diamant")-Hartmetall auf den Markt. – In Borbeck errichtet die Firma ein Stahl- und Walzwerk.

1927

Im Stadtgebiet gibt es noch 5735 Pferde.

Die Rheinischen Stahlwerke und die Gelsenkirchener Bergwerks AG verlegen ihre Hauptverwaltung nach Essen.

Der Botanische Garten wird eröffnet (3. Juli).

Die Stadtchronik meldet 55 Tagungen und Kongresse im Jahre 1927.

Der Erweiterungsbau des Museums Folkwang wird mit einer Nolde-Ausstellung eingeweiht.

Die Essener hören zum ersten Mal Unterhaltungssendungen über den neuen Rundfunksender Langenberg.

Gründer und erster Direktor der neuen „Folkwang Schule für Musik, Tanz und Sprechen" ist Rudolf Schulz-Dornburg. Zu den Lehrern gehören Kurt Jooss („Der grüne Tisch"), die Komponisten Erich Sehlbach und Ludwig Weber („Christgeburtspiel").

Das neue Baedeker-Haus am Burgplatz wird eröffnet. Die restlichen Arbeiten für den großen Baukomplex sind im Oktober 1928 abgeschlossen.

An der Hindenburgstraße, hinter der heutigen Stadtbücherei, ist Premiere im umgebauten Schauspielhaus (Architekten sind Professor Georg Metzendorf und Stadtbaurat a. D. Schneider). Auf dem Eröffnungsprogramm steht das Kleist-Schauspiel „Prinz von Homburg".

Das Haus der Technik (HdT) beginnt im Börsengebäude am Hauptbahnhof mit seiner Arbeit.

1928

Adolf Hitler („Der Führer") spricht im Essener Saalbau (9. März). Hitler wirft dem Bürgertum „Feigheit gegen den ewig offensiven Marxismus" vor. Bei den Reichstagswahlen im Mai erhalten die Nationalsozialisten nur 8000 von 323.891 Wählerstimmen in Groß-Essen.

König Aman Ullah von Afghanistan und sein Hofstaat besuchen für mehrere Tage Essen und Krupp (März).

In Essen gibt es 28.000 Telefonanschlüsse.

Margarethenhöhe

1931
(Fortsetzung)

Margarethe Krupp stirbt im Alter von 76 Jahren (24. Februar). Der Stiftungsvorstand trifft sich am 2. März zu einer Trauersitzung.

Großfeuer bei Bauer Wortberg an der Sommerburgstraße. Die Scheune und der Dachstuhl des Wohnhauses brennen (3. Juli).

Die „Wirtschaftliche Vereinigung und Begräbnis-Kosten-Beihilfe" hat 1540 Mitglieder.

25 Jahre alt wird die Margarethe Krupp-Stiftung für Wohnungsfürsorge am 1. Dezember. Das Jubiläum ist Anlaß für eine Feierstunde im Gustav-Adolf-Haus (18. Dezember), die zugleich Gedächtnisfeier für Margarethe Krupp ist. Zu den Teilnehmern gehören Bertha und Gustav Krupp mit ihren Söhnen Berthold und Harald und Oberbürgermeister Dr. Bracht.

Bilanz zum Jahresende: In 23 Bauabschnitten wurden seit dem Jahre 1909 insgesamt 776 Häuser mit 1392 Wohnungen gebaut. Sie stellen mit dem Gelände einen Wert von 18 Millionen Mark dar.

1930 bis 1932: Baujahre für die Häuser Zur Eibe, Lehnsgrund. Schliepmühle und weitere Häuser Im Stillen Winkel.

1932

Die evangelische Gemeinde plant einen Kirchenneubau (nicht verwirklicht).

Vorarbeiten für einen Bebauungsplan, der das Gelände zwischen Norbert-, Lührmann- und Sommerburgstraße umfaßt.

1933

Die Volksschule an der Waldlehne wird Gemeinschaftsschule. Katholische und evangelischen Schüler werden nicht mehr getrennt unterrichtet.

Die Margarethe Krupp-Stiftung für Wohnungsfürsorge strebt erneut die Anerkennung als gemeinnütziges Wohnungsunternehmen an.

Die Keramische Werkstatt zieht im März von der Margarethenhöhe in das Magazingebäude der Schachtanlage 6/9 Zollverein in Stoppenberg, Gelsenkirchener Straße 74. Die Räume im Hause Hohlweg 189 (später Metzendorfstraße) reichen nicht mehr aus. Anwohner hatten sich auch über die starke Rauchentwicklung der Werkstatt beschwert. In dem frei gewordenen Gebäude richtet die Tochter des früheren Milchhändlers Gerhard Jansen ein Geschäft für Lebensmittel, Milch und Gemüse ein. Das Nebenhaus (Nummer 181), ältestes Wohnhaus der Margarethenhöhe, wird abgerissen.

Zurückgestellt werden zunächst die Pläne für den neuen Teil der Margarethenhöhe zwischen Norbert-, Lührmann- und Sommerburgstraße.

Essener Daten

1928
(Fortsetzung)

Das neue Luftschiff „Graf Zeppelin" überfliegt am 1. Oktober, 7 Uhr morgens, die Stadt. Zehn Tage später startet es zu seinem Amerikaflug.

Essens größtes Kino, das Lichtburg-Haus mit 1999 Sitzplätzen, wird eröffnet (18. Oktober).

1929

Die Ruhr ist zugefroren. An einigen Stellen können die Fußgänger den Fluß auf dem Eis überqueren (Februar).

„Graf Beust", eine der ältesten Zechen des Reviers im Ostviertel, stellt die Förderung ein. Die Schwesterzechen „Victoria-Matthias" und „Friedrich Ernestine" übernehmen die Untertagearbeiten.

Oberbürgermeister Bracht empfängt die amerikanischen Milliardäre Keystone und Ford im Hotel Kaiserhof zu Wirtschaftsbesprechungen (30. März).

Zweite internationale Fluglinie Hamburg–Essen/Mülheim–Antwerpen–Brüssel eröffnet (1. Mai).

Im neuen Deutschlandhaus (Architekt Koerfer) werden von der Stadtverwaltung die ersten Räume bezogen (1. Juni).

König Fuad von Ägypten ist Gast auf Villa Hügel (18.–20. Juni). Er besucht auch die Gußstahlfabrik.

Seit 1929 hat Essen eine „Gruga". Schon im Eröffnungsjahr (Foto) meldeten die Zeitungen einen „Rekordbesuch".

Eröffnung der Großen Ruhrländischen Gartenbau-Ausstellung (Kurzname „Gruga") am 29. Juni. Weltweit wird in Zeitungsartikeln vom „Blumenwunder an der Ruhr" berichtet. Die Grugatulpe von Jo Pieper wird eines der Stadtsymbole.

Deutsche Kunstflugmeisterschaften auf dem Flughafen Essen/Mülheim (30. Juni). Bewunderte Kunstflieger sind Ernst Udet, Elly Beinhorn und Gerhard Fieseler.

Margarethenhöhe

1933
(Fortsetzung)

Vorstand der Stiftung aufgelöst (6. Mai). Es werden Neuwahlen angekündigt. Dem neuen Stiftungsvorstand, gewählt am 8. Juli, gehört auch der NSDAP-Ortsgruppenleiter an. Die Änderung der Stiftungsurkunde und der Stiftungsverfassung wird beschlossen. Sie sieht vor allem vor, die Verwaltungs- und Kassengeschäfte aus der Aufsicht der Stadt Essen zu nehmen. Erst danach kann die Stiftung als gemeinnütziges Wohnungsunternehmen anerkannt werden.

Dr. Reismann-Grone

Margarethe Krupp-Stiftung für Wohnungsfürsorge ist gemeinnütziges Wohnungsunternehmen! Zum ersten Mal in ihrer Geschichte wählt sie einen Aufsichtsrat (erste Sitzung am 4. November). Vorsitzender ist: Oberbürgermeister Dr. Theodor Reismann-Grone.

Die NSDAP-Ortsgruppe Margarethenhöhe beantragt, die Miete für einen Raum im Erdgeschoß und vier Räume im Obergeschoß des Verwaltungsgebäudes Sommerburgstraße 14 „mindestens um die Hälfte zu senken". Der Aufsichtsrat entspricht dem Wunsch.

Professor Georg Metzendorf, Baumeister der Margarethenhöhe, bittet aus Gesundheitsgründen um Versetzung in den Ruhestand zum 1. April 1934. Als Nachfolger empfiehlt er seinen Mitarbeiter Carl Mink.

1934

Zum neuen Vorstand der Stiftung werden Stadtamtmann Hans Rigol und Friedrich Schlegel berufen (ab 15. Januar), Rigol war bisher im Auftrag der Stadt der geschäftliche Leiter der Stiftung.

Die Plastik „Die Säerin" von Joseph Enseling wird zum Gedächtnis an Margarethe Krupp auf dem Hauxplatz aufgestellt und am 31. Mai eingeweiht.

Professor Georg Metzendorf stirbt im Alter von 59 Jahren (3. August). Am 12. November wird der Hohlweg in Metzendorfstraße umbenannt.

Ernst Bode

Ernst Bode, städtischer Beigeordneter, seit 14 Jahren stellvertretender Vorsitzender des Stiftungsvorstandes und seit 1933 des Aufsichtsrates, wird am 31. August verabschiedet. Bode geht als Hochschullehrer nach Breslau. Sein Nachfolger ist Sturm Kegel, städtischer Beigeordneter für das Bauwesen.

Essener Daten

1929
(Fortsetzung)

Vier Bergleute sterben bei einem Grubenbrand auf der Zeche „Katharina" in Kray (15. Juli).

Im Jahr der größten Eingemeindung gewinnt die Stadt Essen 167.000 Mitbürger und ein Gebiet von 100 Quadratkilometern hinzu. Der Landkreis Essen ist aufgelöst. Eingemeindet werden am 1. August: Werden Stadt und Land, Roßkothen, Kupferdreh, Heisingen, Überruhr, Steele, Kray, Stoppenberg, Karnap, Katernberg.

Das Essener Landgericht feiert sein 50-jähriges Bestehen (29. September).

Letzte freie Gemeindewahlen (17. November): Zentrum 33 Sitze, KPD 18, Sozialdemokraten 13, Wirtschaftspartei 6, Deutschnationale 5, Nationalsozialisten 3, Christlicher Volksdienst 3, Partei für Handwerk, Handel und Gewerbe 1, Deutsche Staatspartei 1 und Christlich-Soziale Reichspartei 1 Sitz.

Vier Menschen werden bei einer Explosion auf dem Webermarkt getötet (25. November).

Die neue Einsegnungshalle auf dem Südwestfriedhof wird eingeweiht (29. November).

25 Jahre besteht das Essener Museum für Heimat- Natur- und Völkerkunde (13. Dezember).

1930

Das neue Hauptgebäude der Sparkasse an der Rathenaustraße/Kapuzinergasse wird eröffnet (24. Februar).

1931

Im Juli beginnt der Bau des Baldeneysees. Dabei setzt die Stadt Tausende von Arbeitslosen ein.

Der Deutsche Künstlerbund stellt in den Messehallen aus (23. Mai – 23. August). 198 Künstler sind zugelassen. Zur Auswahl-Jury gehören unter anderem Otto Dix, Erich Heckel, Paul Klee, Gerhard Marcks, Karl Schmidt-Rottluff.

1932

Die neue Werdener Ruhrbrücke wird eingeweiht (23. April). Sie ersetzt die 1854 gebaute Königsbrücke.

Hitlers NSDAP steigert ihren Essener Stimmenanteil bei den zwei Wahlgängen der Reichstagswahl auf 25,9% (März und April). Bei den Wahlen am 31. Juli sind es 24%.

Essen hat 46.000 von der Wohlfahrt unterstützte Arbeitslose. 1933 sind es 83.000.

Das Kurt Jooss-Ballett (Folkwang Schule) holt bei einem internationalen Tanzwettbewerb in Paris den ersten Preis mit der Jooss-Schöpfung „Der grüne Tisch".

Margarethenhöhe

1934 (Fortsetzung)

Der Gondelteich der Gaststätte „Zur Brandsmühle" im Mühlenbachtal wird für einen Sommer als Freibad genutzt.

Der Aufsichtsrat beschließt einen Anbau an das Verwaltungsgebäude, „weil im Bereich der NSDAP-Ortsgruppe Margarethenhöhe ein gewisser Mangel an geeigneten und ausreichenden Diensträumen zur Unterbringung der verschiedenen nationalsozialistischen Gliederungen besteht".

Max Steinhoff, erster Pfarrer der evangelischen Gemeinde auf der Margarethenhöhe, stirbt im Alter von 80 Jahren (16. Oktober).

1935

Der Aufbau des Halbachhammers im Nachtigallental beginnt (bis 1936).

Stadtrechtsrat Dr. Callies, der lange Jahre dem Stiftungsvorstand angehörte und 1934 ausgeschieden ist, bekommt als Abschiedsgeschenk ein Ölgemälde. Die Stiftung hatte das Bild zuvor „für rückständige Miete in Zahlung genommen".

An der Freitreppe zum Brückenkopf wird die Bildnisplakette Margarethe Krupps eingeweiht (24. November). An der Feierstunde nehmen auch Bertha Krupp und der Bildhauer Professor Joseph Enseling teil.

Angekündigt auf der Aufsichtsratssitzung vom 14. Dezember: Mit Krupp soll über den Ankauf des Geländes zwischen Norbert-, Lührmann- und Sommerburgstraße verhandelt werden.

1936

Aufsichtsratsvorsitzender Oberbürgermeister Dr. Reismann-Grone fordert vergeblich, den Personalbestand der Stiftung abzubauen. Sein Vorschlag: Das private Handwerk soll die Arbeiten übernehmen, die bisher von fest angestellten Handwerkern der Stiftung ausgeführt wurden. Die übrigen Aufsichtsratsmitglieder begründen, warum sie diese Forderung ablehnen: Es sei wirtschaftlich wichtig, kleine Reparaturen durch eigene handwerklich geschulte Kräfte ausführen zu lassen. Der höhere Personalbestand erkläre sich auch aus dem Wunsch der Regierung, „möglichst viele Volksgenossen − vor allem alte Kämpfer − aus langjähriger Erwerbslosigkeit zu erlösen" (23. März).

Gewichtheber Karl Jansen holt bei den Olympischen Spielen in Berlin die Bronzemedaille. Auf der Margarethenhöhe ist er zunächt als Herbergsvater in der Jugendherberge an der Altenau und dann als Leiter der Poststelle tätig. Jansen stirbt 1961 (Siehe in diesem Buch auch „Nicht jeder weiß . . . ").

Essener Daten

1933

30. Januar: Adolf Hitler wird Reichskanzler. Auch in Essen wehen jetzt die Hakenkreuzfahnen.

17. Februar: Hermann Göring, der als Reichskommissar die Geschäfte des preußischen Innenministers übernommen hat, weist die Polizei an: Sie habe auch nur den Anschein einer feindseligen Haltung gegenüber SA, SS. Stahlhelm und nationalen Parteien „unter allen Umständen zu vermeiden".

27. Februar: In Berlin brennt das Reichstagsgebäude. Die Nationalsozialisten legen die Brandstiftung den Kommunisten zur Last. Hitler-Gegner erklären, die NSDAP habe das Feuer selbst gelegt. Mehr als 4000 kommunistische Reichstags- und Landtagsabgeordnete werden festgenommen.

5. März: Bei der Reichstagswahl holen die Nationalsozialisten 30,6% der Essener Stimmen, dicht gefolgt vom katholischen Zentrum mit 30,1. Die KPD erhält in Essen 19,9, die SPD 10,8%.

10. März: Hermann Göring, jetzt preußischer Innenminister, spricht in der Essener Ausstellungshalle I. Zitate: „Ich danke meinem Schöpfer, daß ich nicht weiß, was objektiv ist". − „Lieber schieße ich ein paarmal zu kurz und ein paarmal zu weit, aber ich schieße."

11. März: Hitlers Gauleiter Terboven und 100 bewaffnete SA-Leute dringen am Abend vor der Gemeindewahl in die Räume der katholischen „Volks-Zeitung" ein. Sie erzwingen den Abdruck der Göring-Rede, die scharfe Angriffe gegen die Zentrumspartei enthält, im vollen Wortlaut („Wo die roten Gauner deutsches Gut gestohlen haben, da hat der Schwarze dabei Schmiere gestanden").
Die Blätter der KPD und SPD sind bereits verboten; alle anderen Zeitungen werden „gleichgeschaltet".

12. März: Gemeindewahl. Das Zentrum erhält trotz aller Behinderungen 32 von 91 Sitzen in der Stadtverordnetenversammlung; die NSDAP nach einem Verlust von 10.000 Stimmen 31 Sitze. Die KPD holt nach großen Stimmenverlusten 12, die SPD 9, die Kampffront Schwarz-Weiß-Rot (Deutschnationale) 6. Am Wahlsonntag werden sozialdemokratische Politiker und Beamte in „Schutzhaft" genommen.

23. März: „Gesetz zur Behebung der Not von Volk und Reich" (Ermächtigungsgesetz). Der Reichstag verabschiedet es gegen die Stimmen der Sozialdemokraten. Das Gesetz gibt Hitler für vier Jahre die gesetzgebende und ausführende Gewalt. Auch für Gesetze, die von der Verfassung abweichen.

4. April: Oberbürgermeister Schäfer tritt zurück. Sein Nachfolger ist der 69jährige Dr. Theodor Reismann-Grone.

Margarethenhöhe

1936
(Fortsetzung)

Gustav Krupp übergibt der Stadt Essen den von ihm gestifteten und im Nachtigallental aufgebauten 500 Jahre alten Halbachhammer (9. November).

Erst ein Probeschmieden: Halbachhammer 1936.

Bauer Wilhelm Barkhoff reißt seine Scheune ab. An ihrer Stelle entsteht ein Parkplatz.

Ernst Kletzin wird zum 1. Vorsitzenden des TUSEM gewählt (bis 1945).

Das Gustav Adolf Haus erhält eine Orgel (November). Erster Organist ist Walter Paul, Gründer und Leiter des Kirchenchores.

1937
Bertha und Gustav Krupp stiften weitere 16 Hektar Bauland an der Sommerburgstraße „in dankbarer Erinnerung an Frau Margarethe Krupp und im Hinblick auf das 125jährige Firmenbestehen" (mitgeteilt auf der Aufsichtsratssitzung vom 15. Januar). Das Grundstück geht am 1. November in den Besitz der Stiftung über. Pächter des Ackergeländes sind der Landwirt Johann Wortberg, Sommerburgstraße 120, mit 10 Hektar und Heinrich Langels, Norbertstraße 120, mit 6 Hektar.

Das Mühlenhaus der Brandsmühle im Mühlenbachtal stürzt ein.

Die Gemüse- und Kohlenverkaufsbuden unter den Markthallen sollen entfernt werden, weil sie „das architektonische Bild des Marktplatzes verschandeln", beschließt der Aufsichtsrat am 4. Dezember.

Neubauprogramm 1937: 39 Wohnungen.

1938
Das Pfarrheim der katholischen Pfarrgemeinde „Zur Heiligen Familie" wird eingeweiht (22. Februar).

Die Stadt Essen plant, die Brücke über das Mühlenbachtal von 12 auf 19,50 Meter zu verbreitern.

Essener Daten

1933
(Fortsetzung)

7. April: Erste Stadtverordnetensitzung nach den Gemeindewahlen vom 12. März. Nationalsozialisten und Deutschnationale beschließen: „Jüdische Warenhäuser werden von allen Lieferungen der Stadt ausgeschlossen."

19. April: Essener Straßen werden umbenannt: Die Kettwiger Straße heißt jetzt „Adolf-Hitler-Straße", die Rüttenscheider Straße „Hermann-Göring-Straße".

20. April: Adolf Hitler wird an seinem Geburtstag Ehrenbürger der Stadt Essen.

2. Mai: Auch in Essen werden Gewerkschaftsbüros gewaltsam aufgelöst. Heinrich Imbusch, Führer der christlichen Bergarbeiter, flüchtet in das vom Völkerbund verwaltete Saarland.

26. Mai: Sechs SPD-Stadtverordnete werden gewaltsam aus dem Rathaus-Sitzungssaal entfernt. NSDAP und Deutschnationale haben im Rathaus jetzt die absolute Mehrheit.

21. Juni: Auf dem Gerlingplatz wird „undeutsches Schrifttum" verbrannt, darunter Bücher von Kästner, Zuckmayer, Tucholsky und Thomas Mann.

14. Juli: Alle Parteien außer der NSDAP sind verboten. Oberbürgermeister Reismann-Grone hatte den SPD-Stadtverordneten schon am 24. Juni die Ausübung ihrer Mandate untersagt.

Essen ist „Seestadt" geworden. Der Bau des Baldeneysees ist abgeschlossen.

1934
Krupp baut den ersten serienmäßig hergestellten luftgekühlten Fahrzeug-Dieselmotor der Welt.

Zweitausend Starts und Landungen notiert der Flughafen Essen/Mülheim im Jahre 1934.

1935
Diensttaugliche junge Essener müssen mit ihrer Einberufung rechnen. Am 16. März wird die allgemeine Wehrpflicht eingeführt.

Große Verhaftungsaktionen der Geheimen Staatspolizei (Gestapo) gegen Widerstandsgruppen der verbotenen SPD (1. Mai). In Essen werden dabei mehr als 20 Sozialdemokraten und Mitglieder der Sozialistischen Arbeiterpartei (SAP) festgenommen. Bei Massenprozessen gibt es hohe Zuchthausstrafen. —

Reichspropagandaminister Joseph Goebbels auf dem Essener Gautag (4. August): „Wir rotten jede Staatsfeindlichkeit aus . . . Eheschließungen zwischen Deutschen und Juden werden in Zukunft nicht mehr geduldet."

283

Margarethenhöhe

1938 (Fortsetzung) Bauprogramm 1938: 72 Wohnungen im Lehnsgrund, am Ginsterweg, an der Schliepmühle und in der Straße Wortbergrode.

1939 Die Arbeiten für eine Brücke über das Nachtigallental im Zuge der Lührmannstraße werden vergeben (Frühjahr). Der Baubeginn wird durch den Kriegsausbruch am 1. September vereitelt.

Kaplan Werhahn wird von der Geheimen Staatspolizei (Gestapo) verhaftet und später ins KZ Dachau eingeliefert. Bei seiner Predigt am 3. September hatte er gesagt: „Die Kreuze aus den Schulen hat man entfernt. Jetzt bekommen wir sie auf die Gräber unserer Soldaten."

Just Dillgardt, seit 1937 Oberbürgermeister der Stadt Essen, leitet zum ersten Mal die Aufsichtsratssitzung (9. Dezember). Er erklärt, die Wohnungsnot in Essen sei „geradezu katastrophal". – Es wird beschlossen, im Keller Sommerburgstraße 16 a eine Luftschutzbefehlsstelle einzubauen.

Metzendorfs Nachfolger Carl Mink stirbt. Die Architekten Fierenkothen und Funke führen die Arbeiten weiter.

1940 Für die Bebauung des neuen Stiftungsgeländes zwischen Norbert-, Lührmann- und Sommerburgstraße soll erst nach dem Kriege ein Architektenwettbewerb ausgeschrieben werden.

Der Kindergarten Lehnsgrund wird eröffnet.

Meistergraphiker Hermann Kätelhön, der 13 Jahre auf der Margarethenhöhe lebte, stirbt im Alter von 56 Jahren (24. November).

Wegen der Fliegeralarme gibt es keine Fronleichnamsprozessionen mehr auf der Margarethenhöhe.

1941 „Durch Fliegeralarme wird die Gottesdienstordnung vielfach gestört." (Zitat aus der Chronik der katholischen Gemeinde „Zur Heiligen Familie").

Die Post bezieht größere Räume im Hause Steile Straße 31 (bis zum 31. Oktober 1963).

1942 Größere Schäden bei Luftangriffen an den Häusern Hövenerwiese 5, Im Hülsfeld 5, Im Stillen Winkel 3, und Stensstraße 2 und 4.

Die Stiftung beschließt den Ankauf eines drei Hektar großen Grundstückes mit dem Wohngebäude Norbertstraße 204 und einer Trinkhalle für 224.656 Mark. Das Grundstück schließt südlich an das Gelände an, das Bertha und Gustav Krupp 1937 gestiftet hatten.

Essener Daten

1936 Bertha und Gustav Krupp werden Ehrenbürger der Stadt Essen (20. November). Anlaß der Ehrung ist das 125jährige Bestehen der Firma Krupp.

Oberbürgermeister Reismann-Grone läßt das „Wachsame Hähnchen" auf dem Kurienplatz vergolden. Der Anlaß: Der städtische Haushalt 1935/36 schloß nach fünf Jahren erstmals mit einem Plus ab. Ein Umschuldungsprogramm der Reichsregierung machte es möglich.

1937 Die neue Deutsche Gemeindeordnung (1. April) hebt die Finanzhoheit der Gemeinden auf.

Essen wird Garnisonsstadt (April): Die zwei ersten Stammbatterien des Flakregiments 9 belegen ihre vorläufigen Barackenlager in Kray und Kupferdreh.

Nach zwei Säuberungsaktionen hat das Museum Folkwang etwa die Hälfte seiner Zeichnungen, Aquarelle und grafischen Blätter eingebüßt. 145 Gemälde und 1000 Blätter der grafischen Sammlung wurden als „entartete Kunst" von nationalsozialistischen Kulturfunktionären beschlagnahmt.

Der südliche Bahnhofsvorplatz wird nach Abbruch des Huyssenstiftes zum großen Platz erweitert. Er erhält den Namen „Freiheit".

Baubeginn für das RWE-Kraftwerk in Karnap.

Auch die Essener Industrie ist voll in den von Hitler 1936 verordneten Vierjahresplan einbezogen. In vier Jahren soll die deutsche Armee einsatzbereit und die Wirtschaft kriegsfähig sein.

1938 In der stark erweiterten Gruga ist vom 26. April bis zum 9. Oktober die Reichsgartenschau. Neu sind (zum Beispiel) der Große Blumenhof, der Keramikhof, die Fontänenwand, die drei Kilometer lange Strecke für die Kleinbahn mit vier grünen Dampflokomotiven: „Schwarze Lene", „Wachsames Hähnchen", „Zornige Ameise", „Dicke Bertha". Der Haupteingang der Gruga wurde von der Norbertstraße zur Lührmannstraße verlegt.

In der „Reichskristallnacht" (9. November) brennt auch die Essener Synagoge an der Steeler Straße aus. Diese organisierten Brandstiftungen und andere Gewaltakte im ganzen Reich leiten neue Terroraktionen gegen die jüdische Bevölkerung ein.

1939 Krieg! Hitler befiehlt ab 1. September den Angriff auf Polen. Seine Reichstagsrede ist in allen Essener Zeitungen nachzulesen: Das Deutsche Volk habe in sechsjähriger, rastloser und opferbereiter Arbeit 90 Milliarden Mark an die Rüstung gewendet. Deshalb könne man zuversichtlich in diesen Krieg gehen.

Margarethenhöhe

1942
(Fortsetzung)

Auf einem zum Krampe-Hof gehörenden Grundstück Ecke Lührmannstraße und Wortbergrode soll ein Atelierhaus für den Bildhauer Propf errichtet werden. Propf sei bei „dem großen Umfang der Aufträge" im Ateliergebäude Sommerburgstraße 18 zu beengt untergebracht, heißt es in der Begründung. Die Kosten will der Bauverein übernehmen.

Stiftungs-Aufsichtsratsvorsitzender Sturm Kegel regt an, namhafte Künstler mit Arbeiten für die Margarethenhöhe zu beauftragen (21. Dezember).

1943

Das Jahr 1943 beginnt mit verstärkten Luftangriffen (9., 13. und 21. Januar). Bei einem halbstündigen Angriff in den Morgenstunden des 13. Januar (6.15 – 6.45 Uhr) werden mittelschwer beschädigt: Der Kinderspielplatz am Waldeingang Giebelplatz, 61 Häuser in der Waldlehne, die Häuser Hauxplatz 1–10, Laubenweg 31–38, 40, 42 und 44, Ginsterweg 44, 46, 48, 48a, 57, 59, 61, 63 und 65; Heimgarten 2, 4, 6, 8; Metzendorfstraße 50, 52, 54, 56, 57 und 59. Zweihundert weitere Häuser werden leicht beschädigt.

Volltreffer in die Flakstellung. Im Hintergrund beschädigte Häuser an der Sommerburgstraße.

In der Nacht zum 4. April (22.25 Uhr) fliegen 350 Bomber die Stadt Essen an. Ein Volltreffer in die Fernsprechvermittlung der 2. Flak-Batterie auf dem Ackergelände an der Sommerburgstraße (die spätere Margarethenhöhe II) tötet die beiden 16jährigen Luftwaffenhelfer G. Schadwinkel und G. Fiedler, Schüler der Alfred Krupp-Schule. Ums Leben kommt auch der Luftwaffenhelfer Norbert Kersten; verwundet werden die Gefreiten Niebler und Koller. In der gleichen Nacht hatte es auch Verluste unter den Helfern anderer Essener Batterien gegeben.

Der Stiftungsaufsichtsrat stimmt dem Bau von vier Behelfsheimen an der Straße Lehnsgrund neben dem Garagenhaus zu (18. Dezember). Sie sind für Bewohner der Margarethenhöhe gedacht, die ihre Wohnung durch den Luftkrieg verloren haben.

Essener Daten

1939
(Fortsetzung)

Als Polens Bündnispartner erklären England und Frankreich Deutschland den Krieg (3. September). Am gleichen Tag der erste Fliegeralarm in Essen.

1940

Die Zahl der feindlichen Einflüge nimmt zu. Die ersten Todesopfer, die ersten Gebäudeschäden. 141mal gibt es 1940 Alarm mit 33 Fliegerangriffen.

KRIEGSLAGE: 19. April: Deutsche Einheiten landen in Norwegen. 10. Mai: Angriff auf Belgien, Holland und Luxemburg. 14. Juni: Deutsche Truppen in Paris. 22. Juni: Waffenstillstand mit Frankreich. 27. September: Drei-Mächte-Pakt zwischen Deutschland, Italien und Japan. Vom 7. bis 30. September werfen deutsche Kampfflugzeuge 5361 Tonnen Bomben über London ab.

1941

37 Fliegerangriffe auf die Stadt. Dabei werden 8 Menschen getötet und 31 verletzt.

KRIEGSLAGE: Deutsche Truppen besetzen Jugoslawien, Bulgarien und Griechenland. Angriff auf die Sowjetunion. Vormarsch bis vor Moskau. Japan beginnt den Krieg gegen die USA. Deutschland und Bündnispartner Italien erklären den USA den Krieg.

1942

Verstärkte Nachtangriffe der britischen Luftwaffe. Bei Angriffen auf Essen sind bis zu 1000 Bomber eingesetzt.

KRIEGSLAGE: Das deutsche Afrikakorps unter Rommel nimmt Tobruk ein. Die 6. deutsche Armee kapituliert bei Stalingrad; Wende im Rußlandfeldzug, die deutsche Wehrmacht besetzt Südfrankreich.

1943

5. März: Erster Großangriff auf Essen, der in seinen Auswirkungen alle bisherigen Angriffe übertrifft. Angriffsbeginn 21 Uhr, Dauer 45 Minuten. Auf die Stadt fallen mehr als 1000 Sprengbomben, 80 Minen und 292.000 Brandbomben. Durch den heftigen Wind entstehen Riesenbrände. Getroffen werden vor allem der Stadtkern und Teile des Segeroths. 457 Menschen werden getötet, 1593 verletzt. In der Altstadt sind 90% aller Gebäude zerstört.

Weitere Großangriffe folgen am 12. März, 3. April, 1. Mai, 28. Mai, 25. Juli. Mehr als 110.000 Essener sind jetzt obdachlos.

Wegen Schwarzschlachtung und Schleichhandel werden der 37jährige Hubert B. und der 57jährige Friedrich W. hingerichtet. Das Sondergericht Essen hatte sie zum Tode verurteilt.

KRIEGSLAGE: Letzte deutsche Offensive an der Ostfront gescheitert. – Reichspropagandaminister Joseph Goebbels verkündet im Berliner Sportpalast den „totalen Krieg" (18. Februar).

Margarethenhöhe

1943
(Fortsetzung) Wegen der andauernden Luftangriffe wird die Schule an der Waldlehne zum Jahresende nach Württemberg evakuiert. Die Schüler erleben dort das Ende des Krieges.

1944 Bombenvolltreffer auf die Pfarrkirche „Zur Heiligen Familie" (25. Oktober). Nur der Tabernakel bleibt unbeschädigt. Er liegt nach dem Bombenangriff auf den Trümmern. – Der Südwestflügel der Schule an der Waldlehne mit dem gesamten Inventar wird zerstört.

Bewohner der Margarethenhöhe feiern Heiligabend im Bunker und in den Stollen mit Weihnachtsgesängen und Gebeten.

1945 Eine schwere Bombe trifft beim Angriff am 11. März den Mittelbau der Schule und richtet großen Schaden an.

Von 1681 Wohnungen auf der Margarethenhöhe sind bei Kriegsende
474 total zerstört
230 schwer beschädigt
916 leicht beschädigt
  62 unbeschädigt.
Das heißt: 44% aller Wohnungen sind unbewohnbar.

Fast die Hälfte aller Wohnungen auf der Margarethenhöhe sind unbewohnbar: Metzendorfstraße im Kriegsjahr 1944.

Am 1. Mai hat die Margarethenhöhe 2407 Einwohner.

Die jetzt wieder konfessionelle Schule an der Waldlehne nimmt am 10. August den Unterricht wieder auf. Rektor May erinnert sich später: „In den Fenstern keine Scheiben, überm Haupt kein Dach, in den Klassen keine Öfen, kein Licht, in den Händen der Kinder keine Bücher, keine Hefte. Die Turnhalle ein einziges Durcheinander von Betten und Stroh. Die Schule ausgeräubert und ausgeplündert."

Essener Daten

1943
(Fortsetzung) „Das kommende Jahr 1944 wird uns dem Endsieg näherbringen . . . Wir scharen uns fester um unseren Führer und marschieren weiter hinter unserer Fahne." (Der NSDAP-Kreisleiter Hamacher in einem Neujahrsaufruf an die Essener Bevölkerung zum Jahreswechsel 1943/44).

Letzte Habe: Nach einem Bombenangriff auf die Essener Innenstadt 1943 werden Möbel aus den Trümmern gerettet.

1944 311mal gibt es Fliegeralarm. Das heißt 311mal für alle Essener Aufenthalt in Bunkern, Bergstollen, ausgebauten Kellern oder anderen Schutzräumen. Bei diesen feindlichen Einflügen ist in 55 Fällen Essen das Ziel der Angreifer.

KRIEGSLAGE: Alliierte Truppen landen am 6. Juni an der französischen Küste (Normandie).

Bombenattentat auf Hitler mißlingt (20. Juli). Die meisten der beteiligten Widerstandskämpfer werden gefaßt und hingerichtet.

Hitler befiehlt die Einberufung des Volkssturms (25. September). Alle „waffenfähigen deutschen Männer" sind zum Kampfeinsatz aufgerufen.

1945 Der schwerste Luftangriff auf Essen (11. März): Tausend viermotorige Bomber greifen die Krupp-Werke und Eisenbahnlinien an. Auf Fabrikanlagen und Wohnviertel fallen Bomben im Gesamtgewicht von 100.000 Zentnern. 1700 Bombentrichter zerstören die unterirdischen Gas- und Wasserleitungen.

Am Montagsloch, nahe der Norbertstraße, erschießen Beamte der Geheimen Staatspolizei (Gestapo) 34 russische Fremdarbeiter, Frauen und Männer.

Der Essener Reichsverteidigungskommissar Fritz Schlessmann befiehlt der Zivilbevölkerung, die Stadt sofort zu räumen (27. März). Am 23. und 24. März hatten 300.000 amerikanische, britische und kanadische Soldaten den Niederrhein bei Rees überquert. Dem Räumungsbefehl folgen nur wenige Essener.

Margarethenhöhe

1945
(Fortsetzung)
Der Architekt Leo Fierenkothen hat als Wiederaufbaukosten 5.387.000 Mark errechnet; davon mehr als vier Millionen für die zerstörten Häuser, der Rest für die schwer- und leichtbeschädigten Gebäude. Weil Material und Arbeitskräfte fehlen, will der Stiftungsaufsichtsrat die Selbsthilfe der Mieter fördern.

Katholischer Kindergarten im Lehnsgrund 6 eröffnet (24. September). Zitat: „Es fehlen nur noch Stühle und Tische".

Die Zahl der Einwohner ist auf 5410 angestiegen (18. September).

1946
CDU-Stadtvertreter Heinrich Verdong, Schöngelegen 9, ruft Vertreter und Parteien, Kirchen, Jugendorganisationen der Wohlfahrtsverbände und der Margarethe Krupp-Stiftung für Wohnungsfürsorge zusammen (22. Januar). Einziges Thema des Treffens ist ein Selbsthilfeplan für den Wiederaufbau der Margarethenhöhe. Die Teilnehmer gründen eine „Demokratische Arbeitsgemeinschaft".

Heinrich Verdong

Nach 26jähriger Tätigkeit für die Stiftung scheidet das Vorstandsmitglied Hans Rigol zum 31. März aus. Nachfolger ist Wilhelm Carl, bisher Prokurist der Vereinigten Untertage- und Schachtbaugesellschaft.

Stiftungsvorstand Wilhelm Carl legt am 4. April sein „Programm für den Wiederaufbau der Margarethenhöhe" vor:

Wilhelm Carl

1. die Verstärkung der schon angelaufenen Selbsthilfe-Aktion, um möglichst viele der 916 leicht beschädigten Wohnungen winterfest zu machen;
2. die personelle Aufstockung der Abbruchkolonne, die brauchbare Steine, Rohre, Armaturen und verwendbares Bauholz aus zerstörten Häusern herausholt;
3. die restlose Beseitigung der Schuttmassen, zu der schon die „Demokratische Arbeitsgemeinschaft" die Bewohner der Margarethenhöhe aufgerufen hatte;
4. den Aufbau total zerstörter Gebäude;
5. den Bau eines Altersheimes und die Anlage von Schrebergärten in den durch Bomben zerstörten Sommerburgwaldungen (Anmerkung: die Anlage der Schrebergärten wurde durch Oberstadtdirektor Dr. Rosendahl abgelehnt).

Essener Daten

1945
(Fortsetzung)
Die ersten Einheiten der amerikanischen Armee dringen in die Essener City vor (10. April). Oberbürgermeister Just Dillgardt übergibt dem US-General Ridgway die Stadt. Für Essen nördlich der Ruhr ist der Krieg zu Ende. Werden, Überruhr und Kupferdreh werden einige Tage später besetzt (17.–21. April).

Die Zahl der von 1940 bis 1945 durch Luftangriffe ums Leben gekommenen Essener erhöhte sich durch den Angriff vom 11. März auf 6384, darunter 2750 Frauen. Von Bomben getötet wurden auch 1418 ausländische Kriegsgefangene und Fremdarbeiter.

Gesamtkriegsverluste in Essen: Jeder 20. Essener fand den Tod. Unter den Opfern waren 18.864 Angehörige der Wehrmacht. Zerstört wurden 97.400 Wohnungen, 80 Schulen, 45 Kirchen (total bis schwer), zwei Theater, zwei Museen, 32 Brücken (total bis schwer), 70 Kilometer Entwässerungskanäle.

Im April leben 32.000 Fremdarbeiter in der Stadt; die meisten von ihnen (28.000) sind Russen und Polen. Größere Trupps überfallen nach ihrer Befreiung durch die Amerikaner einsame Bauernhöfe, darunter den Hof Eickenscheidt in Kray, der bis auf seine Grundmauern zerstört wird.

Am 11. April hat Essen noch 285.000 Einwohner. Der Vorkriegsstand nach der Volkszählung vom 17. Mai 1939 war 666.743.

KRIEGSLAGE: Die Sowjetarmee erobert am 9. April Königsberg, am 6. Mai Breslau. Amerikanische Truppen stehen am 12. April an der Elbe. – Hitler begeht am 30. April Selbstmord. Die bedingungslose Kapitulation der deutschen Wehrmacht wird am 7. und 8. Mai unterzeichnet.

Mitte Juni übernimmt die britische Siegermacht die Stadt. Essen gehört jetzt zur britischen Besatzungszone. Hauptquartier der Engländer ist das Glückaufhaus.

Im Keller des Kolpinghauses gründen 50 Essener ohne Wissen der Besatzungsmacht die örtliche CDU (Juli). 1. Parteivorsitzender wird Heinrich Strunk. Auf einer Versammlung der Sozialdemokraten in der Elisenschänke wird Wilhelm Nieswandt zum kommissarischen Vorsitzenden gewählt.

1946
Erste öffentliche Sitzung der von der Militärregierung ernannten 60 Stadtvertreter (6. Februar). An Sitzen bekommen: die CDU 23, SPD und KPD je 17, das Zentrum 2, die FDP 1 Sitz. Zum Oberbürgermeister ernennt der britische Stadtkommandant Oberst Kennedy den Ratsherrn Heinz Renner (KPD).

Margarethenhöhe

1946
(Fortsetzung)
Der Kegelclub „Unter uns" wird gegründet.

Ludwig Wiecken ist der neue 1. Vorsitzende des TUSEM. Ihm folgen 1947 Hans Drögereit und 1948 Karl Rehberger (bis 1956).

Zwischenbericht über den Wiederaufbau zum Jahresende 1946: 18.000 Kubikmeter Schuttmassen beseitigt; zu räumen sind noch 22.000 Kubikmeter. 465.000 Ziegelsteine wurden geputzt, 50 Kubikmeter Bauholz geborgen, 350 Kubikmeter Sand durchgesiebt. Wieder bewohnbar, wenn auch zum Teil mit starken Mängeln, sind am 31. Dezember 1261 Wohnungen mit rund 5000 Räumen und 27 Dachgeschoßwohnungen mit 60 Räumen. Der Vorkriegsstand: 1680 Wohnungen mit 6927 Räumen.

1947
Eisenbahnhaltepunkt Margarethenhöhe im Mühlenbachtal an der Strecke Steele-Süd/Rüttenscheid/Heißen eröffnet (25. März). Die Fahrkartenstelle ist in der Wartehalle am Brückenkopf. Täglich verkehren 14 Zugpaare. Umsteiger erreichen den Innenstadtbahnhof Essen-Nord in dreißig bis fünfunddreißig Minuten. Der Straßenbahnbetrieb zur Margarethenhöhe wurde noch nicht wieder aufgenommen.

Die stiftungseigene Regieabteilung hat statt 100 nur noch 33 Mitarbeiter. Aufsichtsratsvorsitzender Sturm Kegel fordert am 9. August weiteren Personalabbau. Freischaffende Handwerker sollen die Arbeiten übernehmen.

Die Margarethenhöhe bekommt erstmals in ihrer Geschichte einen Wochenmarkt. Beim ersten Markttag am 15. September werden 18 Stände aufgestellt.

1948
Die Margarethenhöhe wird am 1. Januar mit 7781 Einwohnern und 138,4 Hektar Fläche ein eigener Stadtbezirk (41). Bisher gehörte die Siedlung zum Stadtteil Rüttenscheid.

Der Turn- und Sportverein TUSEM gründet eine Tennisabteilung.

Straßenbahnbetrieb über Rüttenscheid zur Margarethenhöhe wieder aufgenommen (16. Mai).

Neues ehrenamtliches Mitglied des Stiftungsvorstandes ist Josef Beckmann (Einführung am 17. September).

Die Pachtverträge mit den Landwirten Wortberg und Langels werden auf fünf Jahre verlängert. (Beschluß am 13. Dezember). An den Bau der Margarethenhöhe II ist noch nicht zu denken. Die Stiftung sei in den nächsten Jahren mit dem Wiederaufbau der kriegsbetroffenen Gebäude beschäftigt, begründet der Aufsichtsrat.

Essener Daten

1946
(Fortsetzung)
Erste freie Gemeindewahlen nach 1933: Von den 52 Stadtverordneten sind nach dem Mehrheitswahlrecht 42 direkt zu wählen, 12 über die Reserveliste. Das Ergebnis vom 13. Oktober: CDU 30 Sitze (38,9%); SPD 19 Sitze (34,2%); KPD 2 (12,1%); Zentrum 2 (11,2%) und FDP 1 Sitz (3,6%) der Stimmen. Zum neuen Oberbürgermeister wählt die Stadtvertretung gegen die Stimmen der SPD, KPD und FDP Dr. Gustav Heinemann (CDU); zu seinem Stellvertreter Josef Aust (CDU).

Ende des Jahres hat Essen wieder 532.000 Einwohner.

1947
Die Demontage der Krupp-Werke und die Hungersnot sind Anlaß zu Protestmärschen und Streiks. Die Stadtverordneten appellieren am 15. Januar an die Militärregierung: „Nackter Hunger und Wohnungselend, Kälte und Regen, zehren die letzten physischen Kräfte der Menschen auf." Einer der Gründe für die katastrophale Ernährungslage: Das durch den Luftkrieg stark angeschlagene Verkehrssystem brach im strengen Winter 1946/47 völlig zusammen.

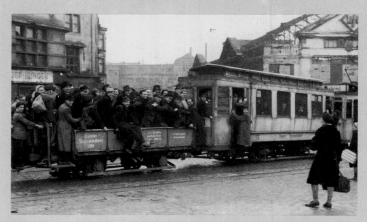

Als die Essener Straßenbahn wieder laufen lernte: Nachkriegsszene 1946 vor dem Ufa-Palast (Viehofer Platz).

1948
Währungsreform! Am Sonntag, 20. Juni, wird die neue Deutsche Mark (DM) ausgegeben. Vor den 500 Ausgabestellen der Stadt stehen lange Menschenschlangen. Jeder Bürger bekommt als Startkapital 40 DM („Kopfgeld").

Erste Ausstellung nach dem Kriege (4.–26. September). Ihr Thema: „Der Wald – unser Schicksal".

Für die zweite Nachkriegs-Gemeindewahl gilt das Verhältniswahlrecht (Sitzverteilung nach dem prozentualen Anteil bei den Wählerstimmen). Am 17. Oktober gewinnt die SPD mit 35,1% der Stimmen 19 Sitze, die CDU 17 Sitze mit 30,7%, das Zentrum 8 mit 15,4% und die KPD 6 mit 10,4% der Wählerstimmen. Dr. Gustav Heinemann (CDU) bleibt Oberbürgermeister.

Margarethenhöhe

Die Mustersiedlung an der neuen Straße Lührmannwald. Foto 1949: Besucher nach der Besichtigung.

1949 Die Stiftung bringt Grundstücke im Wert von 86.000 Mark in das Bauvorhaben „Dach und Fach" ein. Auf diesem Gelände an der neuen Straße Lührmannwald entstehen im Rahmen der ersten Nachkriegs-Bauausstellung an der Gruga 33 Beispielhäuser. Sie sind Vorläufer der künftigen Margarethenhöhe II.

General Bishop, britischer Militärgouverneur von Nordrhein-Westfalen, besichtigt die neue Mustersiedlung an der Straße Lührmannwald (13. August).

Die Margarethenhöhe hat bis Ende November 1949 die Zahl der bewohnbaren Wohnungen auf 1596 erhöht. Diese Zahl wurde durch den Wiederaufbau, den Ausbau von Dachgeschossen, die Aufteilung größerer Wohnungen und die Übernahme der Siedlung „Dach und Fach" erreicht. Den Wiederaufbau machten auch viele Firmen mit sogenannten Arbeitgeberdarlehen möglich.

Der Wiederaufbau des Halbach-Hammers im Nachtigallental wird beschlossen.

Die Schule an der Waldlehne erreicht mit 1100 ihre höchste Schülerzahl.

1950 „Bürgerschaft Margarethenhöhe" gegründet (21. Juli). Sie entwickelt sich bald zur größten bürgerschaftlichen Vereinigung in Essen mit 1200 bis 1500 Mitgliedern. Der erste Vorsitzende ist Jakob Funke; die Nachfolger im Vorsitzendenamt sind Bührmann, Bachert, Kohlhoff, Müggenburg. Am 23. September erscheint die erste Ausgabe des Mitteilungsblattes „Die Bürgerschaft".

Jakob Funke

Essener Daten

1949 Eine Million Kubikmeter Trümmerschutt sind beseitigt (10. März). Eine blumengeschmückte Lokomotive zieht die am Viehofer Platz beladene Jubiläumslore.

Die Ausstellung „Dach und Fach" wird eröffnet (16. Juli). Zu ihr gehört die Versuchssiedlung „Lührmannwald" mit 33 Wohngebäuden. Diese erste große Bau-Ausstellung nach dem Kriege hat 600.000 Besucher.

Oberbürgermeister Dr. Gustav Heinemann wird in der Regierung Adenauer Bundesinnenminister (20. September). Bei der Wahl des Nachfolgers gibt es in zwei Wahlgängen die gleiche Stimmenzahl für die beiden Kandidaten Dr. Hans Toussaint (CDU) und Wilhelm Nieswandt (SPD). Am 4. Dezember stimmt die Essener Bevölkerung direkt ab: Dr. Toussaint erhält bei geringer Wahlbeteiligung mit 64,5% die meisten Stimmen.

Die Stadt Essen und das Land Nordrhein-Westfalen gründen die Industrie-Fördergesellschaft (17. Oktober). Auf dem zerstörten Krupp-Gelände siedeln sich in den nächsten sechs Jahren 50 neue Firmen mit 12.000 Arbeitsplätzen an.

1950 Essen hat wieder 600.000 Einwohner (25. Februar).

Die wiederaufgebaute Gruga wird eröffnet (29. April). Bei Luftangriffen war sie von 700 Bomben getroffen worden. Aber erst zwei Jahre später zeigt sich der Blumengarten in alter Pracht.

Bei der von den Siegermächten angeordneten Demontage der Krupp-Werke (1946–1950) blieben von 1500 Maschinen nur noch 289.

Deutscher evangelischer Kirchentag in Essen (22.–27. August).

Im Dezember die ersten Lichtwochen nach dem Kriege („Essen die Einkaufsstadt").

Mit der Wagner-Oper „Die Meistersinger von Nürnberg" wird das wiederaufgebaute Opernhaus eröffnet (29. Dezember).

1951 Alfried Krupp wird vorzeitig aus dem Festungsgefängnis Landsberg entlassen (3. Februar). Ein Gericht der Siegermächte hatte ihn und seine Direktoren drei Jahre zuvor zu hohen Freiheitsstrafen verurteilt.

Die Demontagen bei Krupp sind beendet (10. Februar).

Das 20.000. Kraftfahrzeug wird in Essen zugelassen (2. Mai). Das sind 4000 mehr als 1939.

Margarethenhöhe

1950 (Fortsetzung) Wilhelm Carl, Direktor der Stiftung, in einem Gespräch mit der „Bürgerschaft": „Wir sollten dafür sorgen, daß der Mittelstreifen der Sommerburgstraße vom Schutt geräumt wird. Die Süddeutsche Verkehrs-AG will dann im Oktober die Straßenbahnlinie bis zur Lührmannstraße durchziehen."

Bundesbahnfahrpreise ab Haltepunkt Margarethenhöhe (Mühlenbachtal): nach Rüttenscheid 20 Pfennig (Sonntagsrückfahrkarte 25 Pfennig); nach Steele-Süd 55 Pfennig (Sechserkarte 2,20 Mark). Preisvergleich für die Strecke Margrethenhöhe−Düsseldorf: mit der Bundesbahn über Essen-Hauptbahnhof (umsteigen) 2,30 Mark; mit der Straßenbahn zum Hauptbahnhof 30 Pfennig und dann weiter mit der Bundesbahn 2,60 Mark − zusammen also 2,90 Mark. Die Bundesbahn ist 60 Pfennig billiger.

Wiederaufbau-Bilanz seit der Währungsreform am 20. Juli 1948: Insgesamt 282 Wohnungen mit 890 Räumen, drei Geschäftslokale mit neun Räumen, eine Arztpraxis mit vier Räumen, zwei Ateliers mit drei Räumen. Stellungnahme der Stiftung am 9. Dezember: „Es sind noch 200 Wohnungen wiederaufzubauen. Wenn im bisherigen Umfang weitergebaut werden kann, ist der Wiederaufbau zum Jahresende 1952 beendet."

1951 Zur vorzeitigen Entlassung von Alfried Krupp aus dem Festungsgefängnis Landsberg (3. Februar) erklärt die „Bürgerschaft" in einem Telegramm: „Die Bürgerschaft Essen-Margarethenhöhe hat mit Genugtuung von ihrer Freilassung Kenntnis genommen."

20. Todestag von Margarethe Krupp (24. Februar). Die „Bürgerschaft": „In Dankbarkeit und tiefer Verehrung gedenken wir allezeit dieser wahrhaft großen Frau."

August Blumensaat und Hans Jewert, Langstreckenläufer des TUSEM, werden wegen ihrer Leistungen im Marathonlauf in die Olympia-Kernmannschaft für die Spiele 1952 aufgenommen.

Anwohner der Margarethenhöhe dürfen keine Hühner, Kaninchen und Tauben mehr halten, teilt die Verwaltung am 1. August in einem Rundschreiben mit. Das Verbot gilt ab 1. August nächsten Jahres.

Auf dem Gelände der Brandsmühle (Mühlenbachtal) wird ein Freilichtkino mit 750 Plätzen eröffnet. Inhaber des Unternehmens ist das „Central-Theater-Margarethenhöhe".

„Die Bürgerschaft Margarethenhöhe dankt . . ." Das stand auf dem Schild des mit Birkengrün geschmückten Sonderwagens der Linie 7, der zum ersten Mal die verlängerte Straßenbahnlinie bis zur Lührmannstraße befuhr (20. Mai).

Essener Daten

1951 (Fortsetzung) Die Fläche der kriegszerstörten Altstadt-Straßen Postallee und Königsstraße wird in den neuen Busbahnhof Porscheplatz mit einbezogen (Eröffnung 7. September).

1952 Das Amerikahaus Ruhr wird eröffnet (22. Februar). Es hat eine Bücherei mit 33.000 Bänden und einen Vortragssaal (315 Sitzplätze). Von 1964 an dient es als Rathausersatz („Kennedyhäuschen"). Heute sind hier die Ausstellungen „Industrieform" und der Theaterring untergebracht.

Die Ratssitzung am 9. Mai ist feierlicher Auftakt für die 1100-Jahr-Feier von Stift und Stadt Essen.

1. August: Der 1,5 millionste Besucher in der wiedereröffneten Gruga; hier begrüßt von Stadtdirektor Dr. Wolff (links).

Die „Große Ruhrländische Gartenbau-Ausstellung 1952" wird eröffnet (10. Mai).

Zusammenstöße zwischen Polizei und kommunistischen Demonstranten (11. Mai). Ein Toter, zwei Schwerverletzte.

Die im kleineren Maßstab in der Innenstadt wiederaufgebaute evangelische Marktkirche wird eingeweiht (30. Oktober).

Wegen der stark verbreiteten Kinderlähmung werden die Essener Strandbäder geschlossen (26. Juli).

Krupp verkauft 43,3 Hektar Firmengelände an die Stadt Essen und die Industrie-Fördergesellschaft.

Grundsteinlegung zum neuen Hauptbahnhof (10. September).

Bei der dritten Gemeindewahl nach dem Kriege (9. November) gewinnt die SPD 28 von 66 Sitzen im Stadtparlament. Die anderen Parteien: CDU 23, FDP 6, Zentrum 5, KPD 4 Sitze. Dr. Toussaint wird wieder zum Oberbürgermeister gewählt.

Margarethenhöhe

1951
(Fortsetzung)

Sein 25jähriges Bestehen feiert der Turn- und Sportverein Margarethenhöhe (TUSEM). Er war am 25. Oktober 1926 gegründet worden.

Die Margarethenhöhe hat 5043 weibliche und 4303 männliche Bewohner – zusammen 9346. Diese Zahlen nennt das Statistische Amt am 1. Dezember. Damit ist die Einwohnerzahl gegenüber 1939 um 76% gestiegen.

Die Kriegsschäden seien weitgehend beseitigt, teilt Stiftungsdirektor Wilhelm Carl am 13. Dezember mit. Nur noch 22 Häuser mit ursprünglich 24 Wohnungen und ein Atelierhaus mit 10 Ateliers müsse man noch wiederaufbauen. Aufsichtsratsmitglied Heinrich Verdong: „Der äußere Zustand der Häuser täuscht; insbesondere muß die Stiftung mit Schwammschäden rechnen."

1952

Die Gaststätte Bauer Barkhoff eröffnet den auf das Doppelte vergrößerten Schankraum (9. Februar).

Die Bürgerschaft beklagt: „Es fehlt ein Lichtspieltheater und ein großer Saal für Theateraufführungen".

Auf der Bundesbahnstrecke durch das Mühlenbachtal (Rüttenscheid/Margarethenhöhe/Heißen) verkehren nur noch zwei aneinander gekoppelte Triebwagen. Die Personenzüge sind eingestellt.

Am 25. Oktober 1944 hatte ein Bombenvolltreffer die Pfarrkiche „Zur Heiligen Familie" zerstört. 1952 steht der Neubau.

Die neue Kirche „Zur Heiligen Familie" wird eingeweiht (22. Oktober). Sie gehört mit der Thomas-Morus-Kirche in Vogelheim zu den ersten kirchlichen Nachkriegs-Neubauten. Kosten für Bau und Inneneinrichtung: 368.000 Mark.

Essener Daten

1953

Durch das ehemalige Krupp-Gelände führt die neue Hans-Böckler-Straße, die am 16. Mai dem Verkehr übergeben wird.

Acht Jahre nach seiner Festnahme durch US-Truppen betritt Alfried Krupp zum ersten Mal wieder sein Arbeitszimmer im Verwaltungshaus an der Altendorfer Straße (12. März).

Mit 664.523 Einwohnern überschreitet Essen zum ersten Mal die Einwohnerzahl von 1939 (gemeldet am 3. Februar).

Der alte Familiensitz der Krupps, die Villa Hügel, soll künftig als Kulturzentrum dienen. Die erste Ausstellung vom 10. Mai bis 30. September zeigt den Münsterschatz, Bilder des Museums Folkwang und Gemälde aus Privatbesitz.

Der Bau des Ruhrschnellwegs verdrängt die alten Grabstätten an der Freiheit, zu denen auch der Krupp-Friedhof gehört. Die Gräber werden zum Ostfriedhof und zum Friedhof an der Meisenburgstraße verlegt.

Neubauaktivitäten: Eröffnet werden das Landessozialgericht (5. Februar), die neue Steeler Ruhrbrücke (3. März), die Innenstadtbauten Heroldhaus, Haus an der Oper, Allbauhaus. Es folgt das Haus am Kettwiger Tor (10. November).

1955

Moskau gibt nach dem Besuch des Deutschen Bundeskanzlers Konrad Adenauer 10.000 ehemalige deutsche Soldaten frei, die immer noch als Kriegsgefangene zurückgehalten wurden. Im Oktober treffen sie im Lager Friedland ein. Unter den Essener Heimkehrern ist auch einer aus der Krupp-Familie: Harald von Bohlen.

Essen hat die Hälfte seiner Kriegstrümmer geräumt. Das sind 7,5 Millionen Kubikmeter Schutt.

Im Kleinen Haus der Villa Hügel wird die „Sammlung Industrieform" eröffnet (ab 1961 in der Alten Synagoge, heute im Kennedyhaus).

1956

Das neue Hauptgebäude der Stadtbücherei an der Hindenburgstraße wird eröffnet (7. Februar).

Essen hat 700.000 Einwohner (1. August).

370.000 Besucher hat die Internationale Polizeiausstellung (IPA) vom 1. bis 28. August.

Auf „Europas größtem Bauplatz" in Holsterhausen ist die Groß-Siedlung für 20.000 Menschen fertiggestellt (8. August). Die mehr als 6600 Wohnungen sind auf einem 104 Hektar großen Trümmergelände entstanden.

Margarethenhöhe

1952
(Fortsetzung)

Auf 10.000 ist die Einwohnerzahl der Margarethenhöhe gestiegen. Das ist das Doppelte der Einwohnerzahl von 1939. Gegenüber dem Vorkriegsstand waren aber nur 473 Wohnungen neu hinzugekommen.

1953

Karnevalsschlager der Bürgerschaft im Februar 1953: „Wir feiern heut' auf jeden Fall/Im Negerdorf den Bürgerball/So eine Stimmung war noch nie/In unserer Blutwurstkolonie."

Sturm Kegel

J. W. Hollatz

Sturm Kegel, seit 1951 Direktor des Ruhrsiedlungsverbandes, legt seinen Vorsitz im Stiftungsaufsichtsrat nieder (27. März). Sein Nachfolger ist der städtische Baudezernent Dr.-Ing. Josef Walther Hollatz. Sturm Kegel in seiner Abschiedsrede: „Es kommt nicht darauf an, den Menschen nur ein Obdach zu beschaffen, sondern die Wohnung soll ein Heim werden." Die Margarethenhöhe sei eine „bahnbrechende Leistung auf dem Gebiet des Städtebaus und der Wohnungsreform".

Mit Befremden kritisiert der neue Bürgerausschuß die Aufhebung der Kraftfahrzeugsperre im Nachtigallental (8. April). Hier würden die Einzelinteressen von wenigen Kraftfahrern berücksichtigt.

Goldschmiedemeister Max Zeitz stellt seine Arbeiten auf der Internationalen Kunstausstellung in Madrid aus.

Erste Wiederaufbaupläne für das Grundstück des zerstörten Atelierhauses Im Stillen Winkel 46. Aber die Stiftungsverwaltung bedauert, daß sie die 300.000 Mark Baukosten für ein Ateliergebäude mit 10 Ateliers nicht aufbringen kann. Auch Landeszuschüsse sind nicht zu erwarten. Auf dem Gelände soll deshalb ein Neubau mit zwölf Kleinwohnungen entstehen.

Künstler der Margarethenhöhe wollen sich zu einer Vereinigung zusammenschließen. Geplant sind Künstlerfeste und Ausstellungen.

Glockenweihe für die Kirche „Zur Heiligen Familie" (30. August). Die drei Glocken mit einem Gesamtgewicht von 37 Zentnern haben die Inschriften: „Jesus + Maria + Josef", „Kosmas und Damian", „St. Altfrid".

Essener Daten

1956
(Fortsetzung)

Bei den Gemeindewahlen am 28. Oktober erringen die Sozialdemokraten mit 51,1% der Stimmen die absolute Mehrheit (CDU 38,4%, FDP 6,3%). Wilhelm Nieswandt wird der erste sozialdemokratische Oberbürgermeister der Stadt (8. November). Seine Stellvertreter sind Werner Lipa (SPD) und Paul Jaeger (FDP).

Dr. Erich Schumacher wird neuer Generalintendant der Städtischen Bühnen (bis 1974). In seiner Intendantenzeit inszenieren international bekannte Regisseure wie Barrault und Piscator. Gastspiele des Essener Theaters in Warschau, Paris, Barcelona.

Staatsvertrag zwischen dem Vatikan und dem Land Nordrhein-Westfalen (19. Dezember); Voraussetzung für die Einrichtung des Bistums Essen.

1957

Mit der evangelischen Herderschule in Frohnhausen hat die Stadt Essen den 32. Schulneubau nach dem Kriege fertiggestellt (8. Juli).

Schichtwechsel Zeche Ernestine: 1957 ist Essen mit 22 Zechen und 54.700 Bergleuten Europas größte Kohlenstadt.

Essen ist 1957 die größte Kohlenstadt Europas: Auf 22 Zechen arbeiten 54.700 Bergleute. Zehn Jahre später werden es nur noch 28.000 sein. In der Kohlenkrise dauert das Zechensterben an. Alte Namen werden auf der Bergbaukarte gelöscht: „Helene", „Victoria-Mathias", „Amalie", „Langenbrahm", „Rosenblumendelle", „Hagenbeck", „Katharina".

Im Alter von 71 Jahren stirbt Bertha Krupp in ihrem Haus an der Berenberger Mark (21. September).

Margarethenhöhe

1954 Zum 100. Geburtstag von Margarethe Krupp (15. März) wird unter ihrer Bildplakette am Brückenkopf ein Kranz niedergelegt.

Auf der Linie 10, einer der beiden Straßenbahnlinien zur Margarethenhöhe, werden Großraumwagen für 110 Fahrgäste eingesetzt (23. März).

Die Margarethenhöhe hat 9695 Einwohner (30. Juni). Das sind 82,5% mehr als 1939.

Der Bürgerschützenverein 1954 e.V. Essen-Margarethenhöhe wird gegründet (28. November).

„Die Wiederaufbauarbeiten der Margarethenhöhe dürfen als nahezu abgeschlossen bezeichnet werden." (Oberbürgermeister Dr. Toussaint zum Jahresende).

In den Wäldern um die Margarethenhöhe wurden 1954 vierhundert Bäume gefällt und 7000 neu angepflanzt, darunter Buchen, Ulmen, Eschen, Lärchen, Eichen, Linden, Pappeln.

Stiftungsdirektor Wilhelm Carl gibt den Wohnungsbestand im Dezember mit 2097 an. Im Bau sind 35; geplant noch 10 Wohnungen.

1955 53% der Einwohner sind Beamte und Angestellte; 38,9% Arbeiter und 7,3% Selbständige. Diese Zahlen werden am 1. April veröffentlicht. Es überwiegen die Haushalte mit zwei Personen (31,8%). Danach folgen die Haushalte mit drei Personen (25,5%) und mit vier und mehr Personen (23,7%). Ein-Personen-Haushalte sind mit 19,1% vertreten.

Die Ehrengarde „Zur Heiligen Familie" feiert ihr 25jähriges Bestehen (3. Juli).

900 Mitglieder hat der Turn- und Sportverein Margarethenhöhe (TUSEM).

Pfarrer Wilhelm Dohmen stirbt im Alter von 69 Jahren (23. September). 33 Jahre war er auf der Margarethenhöhe als Seelsorger tätig gewesen.

Joseph Kallen

Erster Heimkehrer der Margarethenhöhe aus sowjetischer Kriegsgefangenschaft im Entlassungsjahr 1955 ist Walter Lehmann, Stiller Winkel 32.

Joseph Kallen wird als neuer Pfarrer der katholischen Pfarrgemeinde „Zur Heiligen Familie" eingeführt (6. November).

Essener Daten

1958 Essen ist Bischofssitz. Zum Bistum mit 1,3 Millionen Katholiken gehören: Essen, Duisburg, Oberhausen, Bottrop, Gladbeck, Gelsenkirchen, Wattenscheid, Bochum, Mülheim, der Ennepe-Ruhr-Kreis, Lüdenscheid und der Kreis Altena. Der erste Bischof von Essen, Dr. Franz Hengsbach, wird in der Kathedrale am Burgplatz inthronisiert (1. Januar). Hengsbach: „Der Bischof ist hier vor Ort gegangen".

Baubeginn für den Ruhrschnellweg zwischen Friedrich- und Liebigstraße (27. März). Die Krupp-Straße ist für zwei Jahre gesperrt.

Folkwang-Kammerorchester gegründet. Erster Leiter ist Professor Heinz Dressel.

Grugahalle eröffnet (1. September). Sie ist die drittgrößte Veranstaltungshalle in der Bundesrepublik.

29.000 Wohnungen hat Krupp-Kleinwohnungsbau nach dem Kriege gebaut.

Die Stadt Essen schreibt einen Ideen-Wettbewerb für ein neues Opernhaus aus (18. Dezember).

1959 Der international bekannte finnische Architekt Alvar Aalto bekommt den ersten Preis beim Ideenwettbewerb für das neue Opernhaus (19. August).

Gegen die Kohlenkrise demonstrieren 17.000 Bergleute auf dem Burgplatz (12. September). Sie bangen um ihre Arbeitsplätze.

Zum neuen Rheinstahlhaus an der Kruppstraße (73 Meter, 21 Stockwerke) wird am 6. Oktober der Grundstein gelegt.

An der Ruhrallee wird die neue Synagoge der jüdischen Kultusgemeinde Essen eingeweiht (30. November).

1960 Größter Schulneubau nach dem Kriege sind die kaufmännischen Schulen West und Ost an der Sachsenstraße (Eröffnung am 21. Juni).

Städtepartnerschaft mit der finnischen Stadt Tampere (3. November).

1961 Essen hat 50.000 Fernsprechanschlüsse. Das sind dreimal soviel wie 1937.

48,9% der Stimmen erreicht die SPD bei der Kommunalwahl am 19. März. Die CDU erhält 43,7, die FDP 7,1%. In der Ratssitzung am 5. April wird Wilhelm Nieswandt erneut zum Oberbürgermeister gewählt. Seine Stellvertreter sind Fritz Scheve (CDU) und Dr. Anton Pauly (FDP).

Margarethenhöhe

1955
(Fortsetzung) Weihbischof Cleven weiht die fertiggestellte Kirche „Zur Heiligen Familie" ein (20. November).

Zugestimmt hat der Stiftungsaufsichtsrat am 19. Dezember dem Plan, auf dem Gelände des früheren Krampe-Hofes, an der Straße Wortbergrode, ein viergeschossiges und ein zweigeschossiges Gebäude mit 30 Wohnungen zu errichten.

„Der Wiederaufbau im alten Teil der Margarethenhöhe ist beendet", teilt der Stiftungsvorstand mit. Anzahl der Gebäude: 2250 Wohnungen, 54 Geschäftshäuser, 151 Einzelgaragen.

Prominenter Besuch im neuen evangelischen Kindergarten: Die griechische Königin Friederike besichtigt ihn am 19. September 1956, begleitet von Baudezernent Dr. Hollatz (links), Berthold Beitz und Pfarrer Artur Heuser.

1956 Der evangelische Kindergarten neben dem Gustav Adolf Haus wird eingeweiht (8. Januar). Den Wandbrunnen hat die Keramische Werkstatt Margarethenhöhe gebaut; die Fenster sind Entwürfe des Folkwang-Malers Philipp Schardt, Sommerburgstraße.

Leo Fierenkothen

Leo Fierenkothen, Architekt der Margarethenhöhe †. Zwei Jahre zuvor war der Architekt Heinz Funke verstorben. Beide hatten viele Bauten der Gartenstadt gemeinsam entworfen − so die neue Kirche „Zur Heiligen Familie".

Die Bürgerschaft enthüllt eine Gedenktafel am Ehrenmal für die im II. Weltkrieg gefallenen Bewohner der Höhe (1. September).

Vom 1. bis 19. September feiert die Margarethe Krupp-Stiftung für Wohnungsfürsorge ihr 50jähriges Bestehen. Zu den prominentesten Besuchern gehören am 5. September Bundespräsident Theodor Heuss und am 19. September Königin Friederike von Griechenland.

Essener Daten

1961
(Fortsetzung) Als erster Essener Bürger erhält Alfried Krupp den von der Stadt Essen gestifteten Ehrenring (17. November).

Alfried Krupp mit Sohn Arndt (links), Berthold Beitz und den Auslandsvertretern vor der Villa Hügel im Jubiläumsjahr 1961.

Die Firma Krupp feiert ihr 150jähriges Bestehen (20. November). Mehr als 2000 Gäste sind nach Essen gekommen, darunter Altbundespräsident Theodor Heuss. Die Festgäste sitzen unter einer riesigen Traglufthalle, die neben dem Kruppschen Turmhaus aufgebaut wurde.

1962 Der frühere Oberbürgermeister Dr. Hans Luther (1918−1924) stirbt 83jährig in Düsseldorf (11. Mai).

Die größte europäische Bauausstellung (DEUBAU) kommt zum ersten Mal nach Essen (2.−11. Juni).

15. Deutsches Sängerfest in Essen (19. Juli). Die Abschlußfeier auf der neuen Festwiese hat 300.000 Teilnehmer.

Die Sozialdemokraten haben wieder die absolute Mehrheit im Rat. Die FDP-Ratsherrin Else König ist zur SPD übergetreten (20. Juni).

Am Baldeneysee werden die neuen Regatta-Anlagen übergeben (16. August).

1963 Die evangelische Gemeinde Essen ist 400 Jahre alt. 1563 war zum ersten Mal in der Marktkirche ein evangelischer Gottesdienst abgehalten worden. Zum Reformations-Jubiläum am 2. Mai kommt auch Bischof Dibelius.

In einem Festakt wird die Folkwangschule für Musik, Theater, Tanz zur Hochschule angehoben (9. Mai).

Deutsches Turnfest eröffnet (15. Juli). Das neue Sportgelände an der Norbertstraße mit Grugastadion, Festwiese und Grugabad war kurz zuvor übergeben worden.

Margarethenhöhe

1956
(Fortsetzung)
Zahlen 1956: In 69 Geschäftslokalen, Werkstätten und Büros gibt es 210 Arbeitsplätze. – Von 100 Bewohnern sind 44 Angestellte, 38 Arbeiter und 8 Beamte. Selbständig sind weitere 8. – Der größte Teil der Einwohner (60%) arbeitet in der Altstadt. –

Karl Drescher wird zum 1. Vorsitzenden des TUSEM gewählt. Er übt das Amt bis 1965 aus.

1957
Das Preisgericht tritt im Gasthaus Margarethenhöhe zusammen (25. Januar). Die Modelle für den neuen Teil der Margarethenhöhe werden vorgestellt. Es geht um das 17 Hektar große Gelände südlich der Straße Lührmannwald. 1200 Wohnungen für 4000 Menschen sieht der Plan vor. Dem Essener Architekten Dr.-Ing. Wilhelm Seidensticker wird der 1. Preis zugesprochen.

Festakt im Gustav Adolf Haus zum 50jährigen Bestehen der Margarethe Krupp-Stiftung für Wohnungsfürsorge (26. Januar). Jubiläumstag war der 1. Dezember 1956.

Alfried Krupp wird 50 Jahre alt (13. August).

Die evangelische Kirchengemeinde Essen-Margarethenhöhe wird selbständige Gemeinde im Kirchenkreis Essen-Süd (15. September). Eine Woche später erfolgt die feierliche Verkündung durch Präses Beckmann im Gustav Adolf Haus.

Der Stiftungsaufsichtsrat entscheidet am 27. November: An der Wortbergrode wird ein fünfgeschossiges Laubenganghaus gebaut, daneben ein dreistöckiges Gebäude.

Am Jahresende gibt es auf der Margarethenhöhe 2145 Wohnungen. An Mieten werden 1.677.110 DM eingenommen.

1958
Professor Hermann Schardt, Direktor der Folkwangschule für Gestaltung, regt am 21. Januar in einem Schreiben an die Stiftung an: Beim Bau der Margarethenhöhe II solle man auch Künstlerwohnungen mit kleinen Ateliers einrichten. Die Stiftung bedauert, dafür gebe es keine Finanzmittel.

Nach neunmonatiger Bauzeit ist die neue Platzanlage für den Turn- und Sportverein Essen-Margarethenhöhe e. V. (TUSEM) fertiggestellt. Sie wird am 14. September eingeweiht.

1959
Auf der Bundesbahnstrecke Heißen/Margarethenhöhe/Rüttenscheid fährt der letzte Schienenbus (30. Mai).

Am 31. Dezember gibt es auf der Margarethenhöhe 2179 Wohnungen, 72 Geschäftslokale und Gaststätten, eine Sammelgarage, 118 Einzelgaragen.

Essener Daten

1963
(Fortsetzung)
Essen erreicht mit 731.000 Einwohnern seinen höchsten Bevölkerungsstand.

Essener Klinikum (2. November).

Übergabe des neuen Ruhrlandmuseums an der Bismarck-/Goethestraße (4. Dezember).

Die Stadt verkauft am 17. Dezember das alte Rathausgrundstück an den Hertie-Konzern (Wertheim-Haus).

1964
Kommunalwahlen (27. September): Mit 52,7% der Stimmen und 37 Sitzen hat die SPD die absolute Mehrheit. Die CDU hat 30 Sitze, die FDP ist nicht mehr im Rat. Das neue Stadtparlament wählt am 8. Oktober Wilhelm Nieswandt erneut zum Oberbürgermeister und Horst Katzor zu seinem Stellvertreter. Die CDU hatte gegen beide Kandidaten gestimmt.

Das neue Jugendzentrum in Holsterhausen wird übergeben (9. Januar).

Das Grugabad wird offiziell eröffnet. Erster Badetag: 16. Juni.

70. Schulneubau nach dem Kriege ist die Mädchenrealschule Süd (27. Juli).

Eröffnung mit Schirmherren: Bundespräsident Heinrich Lübke (Mitte), NRW-Ministerpräsident Meyers (links) und Essens Oberbürgermeister Wilhelm Nieswandt (zwischen beiden) am ersten Tag der Bundesgartenschau.

1965
Bundesgartenschau 1965 durch Bundespräsident Heinrich Lübke eröffnet (22. April). Die Gruga ist aus diesem Anlaß von 45 auf 80 Hektar erweitert worden. Bis zum Jahresende kommen 5.375.000 Besucher.

Das neue Wetteramt an der Eststraße in Bredeney wird übergeben (7. September).

Margarethenhöhe

1960 Auf dem Gartengelände von Bauer Barkhoff, Lehnsgrund 14a, soll ein Wohnblock mit 18 Kleinwohnungen entstehen (Wohnzimmer, Schlafzimmer, Kochküche, Diele, Bad), Größe der Wohnungen: 39–45 Quadratmeter.

Ein achtgeschossiges Senioren-Wohnhaus plant die Stiftung auf dem Grundstück Altenau 10 (Architekt BDA Kurt Toepke). Die Jugendherberge, die bisher hier stand, wurde abgerissen.

1961 Der Wortberghof an der Sommerburgstraße wird abgerissen (Frühjahr).

Baubeginn für das Senioren-Wohnhaus an der Altenau.

Hans Rigol, langjähriger Direktor der Margarethe Krupp-Stiftung für Wohnungsfürsorge, stirbt im Alter von 81 Jahren (9. Juli).

Hans Rigol

1962 Beim Abriß des Stenshofes an der Lührmannstraße wird das „Romanische Haus" entdeckt (Spätsommer).

Im Sommer beginnen die Arbeiten für die Margarethenhöhe II. Für die drei ersten Bauabschnitte sind 400 Wohnungen vorgesehen: 26 Einfamilienhäuser, 7 Zweifamilienhäuser, 33 Mehrfamilienhäuser und 96 Wohnungen in drei achtgeschossigen Punkthäusern.

Das Senioren-Wohnheim Altenau 10 wird bezogen. Die offizielle Einweihung ist erst 1963. Mit dem Wohnheim verbunden ist eine Gaststätte. Sie eröffnet am 1. September.

Die Post eröffnet ihre neue Dienststelle in der Metzendorfstraße 48–50 (1. November).

Sturm Kegel wird 70 Jahre alt (17. Dezember). Die Stiftung würdigt in einem Glückwunschschreiben sein zwanzigjähriges Engagement für die Margarethenhöhe.

1964 Oberbürgermeister Wilhelm Nieswandt übernimmt den Vorsitz im Aufsichtsrat (17. April). Er ist Nachfolger von Dr.-Ing. Josef Walther Hollatz, der dieses Amt seit 1952 ausübte.

Wilhelm Nieswandt

Essener Daten

1966 Die Zechen Langenbrahm (26. März), Rosenblumendelle (21. Juli), Amalie (1. Oktober) stellen ihre Förderung ein.

Für 16 Millionen Mark erwirbt die Stadt Essen das 500.000 Quadratmeter große Gelände der Zeche Ernestine und die 370.000 Quadratmeter des Nünninghofes. Hier sollen neue Industrien angesiedelt werden (12. August).

1967 Die Firma Krupp, bisher im Alleinbesitz von Alfried Krupp, wird eine Kapitalgesellschaft (3. April). Der Erbverzicht von Krupp-Sohn Arndt hatte den Weg dazu freigemacht.

Essener Zeitungen bringen Extrablätter heraus: Am 30. Juli ist Alfried Krupp im Alter von 60 Jahren gestorben. Otto Brenner, Vorsitzender der Industriegewerkschaft Metall, würdigt ihn als einen „Mann mit unternehmerischer Weitsicht und sozialem Verantwortungsbewußtsein". Oberbürgermeister Nieswandt spricht von einem „unersetzlichen Verlust".

Das erste Teilstück der U-Bahn am Saalbau (Huyssenallee) wird freigegeben (5. September). Der Kabarettist Dieter Hildebrandt über die 600-Meter-Strecke: „Essen hat die kürzeste U-Bahn-Strecke der Welt: Kaum ist man unten, da ist man schon wieder oben."

„Bergmannsfeld", eine Siedlung in der Oststadt, wird eingeweiht (17. Oktober).

1968 Entscheidung für den weiteren U-Bahn-Bau unter der City durch den Rat der Stadt Essen (27. März).

Für einen Anschluß an Essen spricht sich am 24. September der Gemeinderat von Altendorf/Ruhr aus.

1969 Der frühere Essener Oberbürgermeister Dr. Dr. Gustav Heinemann wird zum neuen Bundespräsidenten gewählt (5. März).

Ruhrkohle AG gegründet (18. Juli). Essen ist Sitz der Hauptverwaltung.

Phase 1 des Zechensterbens ist abgeschlossen. Ende 1969 gibt es nur noch 20.729 Bergleute in der Stadt.

Sitzverteilung nach der Kommunalwahl vom 9. November: SPD 38 Sitze, CDU 29. Die FDP ist auch diesmal nicht im Rat vertreten; ihr Stimmenanteil lag unter 5%. Am 26. November wird Horst Katzor zum neuen Oberbürgermeister gewählt. Stellvertreter sind Fritz Scheve (CDU) und Berta Möller-Dostali (SPD).

Margarethenhöhe

1965 Auf dem Vorgelände zur Margarethenhöhe II errichtet die Krupp-Konsumanstalt einen Behelfsbau mit 144 Quadratmetern Verkaufsfläche an der Ecke Lührmannstraße/Sommerburgstraße.

Friedrich Hünselar ist neuer 1. Vorsitzender des 1400 Mitglieder starken Tur- und Sportvereins TUSEM (bis 1972).

1967 Die evangelische Gemeinde wird in zwei Pfarrbezirke aufgeteilt. Pfarrer des ersten Bezirks (alter Teil der Margarethenhöhe bis zur Waldlehne) ist Horst Hildebrandt mit Wohnsitz im Pfarrhaus an der Steile Straße 62. Der 2. Bezirk (Pfarrer Dr. Jürgen Regul) umfaßt das Gebiet südlich der Waldlehne und den neuen Teil der Margarethenhöhe. Dr. Regul war schon am 27. April 1964 zur Margarethenhöhe gekommen und ein Jahr später als Pfarrer eingeführt worden.

1969 Stiftungsdirektor Wilhelm Carl scheidet an seinem 68. Geburtstag aus dem Vorstand aus (31. März). Zu seinem Nachfolger wird am 31. Oktober der Prokurist Fritz Overbeck gewählt (56).

Fritz Overbeck *Karl-Heinz Rewoldt*

1970 Dr. Karl-Heinz Rewoldt, Oberstadtdirektor der Stadt Essen, wird neuer Vorsitzender des Aufsichtsrates (Januar).

1971 Wilhelm Carl, Direktor der Margarethe Krupp-Stiftung von 1946 bis 1969, stirbt im Alter von 71 Jahren (12. Juni).

Die Konsum-Anstalt Krupp eröffnet ihr 300-Quadratmeter großes Einkaufszentrum auf der Margarethenhöhe II (26. August).

Der „Margarethenhof", Treffpunkt für Senioren an der Wortbergrode, wird eingeweiht (14. April).

Die gesamte Schule an der Waldlehne wird Gemeinschaftsgrundschule mit 18 Klassen.

1972 Katholischer Kindergarten auf der Margarethenhöhe II eröffnet (17. Oktober). Ein Drittel der Plätze ist für evangelische Kinder vorgesehen, weil die evangelische Kirchengemeinde hier keinen eigenen Kindergarten baut.

Essener Daten

1970 Die Gemeinde Altendorf (jetzt Burgaltendorf) kommt mit 7.402 Einwohnern zu Essen (1. Januar).

Den Altoberbürgermeistern Wilhelm Nieswandt und Dr. Hans Toussaint wird der Ehrenring der Stadt Essen verliehen.

Das letzte Teilstück des Ruhrschnellwegs wird freigegeben (20. September). Dazu gehört auch die Tunnelstrecke unter der Kruppstraße.

Mit einer Ausstellung internationaler Plakatkunst wird das Deutsche Plakatmuseum in Essen eröffnet.

1971 Der Sachverständigenbeirat für Hochschulfragen empfiehlt das alte Segerothgelände (City-Nord) als Standort für die künftige Essener Gesamthochschule (15. Januar).

Die Hallenbäder in Werden (24. März) und Kupferdreh (4. Mai) werden eröffnet.

Neue Zechenstillegungswelle gemeldet: 12.000 weitere Arbeitsplätze sind betroffen.

1972 Sein 50jähriges Bestehen feiert das Museum Folkwang (6. Januar).

Die Zeche Katharina wird stillgelegt (1. April).

Gründungssitzung der Uni Essen am 1. August 1972: Zwischen den Tischen das Modell der künftigen Gesamthochschule; vorn links Rektor Kröll, rechts Minister Rau.

Essen wird Universitätsstadt: Ministerpräsident Heinz Kühn eröffnet die „Integrierte Gesamthochschule" (1. August).

Die Schachtanlagen Pörtingsiepen und Carl Funke schließen (18. August).

Als erste Stadt der Bundesrepublik veröffentlicht die Stadt Essen einen Schulentwicklungsplan (15. September).

Margarethenhöhe

1973 Ulrich Gaißmeyer, 27, wird nach der neuen Satzung zum ersten Präsidenten des TUSEM gewählt. Sein Stellvertreter ist Klaus Schorn.

Einweihung des neuen katholischen Pfarrzentrums Ginsterweg 48 (30. September). Es ist auch für Familienfeste von Pfarrangehörigen vorgesehen.

1974 Oberstadtdirektor Dr. Ernst Finkemeyer, 39, ist neuer Aufsichtsratsvorsitzender der Margarethe Krupp-Stiftung für Wohnungsfürsorge (10. Juni). Sein Vorgänger, Oberstadtdirektor Dr. Karl-Heinz Rewoldt (65) war am 30. April aus städtischen Diensten und damit aus dem Aufsichtsrat ausgeschieden.

Dr. Ernst Finkemeyer

Joseph Kallen, 19 Jahre lang Pfarrer der Pfarre „Zur Heiligen Familie", scheidet nach seinem 65. Geburtstag aus. Sein Nachfolger Karl-Heinz Henschel wird am 16. Dezember eingeführt. Vorher hatte er als Seelsorger in Holsterhausen, Altenessen und Essen-Ost gewirkt.

Karl-Heinz Henschel

1975 Das neue TUSEM-Tennisklubhaus wird eingeweiht (31. Mai).

Das Studentenwohnheim Sommerburgstraße 157 mit 200 Plätzen eröffnet (1. Oktober).

1976 TUSEM weiht das ausgebaute Klubhaus ein (14. Mai).

1977 Letzte Fahrt der Straßenbahn (27. Mai um 0.46 Uhr). Auf der Strecke Margarethenhöhe fahren nur noch Omnibusse.

1978 Robert Malone, 51, übernimmt sein Amt als neuer hauptamtlicher Vorstand der Margarethe Krupp-Stiftung für Wohnungsfürsorge (1. Januar). Sein Vorgänger Fritz Overbeck, 65, wird im Juni verabschiedet. – Die Stiftung betreut 3000 Wohnungen (2380 im alten, 620 im neuen Teil). Einwohnerzahl: 8660.

Robert Malone

Essener Daten

1972
(Fortsetzung) Erster Spatenstich für die neue Universität (25. Oktober).

An der Stadtgrenze Essen-Katernberg/Gelsenkirchen wird der Revierpark Nienhausen eröffnet.

1973 Das Land Nordrhein-Westfalen übernimmt die Städtischen Krankenanstalten (1. Januar) als „Universitätsklinikum der Gesamthochschule Essen".

Dr. Jürgen Waidelich wird neuer Generalintendant der Essener Bühnen. Der Rat wählt ihn mit den Stimmen der SPD am 25. April.

Essen erlebt den trockensten Sommer seit 26 Jahren.

1974 Dr. Ernst Finkemeyer in sein Amt als Oberstadtdirektor eingeführt (2. Mai). Sein Vorgänger Dr. Karlheinz Rewoldt ist am 30. April wegen Erreichen der Altersgrenze ausgeschieden.

Für Essener Bürger über 65 wird der Seniorenpaß eingeführt (11. Dezember).

1975 Mit 19.731 Einwohnern kommt die Stadt Kettwig zu Essen (1. Januar).

Bei den Kommunalwahlen am 4. Mai holt die SPD 54,9% der Stimmen und 47 von 83 Plätzen im Rat. CDU: 38,2% (32 Sitze), FDP: 5,8% (4 Sitze). Oberbürgermeister ist wieder Horst Katzor (SPD). Seine Stellvertreter sind Berta Möller-Dostali (SPD) und Karl-Heinz Kuhs (FDP).

Zum ersten Mal wird der 1974 gestiftete Alfried Krupp von Bohlen und Halbach-Preis für Energieforschung verliehen (20. November). Der Preis soll den Forschungs- und Entwicklungsarbeiten auf dem Energiesektor neue Impulse geben.

1976 Der Grundstein für das 104 Meter hohe Rathaus wird gelegt (1. Juli).

Altbundespräsident Dr. Dr. Gustav Heinemann, Essener Oberbürgermeister von 1946–1949, stirbt im Alter von 76 Jahren (7. Juli).

1977 Die ersten neun U-Bahnkilometer in Betrieb genommen. 50.000 Essener kommen zur Eröffnung (28. Mai).

Dr. Hans Toussaint, Oberbürgermeister der Stadt Essen von 1949–1956, stirbt im Alter von 75 Jahren (12. Juni).

Das Stadtparlament wählt den 48jährigen Ulrich Brecht zum neuen Generalintendanten der Essener Bühnen (29. Juni).

Margarethenhöhe

1979 Sturm Kegel, der 19 Jahre lang dem Aufsichtsrat der Stiftung angehörte, davon 12 Jahre als Vorsitzender, stirbt im Alter von 86 Jahren.

Die Handballer des TUSEM steigen nach einem Spiel gegen den DSC Wanne-Eickel in die Bundesliga auf (27. Mai).

Stadtsuperintendent Dr. Jürgen Regul vollzieht den ersten Spatenstich zum Senioren- und Gemeindezentrum am Helgolandring (23. Mai).

Klaus Ostwald wird mit 30 Jahren neuer Präsident des 2200 Mitglieder starken Turn- und Sportvereins Margarethenhöhe (TUSEM). Vorher war er drei Jahre Geschäftsführer des Stadtsportbundes Essen.

1980 Das Einkaufszentrum eka-Frisch mit 400 Quadratmetern wird auf der Margarethenhöhe II eröffnet (4. November).

50 Jahre Ehrengarde „Zur Heiligen Familie" (6. 7.)

Gerhard Otten (links) wird neuer Pfarrer im 1. Pfarrbezirk. Stadtsuperintendent Pfarrer Dr. Jürgen Regul vom 2. Pfarrbezirk gratuliert nach der Einführung am 3. August 1980. Dr. Jürgen Regul hatte seine Pfarrstelle schon 1965 übernommen.

Gerhard Otten wird neuer Pfarrer der evangelischen Gemeinde für den ersten Pfarrbezirk (1. Juli).

Zur Margarethe Krupp-Stiftung für Wohnungsfürsorge gehören Ende Dezember 3071 Wohnungen, 72 gewerbliche Einheiten, 367 Garagen. Rund 30 Prozent der Gebäude sind Einfamilienhäuser.

1981 Die „BKB – Begräbniskosten-Beihilfe Margarethenhöhe", die sich 1935 aus der Wirtschaftlichen Vereinigung löste, hat 2.100 Mitglieder und mehr als 300 mitversicherte Kinder.

50. Todestag von Margarethe Krupp. Sie war im Alter von 76 Jahren am 24. Februar 1931 gestorben.

Essener Daten

1977 (Fortsetzung) Die Zahl der Studenten an der Essener Universität ist im Wintersemester 1977/78 auf 12.000 angestiegen. Diese Zahl hatten die Hochschulplaner erst für 1980 erwartet. Ein Viertel der Essener Studenten kommt aus Arbeiterfamilien, hat eine statistische Auswertung ergeben.

1978 Das Bistum Essen feiert den 20. Jahrestag seiner Gründung (1. Januar).

Wilhelm Nieswandt, Oberbürgermeister der Stadt Essen von 1956–1969, stirbt im Alter von 80 Jahren (5. Juni).

Kardinal Karol Woityla aus Krakau besucht Bischof Dr. Franz Hengsbach in Essen (23. September). Drei Wochen später wird er zum neuen Papst Johannes Paul II. gewählt.

Besucherrekord in Villa Hügel: Die Ausstellung „Götter und Pharaonen" sehen 470.000 Besucher.

1979 Die Messe Essen rundet ihr Angebot mit einem Kongreßsaal für 740 Personen ab. Jeder zweite Tag des Jahres 1979 ist Messetag; jeder 4. ein Kongreßtag.

Die Gruga wird 50 Jahre alt (29. Juni).

Bei den Kommunalwahlen am 30. September erreicht die FDP nur 4,83% der Stimmen. Im Rat der Stadt Essen sind jetzt die SPD mit 54,1% und die CDU mit 38,3% vertreten. Horst Katzor (SPD) wird als Oberbürgermeister wiedergewählt. Seine beiden Stellvertreter Helmut Karnath und Fritz Kinnigkeit gehören ebenfalls der SPD an.

Das neue Rathaus ist eingeweiht (7. November). An vier „Tagen der offenen Tür" kommen 150.000 Besucher.

Nach den Plänen des finnischen Architekten Alvar Aalto soll das neue Theater am Saalbau gebaut werden. Dies beschließt der Rat der Stadt Essen am 19. Juni. Die Baukosten sind mit 131 Millionen Mark angegeben.

1980 Die Alte Synagoge an der Steeler Straße wird als Erinnerungsstätte eröffnet (9. November). Historischer Schwerpunkt ist die ständige Ausstellung „Widerstand und Verfolgung im Dritten Reich".

Das neue Alfried-Krupp-Krankenhaus wird mit einer Feierstunde offiziell eröffnet (5. September).

Bei der Bundestagswahl am 5. Oktober bekommt die SPD in Essen 55,2% der Stimmen; die CDU erreicht 32,6%, die FDP 10,7%.

Margarethenhöhe

1981
(Fortsetzung)

Oberstadtdirektor Dr. Ernst Finkemeyer (46), Aufsichtsratsvorsitzender der Margarethe Krupp-Stiftung für Wohnungsfürsorge, verunglückt tödlich bei einer Bergwanderung in den Ötztaler Alpen (7. August).

Die Arbeiterwohlfahrt eröffnet am Wangeroogeweg 6 eine Altenbegegnungsstätte (22. September).

Mit einer Festwoche feiert die Margarethenhöhe neun Wochen vor dem Jubiläumsdatum vom 26. September bis 4. Oktober das 75jährige Bestehen der Stiftung. Oberbürgermeister Horst Katzor eröffnet die Festwoche auf dem Kleinen Markt. Er nennt die Stiftung von Margarethe Krupp „einen Entschluß von enormer Tragweite".

U 17 auf Probefahrt im September 1981 (hier auf der Sommerburgstraße). Offiziell heißt das Gefährt „Schnellverkehr-Stadtbahnwagen B".

Die Margarethenhöhe wird an das Stadtbahn-Netz angeschlossen (27. November). Die Strecke führt von der Gleisschleife Lührmannwald bis zur Endhaltestelle Universität. Alle geräuscharmen Wagen der U 17 fahren im 10-Minuten-Takt.

Die Margarethe Krupp-Stiftung für Wohnungsfürsorge wird 75 Jahre alt (1. Dezember). Aus diesem Anlaß gibt die Stiftung eine 304-Seiten-Dokumentation über die Geschichte der Margarethenhöhe heraus.

Seniorenzentrum Margarethenhöhe am Helgolandring teilweise fertiggestellt (Architekten Dipl.-Ing. Müller-Zantop, Professor B. Huber). Diese neue Einrichtung des Evangelischen Heimstättenwerkes e. V. Essen mit rund 40 Mitarbeitern hat 138 Heim- und Pflegeplätze, Cafeteria, physikalische Therapie, Gymnastik, Friseur, Bücherei, Gruppen- und Kommunikationsräume (Gesamtkosten: 16 Millionen DM). Pfarrer Dr. Jürgen Regul sieht „vielfältige Möglichkeiten, die nachbarschaftlichen Beziehungen und Kontakte zwischen der Gemeinde, den Bürgern und den Bewohnern des Zentrums zu vertiefen".

Essener Daten

1981

Schlimmster Tag des Winters: Schneefall legt in wenigen Minuten den gesamten Verkehr in Essen lahm (12. Januar).

Die Messe Essen gibt ihre Erfolgszahlen für das Jahr 1980 bekannt (28. Januar): 1,5 Millionen Besucher, 6000 Aussteller aus 70 Ländern, 34 Messen und Ausstellungen, dazu 700.000 Besucher bei 130 Veranstaltungen in der Grugahalle.

Professor Peter Neumann-Mahlkau, Rektor der Gesamthochschule Essen, unterschreibt in China einen Austauschvertrag mit den Hochschulen in Peking und Wuhan (21. März).

Die Zahl der Hallenbad-Besucher ging 1980 um eine halbe Millionen zurück, meldet die Stadt Essen (23. März).

Der US-Hotelkonzern Holiday Inn entscheidet sich für den Bau eines Hotels mit 180 Zimmern auf dem Holleplatz (6. Juli). Der Neubau soll bis 1984 stehen.

Seit Kriegsende 1945 erreicht die Arbeitslosenzahl in Essen mit 16.357 den höchsten Stand aller vergleichbaren Julimonate, teilt das Arbeitsamt Essen am 4. August mit.

Das Land Nordrhein-Westfalen unterstützt die Umbaupläne für den Burgplatz.

Auch 1981 ist für die Messe ein Erfolgsjahr. Die internationale Ausstellung „Schweißen und Schneiden" vom 16. bis 23. September (Foto) hatte 105.000 Fachbesucher aus 60 Nationen. „Schweißen und Schneiden" ist die größte internationale Fachmesse dieser Art in der Welt. Beteiligt waren an ihr 518 Aussteller aus 25 Nationen

Zur Flugschau auf dem Flughafen Essen/Mülheim kommen 100.000 Besucher (26./27. September).

Für die Erweiterung des Rot-Weiß-Stadions um 7.500 Plätze entscheidet sich der Rat der Stadt Essen (28. Oktober). Diese und andere Baukosten werden mit rund 3,7 Millionen Mark angegeben.

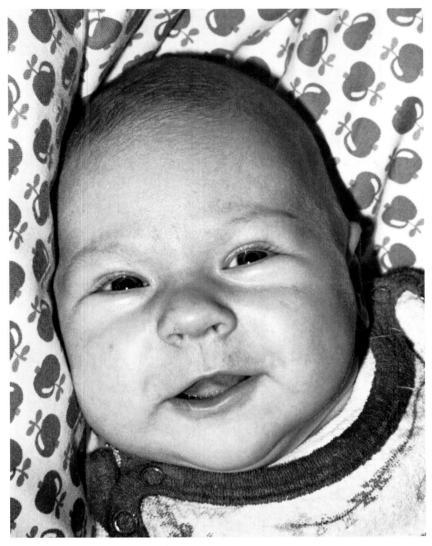

Gruß voraus ins Jahr 2006.
Dann wird die Margarethe Krupp-Stiftung
für Wohnungsfürsorge
100 Jahre alt.
Matthias Thiet, Helgolandring 119,
geboren am 9. September des
Jubiläumsjahres 1981.

Fotos und Dokumente

Peter Happel (163)

Archiv Margarethe Krupp-Stiftung für Wohnungsfürsorge (53)
Archiv Verfasser (17)
Archiv Arnold Weiler (8)
Hans Barkhoff (6)
Bildarchiv der Stadt Essen (26)
Monika an der Brügge (2)
Anna Carl (2)
Dr. Jost Enseling (2)
Michael Gerhards (3)
Helmut Gniesmer (1)
Erwin und Gerd Holthoff (10)
Willi van Heekern (4)
Historisches Archiv der Fried. Krupp GmbH (36)
Herbert Hünselar (2)
Helmut Jansen (1)
Michael Jung (1)
Henner Kätelhön (3)
Paul Krampe (3)
Herbert Lettau (1)
Lilli Lewy (4)
Messe Essen (1)
Ernst und Rainer Metzendorf (12)
Elsbeth Malin (2)
Walter Moog (7 Farb-Luftbilder, Freigabe Reg.-Präsident)
Albert Renger-Patzsch (8)
Ernst Renger-Patzsch (4)
Grete Rigol (1)
Hugo Rieth (18)
Hermann Schardt (2)
Marianne Schardt (2)
Ernst Schmidt (1)
Margret Schulte-Vogelheim (4)
Kurt Schweder (1)
Elisabeth Treskow (5)
Heinrich Verdong (3)
Willi Verley (1)
Günter Vogenbeck (1)

Der Autor dankt...

. . . allen, die ihm als Gesprächspartner mit Hinweisen und Dokumenten geholfen haben. Die Namen sind zusammen mit anderen Quellen aufgeführt.

Ballhausen, Gerhard.
Barkhoff, Hans.
Bauer, Wolfgang (Amt für Statistik und Wahlen).
Blumensaat, August.
Bogumil, Dr., Karl (Leiter des Archivs der Stadt Essen).
Bonczek, Prof. Dr., Willi.
Brandi, Dr., Paul („Essener Arbeitsjahre", erschienen 1959 in der Reihe „Beiträge zur Geschichte von Stadt und Stift Essen").
Braun, Elmar.
Breilmann, Hanne.
Buschmann, Dr., Walter (Landesdenkmalpfleger).

Chronik der katholischen Gemeinde „Zur Heiligen Familie".

Dahler, Gustav („Erinnerungen").
Dahler, Hanneliese.

302

Degenhardt, Werner.
Dickhoff, Erwin („Essener Straßennamen").
„Die Bürgerschaft" − Mitteilungsblatt der gleichnamigen bürgerschaftlichen Vereinigung.
Dittrich, Hugo.

Enseling, Dr. Jost.
Essener Arbeiter-Zeitung (1911).
Essener Volks-Zeitung (1925 und 1933).

Felmede, Klara.
Fischer, Gerd.
Freimuth, Martin.

„Garden Cities and Town Planning" (1911).
General-Anzeiger.
Gerhards, Michael.
Gniesmer, Helmut.
Goth, Gerhard (Archiv der Stadt Essen).

Happel, Marianne.
Heinrich, Fritz.
Henschel, Karl-Heinz, Pfarrer.
Hollatz, Prof. Dr.-Ing., Josef-Walter („Wohnungsbau im Spiegel der Zeit" − 1969).
Holthoff, Erwin.
Holthoff, Gisela.
Holthoff, Gerd.
Holthoff, Käthe.
Holsten, Klaus.
Hünselar, Herbert.

Jahn, Robert („Essener Geschichte").
Jansen, Helmut.

Kätelhön, Henner.
Klapheck, Richard („Siedlungswerk Krupp" − 1930).
Klausch, Dr., Helmut, Beigeordneter des Kommunalverbandes Ruhr.
Koch, Dr., Joseph M.
Köhne-Lindenlaub, Dr. phil., Renate (Leiterin des Historischen Archivs der Fried. Krupp GmbH).
Kort, Wilhelm.
Krampe, Paul.
Krüger, Norbert.
Krupp, Alfred („Briefe" − 1928).
Krupp, Margarethe (Briefwechsel, Notizen).
Kruppsche Mitteilungen.

Lechner, Artur (eine Arbeit über die Geschichte der evangelischen Kirchengemeinde Margarethenhöhe).
Lettau, Herbert.
Lettau, Siegfried.
Lewy, Lilli.

Malin, Elsbeth.
Malin, Dr., Richard.
Margarethe Krupp-Stiftung für Wohnungsfürsorge („25 Jahre"− Schrift zum Jubiläum 1931).
Mathias, Karl-J. (Grünflächenamt der Stadt Essen).
Maxin, Reinhard-Otto.
Merkel, Lisa.
Metzendorf, Dr., Ernst.

Metzendorf, Prof., Georg (Denkschrift – 1909).
Metzendorf, Rainer.
„Metzendorf und Schneider – Die Stadtsparkasse Essen und andere Bauten" – mit einer Einleitung von Dr. Paul Joseph Cremers.
Mönninger, Elisabeth.
Müther, Herwig (Historisches Archiv der Fried. Krupp GmbH).

Naturschutzbund Ruhr e. V.
Neue Ruhr Zeitung (NRZ).
Niethammer, Prof., Lutz („Wie wohnte der Arbeiter im Kaiserreich?")

Ostwald, Klaus.

Peter, Alfred (Stadtbücherei Essen, Wissenschaftl. Bibliothek).
Pflitsch, Donald.

Regul, Dr., Pfarrer, Jürgen.
Reitze, Konrad.
Renger-Patzsch, Ernst.
Reuss, Karl.
Rheinisch-Westfälischer Anzeiger.
Rheinisch-Westfälische Zeitung.
Rigol, Grete.

Schardt, Prof., Hermann.
Schimmelpfennig, Horst.
Schneider, Jakob, P.
Schulte-Vogelheim, Margret.
Simon, Sabine.
Sölter, Dr., Walter (Leiter des Ruhrlandmuseums).
Spangenberg, Jost.
Staatsarchiv Düsseldorf.
Statistisches Bundesamt.
Steinhauer, Gerhard („Gartenstadt Margarethenhöhe" – 1956).
Stern, Prof., Günther.

Treskow, Elisabeth.
Turn- und Sportverein Margarethenhöhe (Jubiläumsschriften).

Verdong, Heinrich.
Verley, Willi.
Vogenbeck, Günter.
Vogt, Egon.
Vogt, Prof. Dr., Paul (Leiter des Museums Folkwang).
Vormbruck, Franz.

Wehr, Benedikt.
Weiler, Arnold.
Werdener Lehnsregister.
Westdeutsche Allgemeine Zeitung (WAZ).
Wiebe („Die Wohnverhältnisse der ärmeren Volksklassen in Essen a. d. Ruhr" – 1886).
Wiedfeldt, Dr., Otto („Aufnahme der Wohnverhältnisse am 1. Dezember 1900").
Wiechmann, Friedrich.
Wilms, Karl.
Wortberg, Hans.
Wortberg, Margarete.

Zeitz, Max.
Zweigert, Erich („Erster Verwaltungsbericht der Stadt Essen" – 1902).